浙大民商法文集
第1辑

陈信勇　主　编

ZHEJIANG UNIVERSITY PRESS
浙江大学出版社

图书在版编目（CIP）数据

浙大民商法文集. 第1辑 / 陈信勇主编. —杭州：
浙江大学出版社,2015.5
ISBN 978-7-308-14516-9

Ⅰ.①浙… Ⅱ.①陈… Ⅲ.①民法－中国－文集②商
法－中国－文集 Ⅳ.①D923.04-53

中国版本图书馆 CIP 数据核字（2015）第 061149 号

浙大民商法文集

第 1 辑

陈信勇　主编

责任编辑	李玲如
封面设计	续设计
出版发行	浙江大学出版社
	（杭州天目山路 148 号　邮政编码 310007）
	（网址：http://www.zjupress.com）
排　　版	杭州中大图文设计有限公司
印　　刷	杭州日报报业集团盛元印务有限公司
开　　本	710mm×1000mm　1/16
印　　张	23.25
字　　数	418 千
版 印 次	2015 年 5 月第 1 版　2015 年 5 月第 1 次印刷
书　　号	ISBN 978-7-308-14516-9
定　　价	66.00 元

目　录

民法总论研究

再论民法上状态责任与行为责任的区分

——从功能法的角度看两者在公私法体系中的定位

浙江大学光华法学院教师　章　程

摘　要:自《民法通则》颁行以来,一直不存在物上请求权的明文。《物权法》第34、35条被多数学者视为物上请求权,但亦有学者认为侵权法下有多元多效的归责原理存在即无物上请求权存在的必要,而物上请求权独立与否又深关民法体系之架构。本文试图指出,物上请求权与侵权责任一者为物上之债,一者为单纯债权,首先其民法性质完全不同;现代法中的状态责任和行为责任的区分更是由民法而及公法,提供了自治和管制的多重选择;由此回溯其宪法前提,状态责任与行为责任更有不同的原则与例外,因此,两者差异及与此相关的民法典结构深有必要从整个公私法体系的高度重新检视、清晰定位。

关键词:状态责任;行为责任;基本权;物上请求权;无过错责任

壹　问题的所在

一、物上请求权是否赘文

(一)物上请求权与民法体系

我国民法中是否需要规定物上请求权,这在《物权法》颁行之前有相当分歧的意见,参与《民法通则》起草的魏振瀛教授在十年前就提出,在民事责任承担形式较大陆法系诸国更趋多样化的前提下,多元多效归责原理的侵权责任完全可以起到与物上请求权相当的作用。[①]

在2007年《物权法》颁行之后,第三章"物权的保护"项下第34条至第36

---

① 魏振瀛:《论请求权的性质与体系——未来我国民法典中的请求权》,《中外法学》2003年第4期。另一点需要注意的是,魏教授的推论建立在清晰区分民事责任与债的基础上,从1998年发表在《论债与责任的融合与分离——兼论民法典体系之革新》一文开始,建立了完整论述体系,系列论文收录于其所著《民事责任与债分离研究》,北京大学出版社2013年版。

条被多数学者认为是物上请求权的明文规定。而魏振瀛教授在《侵权责任法》颁行之后,则再撰文指出,物权法上的保护与侵权法保护并无不同,因此被主流学说认为是物上请求权的条文不妨看做是物权法引致侵权法的规范,以侵权责任来统合停止侵害、排除妨害、消除危险和返还原物这些责任承担形式。① 除此之外,魏教授作为《民法通则》的起草者之一,通过对民法结构和历史的分析,力陈其民事权利-民事义务-民事责任的立法模式和德国式债务与责任相结合的立法模式不同,更是物上请求权可以纳入侵权责任的一大要因。②

如果将魏教授的讲法再往前推一步,其实就等于说《物权法》中物上请求权的规定接近于赘文,即使物权法没有规定,这些请求权和责任承担方式用后颁行的《侵权责任法》或者在先的《民法通则》也都能解决。③

这种主张以侵权责任统一物上请求权的学说一经提出,学界很快有了不同的声音。崔建远教授比较早地就针对绝对权请求权和侵权责任之间的差别提出了过错、时效、请求权思考次序、责任承担方式等六点不同,可以说是区分说的代表。④ 魏振瀛教授则在《物权的民法保护方法》和《返还原物责任请求权》中对上述几点不同也予以一一回应。⑤ 在经过论辩之后,今日两说之间的实际差别其实看似已经不大——在时效、请求权思考次序等问题上,统一说可以说都沿用了物上请求权的思考,更重要的是,侵权法的多元归责原理、责任承担形式的多样选择,为统一说在形式上成立提供了最大理由。

(二)状态责任和行为责任之分

不过,无论这场论辩的哪一方,似乎都还并没有明确地意识到以下两点问题:第一是正反两说的学者都没有从制度适用的成本角度来系统思考制度为

---

① 《侵权责任法》第15条规定:"承担侵权责任的方式主要有:(一)停止侵害;(二)排除妨碍;(三)消除危险;(四)返还财产;(五)恢复原状;(六)赔偿损失;(七)赔礼道歉;(八)消除影响、恢复名誉。以上承担侵权责任的方式,可以单独适用,也可以合并适用。"该条可以继承《民法则》第134条以来的责任形式多样化的传统。

② 魏振瀛:《侵权责任方式与归责事由、归责原则的关系》,《中国法学》2011年第2期。

③ 另外,魏振瀛教授视《物权法》相关条文为引致规范,事实上引致规范的结构应该是不完全法条,可是第34-36条显然是完全法条的结构,与引致规范并不相符。有关不完全法条的理论请参黄茂荣的《法学方法与现代民法》,自版,2006年增订第五版,第235页以下。

④ 参见崔建远:《绝对权请求权抑或侵权责任方式》,《法学》2002年第11期。

⑤ 参见魏振瀛:《民事责任与债分离研究》,北京大学出版社2013年版,第93-200页。

何成立的问题①;第二是在用过错以及无过错侵权责任②来为物上请求权立基的时候,其实已经碰触到了大陆法系上不易撼动的一组概念区分:状态责任(zustand shaftung)和行为责任(handlung shaftung)。顾名思义,前者的责任基础在于状态的不法性,后者则在于行为的不法性。大陆法系传统的侵权法,无论是过错责任还是无过错责任,原则上还都是对行为本身的苛责,因此无论责任形态如何转化,侵权责任本身只会因为清偿或免除而归于消灭;而物上请求权的基础则在于状态的不法,如果不法的基础状态消失,比如物一旦灭失,则状态责任便失其依归,自然消灭;反之只要物还在,不管流转至何处,妨害人都要对现在的物权人负担状态责任。③

如果再加入一点公法的调味剂,那不同处更是立刻彰显出来——对行为责任的新立法,因为需要考虑到一般存在的信赖保护,若非有特别大的公益和相应补偿机制,原则上没有办法对行为作溯及适用;而对状态责任的新立法,则只要不法的状态还在持续,原则上可以当然适用,除非新的状态责任对责任人过苛,才例外有其他救济。简单地说,也就是新法对行为责任和状态责任的适用,原则和例外的地位恰恰是颠倒的。

由此可见,是不是因为我国民法确立了与德国民法不同的"民事权利-民事义务-民事责任"立法模式,加上侵权法中的无过错责任规定,就可径直认为物上请求权可归于侵权法。这个问题其实无论是在私法还是公法上,都还大有可探讨之处。

---

① 比如从过错要件的不同来思考,固然涉及制度的适用成本问题,但是论辩双方都没有触及从根本上来说,传统大陆法国家为何需要依过错的不同来区分出两套制度这一问题。

② 侵权法条文上并不采"过失",而用"过错"这一用语,以下称"过错"者皆与台湾及德日法上的"过失"同义。

③ 日本通说对物上请求权采物权说,就是因为物权一旦让渡,物上请求权也随之移转,判例也支持此种立场(大判昭和3年11月8日,大审院民事判例集7卷970页)。参见石田穰,物权法,信山社,2008年,55-57页的分析。而日本学界对物上请求权的性质争论,则主要是围绕费用负担问题展开的,学说存在"行为请求权说"(通说)和"忍容请求权说"的对立,以川岛武宜为代表的有力说即采后说,认为物上请求权以"忍容请求权说"为原则,因此费用由物权人负担,若需相对人负担费用,则例外地需要符合侵权责任的构成。因此,如采"忍容请求权说",则使相对人负担费用的行为请求权就不可能随物移转。参见川岛武宜,物权の请求权に於ける「支配」と「責任」の分化(一)(二)(三・完),法学协会杂志55卷6号第25页以下,9号第34页以下,11号第67页以下,1937年。

台湾地区学者谢在全也承袭日本学者的观点,认为物上请求权是移转、消灭依存于物权的独立请求权;我国过谢着认为占有请求权亦属物上请求权,恐怕就有混淆概念之嫌疑,盖台湾和大陆都不同于将占有定位为是权利的日本,占有请求权不过是保护作为状态秩序的占有,其后并非一定需要有真实的权利,也就是说请求权依附于占有状态而非权利本身,自然也不会发生权利移转导致请求权随之移转的问题。参见其所著,民法物权论(上册),新学林出版股份有限公司2004年,3版,第49-51页。

二、本文的方法与构成

基于以上考虑,本文将以我国现行《侵权责任法》为基础,探讨侵权法的过错责任和无过错责任立基于何者,是否有可能包括状态责任。与此相对,物上请求权从独钟有体物的妨害到现代日照权、景观权的出现,传统的状态责任如何变迁到今日,也是本文要探讨的主题。在这个基础上,我们才可以来说明,私法上的行为责任和状态责任的界限今天到底在何处。

如果在体系上再拉高一些来看的话,状态责任不仅是在自治性的民法中,在管制性的公法中也同样存在。因此,一个非常本质的问题是,如果像侵权法一样,行为责任已有多种效果可供选择,为什么在立法和解释上一定还要区分两种责任模式,为何不是行为责任一统天下?两者的成立和变动又应该遵循何种原则?关于这些问题,还是要回归到两种责任的宪法基础的厘清,才有可能真正地释疑解惑。

本文希望说明清楚的,就在于只有从功能法的角度,从整个公私法体系的高度来把握状态责任和行为责任的区分,才能符合宪法秩序的要求,为管制和自治找到多一些接轨点。

贰　行为责任与状态责任之分

一、以行为为规范对象的侵权责任

(一)无过错责任的规范模式

1.无过错责任的立基所在

德国民法上谈到无过错责任时,基本就将其与危险责任等同。德国法上机动车责任、环境污染责任、产品责任都是危险责任的一部分,其特点在于并不存在一般的危险责任条文,均只有具体的限定列举。①

而侵权责任法上则与德国法有不同,简单来说,无过错责任则可以分为一般危险责任和高度危险责任,在一般危险责任如产品责任、机动车交通事故责任、环境污染责任、饲养动物损害责任、对象损害责任等,我国法与德国法一样,采取了限定列举的规定方式。在高度危险责任,我国法则采取了列举加一般条款的规范模式。也就是说,侵权法除了高度危险责任采先列举后一般条款的模式,对无过错责任总体来说还是采取限定列举的方式,而无过错责任的立基点,正是与德国法相同,多基于危险责任。②

2. 过错推定责任的可能

当然,对于危险责任来说,也并非一定要完全采取无过错责任的模式,我国台湾地区"民法"于1999年增订的第191条之3就是采取推定过失的一般危险责任模式。③ 不过,无论是归于无过失责任还是过失推定责任,危险责任在立法上确立一般条款,将"危险"这一不确定概念的认定权限归于司法者,在台湾学者中还是引发了极大的争议。尽管法条已经规定如此,但是多数学者还是从一开始对立法和司法采取这样的分权方式,法官权限扩张至此,就给予了非常严厉的批判。学者或主张修法删除,或主张在解释上应遍考比较法以确定危险责任的具体类型,增加条文解释的透明度。④

从实务上来说,台湾"修法"之后的十年间,相关裁判也正是集中在是否属于危险工作或活动难以界定,甚至医疗行为是否有此条的适用,学说和实务见解之间的落差也不可谓不大。⑤ 足可见此条文颁行初始学者们的对司法是否能承受此等政策判断、民众是否有足够预见性等忧虑,并非没有道理。

---

① 德国通说都认为,法律对危险责任的各个情况进行规定的封闭性条款清楚地表明了立法者的意愿,即除了明文规定的情况以外,不允许再扩展危险责任。参见马克西米利安·福克斯,齐晓琨译:《侵权行为法》,法律出版社2006年版,第259页以下。

② 王利明:《论高度危险责任一般条款的适用》,《中国法学》2010年第6期。

③ 相关立法理由,参见我国台湾地区"法务部"法律事务司编,"法务部民法修正委员会"第810—812次会议记录,《"民法"修正实录——债编部分(四)》,"法务部"编印,2000年,第701—707页、712—718页、723—728页。

④ 相关批判可见陈聪富:《侵权原则与损害赔偿》,元照出版社,2008年版,第198页;苏惠卿等:《自危险责任之生成与发展论民法191条之3——"民法研究"会第19次学术研讨会》,《法学丛刊》,46卷1期,2001年1月,171—193页,其中记录了多位学者、法官和律师对该条文义之过宽的批判和修改意见。

⑤ 我国台湾地区"最高法院"的阮富枝法官整理了"修法"十年之内的相关判决,认为理论之辩"已无实益",重点在于将判决予以类型化以提高裁判的可预见性。这在本文看来是忽略了立法和司法分权的方法论前提。参其所著《危险活动之侵权责任——民法一般危险责任及特别法之特殊危险责任》,五南出版社2011年版。

(二)归责原理的宪法之维

1.过错归责的宪法基础

无论是采无过错责任还是推定过错责任,危险责任对传统的过错责任原理都是相当大的偏离。因此,这里将先定位过错责任在法体系地位,再考察危险责任对过错责任的偏离。

对于现代宪法来说,过错责任的原则早在宪法成立之前已经在民法中确立,并且为社会所普遍认同,因此在大部分国家过错责任的民法规定都构成对宪法权利的先理解。① 德国基本法第 2 条第 1 款规定,"每个人皆有自由发展人格之权利,但以不损害他人权利及不违反宪法秩序或伦理规范为限"。这里如果结合上过错责任的先理解,应该是将基本权的内涵限制在无过错的范围内。也就是说,宪法上的基本权的保护范围,应当参酌社会通念和宪法的先理解,并不包括过错侵害他人权利的自由。

反之,如果过错侵害他人权利,则应当承担过错责任予以赔偿,并可能有相关公法上的不利效果。质言之,过错责任制度可以归入基本权的客观面向——广义国家保护义务的一部分,也即过错责任制度的设定,在本质上是为了保障人民基本权在遭受到过错侵害后,可以通过此制度回复到合宪状态。②

2.无过错责任的公法原则

(1)无过错责任的宪法地位

厘清了过错责任作为基本权的内涵之后,无过错责任就要从宪法基本权限制的角度来考虑。如上所述,各国侵权法条文对无过错责任都是限于危险责任,不过如果将视野再放宽一点,劳动法上的工伤赔偿,也是适用无过错责任。③ 因此,无过错责任并未必限于侵权法上的危险责任,此处先予叙明。

---

① 以宪法财产权和民法财产权错综复杂的关系论,古典民法往往框定了宪法保障财产权的范围,德国宪法法院论及此问题时即说到宪法财产权"一如民法及社会通念所形成者",足见其区分的不易。参见苏永钦:《财产权的保障与大法官解释,违宪审查》,学林出版社 1999 年版,第 85 页以下。

② 之所以采"合宪状态"的概念,是因为民法上单纯过错责任的实现并非可以完全回复到侵害未发生的状态,因为在事实上可能存在得不到赔偿的情况,在规范上则可能仍有不当得利请求权甚至请求社会福利的空间。相关概念参见程明修:《公法上结果除去请求权在国家责任体系中的定位,国家赔偿与征收补偿、公共任务与行政组织》,台湾行政法学会,2007 年版,第 180-184 页。

③ 学者李昊在介绍法国法上的危险责任的历史之时,把劳动法上的无过错责任也归于危险责任,在今天看来可能有失精准。盖劳动法的无过错责任立基于劳动法的社会连带思想,以及宪法上的社会国原则、生存权保障等,已经与民法上一般的危险责任的公益基础已经有明显的区隔。参见李昊:《法国危险责任的生成与演进》,《比较法研究》2012 年第 4 期。

从基本权限制的逻辑来看,可以认为无过错责任本质上是基于公益原因而对人民基本权的范围进行了限制,使得无过错侵害他人也必须承担法律责任。因此,此时这种限制也就必须符合比例原则、法律保留、法律明确性等原则的要求。①

(2)宪法正当性基础的检视

首先,就形式面而言,依层级化的法律保留理论,无过错的归责原则涉及对人民自由的一般限制,应当考虑到立法机关对公益的决定有民主正当性,而行政机关则对公益的考虑有专业正当性,以相对法律保留来规范即可。也就是说,无过错责任或应由法律明文规定,或应有法律明确授权行政机关来规范。②

其次,从法律明确性的要求来看,"法律明确性之要求,非仅指法律文义具体详尽之体例而言,立法者于立法定制时,仍得衡酌法律所规范生活事实之复杂性及适用于个案之妥当性,从立法上适当运用不确定法律概念或概括条款而为相应之规定。立法使用抽象概念者,苟其意义非难以理解,且为受规范者所得预见,并可经由司法审查加以确认,即不得谓与前揭原则相违"③。无过错责任最大的问题,就在判决书并非完全公开,司法判决内部意见歧义甚大的背景下,《侵权责任法》第69条高度危险责任的一般条款对人民而言,在司法形成中是否具有足够的可预见性,此点恐怕还要留待时日来观察。④

最后,从比例原则的角度观察,涉及最实质的部分,即无过错责任必须符合妥当性原则、必要性原则和均衡原则(狭义比例原则)的检验。无过错责任在前两者的检验应该都还比较好通过,不过在妥当性原则的检验上,侵权法中的危险责任和工伤赔偿的无过错责任目的各有不同,一者在控制社会危险达到相应公益,一者立足社会福利及生存权,公益之间的千差万别自不待论;在均衡原则的检验上,如果完全贯彻无过错责任而无其他配套措施,恐怕就会给

---

① 这里主要都是借用德国法的概念,文献的相关介绍及在法上的运用尝试参见张翔:《基本权利的体系思维》,《清华法学》2012年第4期。

② 层级化的法律保留理论的介绍,参见赵宏:《限制的限制:德国基本权利限制模式的内在机理》,《法学家》2011年第2期。

③ 参见我国台湾地区"大法官解释"第432号解释文及理由书。

④ 学者朱岩曾以我国立法和法国、瑞士的危险责任立法草案对比,说明有限度的立法模式的好处,但是却忽略了我国和其他国家立法和司法的功能分立,司法可预见性的不同。参见朱岩:《风险社会下的危险责任地位及其立法模式》,《法学杂志》2009年第3期。

责任人带来过大的负担,因此实践中对于无过错责任一般都有相应的强制责任保险和责任限额制度,[①]以减少侵害责任人宪法基本权的违宪风险。

(三)立基于行为的无过错责任

归结一下上文的论述,可以看得出来,过错责任和无过错责任虽然在民法中看似是相对应的概念,但是在宪法中却是一者在基本权的保护范围内,一者则构成基本权的限制,所处位置却绝非平行。也因此,过错责任在各国法中都是原则性的一般条款,但是无过错责任则是立基于法律的特别规定,一般条款化广受批判,更加上有着强制保险、限额赔偿制度的配套,[②]背后藏下的其实就是基本权限制的逻辑。

尽管无过错责任可以说有着共同的宪法基础,但本文不拟对其进行一一个别考察。在此只想指出的是,即便是无过错责任,在侵权法体系里面,课责的基础还是行为,只不过在前端的制度基础上,更多考虑的公益的要求而已。上文狭义比例原则所考虑的,也正在于可得实现的控制社会危险的公益和限制行为损耗的私益的比较,这与下文立基于状态存续上的状态责任,绝不可同日而语。

二、物上状态责任的确定

(一)物权内容的确定

1.维持权利状态的秩序

如上所述,法上的物上状态责任,限定在《物权法》的第34至第36条,而

---

① 比如在我国法上,不仅有对于一般危险的机动车强制保险制度,对高度危险责任,也有《侵权责任法》第77条的一般规定,即"承担高度危险责任,法律规定赔偿限额的,依照其规定"。不过,我国侵权法对风险和危险的区分,乃至对一般风险和剩余风险的区分,还是没有很清晰,导致法律对赔偿上限和强制保险的规定,何者系"可以"何者系"应当",甚至公私法整个体系的接轨点,都不是很明确。

② 新西兰对于机动车有建立于强制保险和损害赔偿基金基础上的综合救济体系,在20世纪90年代为日本学者介绍,主张应当在人身损害上从损害赔偿走向社会保障,参见加藤雅信:《損害賠償から社會保障へ——人身被害の総合救済システム,愛知学院大学論叢法学研究》(3卷),1991年。此说一出,遭到日本学界的广泛讨论,不过批判主要集中在财源是否充足,是否将造成侵权行为人怠惰等方面,缺乏规范上的交锋,让人觉得不无遗憾。在笔者看来,这也是整个日本民法学界对宪法意识匮乏所致。简言之,日本在一方面并无类似德国的社会国原则的思想和条文,因此讨论可能缺乏宪法规范的基础,另一方面社会国原则也只是在至今也只是大概定位在基本权的限制,而非基本权的内涵,如此则仍然需要法律的特别规定,而不宜采一般条款。日本学者20多年前对这些问题意识的匮乏,到今天对两岸学界仍深具警醒意义。

在第 245 条,规定了占有保护请求权。也就是说,法律中既有物权的状态责任,也有占有的状态责任。下文为便宜起见,限定在物权状态责任的探讨。

探讨上述物上请求权时,最好先能分清楚权限和工具权两个概念。也就是说,上述物上请求权的存在,都是为了维持物权权限的完整性,权限与请求权结合才形成完整的物权。比如按照《物权法》第 89 条物权人有"通风、采光和日照"的本权可以对相邻关系人请求。也就是说,对于影响这些本权的相邻关系人,物权人可以行使相应的物上请求权,并不因为相对人有无过错而受影响。

与上述过错责任一样,在很多大陆法系国家,比如德国、日本,民法上的物权的内容都要早于现行宪法规范,可以说获得社会通念的支持,构成宪法权利的先理解。因此,将物权的这些权限和内容归于财产权的保护范围,应该没有太大问题。

2. 变动中的权限边界

(1)权限规范和禁止规范

不过,物权的这些请求权并不会变动,物权的权限却不是岿然不动的。仍以《物权法》第 89 条论。该条全文为"建造建筑物,不得违反国家有关工程建设标准,妨碍相邻建筑的通风、采光和日照"。也就是说,国家的工程建设标准可以创设或者变动相邻关系人可以主张的物权权限,从而影响到物上请求权的行使。类似的情况还不止明文规定国家标准介入的这一条,同法第 91 条、第 92 条排水、铺设管线等权利,如果相应的国家规定新设或变动——比如铺设管线的规定如果从地下两米之内禁止变动成地下三米之内禁止——同样可能影响到相邻关系人之间的物权关系。

不过,这里还是有必要再次明确一下苏永钦教授在十多年前就提示的权限规范和禁止规范的区分,[①]上述几条还基本上都是权限规范,也就是说,允许相邻关系人之间通过特约来排除相关条文适用。而夹杂其中的《物权法》第 90 条"不动产权利人不得违反国家规定弃置固体废物,排放大气污染物、水污染物、噪声、光、电磁波辐射等有害物质"则是立意鲜明的禁止规范,物权人原则上不可能与不特定的多数人交易环境利益,因此恒不可能通过特约来排除此条的适用。

---

① 苏永钦:《私法自治中的国家强制,走人新世纪的私法自治》,中国政法大学出版社 2001 年版,第 18—20 页。

（2）两种规范间的共通性

但这里要说的更多的是两者之间的相同性。也就是说，不管权限规范还是禁止规范，都是对物权权限的设定，前者在私主体之间的权限切分，后者在公私之间的权限切分。而无论何者，原则上国家在一定的范围内都有其变动的空间。

具体来说，上述几条所提到的私主体之间的权限切分，并非完全没有公共性质，比如《南昌市建设项目日照分析技术规则（试行）》①就规定，大寒日日照不能少于两小时，此规定施行后，如果有相邻地有新建建筑的话，原则上物权人当然就日照可以行使相应的物上请求权，但是也并不能排除当事人之间有特别约定，从而排除此类请求权的行使。质言之，日照就算是具有公共性的一种物权权限，规定日照的最短时间，一方面有在相邻关系人之间定分止争的作用，另一方面也是国家通过此类规范保障人民的健康权利。从前者而言，当然不能排除当事人之间的再交易，就后者而言，也不能否认国家今后变更此类权限的权力。

因此，禁止规范在此完全是基于公益对权利人物权内容的限缩，从宪法角度来讲，是对基本权的限制。而权限规范虽然是在调整私主体之间的权限界分，但是仍然有其公益性，对于因公法上的标准变动而受损一方而言，仍有基本权限制逻辑的发生。

（二）状态责任的本质

1. 基本权保护义务下的状态责任

综上所述，物权法上的物上状态责任存在两个层次，第一层是与上述过错责任同样，属于基本权保护义务项下的状态责任。也就是说，物权在此属于财产权的保护范围，而物上的状态责任的本质则是物权受到妨害时，无过错回复状态的国家保护义务。

不过必须要明确的一点是，物上无过错状态责任的成立前提是物权内容的明确。比如树木遭罕见大风拔起落于邻地的情况，邻地所有权的内容是否

---

① 参见南昌市城乡规划局网站：http://www.ncghj.com/bmgfxwj/3710.jhtml，最后访问日期：2013年11月24日。

包括要求树木所有人排除此种状态,在物权法上,此时是前端所有权内容确定的问题,而非后端有无过错的问题。①

2.限制基本权的状态责任

(1)变动状态责任的公益考虑

比较大的问题是《物权法》第89、91、92条这几条的定位。上文分析过,这几条都是权限规范,但是又并非全无公益的考虑,因此并不能否认国家有变更的权力。而这些权限规范一旦变更,状态责任也会随之变更,比如一旦有新的规定订定每天日照不少于三小时,则相邻关系人之间是否可就此行使物上请求权,就是个问题。

因此,就算初始的权限是完全基于私权的划分,也不能否认国家今后可以基于公益的考虑改变这种划分。此时,如果肯认初始的权限划分是划定所有权固有的内容,亦即基本权的保护范围的话,那么国家基于公益对权限的变更,则是构成对基本权的限制,原则上也要遵从基本权限制的逻辑。

(2)基本权限制的正当性检视

也就是说,此时仍有法律保留原则、比例原则等的适用,相邻关系人之间是否可以就新的规范行使物上请求权,其他的原则都比较容易通过检验,最关键的要看狭义比例原则是否能够通过,也即此处需要实现的公益——被妨害物权人的采光权与妨害物的排除成本之间那个更有更大的价值。

仍以日照来论,如果妨害日照从两小时增加到三小时的物只是简易的遮雨棚,那么一般来说应该就会认为被妨害物权人的采光权更值得保护,物权人也可行使妨害排除请求权;而如果妨害物不是遮雨棚,而是用以居住的一般建筑物,妨害物排除成本可能明显就高于一个小时的采光权,那么物权人行使妨害排除请求权应该就没有相应的正当性。

总而言之,此时用以比较的公益可能因为政策目的而各有不同,但用以比较的私益则确定是物之存续状态的利益。

---

① 德国法上也有争论,通说和实务都认为,此时无法行使妨害排除请求权,但拉伦茨与卡纳里斯则持另说,不过无论如何仍是所有权范围的问题,参见鲍尔、施蒂尔纳:《德国物权法》(上册),张双根译,法律出版社2004年版,第235—237页。日本法上争论也颇多,类似案例中,细分是状态的产生基于自然力还是自然灾害,在罕见大风的情况,应该是行使物上请求权存在权利滥用,而与德国法殊途同归,参见鹰巢信孝:《所有権に基づく妨害排除請求権,所有権と占有権——物権法の基礎理論》,成文堂,2003年,第122页以下。

三、小结

上文以现行法为中心,分析了民法上行为责任和状态责任的不同之处。

本文认为,《侵权责任法》虽然广泛规定无过错责任,但是过错责任仍然因为立基于宪法基本权的内涵,而有原则地位,而无过错责任以社会危险控制为公益,实际上是对基本权的限制,因此要留待比例原则、法律保留原则的检验。

与此相对,状态责任则同样立基于宪法基本权的内涵,只有基于公益的权限变动才构成对状态责任的限制,也要符合宪法基本权限制的逻辑。而即便去比较无过错责任和变形的状态责任,可以发现其在狭义比例原则中用以衡量的私益也不相同——前者为行为自由利益,后者为状态存续利益,正显示行为责任和状态责任的本质区别。至于强制保险等配套制度的有无,差别则更不待言。

表1简单列出几者之间的不同,以供参考比较。

表1 行为责任与状态责任的比较

责任形式	行为责任		状态责任	
	过错责任	无过错责任	状态责任	状态责任变动
宪法地位	基本权内容	基本权限制	基本权内容	基本权限制
实现公益		多种公益可能		多种公益可能
牺牲私益		行为自由利益		状态存续利益
配套制度		强制保险赔偿限额		无

叁 公私法体系中的两责任区分

一、公私法状态责任的分与合

(一)公法上状态责任的存在

上文在论述物上状态的过程中,区分开《物权法》第90条和第89、91、92

条的规范类型,其实已经提示了物上状态的另一种形态,就是公法上的物上状态。也就是说,如果把视角拉高到整个公私法体系来看,规定物上的应然状态的不仅有私法上的权限规范,也有公法上的禁止规范。违反私法上的权限规范,可能会产生侵权责任,也可能会发生物上请求权。而违反公法上的禁止规范,视法条规定,也是既可能既发生行为责任,亦可能发生状态责任。①

例如,《水土保持法》第 14 条第 1 款规定"禁止在二十五度以上陡坡地开垦种植农作物",同条第 4 款又规定"本法施行前已在禁止开垦的陡坡地上开垦种植农作物的,应当在建设基本农田的基础上,根据实际情况,逐步退耕,植树种草,恢复植被,或者修建梯田"。单从文意解释上而言,此处负担退耕责任者,可能是开垦行为人,也可能是陡坡地的不动产权利人,如果是前者基本就是行为责任,如果是后者就是状态责任。②

(二)公私法上状态责任的交错

1. 民法状态责任的归责原理

因此,状态责任并不独为民法所有,公法上也完全可能存在此种责任。不过单纯从现存妨害的排除还是应有状态的回复上来说,状态责任和行为责任并不存在太大的区别,要进一步为状态责任立基,必须要回到责任产生原因的不同上来。

状态责任的基点,正是在于不符合法定状态秩序的状态存在本身就构成了归责的基础。与此相对,行为责任则是行为不符合法定秩序才有归责可能。行为对法定秩序的违反,通常要有行为的过错与违法性、行为与损害结果的因果关系等要件,即使是无过错责任,至少也需要因果关系的证立。但在状态责任中,不合法秩序的状态本身就直接构成妨害结果,与此状态相关的责任人就要担负起责任,不仅是不用考虑过错,连固有状态与妨害结果之间的因果关系也不用考虑。③ 所以理论上最值得探讨之处,反而是在不用行为、过错、因果

---

① 两者之间的不同,参见黄启祯:《干预行政法上责任人之探讨,当代公法新论》(中),元照出版社 2002 年版,第 296 页、300 页以下。

② 严格来说,前者也并非完全不可能成立状态责任。此条文完全可以对行为在条文实施前,而行为产生的状态持续到现在的行为人发生规制的效果,也就是将行为责任和状态责任合二为一,对条文施行前的行为人归责,此种归责方式的相关探讨请见下文。

③ 当然,侵权行为里也有对因果关系的变通,比如陈忠五教授就认为上述我国台湾地区"民法"191 条之 3,就还有因果关系推定之效,不过既属推定,自然没有不能推翻的道理,"立法政策"上还是与状态责任不同。参见苏惠卿等:《自危险责任之生成与发展论民法 191 条之 3——民法研究会第 19 次学术研讨会》,《法学丛刊》2001 年,第 46 卷第 1 期,第 187 页。

关系的评价体系中,究竟何者才与此状态相关,并会成为状态责任人。

如果是行为责任人和状态责任人无论如何都只存在一人的情况,当然比较好判断,但是在状态的产生可能关涉多人的时候,状态责任人为谁就不容易判断。试举以下三种情况:在第一种情况,面对来自相邻不动产有权使用人的日照、噪音的侵害,状态责任到底是对实际使用人请求,还是对相邻不动产权利人请求?还是均可请求?原则上只要有可能除去不法状态者,无论是对实际使用人还是相邻不动产权利人,都有向其为请求的可能。第二种情况,如果有人趁相邻不动产权利人不注意搭建简易设施遮挡相邻地日照,则一般而言对相邻关系人仍可请求妨害排除。但是还可能存在第三种情况的极端事例,如果有人强占相邻地建筑房屋以阻挡日照,相关状态责任是否还能向相邻地不动产权利人请求,就大有疑问。

这也就是德国法上区分的"状态妨害人(zustand Störer)"和"行为妨害人(handlung Störer)"的原因所在。[①] 也就是说,如果要对相邻地不动产权利人这种状态妨害人课以状态责任,那么在不法状态产生的原因上,至少不能与状态妨害人的意思毫无关联。[②]

2.公法状态责任的归责原理

与民法上的状态责任相对,公法上状态责任的归责原理则与意思的关联就比较复杂,至少就上文所举的《水土保持法》第 14 条而言,并不能看出可能承担的状态责任与责任人的意思有太多关联。学者黄启祯就认为,公法上状态责任的法理基础可以从警察任务乃危险防止,与财产权的社会义务中寻找。[③]

(1)危险防止——管领责任的论证

首先,就警察法上的危险防止而言,公法上的状态责任立基于对物具有实际的管领力,课以状态责任,乃是因为责任人对物所生危险的防止较具效率和可能。也正因此故,责任人首先应该是事实上对物有管领力之人,其次才可课

---

① 鲍尔·施蒂尔纳:《德国物权法》(上册),张双根译,法律出版社 2004 年版,第 233 页。不过两者实际上并不易区分,在实际的案件中,比如不作为的情况究竟是行为妨害还是状态妨害?笔者建议还是从权利基础和法律效果来看,如果是单纯人的行为构成物上之债的,属于行为妨害人,如果是状态妨害人,则构成双重物上之债。

② 鲍尔、施蒂尔纳:《德国物权法》(上册),张双根译,法律出版社 2004 年版,第 237 页。

③ 黄启祯:《干预行政法上责任人之探讨》,当代公法新论(中),元照出版社 2002 年版,301 页。另见李建良:《论行政法上的责任概念及责任人的选择问题,行政管制与行政争讼》,"中央研究院"法律学研究所筹备处,2008 年,第 29—103 页。

责规范上的权利人①。

但是如果按此逻辑推论,基于不可归责的他人强占或自然原因,权利人丧失事实上管领力的情况,权利人就与上述民法上的"状态妨害人"一样,丧失了承担状态责任的前提。

(2)财产权社会义务的论证

更加有力的论证,还是财产权的社会义务。也即认为公法上的状态责任是一种公法上的物上之债②,准确来说是存在于物上,只是借由物作为连接,财产权人——以所有人为典型,但逻辑上并不限于所有人——才承担责任。这种论证方式比较可以周延地说明,在上述丧失管领不可归责的情况,财产权人为何还是需要承担状态责任。

不过以单纯的财产权社会义务来进行论证的话,状态责任的承担就只是单纯社会义务和社会风险的分配,与上述危险防止无关。也因此,在我国台湾地区"司法院"大法官释字 714 号协同意见书中,黄茂荣大法官提出了与租税的宪法审查比较类似的比例原则的操作③,也即在土地所有权上负担整治责任的情况,"整治费用或土地价值之一半中,小者为准,由无辜之土地所有权人与国家分担其整治费用",相当值得参考。④

3.民法中的公法状态责任

(1)特殊的双重物上之债

在厘清公法上状态责任的基础之后,我们不妨回头重看民法上状态责任。难道民法上的状态责任真的完全系于意思吗?深挖下去,其实并非如此。

再以树木遭罕见大风拔起落于邻地的经典例来说,此时妨害排除的费用其实也是一种物上之债,而且这种负担其实存在于两块相邻地之上,其实是法

---

① 李震山:《警察法论任务编》,正典出版社 2002 年版,第 230 页。

② 黄茂荣:《"司法院"大法官释字第 714 号协同意见书》,第 7 页,其中就认为此类责任的本质只能是属物不属人的公法上的"物上负担"。

③ 其实附着于不动产的此种社会义务与属物而不属人的税已经没有太大的差别。关于租税的宪法审查的对分原则(halbteilungsgrundsatz)。参见柯格钟:《租税的立法界限及其宪法的当为要求——以德国税捐法之理论为基础》,载《宪法解释之理论与实务》(第七辑),新学林出版股份有限公司 2011 年版,第 232—235 页。

④ 黄茂荣:司法院"大法官释字第 714 号协同意见书,第 10 页。不过黄氏并未明言其参照租税的宪法审查原则,唯从其与对分原则的倡导者 Kirchhof 同基财产权社会义务(德国基本法第 14 条第 2 款)的论述,应可推知一二。

定的双重物上之债。① 究竟此时应该何者负担妨害排除的费用,日本法上行为请求权说、容忍请求权说、费用各半说等多种学说,②归根结底就是一个问题,天灾所生妨害这种状态责任应该系于哪个物上?③

（2）隐藏的公法上状态责任

传统的妨害排除请求权和容忍请求权都是将双重物上之债系于一方,而费用各半说则是一种双向的双重物上之债。进而言之,在极端情况下,如果这种物上之债让任何一方承受都高于地价,甚至费用各半都高于地价的话（比如巨大台风造成极端损害的情况）,对于这种物权人无法避免、又始终依附于物上,可能耗尽物之价值的物上之债,国家并非全无介入空间。

换言之,基于天灾所生妨害的负担,原则上也不妨看成是一种财产权的社会义务,究竟如何在人民之间甚至人民与国家分配责任承担,国家当然有相当程度的立法裁量空间,但因其本质无异于公法上的状态责任,因此也要符合比例原则等的操作④。

（三）小结:民法中状态责任的本质

到这里,可以说明为何要将公法上的状态责任引入本文的探讨。也就是说,我们平时所见的民法中的状态责任的最大争点,也就是非意思关联型状态责任中费用负担究竟如何分担这个问题,其实背后隐藏下了实质的公法状态责任,其归责原理与普通民法状态责任大不相同。相关同异点可列如表2。

---

① 关于物上之债以至双重物上之债的概念,瑞士法上多有讨论,苏永钦教授20多年前的《论动产加工的物权及债权效果》开始,就主张加工而生的偿金请求权是法定的物上之债,一直到最近发表的《以房养老与物权自由》一文,更主张我国台湾地区的"民法"第826条之1的"分管契约登记乃是意定的双重物上之债"。其实如果仔细去审视以下公寓或小区的规约,可以发现有一定公示效力的规约也具有意定双重物上之债的性质。参见苏永钦:《论动产加工的物权及债权效果,私法自治中的经济理性》,中国人民大学出版社2004年版;《以房养老与物权自由》,《中国法研究》,创刊号,2013年。

② 石田穣:《物权法》,信山社,2008年,第51—53页。

③ 这里用大树倒于邻地的情况只是例举,理论上完全还可能存在单纯的因天灾成为行为妨害人的情况。如台风将某人手中的工具刮起,砸破另一人的物品,此时就是单纯的物上之债,原则上也有下述分析的适用。不过这种情况在现实中基本没有可能发生,无论在德国、日本法上也都未见讨论,因此此处不加深究。

④ 在这里,可能面对的一个质疑是,污染防止的义务是基于国家强制而产生,而灾害产生则与国家无关,两者存在本质区别。可是,这里有必要再次强调的是,首先,状态责任始终存在于物上,不管此物到了何人之手,很可能因物上责任的庞大化,全无价值或仅存在负价值,即使为所有权抛弃亦不能免除责任;其次,天灾是不确定风险,本质上来说,降临于何者也是一种社会风险的分担。因此,此时如果国家不加以任何干涉,就等于承认对于人民的一个绝对财产义务的存在,宪法上很难说没有问题。

表 2　民法状态责任与公法状态责任的交错

责任形态	形式的民法状态责任		实质的公法状态责任
	普通状态责任	天灾时的状态责任① (实质公法状态责任)	形式的公法状态责任
归责原理	共通要件:妨害状态的存在(不法性)		
	意思关联	财产权的社会义务	
宪法地位	基本权内容	基本权限制(须符合比例原则等)	

二、状态责任与行为责任的分与合

上文用了很多篇幅,以两张图表来归结了民法上的行为责任和状态责任的本质,却并未处理这两种责任的竞合甚至组合的问题。在本节的论述中,将简要再归结一下两种责任在法律性质上的差别,在此基础上探讨一下两者法技术上的竞合及组合的可能。

(一)两种责任的差别归结

1. 宪法基本权的内容与限制

两者的差别首先是宪法地位上的差别,行为责任中的过错责任和状态责任中的普通状态责任,都是宪法基本权的内涵的制度保障。因此对于这两者,法律规定不过是起到一个确认的作用。②

而与此相对,行为责任中的无过错责任和天灾所生之状态责任乃至状态责任的变动,都是对宪法基本权的限制,因此原则上要受到比例原则、法律明确性原则等的检验。也就是说,从宪法角度来看,状态责任与无过错责任完全处于不同的地位,所面对的公法规制也完全不同,因此不可混为一谈。

2. 单纯债权与物上之债

在民法结构上,行为责任和状态责任最大的差别就是前者是可以归属到

---

①　如上文所述,本文认为,天灾所生之状态责任应该是形式上的私法责任,实质上的公法责任,因此在形式的归类上归于两者之间,实则宪法地位与一般的公法状态责任无异。

②　德国学者将财产权分为"可自然界定的法益","本质上需要界定之法益"和"需要法律创设之法益",两种责任的一般形式此处应属第一类。参见 Leisner,Walter,Eigentum. In:Isensee/Kirchhof(Hrsg.) HStR,Bd. Ⅵ.,2001,§149,Rd.66－70,转引自蔡维音:《财产权之保护内涵与释义学结构》,成大法学,第11期,2006 年 6 月,第 60 页。

德国法意义上的单纯的债务,而状态责任则是典型的物上之债,或者也有可能是双重物上之债。申言之,在侵权责任的情况,如果一个人侵害了物权,那么是针对当时的物权人负担损害赔偿之债,即使物被出售,损害赔偿的相对人并不会改变。

在状态责任的情况,如果是"行为妨害人",那么物上责任是该妨害人对物物权人负担,今后无论物如何流转,权利人都是实际请求时的物权人,而不限定于被妨害时的物权人,这是典型的法定的随物而转的"物上之债"。而在"状态妨害人"的情况,物上责任的基础是因为物的相互之间状态使然,因此是"双重物上之债",也就是说,无论被妨害时的物权人和状态妨害人怎么变动物权,继受的被妨害物权人还是可以对状态妨害物权人行使物上请求权,这上面的责任关系是紧随着两个物的,而非依附于某个具体的人。

(二)两种责任的竞合与组合

1. 不可能产生竞合的两种情况

在弄清楚上述的民法和宪法上权利结构的不同之后,就可以来看一下两种责任会产生如何的竞合问题。

(1)状态责任成立易于行为责任

首先是两种责任绝对不可能产生竞合的情况,其一就是上述天灾的例子。在上述大树因罕见大风倒于邻地的情况,绝不可能产生任何行为责任,但是却还是有状态责任发生的可能。同样,状态责任的成立中的意思只强调"弱意思",而不用到过错的程度,因此,此时在上述合乎财产权社会义务的限制范围内,状态责任的范围大于行为责任。

(2)行为责任范围大于状态责任

另外一种不可能产生竞合的情况,恰与上文相反。由于状态责任不过是在回复物固有的状态,而非损害赔偿,因此,如果因为物的状态被妨害,而产生可得利益损失的情况,一般只有通过行为责任来损害赔偿,而无法通过回复物的固有状态来获得任何救济。比如说树木倒于邻地造成农地损失进而导致农户可得收入损失的情况,透过状态责任只可能回复农地的应有状态,只有行为责任才可能追究可得收入的损失。简言之,行为责任范围通常大于状态责任。

进而言之,状态责任都是随物而行的、是对物而不对人的责任,所以物未产生移转的情况,状态责任和行为责任还有竞合的部分(如回复原状);一旦发生物的移转,妨害人就不用对之前的物权人负担状态责任,责任的对象始终是现在的物权人。而只有如上文的农户可得利益损失,才是随人移转的单纯之债,移转之后的原物权人对妨害人只能请求行为责任,而农地现在的所有人仍可以对妨害人请求状态责任。一言以蔽之,一旦发生物之移转,状态责任和行为责任就将从此分道扬镳。

2. 产生竞合的两种情况

(1)单纯竞合的情况

在只存在"行为妨害人",如踏入他人农地致使作物损失的情形,物权法上的妨害人和侵权法上的侵权人是同一人,原则上侵权法上的请求权和物权法上的请求权都会发生,此时虽然两者构成要件和效果并不相同,但是内容却相同。按新诉讼物理论,作为诉讼物的法律地位只有一个,这时候原则上应当允许当事人行使复合的请求权。[①]

(2)竞合且连带的情况

在同时存在"行为妨害人"和"状态妨害人"的情形,就稍微复杂一点。例如,在他人的土地上种植树木倒于邻地的情况,这里首先对于侵权行为人,可能同样是行为妨害人,也就是这里的树木种植人,会产生如上的竞合请求权;而对状态妨害人,也就是树木所在的土地所有人,因为并无其行为介入,所以对其不会成立侵权行为,却仍有物上请求权的存在。这时候如果两责任的内容相同之时,就形成不真正连带之债(责任),任何一个责任只要履行,另外一个责任就会消灭。而如果有特别法规定两者之间的内部求偿关系,则依照特别法的规定;如果没有特别法规定内部求偿关系,则按照无因管理或不当得利解决。[②]

3. 组合产生多种管制可能

(1)公法上的组合战术

除了竞合和成立不真正连带之债之外,行为责任和状态责任还可能以组合的效果出现。也就是说,课责的基础可以是既有在先的行为,不法状态又同时在持续,上述被我国台湾地区"司法院"大法官解释第714号宣告为合宪的《土壤及地下水污染整治法》第48条正是这种类型。本来行为责任的准据法应该是行为时,而状态责任的准据法应该是状态存续时,上述解释组合两者,

---

① 日本学说上有请求权竞合说,法条竞合说和请求权规范竞合说三说,以立足于新诉讼物理论,集合物上请求权和债权请求权形成一个法律地位的第三说为主流说。参见四宫和夫:《请求权竞合论》,有斐阁,1978年,第146页以下;另参石田穰:《物権法》,信山社,2008年,第58—59页。

② 王千维:《论可分债务,连带债务与不真正连带债务》(下),《中正法律集刊》,2002年第8期,第44页以下。

其实是利用这种组合,对当时实施污染行为而现在已非所有人的责任人予以课责。

这样,既可以避开溯及适用行为责任法的疑虑,也可以避开对现在的非所有权人无从打击的窘境,可以说通过这套组合拳的运用,行政机关管制空间得到大大地扩张。[①]

(2)私法上效法的可能

在民法上,这样的组合至今未见,因为用复合适用行为责任和状态责任的归责原理,其实对受害人的保护反而可能不利。不过在特定情况下基于公益需要牺牲受害人而保护加害人之时,不排除有以法律规定此种责任形式的可能。不过需要注意的是,一旦要打出这套组合拳来,无论公法还是私法上的连锁效果一定是将责任绑定在物上,形成物上之债,与普通的行为责任已然不同。[②] 此点不再赘述。

三、小结:行为秩序和状态秩序

本节从公法上也存在的状态责任出发,揭示了即使在民法的状态责任中,也隐藏下了公法状态责任的影子,而公法上状态责任和民法上状态责任,则是基于不同的宪法基础。从上文的分析中可以看出,民法中的行为责任和状态责任在课责基础上有着显著的不同,从根本上来说,是因为原本就存在于宪法先理解之中的对行为秩序和状态秩序和状态秩序的定位不同:前者在于人对人的以过错行为课责的秩序,后者则紧紧扣合于物上的、立基于(弱)意思归责和财产权社会性的一套保护体制。而如果再深究这两套秩序在民法上可以分别存在的理由,就在于其反映了不同状况下民事纠纷的最小成本解决方式,各自在最大程度上节省了交易成本。

今天,这种观念已经横跨公私法域,在法律效果上,两者之间的竞合和组合,为自治与管制提供多重的选择。侵权法虽然有诸多无过错责任的规定,也

[①] 参见黄茂荣的"司法院大法官"释字第714号协同意见书。黄茂荣大法官认为在采取这样规制手段的前提下,行政机关如果一直息于课予行为人以行为责任,最后再以状态责任来追及,在信赖保护上就有问题;而陈新民大法官则不同意见书里认为,这种规制手法本质上已经不是组合,而是单纯的行为责任,参见陈新民大法官提出的第714号不同意见书。

[②] 在民法效果上,这种物上之债可不可以脱离物而存在,应该还是可以基于公益再改造。只要是对于课责人符合比例原则等要求,原则上应该没有什么不可以的。

有很多不同的效果选择,但是任其如何发展壮大,在民法构成上与状态责任差别仍大,而最根本性的问题,还是其无法去替代状态责任的宪法地位。

肆　结论:从公私法架桥角度看民法典编纂

魏振瀛教授参与制定的《民法通则》是一个时代的里程碑,但是因为历史原因,当时对于物权的概念犹且不清,遑论物上请求权。面对现代侵权法中无过错责任的勃兴,在提供多样责任承担形式选择的法架构下,魏教授将传统的物上请求权收于统一的民事责任中的一系列论述,似乎已将物上请求权推到了历史的风陵渡口。

不过,如果拉到整个公私法体系的高度来看,宪法为行为秩序和状态秩序定下的楚河汉界,实则各自安顿有处,并非是那么容易渡过的。在我国,状态秩序是否构成宪法的先理解,可能在个别的绝对权上多少还有可论之处,但是两者区分所提供给自治与管制的多种功能面向和工具选择,却是倡言将状态责任归于侵权责任的想法所不能给予的。

当然,对于与物上请求权相似的人格、智慧财产权等绝对权请求权的地位,本文限于篇幅无法系统地去谈到。① 上文去谈单纯债权和物上之债这些

---

① 如果以上分析是正确的,那么在与物上请求权相似的权利中,最受质疑的恐怕就是人格权。易言之,基于人格权的请求权基本不可能随物而转,状态责任与行为责任的范围几乎是相同的(不过,不可否认在一些特殊情况,如可能移转的人格权中的财产利益部分和可能发生继承的死者人格权上,视立法和学说不同,还是有可能有状态责任单独成立的空间。人格权的财产利益部分的让与性和死者人格权可否继承的问题,参见王泽鉴:《人格权法》,自版,2012 年,第 350－357 页);而因为中国大陆的侵权行为责任承担形式更多于日本和德国,因此在责任的效果上,可以说没有太大差别。在责任成立上,侵权法上的行为责任也都不弱于可能存在的状态责任——这里折射的核心问题,就是什么是人格法益的完整性,并不像物权那么清晰。因此笔者以为,魏教授的理论真正可以完全适用的,也是在宪法前提上可以没有状态秩序和行为秩序区分的,恐怕正是人格权(日本法上对于如日照、通风等环境利益,向来有用人格权保护和物权保护这两条进路,从随物而转这个层面来讲的话,除非承认人格权的"地域性",否则物权保护显然更胜一筹。相关学说的简要介绍分析见大冢直、加藤雅信、加藤新太郎:《差止请求権の新动向,现代民法学と実务》(下),判例タイムズ社,2008 年,186－196 页)。

智慧财产权则是另一个需要谨慎类推物上请求权的领域。智能财产权除了其中的人格权部分,其余和物权一样,理论上同样有可以视为物上之债的单独状态责任的空间,但是在实践上,空间却应该远不如物权来得大。简单来说,在物权法上,之所以可以根据"弱的意思关联"、甚至根据财产权的社会性去归责,多少是因为物的状态公示一望而知,所以状态秩序值得保护。但是在诸如著作权、专利权等领域,很多时候无体物的状态秩序是并不明确的,只有通过侵权而非状态责任的诉讼来解决问题。不过依然不能否认的是,从随物而转的种种法律效果和以之为前提的宪法基础来看,状态责任和行为责任在此依旧不能画上等号。

责任类型的民法区分,可能多少也有些老调重弹,但是本文真正的目的,是想藉这个问题的讨论提醒民法的立法者和解释者——如果能站在体系的高度再重新检视一下不同种类的民法规范在自治与管制中的地位,那么立法和解释上的选择就会更精准一些,将来制度的运行也会更顺畅一些。

债法总论研究

债法总则的功能演变

——从共同规范到体系整合①

浙江大学光华法学院讲师　陆　青

摘　要：受德国潘德克顿体系的影响，通说将债法总则理解为在各种具体债的基础上抽象出来并能适用于各种具体债的共同规范体系。实际上，债法总则并非固定不变的规范体系。因债的发生原因、债的种类、给付标的、债的履行情况等不同，债法总则在内容和体例上一直处于动态变动之中。在当前法律背景下，如果设立债法总则，其根本意义不在于简单地确立债的共同规范，而在于通过寻求共同规则，整合现有的债法体系，协调债法一般规则和各种具体债的规范之间的关系。

关键词：债法总则；债的共同规范；体系整合

随着一系列民事法律，尤其是《中华人民共和国物权法》(2007 年)、《中华人民共和国侵权责任法》(2009 年)、《中华人民共和国涉外民事关系法律适用法》(2010 年)的相继出台以及社会主义法律体系的宣告初步确立，一部中国民法典的出台似乎已不再遥不可及。② 但对于未来的民法典体系中是否还有必要设立一部《债法总则》，如果需要，又应该包括哪些内容等问题，理论界依然颇多争议。对此，笔者试从学界对债法总则的认识出发，从比较法的角度反思现有理论关于债法总则功能的诸多见解，揭示现有法律框架下债法总则可能具有的体系整合的现实功能，提出一些个人的浅见，见教于同仁。

一、何为"债法总则"

在对债法总则设立问题进行讨论之前，我们有必要对研究对象本身——何为"债法总则"进行一番理论梳理。

---

①　本文原刊于《当代法学》2014 年第 4 期。本文系浙江省教育厅科研项目"转型期法治的绿色转向研究"的阶段性成果，同时受"中央高校基本科研业务费专项资金"资助。

②　也有学者对此表示悲观，如柳经纬：《渐行渐远的民法典》，《比较法研究》2012 年第 1 期。

学理上,尽管人们热衷于争论是否需要设立以及如何设计债法总则等问题,但对于"债法总则"的内涵并没有太多的争议。如王利明教授认为:"大陆法系许多国家民法典中,一般将普遍适用于各类债的关系的一般规则抽象出来,在债权总则中予以统一规定,称为'通则'或'总则',并成为统率债法的一般规则。"①柳经纬教授认为:"债法总则,是指在各种具体债的基础上抽象出来并能适用于各种具体债的一般规范体系或共同规范体系。"②可谓大同小异。事实上,仔细研究可以发现,赞成设立债法总则的学者们一般都是在这个意义上论证设立"债的共同规范体系"的重要意义,或者进一步讨论(以"提取公因式"的方式)设立哪些债的规范可以体现这种"债的共同规范体系";③而反对者则将主要笔墨用于论证抽象这些债的共同规范在现有法律框架中并无实际意义(现行《合同法》包含大量传统债法总则调整内容)或检讨一些传统债法总则的规则并不具有普遍适用性(尤其是在侵权行为领域)。④

关于债法总则的具体外延,由于我国现有法律体系中并不存在《债法总则》,我们只能从一些学者起草的债法总则条文规范中一见端倪。⑤

在学者们主持的民法典草案中,都专门设立了债法总则:

在梁慧星教授主持编写的《中国民法典草案建议稿》共分七编,依次是:总则、物权、债权总则、合同、侵权行为、亲属、继承。债法总则编包括:通则、债的原因、债的种类、债的履行、债的保全、债的变更与移转和债的消灭。⑥

在王利明教授主持编写的《中国民法典草案建议稿及说明》共分八编,依次为:总则、人格权、婚姻家庭、继承、物权、债法总则、合同、侵权行为。债法总则编包括:债的一般规定、债的发生、债的类型、债的保全、债的转让和债的消灭。⑦

在徐国栋教授主持编写的《绿色民法典草案》中共分内容包括:序编、第一

---

① 王利明:《债权总则在我国民法典中的地位及其体系》,《社会科学战线》2009 年第 7 期。
② 柳经纬:《我国民法典应设立债法总则的几个问题》,《中国法学》2007 年第 4 期。
③ 参见王利明:《债权总则在我国民法典中的地位及其体系》,《社会科学战线》2009 年第 7 期;柳经纬:《我国民法典应设立债法总则的几个问题》,《中国法学》2007 年第 4 期;杨代雄:《我国民法典中债权法的体系构造——以侵权行为法的定位与债权法总则的取舍为考察重点》,《法学杂志》2007 年第 6 期。
④ 覃有土、麻昌华:《我国民法典中债法总则的存废》,《法学》2003 年第 5 期。
⑤ 即使在 2002 年《中华人民共和国民法(草案)》中也没有设《债法总则》。该法总设九编,依次为:总则、物权法、合同法、人格权法、婚姻法、收养法、继承法、侵权责任法、涉外民事关系的法律适用法。不过,该草案第一编第六章"民事权利"中规定了自然人和法人享有的债权。其中规定因合同、侵权行为、无因管理、不当得利以及法律的其他规定在当事人之间产生债的关系。
⑥ 梁慧星主编:《中国民法典草案建议稿》,法律出版社 2003 年版。
⑦ 王利明主编:《中国民法典草案建议稿及说明》,中国法制出版社 2004 年版。

编人身关系法、第二编财产关系法（具体分编包括：物权法、知识产权法、债法总则、债法分则）、附编国际私法、尾题。债法总则编包括：债的定义和发生根据、债的类型、债的当事人、债的标的、债的效力、债的履行、非因债的履行消灭债的方式。①

如表 1 所示。

表 1　学者主持民法典草案关于债法总则的体例内容

草　案	债法总则体例内容
梁慧星主编	通则、债的原因、债的种类、债的履行、债的保全、债的变更与移转和债的消灭
王利明主编	债的一般规定、债的发生、债的类型、债的保全、债的转让和债的消灭
徐国栋主编	债的定义和发生根据、债的类型、债的当事人、债的标的、债的效力、债的履行、非因债的履行消灭债的方式

尽管三个学术草案的具体规则设计上存在差异，但在债法总则的框架内容上大同小异，实质内容上基本都包括债的一般规定（通则）、债的原因（或称"发生"）、债的种类（或称"类型"）、债的当事人、债的保全、债的效力和债的转让和消灭等。这些内容，与采取五编制的《德国民法典》第二编"债务关系法"颇为相似。这种体例设计与前述理论界关于债法总则内涵的认识可谓一脉相承——前者的一系列债法规则常常被认为具有普适性，可以被适用于调整各种具体的债的关系。②

二、债法总则：债的共同规范之动态演变

以债的共同规范为视角理解债法总则，似乎已成为学界探讨"债法总则要不要写，写什么，怎么写"的普遍视角。但值得注意的是，通过对债法总则的发展史和各国法的比较研究可以发现，债法总则在内容和体例上并非一成不变的。债法总则的历史演变，实际上反映了人们寻求债的共同规范的动态演变过程。

---

① 徐国栋主编：《绿色民法典草案》，中国社会科学出版社 2004 年版。
② 如梁慧星认为"采用'债权'概念，规定'债法总则编'，是民法典科学性和体系性的要求"，同时认为"'债权'概念是反映市场经济本质的法律概念，'债法总则'是市场交易的基本准则。不仅'合同之债'是交易规则，'不当得利之债'、'无因管理之债'、'侵权之债'也都是交易规则。在市场经济条件之下，'合同之债'是市场交易的常态；'不当得利之债'、'无因管理之债'、'侵权之债'是市场交易的变态。"参见梁慧星：《松散式、汇编式的民法典不适合中国国情》，《政法论坛》2003 年第 1 期。

(一)萌芽期:罗马法和中世纪法

在罗马法时期,尽管已经存在着债(obligatio)的概念,但并不存在作为债的一般/共同规范体系的债法总则。

最早作出法典编纂尝试的盖尤斯《法学阶梯》中,在第三编"关于物"中专门规定了债、因契约而产生的债、实物契约、口头契约、文字契约、合意契约、通过他人的取得、债的消灭和因私犯而产生的债,但并没有对债进行定义。① 同时,除了"债的消灭"章节外,其他都是针对各种具体之债的规定。

在优士丁尼的《法学阶梯》中依然并不存在一个债法总则的概念和体系,尽管在该法典的第三卷第13—29题和第四卷第1—5题中可以找到后世民法典债法总则部分的许多规则,比如无因管理(I.3.27.1)、非债清偿(I.3.27.1)、"多数债权人和债务人"(第16题)、"以何种方式消灭债"(第29题)。② 在第三卷第13题"债"的开首(I.3.13pr.)中,他对债的概念进行了定义:"债为法锁,约束我们根据我们的城邦的法偿付某物。"但在对债进行了简单的分类之后,优士丁尼开始探讨各种具体的契约之债(I.3.13 pr.)的规则。除了对债的消灭问题有一些共同规范之外,其余规则多针对各种特定种类的债而提出。

中世纪时,出现了许多关于债的规范和理论,但并没有出现寻求债的共同规范的声音,而更多的是针对不同种类的债或者对各种不同原因产生的债,如针对合同之债提出一些共同的规范和原则。即使是整合罗马法、自然法和法国习惯法的大家波蒂埃(Pothier)③,在其著名的《债权论》(*Traité das Obligations*)中也依然是将大量的笔墨用于讨论各种具体的债的规则,强调债的原因和给付内容的不同会带来不同的法律规则,而没有发展出一套关于债的共同规则的理论。只有在债的消灭问题上,延续了罗马法的传统,对各种债并没有作区别对待。④

---

① [古罗马]盖尤斯:《法学阶梯》,黄风译,中国政法大学出版社2007年版,第162页。

② [古罗马]优士丁尼:《法学阶梯》,徐国栋译,中国政法大学出版社2005年版,第343页。

③ 关于波蒂埃及其《债权论》(*Traité das Obligations*)的简要介绍,可参考[德]克莱因海尔、施罗德主编:《九百年来德意志及欧洲法学家》,许兰译,法律出版社2005年版,第327—330页。

④ D'Angelo. *Senso attuale e condizioni d'uso della disciplina generale delle obbligazioni*. In: *Annuario del contratto*. Diretto da Andrea D'Angelo e Vincenzo Roppo, Torino, 2010, p. 67 ss.

（二）初生期:《法国民法典》和 1865 年《意大利民法典》

《法国民法典》在第三编"取得财产的各种方法"第三章和第四章分别规定了与债相关的规范——"契约与合意之债的一般规定"和"非因合意而发生的债",随后又规定了"夫妻财产契约"等一系列的有名合同(第五章及以下)。因此,《法国民法典》并没有设置单独的债法总则。比如,第三章第一节的"通则"和第二节的"契约有效成立的要件"针对的明显是合同,而不是指债法的"通则"。该章第三节"债的效果"和第四节"债的种类"中的规定实际上也多指合同之债。只有该章第五节"债的消灭"才可以说是债的共同规范,尽管"非因合意而发生的债"被规定在随后的章节第四章中。不过,值得注意的是,《法国民法典》中针对合同之债的规则通过被类推适用或扩张解释的方式广泛应用于非合同之债的场合。[1]

由于政治历史等多方面的原因,1865 年的《意大利民法典》继受了《法国民法典》,但在探求债法总则方面,该《意大利民法典》似乎更进了一步。其第三编第四章为"债和契约的一般规范",显然其针对的不仅仅是合同,而是包括了债的一般规范。在该章第一节"债的发生原因"之后,第二节规定了"不同种类的债",其中有些规范针对的是合同之债,如关于附条件之债和选择之债的规定,还有很多规范针对的是所有的债的关系。而与法国法的体例不同,第三节"债的效力"和第四节"债的消灭"的规定针对的是所有债的关系,不仅仅指合同之债。尽管在具体规则上根据债的种类内容等有所侧重,但可以看到,债法总则的雏形已经形成。

（三）确立期:《德国民法典》、《瑞士债法》和《意大利民法典》

《德国民法典》对债法单独设编(第二编"债务关系法")。该编共八章,其中前七章(第 241－432 条)涉及的是一般新的债务关系,如履行、不履行、债务人的责任和债权人迟延等内容,称为"总则(Allgemeiner Teil)"第八章调整的才是"具体债务关系"(第 433－853 条),称为"分则(Besonderer Teil)"。由此,真正意义上的债法总则得以确立。

债法总则的设立,深受德国潘德克顿体系的影响,强调民法的外在体系。它以抽象概念和形式逻辑为基础,将所有的法律事件涵摄于体系的概念之下,将抽象程度较低的法律概念涵摄于更高等的概念之下,最后将大量的法律素

---

[1] D'Angelo. Senso attuale e condizioni d'uso della disciplina generale delle obbligazioni, cit. , p. 77.

材归结到少数的最高概念上。债法总则的理论基础在于从各种具体的债中抽象出债的一般概念,进而提出一些对债的概念的整个适用范围均有效力的一般规则,即债法总则。不过,实际上,德国债法总则内容中也存在着一些一般性方面的差异。比如,第一章涉及的是债务关系,但具体又根据种类之债、外币债务、金钱种类之债等而有专门不同的规定。而第二章仅涉及合同的债务关系,其中特别重要的第二节处理的更是特殊的双务合同的规则。①

1912 年的《瑞士债法》第一编为"一般规则",第一至五章依次为债的原因、债的效力(包括了履行义务和不履行承担的责任)、债的消灭、特殊的债的关系、债权转让和债务承担。由此可以清晰地看到一个与基于不同原因产生的债,尤其是合同之债相独立的债的规范体系。不过,在特殊的债的关系一章中,立法者又专门针对合同领域加以规定,如附条件行为、定金和违约金等。

受德国、瑞士法的影响,1942 年颁布的新的《意大利民法典》中第四编"债"中分别规定了债的总论、契约总论、各类契约、单方允诺、有价证券、无因管理、非债给付、不当得利和不法行为共九章。在"债的总论"中包括了预备性条款、债的履行、债的不履行、不同于债务履行的导致债的消灭的其他形式、债权转让、委任债务人、代位清偿和承担债务契约、债的类型共七节。债法总则在结构和体例上的独立性也更得彰显。

但另一方面,综合前述三部法典可以发现,在债法总则部分的内容中,立法者又不得不考虑根据不同的给付内容和债的原因,确立一些区别对待的规则。这一点,即使是在最为推崇形式逻辑的德国法也不例外。

(四) 发展期:欧洲私法统一进程、德法债法修正

自 20 世纪 80 年代以来,欧洲进入私法统一进程。有意思的是,在《联合国货物销售合同公约》、《国际商事合同通则》、《欧洲合同法原则》、《欧洲合同法典》等一系列统一文本中,都只针对合同规范进行了统一规定,而没有专门统一债法总则。这样做的一个很重要的原因在于上述统一文本都要兼顾普通法国家的立法传统——后者并没有统一的债法总则。② 但另一方面,上述统一文本并没有受到欧洲大陆国家的抵制,在于它并不排除合同法上规则可以同样适用于一些类似合同场合,可以通过立法准用的方式让其受到合同法调

---

① [德]梅迪库斯:《德国债法总论》,杜景林、卢谌译,法律出版社 2004 年版,第 29 页。
② C. M. BIANCA. L'obbligazione nelle prospettive di codificazione europea e di riforma del codice civile. In :*Riv. dir. civ.*,2006,fasc. 6.

整——即使债的规则可能或多或少地会被合同法规则所吸收。① 与此同时，随着欧洲私法统一进程的日益深入，欧洲各成员国的传统债法理论受到很大影响，也由此进入到体系整合的状态。比如，德国通过修改债法颁布了《德国债法现代化法》②，法国也提出了关于债法和时效法修正的草案。③ 限于篇幅，不作具体展开。

特别值得关注的是，作为欧洲私法统一集大成者的《欧盟私法的原则、定义和示范规则：共同参考框架草案》（2009 年公布，又称《欧盟民法典草案》，以下均简称《欧盟民法典草案》）在第二编规定"合同及其他法律行为"，在第三编中规定了"债务及相应的权利"，后者具体又包括了一般规定、履行、债务不履行的救济、复数债务人与债权人、债权与债务的移转、时效。④ 起草者显然考虑到了合同规范的重要性，将债法总则放在作为具体之债的合同之债之后加以立法调整。在《欧盟民法典草案》第三编的规定当中，我们看到不少债法规范又具体依据债的原因和给付客体的不同而作出区别处理，或具体明确适用的相关法律。⑤ 比如，在第三编第一章债的"一般规定"第 1:106 条（附条件的权利和义务）第 5 项和第 1:107 条（附期限的权利和义务）第 3 项中，分别提到"合同债务因解除条件成就而终止，从而发生返还法律效果的，第 3 编第 3 章第 5 节第 4 分节（返还）的规定准用之"和"合同债务根据本条规定终止，从而发生返还法律效果的，第 3 编第 3 章第 5 节第 4 分节（返还）的规定准用之。"由此在债法一般规定中明确了附条件和附期限的合同之债相应的法律效果。

通过对债法总则的历史发展的简要梳理，我们可以发现以下三点核心内容：

（1）债法总则的形成发展是一个动态演变过程。随着人们对于债的认识的深入，已经逐渐形成一个相对独立于各种债的发生原因（如合同之债、侵权

---

① 债的概念实际上也广泛存在于各种欧洲合同法指令中，如《迟延支付指令》和《消费者保护指令》。见吴越等译：《欧盟债法条例与指令》，法律出版社 2004 年版。

② 中国学者对德国债法改革的研究著作中，有代表性的有：齐晓琨：《德国新旧债法比较研究》，法律出版社 2006 年版；杜景林、卢谌：《德国债法现代化研究》，中国政法大学出版社 2003 年版；邵建东、孟翰等译：《德国债法现代化法》，中国政法大学出版社 2002 年版。

③ 对于法国 2005 年的司法部债法草案，国内介绍不多。草案文本的英文版，以及主持起草者 P. Catala 等对草案内容的介绍，可参见 http://www.justice.gouv.fr/art_pix/rapportcatatla0905-anglais. pdf。

④ 唐超等译：《欧盟私法：原则、定义和示范规则》，载梁慧星主编《民商法论丛》第 43 卷，第 501 页以下。

⑤ 仅以第三编第一章"一般规定"为例，第 1:105、1:106(5)、1:107(3)、1:108(2)(c)、1:109(2)、(3)(c)、1:110(2)都是针对合同之债的规定。

之债)的债法规范体系;

(2)即使是深受概念法学影响的德国法,债法总则的条文设计中也并没有发展出一套完全适用于所有具体债的关系不作区分的共同规则;

(3)从当下欧洲债法的最新发展中似乎可以发现,债法总则在协调和整合各种不同的债的关系及其法律适用上的作用日益突出。

三、寻求债的共同规范时所面临的法律困境

前文已从比较法的视野,对债法总则的历史演变进行了简要探讨。事实说明,在人们寻求债的共同规范的"旅途"中,尽管对债的认识日益清晰,但终究无法找到一套绝对的,具有普适性的债的共同规范。相反,后者在不同的立法体系、制度背景中一直处于动态变动过程中。此处将进一步探究人们在寻求债的共同规范时所面临的内在法律困境。

(一)债的发生原因上的特殊性和债法总则一般性之间的矛盾

正如众多学者注意到的那样,传统意义上债法总则中的大量规则实际上都来源于合同之债的规范。这点从前文提到的《法国民法典》以及在此之前对契约的规范到《德国民法典》的"债务关系法"编内容的流变就可看出。这就决定了债法总则中许多规范实际上仅限于或大部分情况下针对的仅仅是合同之债的调整,具有先天局限性。比如,附条件或者附期限之债基本上针对的仅仅是合同之债。同时,债法总则中也不乏规定仅仅涉及无因管理、不当得利等,甚至不乏专门针对双务合同等特殊类型的合同之债作出专门规范。可见,债的发生原因的不同将直接影响债法一般规范的确立。

另外,在对某些合同规范上升、抽象为债法一般规范的过程中,未必能够兼顾这些合同规范和非合同之债之间的区别问题。因此,在将此类债法规范适用于非合同之债时,必然可能产生两者之间的协调问题。比如,违约金规范是否可以适用于损害赔偿之债?即使不考虑这类条款很少发生的事实(当事人很少会在发生侵害行为之前就预定侵权行为的损害赔偿额),也要考虑到侵权损害赔偿额能否被当事人预先约定的公共政策问题。正如拉伦茨先生所言,"……抽象概念的外延(=适用范围)愈宽,则内涵(=陈述的意涵)愈少,如是,抽象概念抽象化程度愈高,则其由法规范、法规范所生的规整、法制度所能采纳的意义内涵愈少。被抽象化的(=被略而不顾的)不仅是该当生活现象中的诸多个别特征及与此等特征有关的规整部分,被忽略的还包括用于结合当

下个别特征者,而此正是该生活事实的法律重要性及规整之意义脉络的基础所在。强调的始终是个别、彼此孤立的要素,其自不足以穷尽探讨被指涉的生活类型、行止类型或法律上的意义脉络"。①

(二)"债的种类"规则的特殊性和债法总则一般性之间的矛盾

比较法研究可以发现,几乎所有债法总则体例中都不得不对某些特殊种类的债进行特别的规定。这些规定本身就足以证明债法总则的规则并不具有普适性。同时也带来另一个问题,"债的种类"中显然无法穷尽所有债的种类的规定,那么,对于那些在"债的种类"章节中没有提到的特殊种类的债,比如,积极给付之债、消极给付之债与混合给付之债或者继续给付之债和非继续给付之债、单纯给付之债与合成给付之债,甚至损害赔偿之债是否适用债法总则中的其他一般规定,还是应该类似于"债的种类"中的规定那样有特殊的规范相对应,成为必须在设立债法总则时认真考虑的问题。② "债的种类"的特别规定无疑也在消解债法总则普适性功能的发挥。

(三)债的客体的特殊性和债法总则一般性之间的矛盾

债法总则中往往根据债的客体——给付的不同而采取不同的法律规则,而给付的内容又千变万化,存在特定物的给付、金钱之债的给付、设立某种物权、作为给付和不作为给付、照顾保护义务等,导致大量的债法总则的规则必须对这些特定的给付进行专门的规定。由此产生的进一步的问题是,对于那些如金钱之债,债法总则假如没有特别规定,而在合同法或者侵权责任法针对某类给付作出特别规定的,是应该就其他问题适用债法总则的一般规定呢,还是根据给付的内容上的特殊性采取对合同法规则或侵权责任法规则进行扩张解释或者类推适用处理(见表 2)。③

---

① [德]拉伦茨:《法学方法论》,陈爱娥译,商务印书馆 2003 年版,第 331 页。
② 以上根据给付不同所形成的分类均来自于史尚宽:《债法总论》,中国政法大学出版社 2000 年版,目录。而在梁慧星教授和王利明教授各自主持的民法典草案建议稿中,都(只)列举了种类之债与特定之债、货币之债与利息之债、选择之债、按份之债与连带之债、可分之债与不可分之债的分类。或许可以得出论断,即在决定将哪些种类的债在债法总则有所规定的问题上,除了继受传统之外,很重要的因素在于一定的社会背景、时间和现实状况下法律调整的特殊需要以及由此产生的人们的共识。
③ 此表根据柳经纬:《当代中国债权立法问题研究》,北京大学出版社 2009 年版,第 147-151 页。

表2　债的客体和不适用债法总则一般规定

债的客体	不适用债法总则一般规定
特定物	继续履行规则(灭失)、债务承担、抵销(受限)、选择之债
权利移转	提存(不动产、股权)、交付物的质量标准、履行地规则、债务承担
金钱支付	部分履行、履行不能、不可抗力免责、金融政策特殊规定
提供劳务和服务	第三人代为履行和债务承担、债权转让(受限)、有些不存在迟延履行和不完全履行问题、提存、抵销
不作为	第三人代为履行和债务承担、迟延履行和不完全履行、提存、抵销、强制履行

(四)债的财产价值的特殊性和债法总则一般性之间的矛盾

在债法总则的规范中,一般并不考虑债的关系的经济本质以及债权持有人实际享有的财产期待地位。但实际上,不同的债权即使在发生原因和给付内容上有所差异,但可能体现相同的财产价值。比如,损害赔偿之债、双务合同中一方在已经完全履行自己的给付义务时对对方对待给付享有的债权、不附任何条件的单务合同中对方对合同义务方享有的债权,甚至银行作为给付方的各种票据背后所体现的债权,对于债权人来说,都是一种相对稳定的积极财产,尽管依然存在债务人不履行的可能。而其他一些债权,如工程的预付款债权(尚未建造施工),或者借贷合同中出借人所享有的债权,或许其他一些双务合同中双方或己方尚未开始履行合同时对对方对待给付享有的债权等,很难认为债权人的财产中存在一种确定的积极财产。在具体问题上,比如债权的转让、或者在强制执行时,对于这些债权是否应该根据具体来源、合同履行情况以及背后所体现的经济价值的不同而区别对待,实值研究。[①]

综合上述几点分析,可以发现,即使是在强调债的抽象共同规则的债法总论内部,实际上依然存在着债的一般规范(共性)和基于债的发生原因、种类、客体、所体现的财产价值等所要求的对具体债的特殊规定(个性)之间的紧张对峙状态。这种状态,并不仅仅是债的发生原因——合同、侵权行为、无因管理和不当得利——的不同所导致的。在这样的背景下,拉伦茨先生在《法学方法论》中另一段关于抽象概念及其所建构之"外部的体系"的论述无疑发人深

[①]　D'Angelo. *Senso attuale e condizioni d'uso della disciplina generale delle obbligazioni*, cit, p. 86 —87.

省:"……债法总则中同样也包含一些——只要并无其他应优先适用的特殊规定存在,其即得适用于任何一种债权契约,或至少任何一种"有偿契约"的——规则。借此固然可以省去大量烦琐的——引述理论、习俗、惯例的——决疑工作,按另一方面,因一般及特殊规定并存,也产生困难。只要想到民法典中一般及特殊规定交错重叠的情形,就可以了解,此等建构方式并不如初视乍观那样的一目了然。"[①]

当然,也许有人会提出反驳,主张对于债的共同性规范的认识不能太过"偏执",债法总则除了对所有债共同适用的普适性规则之外,针对某一给付类型或者针对两种以上债的发生原因之共同规则,都属于债法一般规范的范畴,因此,债法总则必须对此保持足够的容忍。而所谓一般和个别规范的交错并存,实际上在民法总则或者合同法总则等层面都可能发生。对于这种论点,笔者认为需要做两方面的澄清:第一,与其余各编按照对构成要件提取公因式的方式归类不同,债法总则的规范设计则是采取对合同、侵权、不当得利、无因管理等不同发生原因的债的效力提取公因式的方式构建而成。[②] 因此,债法总则的建构实则围绕债的效力这一主题而展开。理论建构上的不同,导致债法总则和其余编(如物权法、亲属法、继承法一般规则)不同,在大量规则涉及上必须兼顾债的不同原因、客体等带来的具体差异,因此在一般规范和个别规范的处理上矛盾远多于其余类型的总则规定,此点上不得不引起重视和反思。第二,作者并不否认债法总则可以"容忍"一些特别规范或有限制的共同规范的存在,相反对此倒持肯定的态度。作者在此仅仅是反思债法总则即所有债的普适性规范的传统观点(尽管这种观点的继受可能完全是无意识的),并试图以此为基础,重新认识债法总则可能的内容和功能。

四、债法总则的现实功能定位——体系整合

前文提到债法总则由于受到债法体系内部的个性规范的冲击,使得其作为债的抽象共同规范的功能大受影响,那么,试问,在未来的中国民法典制定中,债法总则是否依然有设立的必要?

笔者认为,如果要对这个问题作出肯定回答的话,未来我国民法典中的债

---

① ［德］拉伦茨:《法学方法论》,陈爱娥译,商务印书馆 2003 年版,第 319 页。

② 王泽鉴:《债的关系的结构分析》,载《民法学说与判例研究》(第四册),中国政法大学出版社 2005 年版,第 110 页以下。

法总则必须实现功能定位上的转移,将体系整合而不是以简单寻求普适性共同规则作为设立债法总则的核心任务。

在对此观点进行深入展开之前,有必要对笔者所谓的"体系整合"进行理论界定。首先,体系整合并不排斥共同规则。皮之不存,毛将焉附?没有共同规则,何谈体系整合?体系整合显然是以一些共同规则的存在为基础的。换句话说,只有在探讨共同规则的过程中才能真正实现体系整合。其次,此处的共同规则并不强调债法总则必须具有对所有之债的普适性,而是指对两种以上发生原因的债或者某种特定类型(按给付客体等)的债的关系共同适用的规则。再者,体系整合更加关注民法中债的体系的动态演进,以对债的效力的深度理解作为体系整合的根本依据,以协调债的一般规范和个性规范之间的关系作为整合的必要途径。最后,体系整合功能视域下的债法总则更多是提供一种法律模式(modo)而不是具体的适用规则,它应该具有弹性灵活的特点,能够涵盖、包容各种具体的债的特殊规则,从而为人们讨论解释债的适用时一般规则和个性规则之间的关系提供一个交流的平台。在必要的时候,甚至可以对某些特殊之债的规则进行具体规定,以便于澄清债法一般规则和特殊规则的具体适用关系。

之所以强调债法总则的体系整合功能,笔者主要基于以下几方面的考虑:

第一,体系整合符合"变动中的债法"的发展规律。债法的发展并不是一成不变的,而需要随着社会经济交往关系的改变而相应发生变化(这点在当下的社会变动格局下显得尤为重要)。萨维尼在对他的《债法》前言中就强调"在体系的任何核心部分都显示着一种类推的必要性",并提到"债法总论部分具有极端重要性并且占据很大篇幅的特殊原因"在于"五花八门的具体之债并不应该看成是独立的事件,而是在长期的演变中渐渐显露出其特殊重要性和频繁性。在这些债之外依然为基于人们的自由选择和时代需求的变化而产生的新的债的关系提供广阔的自由空间。正是对于这些新的债的关系,首先应该适用总论部分的一般原则"。[①] 因此,债法总则并非各种具体的债法规范的简单合并或提升,而应该体现债所具有的独立于各种具体的发生原因(合同、侵权等)的内在结构和运行规律,必须对这种变动中的债法有所反应。[②] 债法总则的任务,似乎正是要在"变动的债法"中保持债的共性和个性规则之间的平

---

① F. K. Savigny. Le obbligazioni, trad. It. , I, Torino, 1912, p. 1 ss. 转引自 D'Angelo. *Senso attuale e condizioni d'uso della disciplina generale delle obbligazioni*, cit, p. 80.

② 强调债编的体系应该是一个建立在各种债的关系上的有机体,参见王泽鉴:《债的关系的结构分析》,载《民法学说与判例研究》(第四册),中国政法大学出版社 2005 年版,第 110 页。

衡:债法总则如果过于注重共性规则,有时不仅没有必要,甚至会导致在具体之债的关系中法律会牺牲对特定因素的考量而失之偏颇。同样,如果过于注重个性规则,债法的理论和体系就可能崩溃。

第二,以体系整合作为债法总则的核心功能对当下的中国民法发展显得尤为重要。我国民法的发展完善是以《民法通则》为模板,通过分别立法的方式依次颁布《合同法》、《物权法》、《侵权责任法》等单行法律。由于缺乏民法典的体系安排,各法之间缺乏衔接。而其中对债法体系影响最大的是如何梳理《民法通则》、《合同法》和《侵权责任法》之间对于债的规定的脉络联系。由于缺乏统率债法的债法总则,合同之债和侵权之债之间的界分变得模糊不清,在具体问题的法律适用上同样缺乏沟通和衔接,导致产生一系列体系解释学上的问题。比如,《侵权责任法》第37条的安全保障义务相关规则,实际上含涉了大量公共场所经营者和安全保障义务权利人之间存在合同关系的案件类型。在这种情况下,如果后者选择提起合同之诉,可以基于合同下的附随义务中的保护义务主张合同权利。但是,选择合同之诉或者侵权之诉存在很多规则适用效果上存在差异,比如,依据合同之诉,权利人往往无法主张精神损害赔偿,又比如,依据合同之诉,债务人必须对第三人的侵权行为导致的违约承担不真正连带责任,而依据侵权之诉,安全保障义务人仅仅存在补充责任(《侵权责任法》第37条第2款)!我国法中侵权责任和合同责任范畴的双重扩张问题,或许可以通过设立债法总论的方式加以整合和澄清。另一方面,同样不能忽略的是,我国的《民法通则》、《合同法》和《侵权责任法》在制定时所承载的特殊使命,比如《民法通则》对不当得利之债、无因管理之债的简要规定,《合同法》中包含大量本应规定于债法总则的制度规范[①],《侵权责任法》并不简单在于调整侵权行为产生之债,而是要构建合同违约之外全部民事责任的法律规范体系等等现实,都使得刻意寻求具体债的共同规范变得缺乏意义,甚至会带来不必要的法律解释上的困境。

第三,以体系整合作为债法总则的核心功能在体例形式上也已成为可能。这一点上,对我国债法总则起草尤有借鉴意义的无疑是前文提到的《欧盟民法

---

① 学理上认为,《中华人民共和国合同法》规则实为债法总则内容的情形包括:第6条规定的诚信原则、第60条规定的履行原则、第62条规定地履行要素、第64、65条规定的第三人代位履行、第71条规定的提前履行、第72条规定的部分履行、第73—75条规定的代位权和撤销权、第79—86条规定的债权转让、债务移转、第88、89条规定的债权债务概括转让、第99—106条规定的抵销、提存、免责、混同、第113条规定的损害赔偿、第117条规定的不可抗力、第119条规定的与有过失。参见柳经纬:《当代中国债权立法问题研究》,北京大学出版社2009年版,第168—169页。

典草案》。后者的根本起草目的之一在于协调各成员国私法规范之间的冲突。因此,为了避免庞杂的具体之债的规范在整合和统一过程中对债法体系带来的不利后果,以及由此带来的法律适用上的种种问题。该《草案》第三编"债务及相应的权利"在规范内容的设计上,更加注重体系整合,强调债的一般规范和各种具体之债在法律适用上的沟通协调,有时甚至在一般规定中对具体之债的法律适用进行专门的明确,从而维持债法规范中个性和共性规则的动态平衡。这点与传统民法的债法建构实有重大区别,值得借鉴。

五、例 证

为使读者对债法总则在当下中国民法典制定中发挥体系整合功能的积极意义有更直观的认识,特举例加以说明。

(一)合同解除后的返还问题

关于合同解除的法律后果则规定于《合同法》第 97 条:"合同解除后,尚未履行的,终止履行;已经履行的,根据履行情况和合同性质,当事人可以要求恢复原状、采取其他补救措施,并有权要求赔偿损失。"上述条文规定宽泛模糊,实践中颇多问题,比如合同解除后的返还之债究竟属于合同之债还是法定之债,合同解除后返还的请求权基础究竟是所有权返还请求权还是不当得利返还请求权,合同双方的返还义务之间是否存在牵连关系,返还不能的风险以及由返还产生的费用应该谁来承担,返还中对孳息和物的收益的返还范围,对金钱给付的返还是否包含利息,返还是否应该区分是否过错方而区别对待,解释后的返还是否溯及第三人。这些问题看似细碎,实则关系合同法、债法乃至民法体系建构的重大问题,因此也一直是学界和实务界争论不休的重要理论问题。

在我国理论界,关于合同解除存在着"直接效果说"[①]和"折衷说"[②]两种观点。前者坚持合同因解除而溯及地归于消灭的,解除权人同时可以主张所有物的返还请求权;后者主张解除仅使尚未履行的债务归于消灭,对于已经履行的债务并不消灭,而是产生新的返还债务。而事实上,在这个"溯及力有无"的

---

① 崔建远:《解除权问题的疑问与解答》,《政治与法律》2005 年第 4 期。崔教授在最近的《解除效果折衷说之评论》,《法学研究》2012 年第 2 期一文中,以与韩世远教授商榷的方式,继续重申自己的"直接效果说"观点。

② 韩世远:《合同法总论》,法律出版社 2004 年版,第 617—618 页。

理论之争中,除了立法体例上的制约之外,真正的困境在于对债的理解上存有争议或者认识不清。传统理论之所以主张合同解除后,合同必然溯及地自始归于消灭,从而将合同后的返还效果与合同无效、可撤销的返还效果类似或等同起来,关键在于传统罗马法仅存在建立在个人意志之上的狭义之债的概念。合同之债被简单理解为合同双方关于特定给付行为所达成的共同意志。因此,一旦合同解除,合同意志不复存在,自然溯及地消灭合同之债的关系。现代债法以诚信原则为基础,将债的概念理解为包含了给付关系之外的合同双方基于诚实信用要求所形成的广义之债的关系。因此,合同的成立和履行,甚至解除后当事人之间的清算关系都可以纳入到广义的合同(债的)关系中进行调整。在这一新的视野下,合同解除并不会导致合同关系的消灭,而是使合同之债的关系发生转变,从原先的主给付义务之间的牵连关系转变为由相互返还所得给付形成的逆向牵连关系。如此,合同解除的法律效果(包括返还)在于维护双方合同利益的平衡,使无过错的一方可以自由地从合同拘束中"不受损失"的解放出来。① 同时,依清算关系说,解除后的返还义务与原给付义务保持合同关系上的同一性,属于合同义务中的次给付义务,因此原则上解除后的返还义务同样可受债法的履行规则的调整。比如,在一个关于某特定鸡的买卖合同中,一旦解除合同,受领鸡的给付的一方在返还鸡时同样存在债的不履行、不完全履行和迟延履行等履行障碍问题,对此照样可以适用债法相关规则加以调整。而在直接效果说的视域下,这类问题必须通过一次次对合同法规则的类推适用才能解决。

　　上述理论演进表明,清算关系说更符合解除制度的内在特性,更能平衡双方当事人的利益平衡。但遗留下来的问题是,对于解除后的返还是否必须采取与合同因无效、撤销截然不同的法律规则;基于先前(事实层面或法律层面)合同关系,在返还上是否应该与不当得利之债的规则严格区分开来。这些问题,欧洲法的发展方向似在于一方面最大限度地统一基于合同(无效、撤销、废除、解除、终止等)产生的返还规则,另一方面尽量使合同上的返还规则和不当得利返还规则在效果上尽量趋同,并就特殊问题的适用、准用、类推或特别规定加以明确。

　　由此可见,合同解除后的返还规则之理论澄清,实则依赖于对债(广义之债)的理解的深入演进,同时,合同解除后返还规则和其他基于合同无效、撤销

---

① 陆青:《合同解除有无溯及力之争有待休矣——以意大利法为视角的再思考》,《河南省政法管理干部学院学报》2010 年第 3 期。

产生的返还规则、甚至不当得利返还规则之间的协调整合,同样依赖于债法本身的体系整合。在此意义上,债法总则之设立,或可定分止争,解除我国合同法设立以来在此问题上的百般困惑。

(二)违约精神损害赔偿问题

关于违约能否主张精神损害赔偿的问题,理论和实务同样争论纷纷。[①]2010年11月1日起生效的《最高人民法院关于审理旅游纠纷案件适用法律若干问题的规定》第21条提到:"旅游者提起违约之诉,主张精神损害赔偿的,人民法院应告知其变更为侵权之诉;旅游者仍坚持提起违约之诉的,对于其精神损害赔偿的主张,人民法院不予支持。"这一解释说明最高院至少在旅游合同纠纷场合明显否定了违约精神损害赔偿的可能性。由于违约精神损害赔偿的主张在理论和请求权基础上缺乏足够支撑,司法实践中成了当事人决定选择提起违约之诉或侵权之诉的重要衡量因素。

传统民法并不承认违约精神损害赔偿,但现代民法多有承认,其中意大利通过最高法院统一裁判庭的判决予以明确[②],德国通过立法修改的方式加以确立,[③]《欧洲合同法原则》第9.501条、《国际商事合同通则》第7.4.2条、《欧洲合同法典》第164条、《欧盟民法典草案》第三编第3:701条关于"请求赔偿的权利"第3款、《欧盟法原则》第8:402条第4款都予以肯定。之所以如此,关键问题在于对债的客体的理解上发生了转变。违约精神损害赔偿的法理基础在于合同义务的违反,而如果以传统债法视角来理解合同义务的话,事实上仅指债务人的财产给付义务。除非以维护人身安全直接作为合同义务客体的特殊情况,保护债务人的人身安全(包括相应的精神利益)才构成合同义务的一部分。现代债法对其作了大的调整和改变,如德国债法改革后民法典新增的第241条第2款明确规定"债务关系可以按其内容来说使任何一方负有顾及另一方的权利、法益和利益的义务"。这说明在债(合同)关系中还包含了保护债权人人格利益的内容。一旦违约,就可以对相关的非财产性损害要求赔偿。

---

① 陆青:《违约精神损害赔偿问题研究》,《清华法学》2011年第5期。

② 意大利最高法院统一裁判庭(Cassazione Unite)通过2008年11月11日的第26972、26973、26974、26975号四个判决明确承认了违约精神损害赔偿制度。

③ 关于违约精神损害赔偿,德国债法改革后修改了原第253条规定的"非财产上损害,以法律有特别规定为限,得请求以金钱赔偿",在第2款中新增规定:"因侵害身体、健康、自由和性的自我决定而须赔偿损害的,也可以因非财产损害而请求公平的金钱赔偿。"同时,与该款内容相似的原第847条予以废止。

从利益衡量上看,损害赔偿的基本宗旨在于填补当事人遭受的损害,这其中也应该包括非财产性损害。关于侵权精神损害赔偿,《侵权责任法》在第 22 条中明确规定:"侵害他人人身权益,造成他人严重精神损害的,被侵权人可以请求精神损害赔偿。"但学理上并无人主张对在合同之诉中类推适用该条文的规范主张精神损害赔偿,主要在于认为合同之债和侵权之债存在本质区别。① 此例充分说明,不在债法总则之中对债法内容进行体系整合,而寄希望于通过大量的类推适用(尤其是类推适用合同法规则或侵权法规则解决所有债的一般适用规则)解决具体债的法律适用问题,最终只会因体系障碍而停滞不前。

六、余 论

综上所述,传统理论对《债法总则》作为债法共同规范的功能理解存在偏颇。债法上的共同规则在具体适用上依然会因债的发生原因、债的种类、给付标的(金钱之债、行为之债、特定物或种类物)、债的履行情况(双方尚未履行,一方已经履行完毕等)等不同而区别对待。在当前立法背景下,设立《债法总则》的根本目的并不在于确立债的共同规范,而在于整合现有的债法体系,协调债法一般规则和各种具体债的规范之间的关系。如此,《债法总则》才具有真正的立法意义,甚至可能成为未来民法典制定的重要任务之一。

限于篇幅和个人研究能力,本文无意在未来民法典(或许可能制定的)《债法总则》的具体制度构想上作出个人"规划"。但在此不妨对《债法总则》的制定的三种可能路径作出预想:

第一种,直接以现有所有债法规范,包括《民法通则》、《合同法》和《侵权责任法》以及各种法律规范、司法解释为对象进行实证考察,分析和提炼债法相关规范中可能存在的冲突和协调问题,以此为基础整合所有债法一般规范,并不妨参考《欧洲民法典草案》,在特殊问题上以特别条款指引的方式加以明确;

第二种,以现有的各个民法典草案建议稿中对债法总则的传统内容一一进行梳理,分析这些规定与现有《民法通则》、《合同法》和《侵权责任法》等可能存在的冲突,以《债法总则》的制定作为契机,梳理和决定在各种具体债的法律适用问题上民法体系应有的立场,并在《债法总则》中以特别条款指引的方式加以明确;

第三种,保持现有的体系和法律规定不变,不专门制定《债法总则》,留待

① 王利明:《合同法研究》(第 2 卷),中国人民大学出版社 2003 年版,第 670—673 页。

司法实践自发形成债的内在体系和确立法律适用规则,并在未来考虑《债法总则》设立问题。

以上三种选择,由难而易,取决于立法者和理论实务对债法规则的掌控能力,同样也取决于法学理论水平。在此,惟寄希望于吾辈法律人之共同努力,债法甚至民法的体系整合才有可能。

合同法研究

论格式条款内容规制的规范体系

——以核心给付条款与附随条款的区分规制为核心①

南京大学法学院副教授　解　亘

摘　要: 在规制合同内容的规范群内部存在着体系化的分工。格式条款内容规制规范不能适用于核心给付条款。其根本原因,在于市场机制通常虽不能作用于附随条款但却能作用于核心给付条款。当然,这并不意味着核心给付条款就不受法律秩序的规制。对于不当合同的介入,通常需要合意度低下和均衡度不足两个要件的合力。《合同法》第40条的意义,在于将所有利用格式条款之情形的合意一律推定为程度较低的合意。如此一来,在对格式条款作内容规制时,便不再需要举证合意度的低下。

关键词: 内容规制规范;格式条款;核心给付条款;附随条款

一、问题的提起

(一)问题之所在

即便在将意思自治、合同自由奉为圭臬的近代,大陆法系的民法也允许对合同的内容(主要是不当条款)加以规制。② 这种规制除了出现在个别重点领域(如违约金、不动产租赁)外,还体现在某些一般性的制度上。具体而言,除公序良俗原则(德国法上称为善良风俗原则)、诚实信用原则外,还包括德国法上的暴利行为规则、法国法上的原因理论,等等。到了现代,随着消费者问题、格式条款问题的日趋严重,民法不再坚守形式意义上的意思自治、合同自由,实质化成为民法演变的最显著特征。诸多国家、地区的民法除了利用上述制度来捍卫给付均衡外,还着眼于解决由合同当事人间的结构性差异所引发的

---

① 本文原刊于《法学研究》2013年第2期,本文集收录时略有改动。

② 对合同的内容规制,还包括一个重要的侧面:对违反强制性规定之合同的规制。关于这个问题,近年来学界已给予了相当多的关注,本文不再讨论。本文仅探讨纯粹私法意义上的不当条款规制问题。

问题,逐渐地引入了消费者契约法和格式条款规制法这样的制度,以期实现实质意义上的交换正义。① 为便于叙述,本文称前者为传统型合同内容规制规范,称后者为现代型合同内容规制规范。

民法的实质化运动已经改变了民法世界原有的风貌。那么,该如何理解传统型合同内容规制规范与现代型合同内容规制规范之间的关系呢? 具体而言,这两类规范在介入合同的具体对象上有无分工? 如果有,会是怎样的分工? 理由何在? 此外,这两类规范在介入合同的要件上有无差异? 如果有,又会是怎样的差异? 其中蕴含的问题核心,绝非简单地一句"请求权竞合"或者"特别法优于一般法"所能概括。以上种种问题的解决,意味着内容规制规范群内部的体系化。这样的体系化思考,不仅具有学理上的意义,或许还包含有足以影响司法实践的现实意义。以笔者的观察,至少德国法、日本法在上述问题上都有深入的思考和深厚的理论积淀。

上述体系化问题在我国现行民事法体系中也同样存在。我国法上既有可归类于传统型类别的规范——公平(等价)原则(《民法通则》第 4 条、《合同法》第 5 条)、显失公平规则(《民法通则》第 59 条第 1 款第 2 项、《合同法》第 54 条第 1 款第 2 项)、乘人之危(从要件看与德国法上的暴利行为大致相当,以下作一般论时使用"暴利行为"的表述,强调我国法时使用"乘人之危"的表述)规则(《民法通则》第 58 条第 1 款第 3 项、《合同法》第 54 条第 2 款);公共秩序对合同效力的控制规范(《民法通则》第 58 条第 1 款第 4、5、6、7 项,《合同法》第 52 条)、免责条款的控制规范(《合同法》第 53 条)以及有关利息的限制规范②和违约金的限制规范(《合同法》第 114 条第 2 款后段,《最高人民法院关于适用〈中华人民共和国合同法〉若干问题的解释㈡》第 29 条);也有可归类于现代型类别的规范,例如消费者合同中以广告拟制合同内容的规范(《消费者权益保

---

① 当然,这些制度中除了包含规制合同内容的规范外,还包括规制缔约过程的规范。本文只考察其中的合同内容规制规范。从学理上讲,关于实现合同法实质化的手段,有所谓消费者进路和格式条款进路的对峙。消费者进路侧重于从程序控制的角度消弭消费者与经营者之间的结构性差异,最为激进的做法是直接对经营者课加信息提供义务,相对保守的做法则是通过缓和欺诈、胁迫的要件扩张法律行为法的适用范围。而格式条款进路则侧重于对不当条款的直接介入。实际的立法例,无论是日本的消费者契约法还是德国的一般交易条件法都兼含两种进路,只是侧重有所不同而已。

② 《最高人民法院关于人民法院审理借贷案件的若干意见》民发〔1991〕21 号第 6 条规定:"民间借贷的利率可以适当高于银行的利率,各地人民法院可根据本地区的实际情况具体掌握,但最高不得超过银行同类贷款利率的四倍包含利率本数。超过此限度的,超出部分的利息不予保护。"第 7 条规定:"出借人不得将利息计入本金谋取高利。审理中发现债权人将利息计入本金计算复利的,其利率超过第六条规定的限度时,超出部分的利息不予保护。"

护法》第 22 条第 2 款），①规制不当格式条款的规范（《合同法》第 40 条）等。只不过，由于相对于法德日的私法体系，新中国的私法体系属于后来者，所以并不像前者那样存在着明显的先后顺序，而是一股脑儿地呈现在眼前。这些规范彼此间的关系不应当是一种简单的堆砌杂陈，否则将会给法律适用造成混乱。对其作体系化的整理是学界责无旁贷的使命。但遗憾的是，国内学界似乎还没有清晰地意识到上述问题的存在，相关的研究更是空白。

全面、系统地探讨这两类规范之间的关系，无疑是一件宏大的工程。囿于能力和篇幅的限制，本文不得不对研究对象作大幅度的限定。目前，我国消费者保护制度采取的还是一种公私法混合的模式，真正意义上的消费者合同法体制尚未定型。而私法意义上的格式条款规制法不仅基本确立，而且对其的适用和研究已有了二十多年的积累。因此，本文选择更具现实意义的课题——格式条款的内容规制规范（《合同法》第 40 条）与传统型合同内容规制规范的体系分工——作为研究的对象。

结合有关格式条款的定义规定（《合同法》第 39 条第 2 句）看，《合同法》第 40 条的适用范围似乎非常广阔，只要在形式上符合该定义，则该条款在内容层面就受《合同法》第 40 条的规制。② 下文将会说明，目前我国学界和司法实务界对该条款适用范围的理解基本上忠实于条文字面涵义，基本不作限制。但如果我们稍稍翻阅一下可算作我国法之母法的德国一般交易条件法的解释论，就会发现很大的差异。由于一般交易条件法在 2002 年债法修改时几乎被全盘吸收进民法典，为避免不必要的混乱，本文仅以现行《德国民法典》有关格式条款规制的规范群作为比对、引证的对象。《德国民法典》有关格式条款规制的一般性规定是第 307 条。该条第 3 款第 1 句规定："第 1 款和第 2 款以及第 308 条和第 309 条的规定仅适用于用以乖离法律规定或者补充法律规定的一般交易条件。"尽管从字面上看不出来，但按照当初一般交易条件法的立法理由，该条是为了将宣示性条款③和核心给付条款排除在内容规制之外而设

---

① 也有人将此规范定性为行政法规范，例如宋亚辉：《论广告管制规范在契约法上的效力——基于海峡两岸司法判决的整理与研究》，《华东政法大学学报》2011 年第 3 期。但此规范的目的首先不是在于禁止、管束，而是直接拟制私法上的效果，因此定性为私法规范更为准确。

② 最为极端的情形，是像超市、百货店那样的拒绝讨价还价的商铺在所陈列商品上黏贴的价格标签，由于也符合格式条款的法定定义，也将被理解为受格式条款规制法规制的格式条款。这样的结论显然过分偏离了人们的常识。

③ 所谓宣示性条款，是指重复法律规定的条款。将宣示性条款排除在内容规制之外的立场很好理解，因为这样的条款不仅不会损害到给付的均衡，相反在很多情形它恰好能体现立法者所期待的给付均衡。

置的。① 也就是说,德国法上类似的规范从一开始就被严格划定了疆界——不适用于核心给付条款和宣示性条款。既然格式条款的内容规制规范不适用于核心给付条款,那么,用来规范不当的核心给付条款的,就只能是传统型合同内容规制规范。这里,合同内容规制规范群内部的体系化构造隐约可辨:针对不同类型的条款,德国法上各种规制规范间似乎存在着某种分工。这背后到底有怎样的思考呢? 如果这样的思考具有合理性,我国法是否可以作同样的体系化整理呢? 这便是本文的问题意识。

(二)研究的视角

本文的分析、论证将在以下的双重视角下展开。

1.意思自治原理与给付均衡原理互补的视角

对合同的内容规制意味着对合同效力的全部或者部分否定。而合同之所以具有拘束力,除了因为它建立在当事人的自由合意之上,至少还部分地因为它能够实现给付均衡意义上的合同正义。因此,支撑或者否定合同效力,都需要以这两个原理的充足或者不充足作为要件。下文将要说明,上述两个原理在合同拘束力问题上存在着互补关系。不同类型的不当条款很可能在上述两个原理的充足度欠缺上呈现出完全不同的特征。选择了这样的视角,便可以在内容规制的要件层面凸显体系化的必要性。

2.市场机制的视角

本文同时还选择了另外一个观察角度——市场机制的视角。之所以采用这样的视角,是因为在一个稍微复杂一点的合同中一般都会包含多种性质不同的条款,其中有的属于合同的核心内容,有的则属于附随、周边的事项。如果我们承认作为市场交易主体的人仅仅具有有限的理性,那么他所能关注的、影响到他是否进入交易的条款通常是有限的。换言之,市场机制只对这部分合同条款产生优胜劣汰的作用,对于其他条款的影响可能有限。这一现象中可能就隐藏了对合同内容规制规范作体系化梳理的契机。

---

① [日]桑冈和久:《价格附随条款的内容规制(二)·完——ドイツにおける银行の手数料条项をめぐる议论を手がかりとして——》,《民商法杂志》第 127 卷第 4·5 号,第 40 页(2003 年);[日]石川博康:《「契约の本性」の法理论》,有斐阁,2010 年,第 28 页(初出 2005 年)。

二、合同内容规制的基本原理

(一)支配合同法的两大原理

1.意思自治的保障

近代民法以意思为根本出发点,强调意思是创设、变动权利义务关系的原动力,因此,自然格外重视对意思自治的保障。传统民法中的意思能力制度、行为能力制度以及法律行为法(胁迫、欺诈、虚伪表示、心中保留以及错误等制度)便是用以保障意思自治的制度,这些制度的发动均不以给付失衡为要件。①

2.给付均衡的保障

支配合同法的另一根本性原理,是给付的均衡。换言之,当双务合同的给付严重失衡时,可能被评价为非正义的合同,其效力将被否定。②

需要注意的是,至少大陆法系对这一原理的重视程度不如对意思自治原理的重视程度。如果合同当事人的意思自治得到了相当的保障,那么在通常情况下,法律秩序就应当尊重法律行为的内容,不过问给付在实质上是否均衡。最为典型的表述是《德国民法典》第138条第2款:"利用他人的窘迫、无经验、判断力缺乏或意志显著薄弱,以法律行为使该他人就某项给付而向自己或第三人约定或给予与该项给付明显不相当的财产利益的,该法律行为无效。"这便是人们所熟知的暴利行为制度。这里,除了给付"明显不相当"这样的实体要件外,还需要"利用他人的窘迫、无经验、判断力缺乏或者意志显著薄弱"这样的程序要件。之所以采取这般消极的立场,主要是为了防止国家(法院)以给付失衡为借口过多地侵害合同自由。

尽管如此,给付均衡的法理仍在一定的范围和程度上得到承认。③

法国法在坚持意思自治的同时,例外地承认给付均衡的独立价值,在民法

---

① 错误制度中存在例外。合意主义的错误论从合同正义(=给付均衡)的立场来理解错误制度。例如,可参见[日]森田弘树:《『合意の瑕疵』の构造とその扩张理论(1)》,NBL482号,第24页以下(1991年)。中文文献,可参见[日]山本敬三:《民法讲义Ⅰ总则》,北京大学出版社2012年第3版,第152-163页。

② 像赠与那样的利他型交易中,尽管给付在客观上严重失衡,但是合同的正当性却可以通过当事人的自由意志予以确保。这种非常态的交易不在本文的探讨范围之内。

③ 对德国法和法国法有关给付均衡法理的立法沿革、判例和学说的全面梳理和分析,参见[日]大村敦志:《公序良俗と契约正义》,有斐阁,1995年(初出1987年)。

典上设置了非常损失制度（lěsion），即在特定的情形——《法国民法典》第887条和第1674条所规定的情形，如果合同的给付在客观上显著不均衡，就否定其效力。非常损失制度后来的发展状况较之于民法典略有扩张。其适用领域，在19世纪后半叶的法国主要是通过判例（代理人报酬的减额、公证员职位转让价格的减额、亲属关系专家的报酬减额、以养老金作为支付手段的不动产买卖），进入20世纪以后则是通过特别法，实现了非常损失制度的有限扩张（限于农民、作者以及类似委托关系中的当事人等人群）。① 在德国，战前就出现过若干尝试运用善良风俗的一般条款（第138条第1款）来规避暴利行为规则中严格主观要件的判例。这一立场在战后也得到了延续。不过，德国判例对给付均衡法理的运用限于信用行为等很有限的领域。②

总体而言，无论是法国法还是德国法，尽管都为给付均衡的法理保留了一定的独立空间，却都不承认"广谱的"给付均衡法理。因此，除了个别领域外，给付均衡的原理都仅仅在与意思自治原理相关联时才发挥作用。

（二）我国法的定位

我国法上控制给付均衡的诸多规范中，既有以意思的相当不自由和给付的严重失衡为要件的乘人之危制度、显失公平制度，也有从正面承认给付均衡之独立价值的公平（等价）原则。

围绕如何理解显失公平制度的要件及其与乘人之危制度的关系，学界存在着严重的对立。一些学者沿袭了《民通意见》第72条的立场："一方当事人利用优势或者利用对方没有经验，致使双方的权利义务明显违反公平、等价有偿原则的，可以认定为显失公平"，主张主、客观二重要件说。③ 但如此一来，显失公平与乘人之危的关系便成为问题。于是，有见解主张，乘人之危制度不过是显失公平的一个具体形态。④ 但对两者关系如此的定位说服力显然不够，因为按照这种理解乘人之危与显失公平内涵完全一致，根本就不是抽象与

---

① ［日］大村敦志：《公序良俗と契約正义》，有斐阁，1995年（初出1987年），第147—173页。

② ［日］大村敦志：《公序良俗と契約正义》，有斐阁，1995年（初出1987年），第256页。大村敦志的这一结论与许德风的观察结果有一定的差异。在许德风看来，即便对于高利贷合同，德国法也不允许仅仅从客观的利率状况决定是否介入，而需要兼顾主观状况。参见许德风：《论利息的法律管制——兼议私法中的社会化考》，《北大法律评论》2010年第1辑，北京大学出版社，第180—182页。

③ 例如，王利明、崔建远：《合同法新论·总则》，中国政法大学出版社2000年版，第287—288页（王利明执笔）；杨立新：《合同法总则》（上册），法律出版社1999年版，第171页；等等。

④ 参见徐涤宇：《非常损失规则的比较研究——兼评中国民事法律行为制度中的乘人之危和显失公平》，《法律科学》2001年第3期。

具象的关系,而是无意义的重复。为此,有力的观点认为,既然《合同法》并未将《民通意见》对显示公平的理解明文化,就可以认为立法者实际上否定了上述二重要件的立场,显失公平的构成要件仅以客观上给付失衡为足。[①] 依此理解,乘人之危规则便成为显失公平规则的特别法。[②]

不管怎样,至少以下两点可以确认为共识。首先,乘人之危制度具有与德国法上的暴利行为制度基本相同的性质。其次,较之于法国法、德国法,我国法更加重视给付的均衡。关于第二点共识,主要是因为我国法上有在适用范围上不受限制的中国版非常损失制度——公平(等价)原则(乃至作为其具体化的显失公平规则)。虽然有学者认为公平(等价)原则在具体的制度上没有得到体现,[③]但这种观点的说服力并不充分。我们可以在大量的裁判文书中看到法官基于"公平原则"调整合同内容的现象,甚至在最高人民法院所作的判决中也不难发现。[④] 不仅如此,在重大误解制度中也可以看到我国法重视给付均衡的立场。在传统民法上,错误制度被定位为用以救济意思表示瑕疵的制度,不以给付的失衡为要件。而我国法上与错误大致相当的重大误解制度却明文要求"造成较大损失"(《民通意见》第71条)。如此一来,若不满足给付失衡的要件,发生重大误解之表意人便不能得到救济。这一点从另一个侧面说明了我国法对给付均衡的偏重,以至于不惜在一定程度上牺牲对意思自治的保护。此外,物权法所确立的善意取得制度,以"以合理的价格转让"作为要件(《物权法》第106条),也是一个有力的佐证。

(三)介入合同的正当化理由

1.原理的互补

如上文所述,尽管在不同的立法例下存在程度上的差异,但意思自治和给付均衡都是民法所追求的价值,是普遍承认的支配合同法的根本原理。原理不同于规则,不是要么充足要么不充足的状态,而是被期待尽可能地充足。其充足的程度,除了受到各种事实上的制约外,还受到相对抗之规范的制约。在这个意义上,可以说原理乃是一种法律可能性以及现实可能性相互关联基础

---

① 韩世远:《合同法总论》,法律出版社2011年第3版,第200—202页。
② 韩世远:《合同法总论》,法律出版社2011年第3版,第194页。
③ 徐涤宇:《非常损失规则的比较研究——兼评中国民事法律行为制度中的乘人之危和显失公平》,《法律科学》2001年第3期。
④ 例如,长治市华茂副食果品有限公司与长治市杰昌房地产开发有限公司合作开发房地产合同纠纷案,最高人民法院(2005)民一终字第60号,[法宝引证码]CLI. C. 80870。

上的最佳化命令——各原理都应当尽可能地得到贯彻。①

为了叙述的方便,本文使用"合意度"和"均衡度"这样的表述来分别代表合同中意思自治原理和给付均衡原理的充足程度。"均衡度"是一个容易理解的表述,指合同双方当事人各自的给付在客观上的对等程度。而"合意度"这样的表述或许会让人疑惑。这是因为,双方当事人的意思表示通常只存在"合致"或者"不合致"这两种结果,人们在谈到合意的时候往往用"有无"来衡量。然而,这种理解过于拘泥于形式。真实的自由意志与所达成的合意所表示出来的意思之间可能存在差距。因此,当我们试图衡量当事人在多大程度上在实质上达成了合意时,便不可避免地需要引入程度的维度,即意思自治的实现可以而且有必要用大小、高低来描述。

原理的另一个特点,是承认相互间的补充关系,即就同一事项而言都具有妥当性的原理之间可以互相补充,以一个原理的充盈来弥补另一相制约之原理的亏缺。② 为便于说明,在此借助附图。附图是一个由表征意思自治原理充足程度的指标——合意度,和表征给付均衡原理充足程度的指标——均衡度构成的坐标系。当合意度和均衡度的数值都为 1 时,达到最为理想的交易状态(A 点)。若要求所有的交易都必须达到这一理想状态,那么现实世界的交易将难以为继。为此,法律秩序不得不作一定的让步:只要现实的交易接近这个理想状态(合意度与均衡度的交点落在 ABC 区域内),便承认其效力。这一点从《合同法》第 40 条中也可以得到印证。该条的发动需要格式条款的提供方排除对方"主要③权利"? 这样的表述,意味着些微的给付失衡还不足以令法律秩序介入当事人通过格式条款达成的合意,因为些微的失衡意味着较高的均衡度,其与合意度之和可能会超过一定的阈值。这样的合同不能被评价为不当。

而当可以相互补充之原理的充足度总和低于一定的阈值(位于附图中斜线 BC 的左下方区域)时,就表明合同在法律上的正当性将遭受质疑,合同的

---

① [德]罗伯特·阿列克西:《论法律原则的概念》,[德]罗伯特·阿列克西:《法理性商谈》,朱光、雷磊译,中国法制出版社 2011 年版,第 196—199 页。
② 威尔伯格(Walter Wilburg)所主张的动态系统理论,便是建立在原理的这样一种互动关系上的。有关动态系统论的全面总结,参见[日]山本敬三:《民法中的动态系统论》,解亘译,载梁慧星主编:《民商法论丛》(第 23 卷),金桥文化出版(香港)有限公司 2002 年版,第 172—266 页。
③ 第 40 条在"权利"前面上了"主要"作为修饰,但在"责任"前面却没有加这样的修饰语。但"免除其责任、加重对方责任"所造成的给付失衡,应当与"排除主要权利"所造成的给付失衡相当,没有理由作刻意的区分。

规制规范由此被触发。① 传统民法在法律行为规制上采取的二分法——严格区分对意思表示瑕疵的救济与对内容的规制,在这样的内在体系中得到了有机的统一。

按照合意度与均衡度的高低来划分,上述缺乏正当性的合同可分为如下三种类型。

第一种类型,是意思自治完全没有得到尊重的情形,最为典型的便是胁迫。这时,合意不过是一具有名无实的形骸,完全不能体现被胁迫一方的意思自治。即使给付在客观上是均衡的,法律秩序也要介入。属于这一类型的,还有法律行为法所管辖的各种情形,如欺诈、虚伪表示、心中保留和错误②等。

第二种类型,则是另一个极端——给付严重失衡。尽管在通常情况下我们可以推测给付严重失衡的背后一定在意思自治这一原理上也出了问题,但就特定的情形一些立法例完全不考虑意思是否自由,都允许法律秩序(非常损失规则)介入。

其实,以上两种类型在交易社会都属于极端情况,更为常见的不当合同,是位于两极之间广阔的中间地带的第三种类型:因意思自治未得到充分的实现——尚未达到胁迫、欺诈乃至错误的程度,导致给付也不那么均衡——尚未达到非常损失的程度,且两个原理的充足程度之和低于一定的阈值。这时,法律秩序一般通过暴利行为规则、公序良俗原则、诚实信用原则来应对。在由格式条款引发的情形,则可以通过格式条款规制规范来应对。

2.考察主、客观状态的必要性

针对上述第三种类型,问题的关键在于如何判断合意度与均衡度的总和不足。

首先,需要明确阈值本身。例如,假定立法者作过这样的价值判断:合意度与均衡度之和应当大于等于1.8。遗憾的是,就第三种类型而言,现行民法中不存在这样精确的阈值,我们只能通过对判例的总结去发现大致的基准。

接下来的工作,便是分别衡量合意度和均衡度。这一点,在暴利行为制度中体现得分外清晰。对暴利行为的矫正,取决于两个要件的合力:一是"利用他人窘迫、无经验、缺乏判断力或者重大的意志薄弱",二是给付"明显不相

---

① 当然,无论是充足度、总和、还是阈值,都不是精确的衡量概念,所谓原理之间的相互补充也不可能存在一个精确的数学模型,但这些概念和理论仅仅作为说明用的工具,用以阐释观点。

② 针对错误制度,由于根本立场的不同,所以可能存在争议。若坚持合意主义的观点,含有错误的法律行为将被划入第三种类型。

当"。前者是有关主观状态的要件,后者则是有关客观效果的要件。这两个要件所体现的恰好分别是意思自治原理和给付均衡原理的要求。在现实纷争中,需要当事人分别就主客观两个方面的事实,即合意度和均衡度进行举证。

如果将暴利行为规则理解为相对刚性的规范,即对主客观两方面都有较为严格的要件,不允许两者之间的动态互补,[①]那么,暴利行为制度所能应对的仅仅是合意度、均衡度均不足之中间地带的某一狭窄区段(见图 1 中的小圆形区域)。[②] 广阔的中间地带最终还是只能依靠公序良俗、诚实信用这样的一般条款来应对。

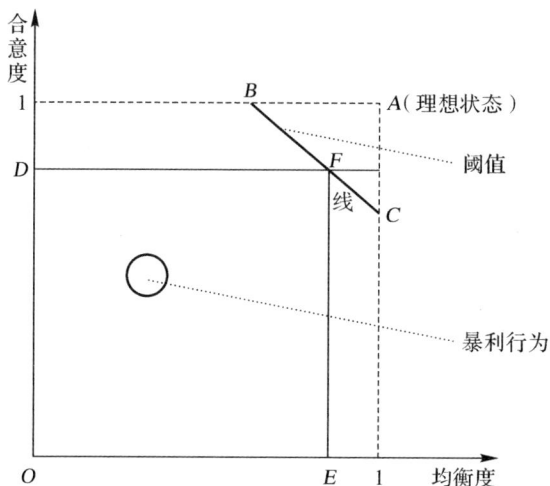

图 1

---

① 对于动态系统论的适用范围,持保守立场的卡纳里斯(Claus-Wilhelm Canaris)便认为,为了维护法的安定性,凡是实定法规定了要件、效果的情形,都不应当允许运用动态系统论。参见[日]山本敬三:《民法中的动态系统论》,解亘译,载梁慧星主编:《民商法论丛》(第 23 卷),金桥文化出版(香港)有限公司 2002 年版,第 225—229 页。

② 以日本法为例,其在民法典上并没有规定暴利行为规则,但判例(大判昭和 9 年 5 月 1 日民集 13 卷 875 页)还是借鉴德国法,确立了自己的暴利行为规范:"利用他人的窘迫、轻率或者无经验获得显著过当利益的法律行为……无效",作为公序良俗规范(日本民法第 90 条)的一个适用领域。从中可以看出,其坚持的是较为刚性的主客观二重要件。对日本判例的系统整理和分析,参见[日]大村敦志:《公序良俗と契约正义》,有斐阁,1995 年(初出 1987 年),第 20—31 页,第 276—345 页。

三、市场机制视角下的格式条款合意度

(一)合同规制与条款规制的差异

以上在一般论层面探讨了意思自治原理与给付均衡原理均不充足时的救济问题,预设的规制对象是不当合同本身。然而,这样的分析仍显粗糙。这是因为,对格式条款的规制更多的时候可能仅仅涉及个别条款本身的效力,不致危及整个合同的效力。

这一点,在法律行为法对规制对象的限定上体现得尤为明显。如我们所熟知,法律行为法(有关错误、欺诈、胁迫、虚伪表示、心中保留等的制度)是用以应对意思表示瑕疵的制度装置。照理,意思表示的瑕疵在格式条款中同样会发生。例如,格式条款的使用方就格式条款的记述发生表示错误,或者格式条款的接受方因理解谬误而发生动机错误。由此似乎可以得出这样的结论:法律行为法也可以用来应对格式条款中存在的意思表示瑕疵。然而,实际情况却并非如此。德国法学界在探讨一般交易条件法对法律行为的规制时就极少讨论错误的问题。[1] 在日本也有学者认为,至少法律行为法不能应对记述附随事项之格式条款(关于格式条款的分类,见下文),因为法律行为法是用来否定整个合同的效力的,无法规范记述附随事项之格式条款本身。[2] 以错误制度为例,错误无效(或者可撤销)的要件之一,是就法律行为的要素发生了错误。既然附随事项不属于法律行为的要素,自然不会发生错误的问题。我国法上的重大误解制度中虽然没有使用"要素"这样的表述,但是强调"重大",有异曲同工之效。[3]

---

[1] 参见[日]河上正二:《约款规制の法理》,有斐阁,1988年,第237页。

[2] 参见[日]冲野真己:《いわゆる例文解释について》,《日本民法学の形成と课题(下)——星野英一先生古稀祝贺》,有斐阁,1996年,第640页。

[3] 国内有恰好相反的主张,认为重大误解的规范也适用于格式条款(参见苏号朋:《格式合同条款研究》,中国人民大学出版社年2004年版,第252-253页)。这当是对错误制度的误读。不过,我国法上重大误解的法律效果不限于可撤销,还包括了可变更,似乎给部分无效预留了后门。但这样的制度设计是否妥当,值得反思。

要准确地分析格式条款的规制问题,就不能止步于合同的层面,而有必要深入到条款的层面。①

(二)合同条款的分类

通常的合同无论内容有多复杂,在法律技术上都被看做由两个相反意思表示的合致而构成的单一法律行为,但这并不妨碍我们在观念上将这个法律行为进一步分解为若干个合意。法律行为可以看做由若干合意单元构成之合意的集合。具体的分类按照方法的不同可以有多种。例如,按照法律行为内涵的重要性程度来分类,可以分为有关要素的合意和有关偶素的合意。② 如果着眼点在条款上,则可以分为核心给付条款和附随条款。所谓核心给付条款,是指记载有关要素之合意的条款;而所谓附随条款则是记载有关偶素之合意的条款。③ 若按照合意的达成方式来分类,可以分为个别磋商条款和格式条款。所谓个别磋商条款,顾名思义,是指经过合同双方当事人具体磋商才确立的条款;而所谓格式条款,则是由一方当事人提供的,用以反复交易的条款,该条款的内容不容当事人磋商,当事人只能在订立合同时概括地接受(不容磋商性④,take it or leave it)。

由于分别基于不同的分类基准,核心给付条款与附随给付条款、个别磋商条款和格式条款这两组概念不可避免地存在着交叉:既有经个别磋商的核心给付条款和附随条款,也有以格式条款形式呈现的核心给付条款与附随条款。

---

① 令人遗憾的是,区分合同整体效力问题与局部条款效力问题的思想在格式条款的规制上并未得到体现。依《合同法》第 40 条的规定,凡是有关合同无效的规定(第 52 条、53 条)都适用于格式条款。这种囫囵吞枣式的立法看上去简洁明快,但却忽视了合同规制与条款规制之间存在的根本性差异。不妨以第 40 条所引致的第 52 条第 1 项为例作说明。该条文是规范以损害国家利益为目的之欺诈、胁迫的规定,由此不难确认立法者的意图:以欺诈、胁迫的手段订立的格式条款,如果同时损害到国家利益将归于无效。然而,以损害国家利益为目的的欺诈、胁迫不过是欺诈、胁迫的形态之一,在仅针对合同整体效力这一点上第 52 条第 1 项与针对欺诈、胁迫的一般性规范(第 54 条第 2 款)并无二致。这种以合同整体为规制对象的规范并不适合于规范局部条款。

② 按照传统的理解,合同的内容可以三分为要素、常素和偶素。其中的要素,是指构成某种类型之合同必不可缺的内容;常素是指该种类型的合同通常应当具备的内容,但当事人可以约定排除;偶素是指不能左右某种类型合同的成立,只有在当事人有约定时才构成合同之一部分的内容。有关三分法理论的历史沿革、现代意义的全面探索,参见[日]石川博康:《「契约の本性」の法理论》,有斐阁,2010 年。

③ 需要注意的是,附随给付条款不一定能囊括所有的附随给付内容,这是因为合同中的常素不以表意人的意志为转移,通过对法律行为的解释才显现出来。

④ 《合同法》在第 39 条为格式条款所下的定义中采用的表述是,"订立合同时未与对方协商",但显然应解释为"不能协商"。相同的立场,参见王利明:《对〈合同法〉格式条款规定的评析》,《政法论坛》1999 年第 6 期。

上文关于合意的分析虽然以整个合同为对象,但却是以个别磋商的合同为预设的,因此,结论自然适用于经个别磋商的条款。而在现实的交易世界,合同多采用格式合同的方式订立。在这种缔约方式之下,从形式上看当事人就格式条款达成了合意,但从实质上看这种合意却有别于经个别交涉达成的合意,因为接受方的意志不像个别交涉之情形那般得到充分的体现。这种概括接受的合意方式,决定了格式条款的合意度问题有其特殊性,不能简单地套用上文的分析,需另行探讨。本文探讨的,正是以格式条款形式呈现的核心给付条款与附随条款的区分规制问题。

(三)格式条款的合意度

1. 核心给付条款的合意度

无论现实世界中的人理性如何地有限,他通常都会关注合同的核心给付内容,哪怕该内容以格式条款的形态呈现。交易世界的主体通常都会在对该内容作一番权衡后再作是否订立合同的决定。在这样的前提下,倘若当事人最终还是订立了于己不利的合同,那将属于自己责任的范畴。① 而从交易相对人的立场看,如果他所提供的核心给付内容缺乏竞争力,最终他将会被市场淘汰。因此,对于核心给付条款,只要市场机制——竞争还在发挥作用,即便该内容是由一方当事人单方事先拟定的,甚至不容磋商,仍然可以保障对方当事人的意思自治,最终达成的合意仍具有足够高的合意度和均衡度。

当然,有关核心给付内容也有可能出现合意度低下的情形,例如需要法律行为法介入的情形,无意思能力的情形、行为能力不足的情形以及需要反垄断法介入的情形,但这毕竟不是交易社会的常态。有关核心给付内容的合意在通常情况下应该具有较高的合意度,不然,交易社会的绝大部分交易的正当性都会受到挑战,如此一来倒是应当质疑法律行为制度、行为能力制度以及反垄断制度设计得是否合理了。

---

① 针对连这种能力都不具备的人,民法另外预备了保护装置——意思能力制度和行为能力制度。

2. 附随条款的合意度

按照通常的理解,尽管通过格式条款达成的合意也具有拘束力,[①]但因不容磋商性导致这种合意方式并不能充分而真实地体现其意思,常常会造成整个合同的均衡度不足。严重到一定的程度时,合意度与均衡度的交点便会落入附图中阈值线 BC 的左下方区域,丧失正当性。从这个意义上讲,利用格式条款的合意也属于上述第三种类型。

不过,或许有人会质疑上述判断。如果我们乐观地相信交易社会的主旋律是自由竞争,那么,利用格式条款所作的交易其实也是在这种竞争的大环境中展开的。尽管格式条款具有不容磋商性,但在一个竞争机制能够充分发挥机能的市场,如果当事人对格式条款的内容不满意,照理完全可以重新选择交易的相对人。既然当事人愿意接受这一条款,岂不是说明合意度并不低下?因此,上述论证还需要补强。

上一段落的分析,是以经济学意义上那种具有全知全能本领的完全理性人为人像预设的,但是民法所预设的人像却并非如此。尽管民法所预设的标准人是为自己打算的理性人,但他仅具有有限的理性。如果民法上的人像也如经济学上所说的全知全能的完全理性人,那么他在交易中就能够掌握完全的信息,对环境、交易条件拥有无限的认知能力和计算能力,这样的人就不会陷入错误状态,也不会因受欺诈而作意思表示。法律行为制度便成为多余。有限的理性宿命地决定了市场上的交易主体对于某些不太重要的交易条件的内容、意义存在认知、利益计算上的盲区。"从心理学与经济学的角度看,顾客的眼光主要集中在价格或主给付义务上,对于从条件或附加条件,或因根本就未意识到,或因不清楚其效果,或因未想到其重要性等等",而常常予以忽略。[②] 此外,格式条款天然具备一种隐蔽效果——因其专业性、复杂性、冗长、

---

① 关于格式条款之拘束力的理论基础,德国法上历来就有(1)意思推定说、(2)规范说和(3)合意说之争,关于这一点,早已为我国民法学界所熟知(中文文献,可参见苏号朋:《格式合同条款研究》,中国人民大学出版社年 2004 年版,第 56—60 页)。究竟哪种学说更胜一筹呢?仅就我国法的构造而言,答案是明确的。《合同法》第 39 条所确立的订入规则,强调披露、提请注意和说明义务,恰好说明经过了披露、提醒和说明,格式条款的接受方能够了解格式条款的内容,并在此基础上达成合意。因此可以说,格式条款的拘束力在本质上来自于当事人的合意。不过,若认为单凭这般程度的合意也能产生拘束力,其说服力并不充分。格式条款之所以具有拘束力,更重要的原因是它与有关合同核心给付内容的合意发生联动。参见[日]河上正二:《约款规制的法理》,有斐阁,1988 年,第 184—185 页。

② Drexl:《消费者之经济上的自我决定》,1998 年版,第 340 页,转引自[德]卡拉里斯(目前国内定型的译法为"卡纳里斯"):《债务合同法的变化——即债务合同法的"具体化"趋势》,张双根译,唐垒校,《中外法学》2001 年第 1 期。

字体细小往往令顾客敬而远之。① 可见,合意度的高低与是否经过协商并无直接的关联,即使没有参与合同内容的形成过程,只要相对人在充分了解的基础上作出进入合同的决定,其意思自治就能得到充分的保障。不容磋商"本身不足以说明实质的合同自由(或合同公正)的重大损害"。② 就记述合同附随事项的格式条款而言,其合意度在常态下不足,进而容易诱发不当条款的根本原因,在于市场机制面对格式条款时的失灵。

四、区分规制的必要性与方法

通过上文的分析可知,对于核心给付内容,无论是否采用格式条款的形态,合意度的低下都是例外。而对于采用格式条款形式的附随事项,合意度的低下却为常态。这两类性质迥异的格式条款,是否都属于格式条款规制法的规制对象呢? 如果答案是否定的,则意味着需要对两者分别进行规制,就还需要进一步梳理各自的规制方法。经过这两个步骤的探索,本文的问题意识才能得到彻底的澄清。

(一)我国法的现状

在进入正题之前,不妨先确认一下我国法的现状。仅从条文的文意看,《合同法》对格式条款的定义采取了纯粹形式主义的进路:"格式条款是当事人为了重复使用而预先拟定,并在订立合同时未与对方协商的条款"(第 39 条第 2 句)。③ 从中看不出对核心给付条款和附随条款的区分。不过,要确认我国法的现状,还需要进一步探寻法院和学界的理解。

---

① [日]河上正二:《约款规制の法理》,有斐阁,1988 年,第 7 页。

② [德]卡拉里斯:《债务合同法的变化——即债务合同法的"具体化"趋势》,张双根译,唐垒校,《中外法学》2001 年第 1 期。

③ 《合同法》第 39 条的定义中有一个硬伤:忽略了条款由第三方拟定的情形。现实交易中,有时双方当事人都没有预先拟定格式条款,而是借用第三方拟定的文本,例如由行政机关、行业协会甚至其他企业拟定的格式文本,往往是某领域的标准合同文本。由第三方拟定的格式文本虽然能够在一定程度上担保中立性,但并不能担保文本内容就完全契合当事人之间的交易。对于不能契合于交易的条款,格式条款中的某些内容会出乎双方的意料,有时需要法官后调整。关于这一点,我国法无论在学理上还是在实践中都是空白。日本的判例针对这种情况,创造了一种独特的法技术——"例文解释",将其中那些不能契合于当事人本意的条款解释为"例文"——即示例,从而将其排除在合同内容之外。详见[日]冲野真己:《いわゆる例文解释について》,《日本民法学の形成と课题(下)——星野英一先生古稀祝贺》,有斐阁,1996 年,第 603—649 页。因此,不应将格式条款的拟定主体限于合同当事人。

1. 法院的立场

从各种媒介所公布的裁判文书看,涉及《合同法》第 40 条的为数并不少,但在判断格式条款的效力时法院并没有区分格式条款所记述的内容为何,是否属于合同的核心给付内容。

不过,在裁判文书中看不到这样的思想也不为怪。这是因为,绝大部分的纠纷都是围绕着纠纷解决条件(特别是免责条款)展开的,而这些条款通常并不构成核心给付内容。但有一类案件非常特殊,足以暴露问题,那便是有关保险合同的绝对免赔率条款有效性的纠纷。例如有这样的判断:"虽然保险条款规定,被保险机动车方的损失应当由第三方负责赔偿的,无法找到第三方时,免赔率为 30%。但是,投保人向保险人购买车损险,目的就是为了得到保险人及时理赔的保险保障,该保险条款既不符合投保人的缔约目的,亦有违公平原则。同时,作为提供格式合同的一方,保险人设定的上述合同条款,客观上免除了自身的民事责任,排除了被保险人在保险合同中的主要权利,按合同法的有关规定,应当认定该条款无效。"[①]表面上看,绝对免赔率条款在性质上似乎属于免责条款。然而,保险合同不同于买卖、运输等合同。后者的核心给付内容是标的物所有权的转移、标的物安全运送到目的地以及对价的支付,与免责条款的内容通常有明显的不同。而在保险合同中,核心给付内容也是发生保险事故时赔付保险金,在本质属性上与绝对免赔率条款一致。至少我们无法一概否认绝对免赔率条款构成保险合同的核心给付内容的可能性。且不论这样的条款最终是否有效,至少这样的思维可以佐证本文的一个猜测:司法实践中不存在区分规制核心给付条款和附随条款的意识。[②]

2. 学界的认知

有关《合同法》第 40 条的解释论主要围绕该如何理解条文所用表述——"免除其责任、加重对方责任、排除对方主要权利"——而展开。一种极端化的解释是:"主要权利是指合同中主要条款规定权利或法律规定的重要权利。"[③]

---

① 马某与中国人民财产保险股份有限公司南京市城北支公司保险纠纷案,南京市鼓楼区人民法院(2010)鼓商初字第 618 号。

② 不过,关于下文将提及的宣示性条款——仅仅重复法律法规内容的格式条款,司法实践基本都因其符合法律规定而承认其效力。例如,"涉案条款中第 6 条、第 8 条、第 10 条、第 16 条、第 17 条、第 24 条等 6 个条款均有明确法律依据,未构成《合同法》第四十条、第五十二条或第五十三条规定的无效情形,原告对于上述 6 个条款无效的主张没有法律依据"。参见郭力诉河南连邦软件有限公司等计算机软件著作权许可使用合同纠纷案,北京市第一中级人民法院(2006)一中民初字第 14468 号,[法宝引证码]CLI. C. 387520。

③ 谢怀栻等:《合同法原理》,法律出版社 2000 年版,第 71 页。

也有观点认为:"'主要权利'是根据合同的性质本身确定的……合同千差万别,性质不同,当事人享有的'主要权利'不可能完全一样。认定'主要权利'不能仅仅看双方当事人签订的合同的内容是什么,而应就合同本身的性质来考察。如果依据合同的性质能够确定合同的主要内容,则应以此确定当事人所享有的主要权利。"[1]还有观点主张:企业合理化经营所必需或者免除一般过失责任、轻微违约之责任的条款有效。[2] 这些理解都隐含了一个前提:只要合同条款在形式上符合格式条款的定义,就理所应当受《合同法》第 40 条的规制。从这些观点中依然看不出要区分规制的意识。

(二)区分规制的必要性

为什么要区分规制这两类格式条款呢?探究个中缘由,需要从格式条款内容规制规范的意义说起。

1. 格式条款内容规制规范的意义

尽管针对的同样是不当合同的第三种类型,但有别于以合意度和均衡度为成立要件的暴利行为规则,格式条款内容规制规范完全摒弃了对双方当事人主观状态的考察,即不以合意度的高低为要件(参见《合同法》第 40 条、《德国民法典》第 307—309 条)。

照理,格式条款因种类、内容、接受对象的不同,接受方的意思参与程度会有所不同。[3] 有时,甚至连格式条款提供方的意思参与程度也不能达到百分之百,例如,利用市场通用的格式合同文本的情形,以及图省事照抄其他行业、其他企业成熟的格式条款的情形等。也就是说,虽然我们可以在一般论的层面断言利用格式条款的条款合意度普遍低下,但低下的程度仍会千差万别。那么,在判断是否介入该条款(附图中合意度与均衡度的交点位于 BC 线左下方)时,就不仅需要举证均衡度的不足,还需要结合具体的合意度来判断(这样才能准确地判断合意度与均衡度的交点是否落在 BC 线的左下方)。然而,格式条款的内容规制规范却仅仅要求给付内容的不均衡这一个要件。这又该如何理解呢?

一种可行的解释是:这是出于法政策上的需要。如上文所述,记述附随事

---

① 王利明:《对〈合同法〉格式条款规定的评析》,《政法论坛》1999 年第 6 期。

② 参见崔建远主编:《合同法》,法律出版社 2010 年第 5 版,第 75 页。

③ 例如,如果格式条款的接受方是熟悉该类交易的专家,通常被人们所忽略那些附随的交易条件也有可能成为他决定是否交易的关键因素。

项的格式条款的合意度在常态下不足。为了更有效地矫正不当合同,立法者采取定型化的手法,在法技术上采取整齐划一地手法,将所有利用格式条款之情形的合意推定为同等程度低下的合意(附图中的 *DG* 线),从而免去格式条款接受方对涉及双方主观状态之事实的举证负担,不失为一种妥当且高效的制度设计。如此一来,只要格式条款中的约定导致给付的失衡达到一定的程度(均衡度小于数值 *OE*),(因合意度与均衡度的交点落在 *BC* 线的左下方)合同便不再具有正当性,法律秩序对合同内容的介入便不再需要考察缔约的主观方面——合意度的高低,除非格式条款的提供方能够证明,接受方已经将或者能够将该条款纳入决定是否订立合同的考量范围。这便是格式条款内容规制规范的意义之所在。

2. 核心给付条款的适用排除

承载了法政策使命的《合同法》第 40 条,能否适用于记述核心给付内容的格式条款呢?

答案是否定的。这是因为,在常态下有关核心给付内容的合意度是相对充足的(大于 *OD*),并不满足格式条款内容规制规范的预设前提——合意度在常态下总是低下。即便在例外情形其合意度低下(小于 *OD*),只要未低到法律行为法介入的门槛值(1*C*),对该条款的规制就仍然需要合意度与均衡度的关联判断,而不是像第 40 条那样只考察均衡度这一项指标。因此,在解释论上势必要将核心给付条款排除在格式条款内容规制规范的适用范围之外。这也是出于对市场机制的尊重,即核心给付内容应当由市场机制来调节。关于这一点,如文章开头所述,在德国法上可以找到强有力的佐证。德国法将核心给付条款排除民法第 307 条之外规制对象之外的理由,主要是立法者认为这部分内容只需要交由市场的竞争和当事人的选择。①

其实,将核心给付条款排除在格式条款内容规制规范的规制对象之外的观点,在我国法学界本不应该成为意外。这是因为,有关德国法的上述理解早

---

① Lorenz Fastrich. Richterliche Inhaltskontrolle im Privatatrecht,1992,S. 259,264;Michael Coester. In:J. von Staudingers Kommentar zum Bürgerlichen Gesetzbuch,13. Aufl. 1998,§ 8 AGB,Rn. 3,4;Manfred Wolf. In:Manfred Wolf/Norbert Horn/Walter F. Lindacher,AGB-Gesetz,4. Aufl. 1999,§ 8 Rn. 13,转引自[日]桑冈和久:《价格附随条款的内容规制(二)·完——ドイツにおける银行の手数料条项をめぐる议论を手がかりとして——》,《民商法杂志》第 127 卷第 4·5 号,第 40—41 页(2003 年)。另一种解释是:相对于合同的其他部分(常素),核心给付内容(要素)具有不可变更、不可排除性,并且需要由当事人的合意形成,是只能交由当事人自律决定的最小限度的合同内容,欠缺了这样的合意规范合同本身便无法维持。参见[日]石川博康:《「契约の本性」の法理论》,有斐阁,2010 年,第 29 页,第 468 页。

已有中文文献的介绍。① 但遗憾的是,这些重要的信息未能成为反思我国立法和法解释的契机。

(三)区分规制的方法

1. 附随条款的规制方法

对于附随条款,自然可以通过格式条款规制法来应对。如前文所述,这种制度最大的优越性,它免除了格式条款接受方举证合意度不足的沉重负担。因此,这种制度无疑是规制附随条款的主力军。不过,若纯粹从追求理论完整性的角度讲,探讨附随条款的内容规制手法时,还应当探讨一下适用传统型合同内容规制规范的可行性。

由于附随条款的无效或者部分无效仅仅意味着整个合同的部分无效,因此,只有当暴利行为规则、公序良俗原则、诚实信用原则等传统型合同内容规制规范也能实现同样的效果时,才有适用的余地。

公序良俗原则、诚实信用原则这样的一般原则具有高度的适应性,自然没有问题。问题是暴利行为规则。在德国法上,构成暴利行为的法律行为其法律效果是无效。无论从暴利行为制度与善良风俗原则的亲缘关系来看,还是从立法体例上——紧接其后规定善良风俗规范以及暴利行为制度之后安排的是有关法律行为部分无效的规则——上看,都可以断定,暴利行为的效果不限于合同的全部无效,还包括某一条款的全部乃至部分无效。我国法上乘人之危合同的法律后果虽然不是无效,而是"可变更或者可撤销",但其中的"可变更"可以实现与部分无效相同的效果,因此,至少从法律效果上看,适用乘人之危规则也可以达到规制格式条款的效果。不过,虽然不能否认暴利行为有可能借助格式条款的形式实现,但如前文所述,暴利行为规则的构成要件过于刚性,仅仅利用格式条款通常很难评价为利用了对方当事人的轻率、窘迫、无经验。因此,利用不当格式条款的合同不见得都能算得上是暴利行为,暴利行为与利用格式条款的情形发生重叠的几率并不大。对于不当格式条款的规制,不能对暴利行为规范抱以过高的期待。如此一来,对不当格式条款的规制,只

---

① 例如〔德〕卡拉里斯:《债务合同法的变化——即债务合同法的"具体化"趋势》,张双根译,唐垒校,《中外法学》2001年第1期;王全弟、陈倩:《德国法上对格式条款的规制——〈一般交易条件法及其变迁〉》,《比较法研究》2004年第1期。

能依赖高度抽象的一般条款——公序良俗原则和诚实信用原则了。① 利用一般条款应对法律纷争固有灵活、机动的长处,但为了消弭恣意裁判的隐忧,不可避免地会加重法官的论证责任。

2. 核心给付条款的规制方法

将核心给付条款排除在格式条款规制法的规制对象之外,并不意味着核心给付条款就完全不受法律秩序的规制。因为有关核心给付内容的合意也有可能合意度低下,给付严重失衡。有关核心给付条款的不当,主要存在于以下几种情形。

第一种,是因一方当事人欠缺意思能力、行为能力而导致订立严重不当内容的合同的情形。这时,可以通过意思能力制度、行为能力制度获得救济,尽管这些制度的发动并不以均衡度的低下为要件。

第二种,是发生胁迫、欺诈、虚伪表示、错误、心中保留等意思表示存在瑕疵的情形。针对这种情形,现有的法律行为法足以应对,②尽管这些制度的发动并不以均衡度的低下为要件。

第三种,是发生乘人之危的情形。这时自有乘人之危制度提供救济。前文提及的保险合同中绝对免赔率条款如果在个案中被判定属于核心给付条款,那么多数情形将属于这种类型的问题。这时,若要否定该条款的效力,仅仅主张、举证保险人"免除其责任、加重对方责任、排除对方主要权利"是不够的,还需要证明保险人"乘对方处于危难之机,为牟取不正当利益,迫使对方作出不真实的意思表示"。

第四种,是发生非常损失的情形。如前文所述,在我国法上,至少在一定的情形法律秩序对矫正作了授权。

第五种,则是其他市场机制不能正常发挥作用的情形,即发生违反反垄断法行为的情形。由于没有市场机制的保障,处于不利地位的一方当事人面对不公正的交易条件时,因无法自由地选择交易相对人而不得不接受给付失衡

---

① 实际上,德国的审判实践中为了回避暴利行为规则在构成要件上的刚性要求,也多适用善良风俗规范来处理。参见[德]卡拉里斯:《债务合同法的变化——即债务合同法的"具体化"趋势》,张双根译,唐垒校,《中外法学》2001年第1期。

② 这说说或许不准确。德国流的法律行为法对法律行为的介入采取限定列举的模式,至少遗漏了不实表示这种重要的类型。在日本最近的债法修改运动中,民法(债权法)改正检讨委员会公布的基本方针(改正试案)便将原本规定在消费者契约法中的不实告知规则升格为法律行为法的一般规则——不实表示规则(改正试案[1.5.15])。参见[日]民法(债权法)改正检讨委员会:《详解债权法改正的基本方针I》,商事法务,2009年,第124—137页。该基本方针的中译版,参见渠涛等译:《日本民法(债权法)修改草案条文》,渠涛主编:《中日民商法研究(第九卷)》,法律出版社2010年版,第381—595页。

的合意。这里涉及经济法与民法的关系问题——违反《反垄断法》之法律行为的效力问题。在我国法的背景下,这个问题可以归结为《合同法》第 52 条第 5 项——违反强制性规定之合同的效力——的解释问题。国内学界提到反垄断法与民法的关系,学术关心还是集中在因垄断造成的损害赔偿问题上。① 实际上,有关违反《反垄断法》之合同的效力问题,早已有文献介绍了日本法的有力学说。② 遗憾的是,即使在《反垄断法》施行后该问题依然没有引发学界的关注。

日本法上有力的见解主张反垄断法与民法应当完全对接。在这种观点看来,取缔法规——相当于我国法上所说的非效力性强制性规定——论中的法规,可以分为"警察法令"——主要是以实现与交易不直接相关的价值为目的的法令,和"经济法令"——与交易密切相关的法令。③ 经济法令包括两类不同目的的法令。一类是以保护消费者的法令所代表的,以保护各个交易中当事人的利益为目的的法令——"保护交易利益法令"。在涉及消费者的纠纷中,因为消费者是最终用户,所以一般不存在交易安全的问题。另外,否定违反这类法令之交易的效力,不仅有利于实现法令的规制目的,而且还有利于实现当事人间的信义和公平。另一类是以反垄断法为代表的,以维持市场秩序为目的的法令——"维持经济秩序法令"。违反这类法令的情形与前一类的情形不同,否定交易的效力有可能危及当事人间的信义和公平。但是,维持正常的竞争秩序正是各个交易得以顺利进行的前提。因此,在一定程度上牺牲当事人间的信义、公平也是不得已的。④ 也就是说,如果可以判定交易违反了反垄断法,便可以直接否定合意的效力。

对于核心给付条款的内容规制,最终取决于是否违反《反垄断法》的判断。所幸,2012 年 5 月公布的司法解释《最高人民法院关于审理因垄断行为引发的民事纠纷案件应用法律若干问题的规定》第 15 条正式确立了合同因违反《反垄断法》应归于无效的规则:"被诉合同内容、行业协会的章程等违反《反垄断法》或者其他法律、行政法规的强制性规定的,人民法院应当依法认定其

---

① 这方面的文献很多,例如,李志刚、徐式媛:《反垄断法上的民事赔偿责任》,《人民司法》2011 年 7 期;颜运秋、周晓明、丁晓波:《我国反垄断私人诉讼的障碍及其克服》,《政治与法律》2011 年第 1 期。蒋岩波、喻玲:《我国反垄断民事诉讼制度面临的挑战及其变革》,《江西社会科学》2011 年第 4 期,等等。

② 参见解亘:《论违反强制性规定契约之效力》,《中外法学》2003 年 1 期。

③ [日]大村敦志:《取引と公序——法令違反行为效力論の再检讨》(上、下),ジュリスト第 1023 号,第 82 页;1025 号,第 66 页(1993 年)。

④ [日]大村敦志:《取引と公序——法令違反行为效力論の再检讨》(上、下),ジュリスト第 1023 号,第 86 页以下;第 1025 号,第 68 页以下。

无效"。

不过,需要注意的是,坚持反垄断法与民法的无缝对接,并不当然意味着赞同降低介入核心给付条款的门槛。因为如果对于是否违反《反垄断法》的判断趋于严格的话,依然可以维持相对保守的立场:最大限度地尊重意思自治,哪怕在一定程度上牺牲给付均衡。有观点就主张,应当充分尊重市场与法的分工,凡是能由市场决定的,就不需要权威决定。[①]

此外,与这部分内容相关的另一个问题是,对《反垄断法》的违反是否构成否定记述附随事项之格式条款的效力的理由? 从条文的逻辑关系看,最高人民法院的上开解释应是对《合同法》第 52 条第 5 项"强制性规定"的一个解释。由于《合同法》第 40 条中引致了第 52 条,因此,如果记述附随事项的条款违反了《反垄断法》,该条款将归于无效。这是规制记述附随事项之格式条款的另一手法。

五、代结语

以上,本文论证了应当区分规制记述核心给付内容的格式条款和记述附随事项的格式条款的观点,格式条款内容规制规范的体系定位在此意义上得以确立。不过,问题还没有得到彻底的解决。这是因为,在多数的交易中,核心给付条款也采用印刷体形式,在外观上与记述附随事项的格式条款未必能有清晰的区分。究竟什么样的条款才属于核心给付条款呢? 这个问题具有扫尾的意义,不妨代作本文的结语。

(一)核心给付条款的判断

因为个案千差万别,就一般论而言,关于这个问题似乎不存在一般性的判断基准,只能通过个案来判断。这样的结论多少会让人有些沮丧:既然核心给付条款的判断不存在一般性的基准,之前的所有努力岂不是都失去了意义?

不然! 虽说不存在判断核心给付性条款的一般基准,但判断现实交易世界的合同中哪些内容属于核心给付性条款也并非特别困难,依然有线索可循。

首先,是典型合同的情形。一般的立法例都会在合同分则中各类有名合

---

① [日]田村善之:《市场と组织と法をめぐる一考察(一)(二·完)》,民商法杂志第 121 卷(2000 年)第 4·5 号,第 64 页;6 号,第 1 页。关于稀缺财富分配的市场决定和权威决定的比较,参见[日]平井宜雄:《法政策学——法制度设计的理论と技法(第 2 版)》,有斐阁,1995 年。关于法政策学的中文简介,参见解亘:《法政策学——有关制度设计的学问》,《环球法律评论》2005 年第 2 期。

同的开篇,设置定义规定。为了最大限度地尊重合同自由,这类定义规定一般只规定典型合同的成立要件,而在开篇规定之后才会设置任意规定。以买卖合同为例,《合同法》在分则"第九章 买卖合同"的开篇设置了买卖的定义规定:"买卖合同是出卖人转移标的物的所有权于买受人,买受人支付价款的合同"(第130条)。这里,有关标的物所有权转移的合意以及价款支付的合意,构成买卖合同的成立要件。再如租赁合同,"第十三章 租赁合同"的开篇设置了租赁的定义规定:"租赁合同是出租人将租赁物交付承租人使用、收益,承租人支付租金的合同"(第212条)。这里,有关承租标的物的交付使用、收益的合意和租金支付的合意,构成租赁合同的成立要件。按照人们对合同规范——要素、常素、偶素——的三分法,这些规定各类典型合同成立要件的开篇规定属于合同规范中的要素。要素必须通过当事人自律的合意才能决定。① 这部分内容当属于核心给付内容。

其次,一般来说价格条款通常多属于核心给付条款。在典型合同的情形由于开篇规定中都会规定对价,所以毋庸赘言。即使在非典型合同的情形,亦是如此。价格条款之所以不受该法中规范格式条款之规定的拘束,同样也是因为涉及价格的事项应当交由市场来决定,即通常依靠自由竞争来调节,而不能由法院越俎代庖。② 不过,需要注意的是,价格条款未必总是核心给付条款。这是因为,在稍稍复杂一点的交易中,有时会存在多个价格条款,市场机制对其中有的价格条款不能发挥作用。例如,银行规约中各种收费项目的条款。③

第三,对于合同法或者其他特别法没有规定的现实类型,确定核心给付条款时,可以通过对这种已经定型的合同类型的再度抽象,提取出这种合同类型的成立要件。至于具体该如何提取,有无一般性的指针和技法,只能留待今后的研究。

对于其他的合同,恐怕只能回到根本,看格式条款的接受方是否会关注,

---

① 合同规范中的要素,由必须通过当事人的合意决定的部分,以及不仅不需要合意而且合意也不能排除的部分组成。[日]石川博康:《典型契约冒头规定と要件事实论》,[日]大塚直、后藤卷则、山野目章夫编:《要件事实论と民法学との対话》,商事法务,2005年,第146页。

② [日]河上正二:《约款规制の法理》,有斐阁,1988年,第164页;[日]山本丰:《消费者契约法(3·完)——不当条项规制をめぐる诸问题》,《法学教室》第243号,第62页(2000年)。

③ [日]桑冈和久:《价格附随条款の内容规制(二)·完——ドイツにおける银行の手数料条项をめぐる议论を手がかりとして——》,《民商法杂志》第127卷第4·5号,第218页。中文文献,参见[德]卡拉里斯:《债务合同法的变化——即债务合同法的"具体化"趋势》,张双根译,唐垒校,《中外法学》2001年第1期。

市场能否发挥其功能。由于格式条款是为了反复使用而制作的,因此,判断接受方是否会关注时原则上不需要考虑接受方的个体特征,按照这类交易的标准人来对待即可,除非能有相反证据证明格式条款的接受方熟悉该具体交易的细节。因此,这项作业也并非不可捉摸,在很大程度上它依赖于经验规则。

(二)遗留课题

行文至此,格式条款的区分规制问题或许可以告一段落了,但合同内容规制规范的体系化问题还远未得到彻底的解决。

首先,除了上文所述核心给付条款的判断问题尚未得到彻底解决外,合同中另一重要部分——经个别交涉的附随条款该如何规制,也是一个需要思考的问题。

其次,本文所作的尝试只是选择了现代型合同内容规制规范中的一种类型——格式条款规制法——作为研究的对象,而现代型合同内容规制规范中的其他类型,例如包含于消费者合同法乃至各类行业法中的内容规制规范,在当今社会也在扮演越来越重要的角色。这类规范与传统型合同内容规制规范的关系,也是一个极其重要的课题。

最后,即便是格式条款的内容规制规范本身,本文的研究也仅仅是一场序幕,正剧——有关规制基准的解释论——的大幕才刚刚拉开。①

---

① 目前,司法实践中对《合同法》第 40 条的适用完全不见章法,处于一种几近无序的状态,这一条文已成为法官可以不受限制地作自由裁量的飞地。目前,针对格式条款规制的解释论,多集中在格式条款的披露、说明以及不利解释领域,而有关内容规制的研究特别是有关规制基准的研究几近不毛,至多是利用比较法的手法介绍德国法上任意规范的形象指导作用(参见杜景林:《合同规范在格式条款规制上的范式作用》,《法学》2010 年第 7 期)。

合同无效中的损害社会公共利益与违法之辩

——从药品技术转让合同纠纷公报案例评析切入①

浙江大学光华法学院民商法博士生　高　放

摘　要：我国合同无效制度中规定了损害社会公共利益、违反法律、行政法规的强制性规定的合同无效。由于对强制性规定的限缩解释，司法实践中损害社会公共利益常以漏洞补充的地位被用作无效合同的判定依据。这一方面体现了《合同法》第 52 条第 5 项只能以转介条款的角色在个案中加以适用，也体现出损害社会公共利益所能统摄之含义的广泛。而且，法院在以往案例中也已经肯定了社会公共利益的概念之广。借鉴外国相关私法制度的发展，将损害社会公共利益作为合同无效的根本原因能够更完善地解决《合同法》第 52 条在实务中出现的问题。

关键词：合同无效；损害社会公共利益；违法合同；案例分析

我国《合同法》第 52 条规定了合同无效制度，②其中第 5 项"违反法律、行政法规的强制性规定"引发的争论一直是学界与司法实践关注的焦点。相较之第 52 条第 4 项"损害社会公共利益"在合同无效判定中的作用并未得到相应的重视。事实上，在法院的审判活动以及国外的相关私法制度中，损害社会公共利益不仅对以违法合同认定合同无效起到补充漏洞之作用，而且其社会公共利益之内涵大有扩张之势，以损害社会公共利益作为判定合同无效的根本原因或许可以解决第 5 项在适用中出现的种种问题。下文将评析的最高人民法院公报的这则案例，以合同效力认定作为再审裁判的首要问题与核心内容，且当事人在再审中也明确提出了"损害社会公共利益"的合同无效的意见，因此，本案为解决合同无效中损害社会公共利益与违法之辩提供了难得的机会。

---

① 本文原刊于《华东政法大学学报》2014 年第 3 期。

② 《合同法》第 52 条为：有下列情形之一的，合同无效：（一）一方以欺诈、胁迫的手段订立合同，损害国家利益；（二）恶意串通，损害国家、集体或者第三人利益；（三）以合法形式掩盖非法目的；（四）损害社会公共利益；（五）违反法律、行政法规的强制性规定。

一、案例梳理①

(一)案情概要

2004 年 6 月 12 日,海口奇力制药股份有限公司(以下简称奇力制药公司)与海南康力元药业有限公司(以下简称康力元公司)、海南通用康力制药有限公司(以下简称康力制药公司)签订《关于转让经营注射用头孢哌酮钠他唑巴坦钠(以下简称头孢新药)的合同》(以下简称转让合同)。

2006 年 12 月 31 日,海南药监局认为康力制药公司药品生产不符合《药品生产质量管理规范》的要求,决定收回其所有的《药品生产质量管理规范认证证书》(以下简称药品 GMP 证书),并要求康力制药公司按药品 GMP 证书相关标准进行整改,整改完成后按法定程序申请复查。2007 年 5 月 21 日,国家药监局向奇力制药公司核发载明药品名称为"头孢新药"的《新药证书》。同日,奇力制药公司获得国家药监局核发的药品名称为"头孢新药"的《药品注册批件》,药品监测期为 4 年,至 2011 年 5 月 20 日。奇力制药公司取得上述《新药证书》及《药品注册批件》后自行进行生产,并于 2007 年 12 月开始由其全资子公司交其他企业和个人代理销售。2008 年,奇力制药公司单方解除转让合同并通知了康力元公司和康力制药公司。

一审法院确认了本案的转让合同的标的为奇力制药公司研发的头孢新药技术之相关权利,认定了转让合同为技术转让合同,对其效力的阐述仅为"转让合同系三方真实意思表示,且合同内容未违反国家法律或行政法规的禁止性规定,属有效合同"。而二审法院对于转让合同的效力问题,认为虽然转让合同违反了《药品管理法实施条例》和国家药监局 2007 年 10 月施行的《药品注册管理办法》对监测期内批准新药的生产的相关规定,但是由于上述法规不属于效力性强制性规定,且《药品注册管理办法》实为部门规章,无法作为合同无效的法定事由,因此判定转让合同为有效合同。

康力元公司与康力制药公司不服二审判决,向最高法院申请再审。奇力制药公司在提交的再审意见中称,转让合同违反了监测期内新药技术不得转

---

① 案件全称为"海南康力元药业有限公司、海南通用康力制药有限公司与海口奇力制药股份有限公司技术转让合同纠纷案",最高人民法院(2011)民提字第 307 号民事判决书,载《最高人民法院公报》2013 年第 2 期。下文简称"本案"。

让、不得批准其他企业生产和进口的规定,且转让合同受让方不具备受让头孢新药的法定资质。同时,认为转让合同违反了《药品注册管理办法(试行)》和《药品生产监督管理办法》的相关内容,因此违反了法律、行政法规的强制性规定,转让合同无效。最后奇力制药公司提出:"转让合同损害社会公共利益,应属无效合同"。

(二)争点及裁判

虽然本案涉及转让合同的效力问题、转让合同的履行、违约情况及能否继续履行问题、违约责任承担问题等相关争点,①但是根据最高院公报的"裁判摘要",本案焦点主要集中在了转让合同效力的判定上,即"在合同效力的认定中,应该以合同是否违反法律、行政法规的强制性规定为判断标准,而不宜以合同违反行政规章的规定为由认定合同无效。在技术合同纠纷案件中,如果技术合同涉及的生产产品或提供服务依法须经行政部门审批或者许可而未经审批或者许可的,不影响当事人订立的相关技术合同的效力"。

本案最终裁判转让合同有效。最高院认为转让合同既涉及新药技术转让和新药委托生产两方面内容,因此从这两方面阐明了转让合同有效的理由,其判决原文具体如下:

关于新药技术转让问题,我国一直由国家药监局以行政规章及规范性文件的方式加以规定。本案当事人签订转让合同时法律和行政法规没有关于新药技术转让的强制性规定,虽然行政规章对此有具体规定,但是这并不属于《合同法》第52条第5项中违反法律、行政法规的强制性规定而归于合同无效的情形。因此本案关于新药技术转让的约定是有效的。

关于药品委托生产的问题,《药品管理法》规定,经有关药品监督管理部门批准,药品生产企业可以接受委托生产药品。《药品管理法实施条例》规定,接受委托生产药品的,受托方必须持有与其受托生产的药品相适应的药品GMP证书。本案转让合同订立时,康力制药公司持有与涉案药品相适应的《药品生产许可证》和药品GMP证书,因此双方当事人关于委托康力制药公司生产涉

---

① 就本案的后两个争议焦点,最高院认为奇力制药公司未尽及时通知的合同义务,构成违约,应当承担违约责任。康力元公司与康力制药公司基于先期相关协议已支付110万的研发费已转作转让合同价款。康力制药公司因药品GMP证书被收回影响其是否能得到新药行政审批及受让后能否生产该新药属于政府职能部门监督范畴,其后果自担,与奇力制药公司实现其转让合同债权无关,不属于因不可抗力使合同目的无法实现,因此不能判定解除转让合同,双方应继续履行该转让合同。就转让合同有效之后与此合同相关的合同解除、合同履行及违约问题与本文拟探讨的合同效力问题关系不大,故在后文中不做探讨。

案新药的约定不违反法律和行政法规规定。康力元公司虽没有相关资质,但其负责的是药品销售部分。因此,本案当事人关于药品委托生产的约定是有效的。

最高法院《关于审理技术合同纠纷案件适用法律若干问题的解释》第八条第一款规定,生产产品或者提供服务依法须经有关部门审批或者取得行政许可,而未经审批或者许可的,不影响当事人订立的相关技术合同的效力。因此康力制药公司是否能获得生产涉案新药的《药品生产许可证》和药品 GMP 证书,并不影响转让合同的效力。综上,转让合同应认定为有效合同。

二、《合同法》第 52 条第 4 项与第 5 项在司法审判中的适用

《合同法》第 52 条第 5 项规定了"违反法律、行政法规的强制性规定"的合同无效。自最高院解释将此条款限缩为仅限于违反法律及行政法规的效力性强制性规定后,[①]对于违法合同效力的判定始终是理论界及司法实践中存在争议的问题。最高院公报的这则案例进一步明确了对行政规章的违反以及技术合同中当事人缺乏行政审批、行者许可资质并不影响合同的效力。这对进一步完善在审判实践中违法合同的具体内涵有重要的指导与明示作用。值得注意的是,就转让合同的效力问题,奇力制药公司在提交的再审意见中,明确提出了"转让合同损害社会公共利益,属于无效合同"的请求,但是最高法院在判决书中并没有涉及转让合同是否损害了社会公共利益的相关判定,也没有做出具体理由说明。根据《合同法》第 52 条第 4 项的规定,"损害社会公共利益"的合同无效。法律、行政法规、行政规章等任何法律性规范的制定都是以维护社会公共利益为基本目的和根本出发点的。那么,本案中对"行政规章"的违反或者行政资质、许可的欠缺或许也可以认定为因不利于维护社会公共利益继而造成了对社会公共利益的损害。这就牵涉到损害社会公共利益的合同与违法合同在无效合同认定中的适用关系问题,而且会产生即使不满足《合同法》第 52 条第 5 项规定,合同有效,但符合第 4 项损害社会公共利益合同应当无效的相反结果。暂且不论最高院在判决中没有说明不支持当事人请求的理由可能存在的失职问题,但就上述合同无效的两项规定而言,最高院并没有正面回应违法与损害社会公共利益在判定合同无效中的适用关系问题,也就错失了解决问题的机会。

---

① 1999 年最高院《合同法解释(一)》第 4 条;2009 年最高院《合同法解释(二)》第 14 条。

以过往案例为出发点,能够清晰展现出《合同法》第 4 项与第 5 项在适用中出现的问题。就判定合同无效而言,涉及第 5 项之应用者占相当多数,而运用第 4 项社会公共利益的案例相对较少。这一方面证明实践中就第 5 项之限缩解释产生的争议数量可观,另一方面表现了第 4 项在适用中或许较难实际操作的问题。以下就能够涉及第 4 项与第 5 项之联系,特别是体现第 4 项社会公共利益原则之运用的典型案例做一简要介绍,以期找出在审判合同无效的实践中适用第 4 项与第 5 项的规律。[①]

(一)本案公报前的案例列举

1.江苏华电设计院诉泰州开泰房地产公司建设工程设计合同案[②]

该案中,华电设计院在签订设计合同时并无相应等级设计资质,交付设计图纸时,开泰房地产只签收了部分图纸,但在其签收部分图纸后,华电设计院取得了涉案设计合同所需要的等级的设计资质。

法院认为,最高院司法解释中"建设施工合同承包人在工程竣工前取得相应资质的,不影响其超越资质等级而签订的施工合同的效力"的规定在案件中可以类推适用,即合同履行中,成果交付前取得相应资质,不影响合同效力,因为其规范的目的都是为确保建设工程质量,合同有效。

2.海南安特电子公司与中国热带农业科学院债权转让合同案[③]

该案中,金融不良债权转让的程序、当事人资质和转让合同效力的相关规定由最高法院发布的某《纪要》和国家部委的若干《通知》规定,涉案债权转让合同的内容违反了以上规定。

法院认为,虽然上述规定不属于效力性强制性规定,但是根据最高院《纪要》的精神,上述规定是为规范、管理和保障不良债权处置而发布的,是为了防止损害国家利益和社会公共利益。因此涉案合同内容因违反《纪要》规定会损害国家利益或社会公共利益,根据《合同法》第 52 条第 4 项,合同无效。

3.海南天雨投资公司、天源证券与西宁天行投资公司借款合同案[④]

该案中,签订涉案借款合同的当事人需要为有相应资质的金融机构。

法院认为,合同当事人均系无贷款经营资质的法人,借款协议违反了国家

---

① 未经特别说明,以下案例均出自北大法宝案例数据库。
② 参见江苏省无锡市中级人民法院(2010)锡商再终字第 0003 号判决书。
③ 参见海南省高级人民法院(2011)琼民二终字第 23 号判决书。
④ 参见最高人民法院(2010)民二终字第 134 号判决书。

金融管理法规、扰乱了国家金融秩序,根据《合同法》第 52 条,认定合同无效。

4. 巴菲特投资公司诉上海自来水投资建设公司股权转让纠纷案①

该案中,双方就国有产权委托他人以拍卖方式转让,签订股权转让协议。

法院认为,国资委、财政部制定实施的某《管理暂行办法》及上海市政府的某《管理办法》中的规定了与涉案合同相关的内容。虽上述规范性文件不是行政法规,但仍系依据国务院的授权对某《管理暂行条例》(系行政法规)的实施所制定的细则,符合其防止国有资产流失、避免国家利益、社会公共利益受损的原则。因此,违反上述规范性文件的规定损害了社会公共利益,根据《合同法》第 52 条第 4 项,合同无效。

5. 张云龙与百汇公司外汇买卖委托合同案②

该案中,双方签订外汇买卖委托管理合同。张云龙为中国境内公民,百汇公司为住所地在外国的受托人。

法院认为,涉案外汇买卖合同违反了中国人民银行颁布的《个人外汇管理办法》的规定,违反了中国现行外汇管理制度,因此外汇买卖行为严重扰乱了我国市场经济管理秩序,损害了我国国家利益。根据《合同法》第 52 条第 4 项,合同无效。

6. 上海弘正律师事务所诉中国船舶及海洋工程设计研究院服务合同案③

该案中,双方签订的代理服务协议上有"设计院如有调解、和解及终止代理等需与弘正律师所协商一致,否则以约定律师代理费额补偿弘正律师所经济损失"的约定。

法院认为,律师为获取自身利益最大化限制当事人依法享有的诉讼权利之行为不受法律保护,上述约定是一种对设计院试图单方调解或和解时的违约责任条款,这些行为加重了当事人的诉讼风险,侵犯了委托人的自主处分权,不利于促进社会和谐,损害社会公共利益,根据《合同法》第 52 条第 4 项,合同无效。

(二)第 4 项与第 5 项在适用中的交错

从《合同法》第 52 条第 4 项与第 5 项在适用上的关系来看,上述法院的裁

---

① 参见上海市高级人民法院(2009)沪高民二(商)终字第 22 号判决书。
② 参见上海市高级人民法院(2009)沪高民四(商)终字第 34 号判决书。
③ 参见上海市第二中级人民法院(2009)沪二中民四(商)终字第 450 号判决书。

判都承认了法律、行政法规、行政规章及其他的规范性法律文件均维护了社会公共利益。第5项被限缩为效力性强制性规范后，一些争议合同所违反的法律规范不符合第5项的要求，但仍然可以第4项违反社会公共利益为依据判定合同效力。如案例2、案例4与案例5，都涉及了违反法律、行政法规之外的非效力性强制规定，法院以损害社会公共利益认定了合同无效。法院的做法承认了《合同法》第52条第4项的法律漏洞补充作用，也就等同于承认了损害社会公共利益能够涵盖违反法律等规范性文件的情形，这也为理论上和实践中实现合同无效制度以损害社会公共利益为根本原因供佐证。

就涉及合同当事人资质、审批、许可等当事人资格问题的案例而言，案例2与案例3的涉案合同都因当事人欠缺相应资质而损害社会公共利益继而无效。理论上，某些合同因其特殊性要求当事人具有特殊的缔约能力，即取得相关资质、审批、或许可，这是法律基于对合同履行以及合同目的实现的特殊利益保护而做出的要求。① 例如技术开发者需有技术开发能力、建设工程的承包人需要有建筑施工企业资质等，这无非是以特殊合同标的之公益保护为根本原则。但是案例1所适用的规则似乎于此相悖。此案中合同订立时当事人超越其本有资质，但是法院判定合同履行中、成果交付前取得相应资质合同应当为有效。事实上本案最高院也做出了即使合同履行中当事人失去相关资质也不影响合同效力的判定。这种解释论上的扩张就引发了同法但案例结论相悖之尴尬。在合同当事人资质等相关问题中，若法律或行政法规规定了当事人应该当具有某种资格，那么欠缺资质是否属于第5项强制性规定的范畴合同应当无效？若第5项无法适用，基于社会公共利益保护的角度而要求特殊合同的当事人具有相应资质的案件中，当事人无资质是否又符合第4项损害社会公共利益即上述案件2与案件3的情形合同也应当无效，合同履行中的资质丧失又会不会影响社会公共利益？这是否与因没有资质而损害社会公共利益的问题相同？这一系列的问题都因《合同法》第52条第4项与第5项在司法实践中的适用界限不清而出现。而现在这种司法审判中的混乱基本是依靠具体的司法解释（例如本案中技术合同问题的相关解释）在个案中一一解决，这难免展现出我国合同无效制度立法上的缺陷。

---

① 当事人缔结合同资质问题本涉及到《民法通则》中民事法律行为的实质要件问题，但因本文以《合同法》及合同理论为切入点，因此在文中不作出与《民法通则》相关的展开。

（三）损害公共利益概念之扩张的可能

从《合同法》第52条第4项损害社会公共利益的内涵来看,上述案例体现出其不仅包括社会经济秩序(案例3)、保护国有资产(案例4)、国家利益(案例5),甚至包括了私人利益和对行业秩序的保护(案例6),这从某种程度上表明社会公共利益的含义完全可以将国家利益、社会利益、经济秩序、私人利益等《合同法》第52条的规定涵盖其中。这表明,法院在司法实践中也从某一侧面肯定了以损害社会公共利益作为合同无效唯一标准的可能。而事实上,最高院在2009年发布的《关于当前形势下审理民商事合同纠纷案件若干问题的指导意见》中,就已经提出:"人民法院应当综合法律法规的意旨,权衡相互冲突的权益,诸如权益的种类、交易安全以及其所规制的对象等,综合认定强制性规定的类型。"并提到"如果强制性规范规制的是合同行为本身即只要该合同行为发生即绝对地损害国家利益或者社会公共利益的,人民法院应当认定合同无效。"①该意见本身就是对损害社会公共利益为合同无效根本原因的肯定。

三、损害社会公共利益的解释及发展

对于无效合同的判定,针对司法解释中"效力性强制性规范"的讨论已经很多,在此不再赘述。②但是对于损害社会公共利益而使合同无效的问题,无论是学说上或是审判实践中,都没有得到过多的重视。

从《合同法》第52条确立的合同无效制度本身来看,如何准确定位其第4项损害社会公共利益会对其余几项的适用产生影响。第52条第1项"以欺诈、胁迫手段订立合同"与第2项"恶意串通"都要求了损害国家利益这一程度要件,第2项恶意串通要求损害国家、集体或者第三人利益,那么在同一法条中,如何区分国家利益、集体利益、第三人利益与社会公共利益? 以国家利益为例,损害国家利益也会对社会公众产生不利影响,是不是也属于损害社会公共利益的范畴? 针对违法合同,从法律维护社会秩序、保障基本权益的角度看,违法是否也是违反社会公共利益的体现? 如此看来,损害社会公共利益或

---

① 《最高人民法院关于当前形势下审理民商事合同纠纷案件若干问题的指导意见》,法发〔2009〕40号,2009年7月7日,第16点。

② 对于这个问题,耿林博士在其《强制规范与合同效力:以合同法第52条第5项为中心》一书中有详尽论述,见中国民主法制出版社2009年版。

许是合同无效最基本的原因。

我国学界对合同无效制度的研究,虽学者们对《合同法》第 52 条第 5 项,尤其是对第 5 项的限缩解释颇有微词,但较少主张将合同无效缘由完全转向损害社会公共利益上。如在第 52 条第 4 项与第 5 项的适用关系上,崔建远教授认为,虽然两项规定都有强行法的特征,但第 5 项具有指引具体的强制性规定及引入公法强制性规定的功能,而第 4 项可能包含的强制性规定具有法律适用上的价值补充与漏洞填补功能,第 5 项只是第 4 项的特别法,为避免规范适用上的矛盾,应将第 4 项做目的性限缩。[①] 王泽鉴教授就我国台湾地区的类似法条适用也有基本一致的观点。[②]

在全国人大法工委的解释中,《合同法》第 52 条第 1 项中损害国家利益的规定从目的上看是为了保护国有资产,防止国有资产流失;第 3 项以代理人与第三人勾结而损害被代理人利益为例,说明其立法目的主要是为了"维护正常的合同交易"。而对于第 4 项,明确说明了其来源为《民法通则》第 58 条第 5 项确立的社会公共利益原则,即"违反法律或社会公共利益"的民事行为无效,并且指出,在许多国家与此项规定相关的法律都规定违反公序良俗或者公共秩序的合同无效。[③] 这样的解释呈现了《合同法》第 52 条各项规定之间层次分明、各司其职的立法目的,不过在很多国家的合同无效制度中,对上述解释中各种权益的保护都是归结在社会公共利益(或公序良俗、公共秩序)这一个概念之中的。[④]

作为大陆法系的代表,《德国民法典》中法律行为无效事由由第 134 条与 138 条规定。[⑤] 其 134 条为:法律不另有规定的,违反法定禁止的法律行为无效。138 条第 1 款规定:违反善良风俗的法律行为无效。[⑥] 我国《合同法》第 52 条的架构与此类似。在评价适用之中,《德国民法典》第 134 条的"违反法定禁止"并没有得到很好的效果。梅迪库斯教授指出,"第 134 条并不是径自规定违反法律禁令的行为无效,而只是规定,行为在'法律没有相反规定的情况下'才是无效的",即"不能从第 134 条规定本身推导出无效的后果,而只有通过对

---

① 参见崔建远:《合同法总论》(上卷),中国人民大学出版社 2011 年第 2 版,第 328 页。

② 参见王泽鉴:《民法概要》,北京大学出版社 2011 年版,第 76 页。

③ 参见胡康生主编:《中华人民共和国合同法释义》,法律出版社 2013 年第 3 版,第 101、103、104 页。

④ 在合同无效制度的范围内,各国采取的概念为公序良俗、公共政策或社会公共利益,其含义差别不大,因此在下文中对这几个概念不作区分。

⑤ 由于大陆法系许多国家将合同视为典型的民事法律行为,因此合同无效之相关规定都直接援引法律行为无效之规定。

⑥ 陈卫佐译:《德国民法典》,法律出版社 2010 年版,第 49、50 页。

有关法律禁令的解释,才能得出这种无效性"。因此梅迪库斯教授称第 134 条为"几乎没有什么作用的规范"。而对于第 138 条的善良风俗条款,与 134 条相较,其所指应属于"非法律的秩序"。① 通过对典型案例的列举式说明,违反善良风俗至少包含了信贷担保(如过度担保危害债权人)、违反职业道德、违反性道德、暴利行为等内涵。② 最近的欧洲示范民法典草案中,规定了违反欧盟成员国法律确认的基本原则的合同无效,同时规定,根据上述原则并非无效但违反了法律强制性规定的合同,"如果强制性规定明确规定了违反该规定对合同效力的影响,从其规定"。③

从立法发展的趋势看,德国或言欧洲私法的无效制度仍然保留了二元理论,即违法与违反公序良俗并存。但就梅迪库斯提出的问题,仍然无法得到圆满解决。对于违法合同,解释论上的工作仍是判定合同无效的重中之重,与我国《合同法》第 52 条第 5 项在适用中产生的相似问题也依然无法解决。如苏永钦教授所言,此项违法合同的规定无法单独适用作为判案的依据,它只能以转介条款的角色充当连接公法与私法的桥梁,这使我们陷入了"以问答问"的困难局面。④ 这也必然增加司法审判成本,引起社会资源的不必要浪费。

反观英美法系合同无效制度的规定,以美国法为例,则以违反公共政策的合同没有强制执行力为基本规则,采取典型的合同无效事由一元论。⑤ 在第一次合同法重述中,规定了违法协议(illegal bargains)没有强制执行效力,但在条文的评论中指出此违法协议所依据的规则是"成文法或者法院根据公共政策发展的法律",同时说明更经常的合同无强制执行力的原因是"承诺的对价或者履行是违背公共政策的"。⑥ 发展到第二次合同法重述即美国目前最普遍适用的合同法规则时,学者们舍弃了违法协议的说法,以单独章节规定违反公共政策的合同没有强制执行效力,并将违法合同纳入违反公共政策的范畴之中。⑦ 虽然自 19 世纪以来英美法系国家就试图为公共政策进行分类以期将过往判例及成文规范涉及的内容全部涵盖其中,但是法学家和法官们总

---

① [德]迪特尔·梅迪库斯:《德国民法总论》,邵建东译,法律出版社 2000 年版,第 483、510 页。

② [德]迪特尔·梅迪库斯:《德国民法总论》,邵建东译,法律出版社 2000 年版,第 511—547 页。

③ 参见欧洲民法典研究组、欧盟现行私法研究组编著:《欧洲示范民法典草案:欧洲私法的原则、定义和示范规则》,高圣平译,中国人民大学出版社 2012 年版,第 178—179 页。

④ 参见苏永钦:《寻找新民法》,北京大学出版社 2012 年版,第 293—314 页。

⑤ 美国合同制度中没有合同无效的概念,与之相对应的是合同没有强制执行力的规则,因此本文以此作为比较法之出发点。

⑥ Restatement(First) of Contracts § 512(1932),Comment a & d.

⑦ Restatement(Second) of Contracts § 178(1981).

是很难达成这个目的。不过能够总结出的一点规律是：在公共政策原则的适用中，法官们无需对具体合同违反的"法"之效力位阶做出解释，只需运用自由裁量权做出制度利益与公共利益的衡量，就能解决合同强制执行力的判定问题。

四、损害社会公共利益在本案中适用的可能

本案再次印证了《合同法》第 52 条第 5 项无法在判定合同无效中直接适用、必须依靠法院在个案中进行具体解释的问题。如前文论及，第 5 项只能以转介条款的角色连接公法与私法，其自身无法直接适用必然引起在每一例相关案件中都要解释可能涉及的法律文件的效力位阶及具体规定的定位。虽然这为各法院留下了庞大的解释上的工程，但就此而言，最高院公报至少利用本案了说明某些法律性文件不符合第 5 项的规定。具体而言，转让合同的内容违反了《药品管理法实施条例》对于新药在监测期内不得转让的规定，虽然《药品管理法实施条例》是国务院颁布的行政法规，但是本案所涉及的规定不属于效力性强制性规定，因此并不适用。2007 年颁布的《药品注册管理办法》虽也对药品监测期及新药技术转让有相关规定，在本案中依然无法适用。原因是此办法的出台时间在合同签订后、履行中，按照法无溯及既往之效力不得引做依据，更重要的是此办法本身就属于部门规章而无法作为定案依据。虽然在最高院判决书中仅草草几句排除了行政规章和非强制性规定的适用，但是结合一审与二审法院认定的事实，至少能将其解释为上述规范性法律文件及相关内容。

本案裁判强调的最高院解释"技术合同涉及的生产产品或提供服务依法须经行政部门审批或许可而未经审批或许可的，不影响相关技术合同的效力"，扩充了当事人资质对合同效力影响的相关规定。但是，前述案例 1 与本案都属于与理论相悖的特殊司法解释，突破了当事人资质的特别规定。从合同的有效要件看，当事人缺乏缔约能力本就是对民事行为有效的法定条件的违反，合同自然不该有效。最高院在本案中采用的司法解释或许直接相悖于法律规定。① 当然，以本案之特殊性为出发点，确认转让合同的效力更能有效

---

① 对缔约人资质相关问题，崔建远教授明确指出："从立法论的角度审视，我国现行法关于缔约人的资质影响合同效力的规定，有的需要反思。"参见崔建远：《合同法总论》（上卷），中国人民大学出版社 2011 年第 2 版，第 298 页。

保护合同当事人的利益,最高院裁判并无不妥。仅在合同无效范围内讨论,如果试图为缔约当事人缺乏缔约资质寻找合理的依据,那只能依靠《合同法》第52条第5项,但第5项又着实被限缩在有限的概念范围内,此时,第4项就可能成为最贴切的规范依据。结合前文提及德国及美国的合同无效制度发展,也能略微体会到扩充社会公共利益的适用能够起到将复杂问题简单化的作用。

以反面观之,最高院在本案中忽视奇力制药公司关于"损害公共利益"的请求,对此一可能颠覆裁判结果的问题没有任何理由阐述,实为遗憾。作为最高院公报的一则重要案例,其成为先例规范案例的可能性不言而喻,若能够在本案中解决《合同法》第52条第5项与第4项的适用交叉问题,其指导性价值则会更为突出。假设以美国法之违反公共政策为借鉴,在本案中以当事人缺乏资质违反了相应的规范性法律文件,从而有损于此法律文件所保护的公共政策,在我国即为损害了社会公共利益,本案也可以得到圆满解决。且根据前文典型案例的列举,我国司法实践实际上已经将社会公共利益的内涵扩大化,本案以此为依据也尚无不可。不过,就个案的特殊性而言,法官自当需要具体分析并妥善衡量其损害的公共利益之程度,最终判定是否要因此而决定合同无效。

本案转让合同标的十分特殊,是与药品相关的技术转让和委托生产。抛开技术合同当事人需要特殊资质之争点,单独讨论康力制药公司没有头孢新药的药品GMP证书却接受该药品技术转让,会存在威胁国家药品安全的隐患。药品不同于一般的商品和货物,它直接关系到人民的生命健康安全,对药品生产和药品安全的严格控制是维护社会公共利益、维护社会成员利益的重要内容。前述公报前的案件已经为社会公共利益容纳社会金融、经济秩序、保护国有资产、维护外汇制度甚至保护私人利益、维护行业秩序等内容做出了肯定,可见在合同无效中的社会公共利益概念之运用并非学者所提倡的"目的性限缩"解释。[①] 本案中,若转让合同有效,康力制药公司在未来的头孢新药生产中造成了对药品管理以及国家药品安全的危险,损害了社会公共利益,此时相关药品生产资质审批的行政部门可能存在失职行为,但是判决转让合同有效的最高法院或许也应该承担部分责任。本案转让合同包含技术转让与委托生产两部分,衡量社会公共利益的影响也要从不同方向考虑。就委托生产而言,此类承揽合同以完成工作即药品生产为主要义务,因此与建设工程合同类

---

① 参见崔建远:《合同法总论》(上卷),中国人民大学出版社2011年第2版,第328页。

似,要求承揽人必须具有完成工作之资质,缺乏相关资质自然存在当事人不适格的问题,所以对合同效力产生决定性影响。但是技术转让合同则与买卖合同类似,原则上,除非转让的标的属于限制或禁止流通物,当事人资质本身不会影响到合同的效力问题。而依现代合同法理论,通常认为即使是限制流通物,其最多涉及合同履行不能,而不会影响合同本身的效力问题。若仅以合同的未来履行可能损害社会公共利益而否定技术转让合同的效力,会产生法律对当事人意思自治的过分干预,也不利于保障交易自由。因此,在损害社会公共利益的运用上,法院应当有严格的把握与控制。

五、余 论

将损害社会公共利益作为判定合同无效的根本事由,综上之讨论,能够进一步解决对"效力性强制性规定"的争议,也能简化《合同法》第 52 条特别是第 52 条第 5 项在司法审判中的适用,但是,就损害社会公共利益的判断上看,仍存在一定的疑问。社会公共利益具体规范合同的哪一个阶段尚未明确。合同的订立、合同的主给付义务本身、合同的履行都分别可能对社会公共利益造成损害。例如毒品生产的合同效力究竟如何考量;若仅在合同履行中损害了社会公共利益,据此否定合同的效力是否合适等问题都有待讨论。

结合本案来看,以合同无效之理论而言,本案康力制药公司在合同签订后才丧失了药品 GMP 证书,即在合同履行时,当事人失去了履行合同所必需的资质,这时除了需要判定合同效力的问题之外,也可能涉及合同解除的情形。合同成立后符合生效要件即为有效,继而发生合同权利义务的履行。康力制药公司失去药品 GMP 证书产生的直接后果是无法完成新药的委托生产,即合同履行不能,且属于在合同成立后发生履行不能的情况,属于嗣后履行不能。而"依通常见解,嗣后不能并不影响合同的效力",[①]仅会引发合同解除或风险负担等后果。本案转让合同自身也违反了合同签订后颁布的新法即《药品注册管理办法》关于监测期内新药不得转让的规定。在扩大损害社会公共利益之运用的层面上,可暂且不论该新法的效力位阶。则转让合同的嗣后违法产生了合同效力判定问题。那么,合同嗣后履行不能与嗣后违法的效果究竟在同一合同中要做怎样的判断? 我国的无效是自始、绝对、当然的无效,自始无效的法律行为"成立时即存在无效事由而致无效",与之相应的嗣后无效

---

① 韩世远:《合同法总论》,法律出版社 2011 年第 3 版,第 410 页。

则是指"法律行为成立后始发生无效的原因为归于无效"。而"法律行为的内容嗣后违背善良风俗或与嗣后颁行的法律禁令相抵触"被视为典型的嗣后无效情形。[①] 理论上讲,本案无论从康力制药公司被收回药品 GMP 证书可能会损害社会公共利益的角度看,还是从转让合同违反之后的《药品注册管理办法》看,都属于上述嗣后无效的情形,最高院对本案合同嗣后违法的排除适用,恰能为解决上述问题的指导体现一二。但若损害社会公共利益之缘由在本案中做扩大性适用,问题则相较复杂。这也在一定程度上证明,损害社会公共利益在司法实践中也并非可以做无限制的扩大性解释。衡量损害社会公共利益与违法的损益将会是合同无效制度发展中的关键。

---

① 朱庆育:《民法总论》,北京大学出版社 2013 年版,第 301 页。

论合同解除效果说及其实务展开

浙江大学光华法学院民商法博士生　朱晶晶

摘　要：合同解除效果向来有直接效果说与折衷说之争，通过对两学说的比较，可发现两者虽在溯及力、"恢复原状"相关问题及合同存续问题上存有不同，但其最终法效有一部分殊途同归：给付回归、违约责任并存、结算清理条款有效等。就司法实务而言，法律效果是其终极追求，对得出法效的路径并不苛求。整理《合同法》第 97 条及直接效果说、折衷说的异同，就两学说不同点——包括溯及力、请求权性质、优先保护方——结合实务处理效果展开分析，可得折衷说在恢复原状的规则适用、案件处理简便统一及对合同当事人的保护等方面更具可行性，有司法所重视的效率与效果并重的优势。

关键词：合同解除；溯及力；恢复原状；法律效果

引　言

各国的民法体系都致力于构筑理想的自治空间，以实现民众最大程度的行动自由与交易效率。合同作为债法的重要组成部分，其最突出的特点莫过于自由，即订约自由、选择当事人自由、类型自由、内容自由及方式自由①，至此合同自由成为私法自治的利器。而合同解除是合同规则的重要内容，属于违约救济的一种方式②，是一种消灭合同关系的制度。虽然从某种意义上说，合同解除是基于利益衡量观念对意思自治原则的一种有限突破③，走出了"合同应当严守"的禁区；但反之，正是解除制度的确立使得当事人尤其是非违约方能够从已无意义的合同中解放，从受恶意④的意思自治约束状态回复到原

---

① 参见［德］迪特尔·梅迪库斯：《德国债法总论》，杜景林、卢谌译，法律出版社 2004 年版，第 61 页以下。

② 参见王利明：《合同法新问题研究》，中国社会科学出版社 2011 年版，第 538 页。

③ 朱广新：《合同法总则》，中国人民大学出版社 2008 年版，第 373 页。

④ 此处"恶意"包括了违约方在缔约时可能存有恶意，也包括（更多的是指这种情况）在合同履行过程中的违约或类违约行为使得意思自治的合同无意义或存续成本过高等情况。

初的意思自由状态,可以获得进行新一轮交易的自由。所以,合同解除的法律效果如何,能否使当事人恢复到合同订立前的状态及如何恢复等问题都与当事人的自身利益与自治程度休戚相关。

鉴于上述理由,一直以来学界对合同解除效果多有探讨,形成了纷繁复杂的理论学说。① 目前我国主要形成两大阵营:一是崔建远教授主张的直接效果说②,另一是韩世远教授主张的折衷说③。两者在合同解除的溯及力问题上针锋相对,由此引发具体规则适用不同,也折射出我国《合同法》第97条的模糊与混乱。法律效果的严重分歧不利于解除制度的长足发展,进而必然导致法条适用效果不统一,使司法有失公正。虽然理论纷争在实务中并没有完全得到体现,但实务处理的多样性④至少可以引起我们对合同解除效果做进一步整理的重视,进而以现有的合同解除效果说为出发点,发现适用《合同法》第97条的根本问题,并试图结合法条的实际应用效果来总结或者选择较为妥当的适用途径。

一、合同解除效果之学说争议

合同解除效果,理论上如何构成,在我国素有争论。德国及日本大致有四类学说,即直接效果说、间接效果说、折衷说和债务关系转换说。⑤ 目前我国理论界主要对其中两种学说争论较大,分别是以崔建远教授为代表的直接效果说和以韩世远教授为代表的折衷说。有必要对这两种学说及两位学者的主要观点进行比较分析,从而对我国的合同解除效果理论有一个基础的把握。笔者仅简单地将两位学者的各自观点及分歧梳理如下。

(一)溯及力

直接效果说的要义为,合同因解除而溯及地归于消灭,尚未履行的债务免于履行,已经履行的部分发生返还请求权。⑥ 折衷说的要义则为,对于尚未履

---

① 这些理论学说主要见于德国法学家关于合同解除之效力的构成理论。先后有间接效果说、直接效果说、折衷说、债务关系转换说以及清算关系说等。

② 参见崔建远:《解除权问题的疑问与释答》,《政治与法律》2005年第4期。

③ 参见韩世远:《合同法总论》,法律出版社2011年第3版,第523页以下。

④ 笔者对有关合同解除溯及力的案件进行搜索整理,发现实务中有多种不同的处理方式,大致涉及:继续性合同与非继续性合同、溯及力与恢复原状的关系等。

⑤ 韩世远:《合同法总论》,法律出版社2011年第3版,第523页以下。

⑥ 参见[日]我妻荣:《债权各论》(上卷),徐慧译,中国法制出版社2008年版,第173页以下。

行的债务自解除时归于消灭(与直接效果说相同),对于已经履行的债务并不消灭,而是发生新的返还债务(与间接效果说相同)。① 两学说的主要区别在于后半段,关于"已经履行部分"的观点,即直接效果说认为合同解除具有溯及力,解除后合同关系不问履行与否都消灭;而折衷说认为"解除面向将来消灭债权关系"②,对于已经履行的债务不消灭合同关系,不承认解除溯及力的存在。两学说的论据来源也针锋相对,从崔、韩两位对"借鉴国外经验、遵循经济活动高效的原则,对合同的解除作了比较灵活的规定"的立法释义③理解及对《合同法》第 97 条的解释中可见一斑:韩世远教授认为既然《合同法》起草过程中参考了 CISG、PICC、PECL 的规定,那么作为"国外经验"的国际公约与模范法最值参照。而上述法律规定均未采"直接效果说",合同仅向将来消灭,不具有溯及力,至此我国合同解除的效果应当属于或接近折衷说。④ 且《合同法》第 97 条未言及采直接效果说,结合能够溯源至 CISG 的第 98 条,更应采折衷说。崔建远教授则持相反观点。他认为虽然《合同法》的起草确实参考了国外的许多法律文件,但不是完全照搬照抄而是有取舍的,对于解除法律效果的定位需进行综合判断才能得出结论;另《合同法》第 97 条与第 98 条相互独立,不能一概追溯至 CISG,就算第 97 条没有直接言明采"直接效果说",也不能运用非此即彼的逻辑,认定此处是折衷说的立场。⑤

溯及力,其本质上指的是合同解除的效力问题,属于合同解除法律效果的根本问题,正因为在根本上发生分歧,导致解除效果具体内容大相径庭,论证路径几近完全不同。

(二)"恢复原状"若干问题

有学者认为"体现合同解除的溯及力的直接标志,是恢复原状",⑥虽然这样的认识有一定的片面性,但不可否认"恢复原状"是最大的争议点。由于溯及力分歧的存在,"恢复原状"各有关方面出现较大差别。恢复原状的具体形态与物权变动模式密切相关,就我国目前的法制环境看:不承认物权行为无因

---

① 参见[日]我妻荣:《债权各论》(上卷),徐慧译,中国法制出版社 2008 年版,第 175 页。

② 参见[日]谷口知平、五十岚清编集:《新版注视民法 13》,有斐阁 1996 年版,第 847 页。转引自崔建远:《解除效果折衷说之评论》,《法学研究》2012 年第 2 期。

③ 参见胡康生:《中华人民共和国合同法释义》,法律出版社 1999 年版,第 162 页。

④ 参见韩世远:《合同法总论》,法律出版社 2011 年第 3 版,第 527 页以下。

⑤ 参见崔建远:《解除权问题的疑问与释答》,《政治与法律》2005 年第 4 期。

⑥ 参见李永军:《合同法》,法律出版社 2004 年版,第 632 页。

性,《民法通则》《物权法》中作为法律行为的物权变动原则上采债权形式主义（即意思主义与登记或交付的结合）,例外采债权意思主义（即意思主义）。①直接效果说承认溯及力的存在,认为履行行为原因（即合同关系）消灭,其支持合同解除后对给付物的返还为所有物返还请求权（所有物没有灭失、毁损,能够返还的情形）,以给付时的原物为标准进行返还,受领人获得利益的多少在所不问。②基于物权法定原则,解除后物权应立即复归,该请求权为法定权利,具有优先满足性。此外,崔建远教授认为正是"恢复原状"物权请求权性质,给"其他补救措施"以存在的空间:当原物不存在或难以返还时,可以要求采折价等价值形态的措施。③而韩世远教授所赞同的折衷说无溯及力,履行合同所发生的权利变动并不当然的复归,"恢复原状"成为债权请求权的一种,而且由于合同关系存在,对方占有给付物具有法律上的原因,所以不是不当得利返还请求权。通过这种债权来实现"恢复原状"的结果,实现权利的逆变动。基于韩世远教授的解释,"恢复原状"有广义狭义之分,广义的"恢复原状"包括了"其他补救措施"。④恢复的内容为全面返还⑤,比崔建远教授所定义的范围有明显扩大,其中涉及的返还规则虽未言明,但因各种权利的存在和现实情形的多样,可想其复杂庞大。

(三)合同关系存续的后续问题

"恢复原状"本也可放于此⑥,但由于"恢复原状"是合同解除效果的重要组成部分,对合同解除后当事人的利益恢复有重大影响且涉及内容较多,故单列来讲。合同关系存续与否也是溯及力有无的直接后果,这一直接后果产生的最重要影响为本来债务与"恢复原状"等解除效果之间的同一性⑦论证路径的不同。折衷说支持合同关系存续,认为返还债务是基于原来有效合同债务的转化,自有同一性,相互的返还债务之间可适用同时履行抗辩权。担保人债

---

① 参见陈华彬:《民法物权论》,中国法制出版社 2010 年版,第 111 页以下。例外情况主要包括土地及相关权利、特殊动产和部分抵押权等。

② 参见崔建远:《合同法》,法律出版社 2007 年第 4 版,第 253 页。

③ 参见崔建远:《解除效果折衷说之评论》,《法学研究》2012 年第 2 期。

④ 参见韩世远:《合同法总论》,法律出版社 2011 年第 3 版,第 529 页以下。崔建远教授认为,"恢复原状"指所有物的返还,"其他补救措施"是指金钱、劳务、所有物消灭等的补救。

⑤ 包括标的物,利息、果实及使用利益,投入费用等。

⑥ 若合同关系存续,则对方给付物的取得当然有法律上的原因,不存在物权请求权一说;反之,则取得不具法律上的原因,可以基于物权请求权请求返还所有物。

⑦ 此处的同一性,是指本来债务(合同未解除前原合同的债权债务)与解除后要求"恢复原状"义务之间具有牵连性,而不是独立的两个相互义务。

务、结算和清理条款及违约损害赔偿,都因原合同关系存续,而继续存在并发挥其效用。而崔建远教授证成的同一性,笔者认为是一种间接的同一性。以损害赔偿为例,崔建远教授借助合同债务这一跳板进行证成:合同存在,故合同债务存在,两者具有同一性不在话下;合同债务存在可以脱离合同而独立化,此时合同可有可无,进而转化为损害赔偿,合同债务与损害赔偿间具有同一性,担保债务一样存于合同债务导致的责任关系(损害赔偿)上。[①] 结算清理条款的有效性也可以用前述路径进行论证。针对结算和清理条款继续有效与拟制间关系[②]的批评,崔建远教授的反驳有独到之处:"无论何说都承认对未履行的债务免于履行,结算和清理条款是未履行的条款,依此应消灭,折衷说一样需要拟制。"[③]而解除权的存在也面临着同样的逻辑困境:若解除后合同关系不存在,可以说是无"约"可"违",解除权失去了存在基础,作为救济手段的合同解除变得师出无名。[④] 但两位学者的论述中并没涉及此问题,崔建远教授的跳板说似乎也不能解决此问题。

崔、韩两位教授的论争各具优势,笔者不敢断言何者为优。可以肯定的是虽然两种学说所走路径不同,但单就最后的效果有相当一部分,如直接效果说、折衷说都承认给付物的回复,同时履行抗辩权的运用,担保人债务、结算和清理条款和损害赔偿的存在及有效,是相同的,大有殊途同归之感。而在实务处理中,追求的往往是判决效果,如若效果相同,就算路径不同似乎也无伤大雅。

二、合同解除效果的司法实践状况分析

我国《合同法》中有关合同解除效力的笼统规定在学界所引起的争议,在司法实践中也有所体现。司法实践中援引《合同法》第 97 条进行裁判的案件数量庞大,笔者以"《合同法》第 97 条"及"溯及力"为关键词在北大法宝进行案例搜索并分类归纳。综观之,发现法院对于合同解除的法律效果认定主要根据合同性质分为两大类别。

第一,涉讼合同为继续性合同,认为此时合同解除不具有溯及力。以合同

---

① 参见崔建远:《解除效果折衷说之评论》,《法学研究》2012 年第 2 期。

② 韩世远教授认为,折衷说承认合同关系的存续,故结算和清理条款有存在的依托,而直接效果说要使此类条款不失去效力,必须拟制合同的存在。

③ 崔建远:《解除效果折衷说之评论》,《法学研究》2012 年第 2 期。

④ 参见邓叶芬:《合同解除的溯及力研究》,湖南师范大学硕士学位论文,2006 年,第 31 页。

解除时为断点,承认合同解除前双方依据合同履行义务,合同解除时起免除双方的权利义务。

继续性合同,是合同内容非一次给付可完结,而是继续地实现的合同。[①] 继续性合同的一方受领人往往在接受给付的同时即开始消费给付、享有给付利益,这也是"继续性"的特性体现。如在租赁合同中,承租人接受的给付为对出租房屋在一定期限内的使用权,接受给付后即开始享有使用出租物的利益,此种利益无法以相同形式返还,所以在合同解除之时所消耗的给付已无返还可能性。如若以替代物进行返还,一般也是价值性返还,即金钱之债,此时与对方的价金返还在性质上为同种债,可进行法定抵消。但依法定抵消之法律思路,颇为迂回,需确认双方到期债务的存在,并以债务标的物种类、品质相同为由进行抵消[②],其所需法律要件复杂,在司法实践中易生纠纷异端。而且如此操作的最终结果与承认解除前合同履行有效别无二致。所以在雇佣合同、劳动合同、合伙合同、租赁合同、借用合同、保管合同及仓储合同等继续性合同的解除效果上采无溯及力理论可以起到一定的化繁为简、稳定法律关系的作用。

在实际案例中,有关解除继续性合同无溯及力的裁判理由比较单一,不外乎"该××合同为继续性合同"或"根据××合同的性质,其解除不应有溯及力"[③],稍微具体的则为"由于恢复原状无法进行,合同解除没有溯及力"或"享用效益不能返还,合同解除没有溯及力"[④]。由此可将法院的裁判逻辑归纳为:因合同已履行部分不可恢复原状,所以合同解除无溯及力。显而易见,此时"恢复原状"的含义为崔建远教授主张的所有物返还,即韩世远教授所指的狭义的恢复原状,因为若"恢复原状"包括其他补救措施就不存在恢复不能的情形。除对"恢复原状"的内涵作限缩理解外,从法院的逻辑中还可以发现存在因果分配问题:不能恢复原状到底是合同解除无溯及力的因还是果?法院

---

① 崔建远:《合同法》,法律出版社 2007 年第 4 版,第 34 页。

② 《合同法》第 99 条第 1 款:"当事人互负到期债务,该债务的标的物种类、品质相同的,任何一方可以将自己的债务与对方的债务抵销,但依照法律规定或者按照合同性质不得抵销的除外。"

③ 如"唐爱民与高建明等租赁合同纠纷上诉案"(湖南省永州市中级人民法院民事判决书(2011)永中法民三终字第 218 号),"三亚环球娱乐有限责任公司与陈福和土地租赁合同纠纷上诉案"(海南省高级人民法院民事判决书(2006)琼民一终字第 27 号),"北京信元高科网络技术有限公司诉北京信元新科网络系统有限公司电信服务代理合同案"(北京市第一中级人民法院民事判决书(2006)一中民终字第 11997 号)。

④ 如"中国平安财产保险股份有限公司广州分公司与中国工商银行广州市第一支行借款及保证保险合同纠纷上诉案"(广东省广州市中级人民法院民事判决书(2004)穗中法民二终字第 1721 号),"刘冀与陈松技术转让合同纠纷上诉案"(北京市第一中级人民法院民事判决书(2008)一中民终字第 12903 号)。

判决将原状恢复的可能性定位为因。但就逻辑而言,恢复原状是特定法律事实(本文即指合同解除)发生的结果。① 其根本的逻辑应为:解除前,当事人因合同关系取得给付;解除后应先判断是否因此失去法律上的原因,进而判断是否需要恢复原状。即在合同解除时,是否发生恢复原状的法律后果,关键在于解除的法律效果是否有溯及力。且在权利产生过程中,解除权作为形成权,有效行使后获得作为给付请求手段是其机能之一,恢复原状就是这种给付请求手段。现实中法院这种以牺牲逻辑的代价来成就实务操作之习惯的做法,似有顾此失彼之嫌。

第二,涉讼合同为非继续性合同。此时实务中既有承认溯及力者也有否认溯及力者。在否认的情形下,裁判理由可分为依据合同性质认定、当事人约定、法院直接认定三种。

此处所说的非继续性合同,指除上述继续性合同之外的其他一切合同,可以一次性给付便实现合同内容。在承认非继续性合同的解除有溯及力时,法院一般直接引用条文,根据《合同法》第 97 条,认为"合同解除具有溯及力,解除后合同自始不存在"②或理所当然认为因解除的合同为非继续性合同,则解除有溯及力。如东莞市飞鹏电梯有限公司与广州市南纬房地产开发有限公司定作合同纠纷上诉案③中,一审法院认为"解除合同使基于合同发生的债权债务关系溯及既往的消灭,合同如同自始没有成立",依此违约条款不再适用(二审法院认为仍可适用)④,原合同标的不必给付、价款也无须给付,但被上诉人广州市南纬房地产开发有限公司应赔偿上诉人东莞市飞鹏电梯有限公司所受损失,此判决完全实现溯及力效果。另在承认溯及力的多数案件中,对于返还义务的性质并不进行交代,概述为一方向另一方返还或相互返还。虽然比较典型的案件也有明确指出此返还义务为所有物返还的。如在王春秀与高彦霞汽车买卖合同纠纷上诉案⑤中,二审法院认为在第二次汽车买卖合同解除前,汽车的所有权归买受人(王春秀)所有,解除后返还所有权回归给付人(高彦霞)。但说理如此详细的裁判为少数。返还性质正是不同解除效果的最终体

---

① 参见宁踢坡:《合同解除溯及力探讨——兼论合同终止》,《当代法学》2003 年第 8 期。

② 参见"株洲县渌粮建筑工程公司与株洲澳华工具有限公司建设施工合同纠纷上诉案"(湖南省株洲市中级人民法院民事判决书(2010)株中法民四终字第 174 号)。

③ 参见北大法宝案例数据库,广东省广州市中级人民法院,(2006)穗中法民二终字第 110 号。

④ 关于合同解除与违约金责任之间的关系也涉及不同学者的观点,参见周江洪:《合同解除与违约金责任之辩——"桂冠电力与泳臣房产房屋买卖合同纠纷案"评析》。此处由于不是本文重点,暂不赘述。

⑤ 参见北大法宝案例数据库,甘肃省天水市中级人民法院,(2012)天民二终字第 0018 号。尽管在本案中,存有解除协议,但由于纠纷的存在,法院仍然援引《合同法》第 97 条认定解除的效果。

现之一,对于返还义务性质的模糊表达恰恰体现了法院对合同解除理解不够深入。

在否认溯及力的情形中,法院阐述的理由主要有三种:一为合同性质的认识,如认为建设工程施工合同虽不是继续性合同,但由于已经完成的工程客观上不适宜恢复原状①,也许是认识到完全遵循溯及力规则,对于建设施工一方不是专业的楼宇出卖人而空守建设工程(一般此工程还具有一定特殊功能性),对其过于不利,所以不认为解除具有溯及力,应进行折价补偿。这一说理与前述对继续性合同解除效果的考虑并无不同,只是将"不能恢复原状"稍加修改为"不适宜恢复原状",显然又回到了恢复原状与溯及力谁为因谁为果的逻辑问题上。二为当事人的约定,当事人在解除协议中,或在解除后有所约定承认解除前合同的履行即可,很大程度上尊重了合同自由、私法自治的原则。如株洲县渌粮建筑工程公司与株洲澳华工具有限公司建设施工合同纠纷上诉案②中,法院虽然承认合同解除应具有溯及力,但仅依此否认违约金条款的效力,对已履行的工程交付权证办理行为却按协议解除内容予以承认。可见同样是建设施工合同解除案件,可以以不同的理由否认解除溯及力。三为法院直接认定,这种类型颇有法院擅自揣测当事人意思的意味。如在藁城市某纺织厂与杭州某纺织进出口有限公司买卖合同纠纷上诉案③中,一审法院认为,"因本案中双方系长期的买卖合同关系,而双方对于某纺织厂已交付的货物无争议,故合同的解除对之前已履行的部分无溯及力"。在陶孟与重庆市博岩广告有限公司承揽合同纠纷上诉案④中,一审法院承认了当事人间为非继续性合同,合同一经解除就具有溯及力,但法院鉴于"当事人双方未提出各自返还",而径直判决博岩公司继续支付未付完的广告制作费,相当于支持履行解除前的合同。法院的这种做法有僭越其适用法律职能之嫌,尤其是在以双方当事人意思为基础的合同中擅加自己的意思,虽然过程与结果都在追求公平正义,但不利于维护合同自治性。在辨析三种否认溯及力情形后,可以大致推断法院操作的路径为:当事人有约定从其约定,无约定则按合同性质决定,按合同性质决定显然有违公平合理的则由法院直接认定。可见在非继续性合同中赋予合同解除不同的法律效果,但类型化的可能性较小,颇为复杂。

---

① 如"重庆某某有限公司与重庆某某有限公司建设工程施工合同纠纷上诉案"(重庆市第一中级人民法院(原四川省重庆市中级人民法院)民事判决书(2009)渝一中法民终字第 6838 号)。

② 参见北大法宝案例数据库,湖南省株洲市中级人民法院,(2010)株中法民四终字第 174 号。

③ 参见北大法宝案例数据库,浙江省杭州市中级人民法院,(2011)浙杭商终字第 748 号。

④ 参见北大法宝案例数据库,重庆市第三中级人民法院,(2006)渝三中民终字第 209 号。

从上述分类可以看出,我国司法实践中对合同解除法律效果进行认定时,根据具体案情进行判断的特征明显,赋予法官较大的自由裁量权。司法实务中的这种做法与我国理论界除直接效果说与折衷说之外的第三种观点更为相似,即合同解除应当既包括有溯及力的情形,也包括没有溯及力的情形,合同是否具有溯及力,应当区分具体情况来确定。但法院的区分标准却杂糅了此种观点下的各种意见,包括将法律另有规定或当事人另有约定的依规定或约定,区别继续性合同和非继续性合同等。在其说理过程中,分外重视甚至是只"根据履行情况和合同性质"的规定以合同的性质来判断合同解除是否能恢复原状进而是否具有溯及力的直观做法与目前理论界脱节。这种脱节现象是建立在倒置逻辑因果关系的基础上的,已经遭到学者的反驳[①]。就理论与实践相辅相成的愿景来说,对于这样的实务现状,实有进一步规范的必要,整理出统一的适用规范,于法条适用效果、于社会公平性都有重要意义。

三、合同解除效果论争实务分析

(一)解构《合同法》第 97 条

罗马法上的解约约款(lex commissoria)常被人们认为是后世解除制度的"奠基石"。[②] 与当时作为买卖的支付手段[③]不同,现代合同解除制度是通过法律手段让合同提前终了,并处理善后事宜。[④] 其功能在于非违约方"合同义务的解放"、"交易自由的回复"及违约方"合同利益的剥夺"[⑤],于双方当事人及社会整体利益均有益处。另查各合同法著作[⑥],可知合同解除为合同法不可或缺的内容,其地位举足轻重甚至有特殊含义[⑦]。《合同法》中,解除制度规定

---

① 参见蔡立东:《论合同解除制度的重构》,《法制与社会发展》2001 年第 5 期。

② V. R. Zimmermann,The law of obligations,cit. ,p. 802. 转引自陆青:《合同解除效果的意思自治研究——以意大利法为背景的考察》,法律出版社 2011 年版,第 63 页。

③ 参见 B. SCHMIDLIN,op. cit. 转引自陆青:《合同解除效果的意思自治研究——以意大利法为背景的考察》,法律出版社 2011 年版,第 63 页。

④⑤ 参见韩世远:《合同法总论》,法律出版社 2011 年第 3 版,第 507 页。

⑥ 如韩世远:《合同法总论》,法律出版社 2011 年第 3 版;崔建远:《合同法》,法律出版社 2007 年第 4 版;李永军、易军:《合同法》,中国法制出版社 2009 年版;王利明、房绍坤、王轶:《合同法》,中国人民大学出版社 2009 年版;朱广新:《合同法总则》,中国人民大学出版社 2008 年版;杨立新:《合同法专论》,高等教育出版社 2006 年版;苏号朋:《合同法教程》,中国人民大学出版社 2008 年版等。

⑦ 崔建远教授将合同解除单列一章的独特体例,足见其对合同解除制度的重视及合同解除制度的重要性与特殊性。

于总则第六章"合同的权利义务终止"下,占据 16 个条文中的 6 个(包括第 98 条),有半壁江山之势。本应认为制度规则较为完善,但似乎条文的数量优势反而造成了合同解除制度的模糊不清①,不同的解除类型混杂,难以统一,却又忽略一些重大问题。较之德国将解除类型、效果及返还规则分条列明②及我国台湾地区"民法"第 259 条明确规定了 6 项返回规则③,就我国《合同法》第 97 条负担的目的与功能在这样单薄的体系中显得心有余而力不足。至于在论及合同解除时,老生常谈的解除与终止的关系是为了限缩解除的适用范围——将解除从"合同的权利义务终止"结构中解放或将解除限于对已履行的义务产生作用等——但在不触及立法体系及我国实际理论的基础上,于本文探讨两者的关系对司法实务并无裨益。

法律条文的性质往往能够决定它的地位,就我国《合同法》第 97 条来看,其属性很大程度上影响了它的适用范围。按照权利、义务的刚性程度,可以把法律规范区分为强制性规则和任意性规则。④ 强制性规则不允许当事人以合意或者单方意志予以改变,任意性规则则允许当事人以合意或单方意志予以变更。《合同法》作为意思自治领域的权杖,大部分规则是任意性的,但也不排除强制性规则的存在⑤。另有学者⑥在任意性规范的基础上,将其分为补充性任意性规范和解释性的任意性规范。韩忠谟教授将之定义如下:"所谓补充法,乃于当事人就某一法律关系意思有欠缺时由法律设立准则以补充当事人

---

① 参见陆青:《合同解除效果的意思自治研究——以意大利法为背景的考察》,法律出版社 2011 年版,第 116 页以下。具体来看,第 91 条规定将解除定位为合同的权利义务的终止,同时第 98 条又肯定了合同的权利义务终止不影响合同中结算和清理条款的效力。第 93 条第 2 款的约定解除权、同条第 1 款的协议解除和第 94 条的法定解除(《合同法》还于第 45 条第 1 款规定了附解除条件的解除)三种法理基础和具体内容完全不同的法律制度一同归于"解除"概念之中而适用统一的解除程序、解除效力等规定。对于情势变更、解除的具体返还规则、解除对第三人的效力等与解除权相关的重大问题又不予明确。

② 参见杜景林、卢谌:《德国民法典评注:总则·债法·物权》,法律出版社 2011 年版,第 158 页以下。德国在"双务合同"中第 323、324 条规定了解除存在的几种情形,第 325 条损害赔偿关于解除的关系,后特设"解除"一目对解除的效力、行使及返还规则进行规定。

③ 参见欧阳经宇:《民法债编通则实用》,汉林出版社 1977 年版,第 268 页以下。我国台湾地区"民法"也在"契约"下设第 254 条至 262 条对解除从分类到行使,再涉及返还规则、损害赔偿、抗辩权,解除权消减进行详细规定。虽在台湾对解除溯及力也存争论,但法条设置详细在很大程度上解决了实务的操作困境。

④ 参见张文显:《法理学》,法律出版社 2007 年第 3 版,第 119 页。

⑤ 学界就存有对《合同法》第 52 条是否属于效力性强制性规范的讨论。如耿林:《强制规范与合同效力——以合同法第 52 条第 5 项为中心》,中国民主法制出版社 2009 年版;许中缘:《论违反公法规定对法律行为效力的影响——再评〈中华人民共和国合同法〉第 52 条第 5 项》,《法商研究》2011 年第 1 期。

⑥ 参见王轶:《民法典的规范配置——以对我国〈合同法〉规范配置的反思为中心》,《烟台大学学报(哲学社会科学版)》2005 年第 3 期。

意思之所不备,反之,当事人就某一法律关系另有意思时则依其意思赋以法律效果,从而排斥补充规定之适用,民法上之任意规定以属此类者居多。至于解释法,乃于当事人意思不完全或不明确时用以释明其意思,以便发生法律上效果。"①就第 97 条,强制性意味并不浓郁,"根据"、"可以"等带有选择意味的用语更倾向于任意性。在发生合同解除时,对于《合同法》第 97 条的适用,当事人有选择的权利,若当事人此方面意思欠缺时,法院可以援引此条加以适用。且解除的最终、最完满的效果不外乎契合当事人的所思所想。允许当事人以自己的意思排除法律对解除效果的规定,符合效率经济的要求,也不违反任何法理利益。所以将第 97 条定性为补充性任意性规范更符合其在《合同法》中的地位,更便于发挥其效用。

(二)解除效果实务分析

根据我国法律规定及学说、著作的普遍论述,可将我国的解除大致分为三类:附解除条件的解除(《合同法》第 45 条第 1 款),约定解除(《合同法》第 93 条)(包括协议解除和约定解除权),法定解除(《合同法》第 94 条)。由于每一种解除情况都有自身特点,以统一的法律效果论之,未免粗糙。鉴于《合同法》第 97 条是对合同解除后的效果的规定,笔者将上述解除种类分为约定解除效果与未约定解除效果两种情况进行讨论。

1. 约定解除效果

协议解除属于约定解除效果的典型,它是当事人双方通过协商同意将合同解除的行为,即通过当事人合意订立另一合同的方式来消灭本合同权利义务的关系。② 协议解除以另一合同的形式存在,是当事人双方事后的解除。它规定的不是解除权的产生和行使,而是确定解除的发生。因此,解除协议中通常会包括责任的分担、损失的分配以及对原合同内容存续的相关问题。至于具体内容,则可由双方磋商决定。由于前文已将《合同法》第 97 条认定为补充性的任意性规范,那么它只在当事人意思有欠缺时,发挥补充当事人意思之所不备的作用。此时,合同解除是否具有溯及力——即合同解除效果是采直接效果说还是折衷说——已无意义,因为当事人完全可以通过解除协议进行约定。

除协议解除外,可能存在约定解除效果的情形还有附解除条件的解除与

---

① 韩忠谟:《法学绪论》,北京大学出版社 2009 年版,第 39 页。

② 参见钟奇江:《合同法责任问题研究》,经济管理出版社 2006 年版,第 121 页。

约定解除权解除。相较于协议解除,这两种解除类型约定解除效果的场合并不常见。另认为附解除条件的解除在解除条件成就时,若无特别约定,法律行为一般是向将来失去效力,①类似于合同终止的效果,学界对此基本无争论。若当事人在约定解除权时一并将解除后的事项也进行安排,则我们也承认此约款的效力,从而排除《合同法》第97条的适用,这是双方合意的结果,基于合同自由原则并无不妥。但笔者认为由于约定解除权是事前的约定,容易考虑不周,且合同在履行过程中可能产生多种突发状况,就算有所约定,但在最终解除时需要依据法律进一步认定的可能性很大,《合同法》第97条仍有适用空间。此外,约定解除效果,属于意思自治的内容,对其也有进行约束的必要,已有学者对此进行研究②,由于不是本文重点,暂不赘述。

虽然学界对于协议解除是否能被纳入合同解除,有赞成和反对两种不同的态度。史尚宽认为,"合意解除,以第二契约解除第一契约,而非依一方意思表示之解除,与民法所规定之契约,全异其性质。故不适用或准用民法关于契约解除之规定。"③附解除条件的解除也遭到了类似的质疑④。本文将这两种法律行为也纳入讨论,首先是为了周延在文义上被冠之以"解除"之名的法律行为;其次,本文要讨论并不是要适用所有关于合同解除的法律条文,而是以解除的法律效果为重点,笔者认为在此方面协议解除与约定解除权时对解除后果加以约定并无本质不同。在此加以讨论,有必要性。

2. 未约定解除效果

未约定解除效果的情形包括了大部分的约定解除权解除与所有的法定解除,此时需要补充当事人意思,就涉及对《合同法》第97条的理解适用,同时涉及合同解除效果学说的论争。前文在"合同解除效果之学说争议"部分已提及,两学说在一部分法律效果上大有殊途同归之感。对于更追求判决效果的司法实务而言,法律效果的统一已经解决了大部分的难题与困境,只是在不统一处面临选择的困惑。就笔者梳理,将崔、韩两学者所持学说的不同点与实务

---

① 参见韩世远:《合同法总论》,法律出版社2011年第3版,第505页。

② 参见陆青:《合同解除有无溯及力之争有待休矣——以意大利法为视角的再思考》,《河南省政法干部管理学院学报》2010年第3期;陆青:《合同解除效果的意思自治研究——以意大利法为背景》,法律出版社2011年版。

③ 史尚宽:《债法总论》,中国政法大学出版社2000年版,第530页。还有将协议解除归为解除制度的学者,如马俊驹、余延满:《民法原理》(下),法律出版社1998年版,第617页;蔡立东:《论合同解除制度的重构》,《法制与社会发展》2001年第5期。

④ 参见崔建远:《合同法》,法律出版社2007年第4版,第236页以下。

效果分析一并讨论并进行选择。

(1)溯及力

溯及力问题是直接效果说与折衷说的根本分歧所在,也是产生其他不同效果的源头。无溯及力,即认为已履行部分的合同不消灭;有溯及力,即认为已履行部分的合同消灭。崔建远教授支持的学说与其著作中的论述,存在不相容之处。他所持的直接效果说认为合同解除对已经履行部分有溯及力,但同时他又认为"在协议解除的情况下,有无溯及力原则上应取决于当事人的约定,无约定时由法院或仲裁机构根据具体情况而定。约定解除有无溯及力亦应依当事人的约定,无约定时视具体情况而定。""因不可抗力致使不能实现合同目的而解除合同,原则上无溯及力,但如此会造成不公正的后果时则宜有溯及力。违约解除时,有无溯及力应具体分析"。[①] 这种论述与实务操作有相似性,类似于前文所述我国对合同解除效果的第三种观点。如此看来,既然已对合同解除有无溯及力作了上述如此细致的分类,基本将有无溯及力的决定权交于当事人约定、合同性质或法官自由裁量,为何还要以直接效果说来宏观的提出合同解除有溯及力? 是否有将直接效果说架空之嫌?

撇开上述学者观点的内在矛盾,就实务中的当事人对解除效果无约定的案例看,可分为继续性合同与非继续性合同。若都认为有溯及力,继续性合同由于其履行的长期性与消耗性显然无法适用,必须将其列为特例;但若都认为无溯及力,则两类合同都可以适用,非继续性合同的性质对溯及力之有无并不造成限制。可见,有溯及力的学说并不能统摄所有的合同类型,普适性成为其最大的理论障碍。[②] 相反 地,无溯及力的学说并无此问题。虽然我们不否认可以在法律中设特例以排除法条的适用,但这种情形越多就说明法律体系越不完善,规则越不合理。同时也增加了法官在适用法律的时间及精力成本。此外,若排除的例外规定只提供一个判断的标准而不是明确适用的类型,会使法律不确定性增加,法官自由裁量权增大,司法裁判不公正、不统一的风险也增大。最极端的后果是,从反面加以规定反而有利于司法操作即变有溯及力为无溯及力。

关于溯及力问题,后文的论述还会提供一些佐证,仍可以得出无溯及力为佳的结论。

---

① 崔建远:《合同法》,法律出版社 2007 年第 4 版,第 250 页以下。

② 参见龚海南:《合同解除的实务分析与理论探索》,《法律适用》2009 年第 4 期。

（2）返还请求权的性质

合同解除效果学说的目的之一在于解决合同解除后返还给付的性质问题。若合同解除具有溯及力，且在解除前当事人之间存在动产的交付或不动产的移转登记，则基于我国物权变动为债权形式主义，在合同解除后，物权当然地、立即地回复（崔建远教授如此认为，此时不承认物权行为的独立性）。此时，给付人对受领人主张所有物返还请求权，即为物权请求权。反之，若合同解除不具有溯及力，则物权不能立即回复，而需要受领人为交付或变更登记的行为，给付人对受领人主张债权请求权。此时若原物无法返还，直接效果说（有溯及力）采用"其他补救措施"或"损害赔偿"进行请求；而折衷说（无溯及力）仍可采广义的"恢复原状"①进行请求。由于两说皆认为"其他补救措施"或"损害赔偿"属债权请求权的范畴，可见直接效果说赋予《合同法》第97条两种性质的请求权——恢复原状属于物权请求权、其他补救措施属于债权请求权，而折衷说从始至终只有债权请求权。仅因为原物的是否存在不同，而给解除权人不同程度的保护，对相似情况的当事人似不公平，直接效果说无法回避自身存在的这种可能有违公正的弊端。

另就承认溯及力时的物权变动模式，韩世远教授也采不同观点——物权回归变动②。观点分歧的根源在于是否承认物权独立性③。崔建远教授认为我国现行法没有规定，也不可能规定物权行为④，所以其认为合同解除后物权自然立即回复。而韩世远教授承认物权行为的独立性。即，即使债权行为（合同）不存在，也并不代表物权行为消灭，物权行为独立于债权行为，要使物权发生变动必然存在一个单独的物权行为。物权行为独立与否，本就是学理上争议颇大的问题⑤，各自都理由充分。在各国立法例中，两种形式都有存在，且

---

① 韩世远教授将"恢复原状"分为狭义与广义两种，狭义的"恢复原状"指实物形态的返还，广义的"恢复原状"包括狭义的"恢复原状"与"其他补救措施"。

② 物权回归变动是基于物权的变动，动产需要交付，不动产需要登记。在合同溯及不存在时，尽管债权行为无效，由于返还的交付与登记行为未进行，故物权并未立即变动，而是回归变动。

③ 这里需要将物权行为的独立性与物权行为的无因性相区分。物权行为的无因性指的是物权行为不因债权原因的无效或不成立而无效。物权行为是否采无因性并不影响其独立性。

④ 参见崔建远：《物权：规范与学说——以中国物权法的解释论为中心》（上册），清华大学出版社2011年版，第79页以下。否定物权行为存在我国立法时代背景、法律内部统一等因素的要求。

⑤ 如苏永钦、田士永都认为存在物权行为。见苏永钦：《物权行为的独立性与相关问题》，载苏永钦主编：《民法物权争议问题研究》，清华大学出版社2004年版，第24页；田士永：《物权行为理论研究——以中国法和德国法中所有权变动的比较为中心》，中国政法大学出版社2002年版，第427页以下。崔建远、王利明则否认我国法律中存在物权行为，见崔建远：《物权：规范与学说——以中国物权法的解释论为中心》（上册），清华大学出版社2011年版，第79页以下。

都能自洽,可见其各具优劣,与本国体制匹配即可。由于折衷说不涉及已履行合同消灭问题,故物权行为理论在其中无须讨论,只有直接效果说面临这种学说争端。于司法实践言,学说争议或多或少会体现在裁判中,从而导致司法不统一,有违公平正义。折衷说一贯的逻辑体系很好地避免了此种情况的频繁发生。

再单纯从法律适用看,折衷说具有简便快捷性,较直接效果说简单。法官于实务中无须判断有体物是否消灭及是否有返还的必要,可以一律适用债权请求权返还。另物权请求权主张的是现有物的返还,是否包括受领人因物所受的利益有待讨论;而债权请求权,由于其性质也不是不当得利返还请求权,不用限于现有利益,主张的是全面返还,略去对返还对象事先分类的繁杂。崔建远教授也因此批判折衷说这种"一兜装"的做法[①]:内容繁杂、性质不一、效力有异,以致适用规则各异。但其似乎忽略了直接效果说中,一旦有体物不存在,"其他补救措施"一样涉及其他规则。或许今后在折衷说的返还制度中设置一个总的返还规则更具适用经济性。此外,在司法实践中,对"恢复原状"的理解是狭义的,但其说理存在因果倒置的逻辑问题。按照直接效果说,因为有溯及力所以发生恢复原状的法律效果,若不能恢复原状则采其他补救措施。而在实务中,则是因为恢复原状不能,所以不承认溯及力。但若像折衷说一样赋予"恢复原状"以广义性,就不存在此问题。因为在广义的语境下,恢复原状包括了其他补救措施等,所以无论怎样都可以发生,不需要通过逻辑的推演,最后只是确定以何种形式进行"恢复原状"而已。

(3)保护功能的倾向

前述物权请求权与债权请求权的分析中笔者回避了两请求权效力等级上的差别,是因为其等级差别造成优先性不同,受更优保护方不同。物权请求权基于物权绝对性具有最优的保护效力,故若受领人破产,给付人仍可基于所有物返还请求权取得物;但在债权请求权中,这一权利不具优先性,有得不到返还的风险。简言之,直接效果说倾向于保护给付人,折衷说倾向于保护受领人。本来利益冲突是普遍存在的人类社会问题,利益衡量是有效化解利益冲突的重要途径,立法过程中通过利益衡量达到利益整合,使得不同主体的利益诉求得到实现。[②] 但在合同解除中,给付人为何一定处于利益优先的地位值得反思。就《合同法》规定合同解除的条款来看,尤其法定解除限于根本违约

---

① 参见崔建远:《解除效果折衷说之评论》,《法学研究》2012年第2期。

② 杨炼:《立法过程中的利益衡量研究》,法律出版社2010年版,第15页以下。

的情形,而根本违约制度的重要意义不在于使债权人在另一方违约的情况下获得解除合同的机会,而在于严格限定解除权的行使①,防止其权利的滥用。论及合同解除的具体情形,并不单一,可以分为三类:一方有过错致违约,双方均有过错致违约,双方均无过错的合同不能履行。在一方有过错导致违约时,非违约方守约作出给付的当然值得保护,赋予其解除权。但在后两种情况下,双方均有过错致违约的情形具有多样性,而双方均无过错的合同不能履行主要包括不可抗力、情势变更②等。在这些情况下,很难只将解除权赋予其中一方,也不可断言哪一方的利益更值得保护,也许平等的对待合同双方是最恰当的做法,否则有违背公平原则。甚至也有基于合同自由、社会公平正义,移植西方效率违约制度来提出合同解除权无论在何种情况下都是赋予当事人双方的观点者。③ 如是观之,一味强调保护给付人是欠缺考虑的,理由并不充分。再者,笔者认为合同解除的效果之一是剥夺了相对人的合同利益,这也可以宽泛的理解为是对违约方的限制。此外,我国《合同法》在解除合同的同时,也认可损害赔偿请求权的存在,对于赔偿的是信赖利益还是履行利益虽有争议,但恢复合同当事人订立合同前的经济状态是基本的,若在此基础上,还要求对履行利益的赔偿,则更是对守约方的保护。这一制度在利益保护上已有一定的倾向,用物权请求权来优先保护给付人似不必要。另就实务来说,破产程序中,遇到前述合同解除的返还请求的案例很少,即使在这样的情形下,对于债权人、债务人来说,破产财产的例外情况越少,无论是判决还是执行,效果一般也越好。

现在再回头看溯及力问题,似乎已经豁然开朗。在对直接效果说与折衷说的不同之处结合实务分析后可发现,折衷说简化了法律关系与法律操作手段,以致不承认溯及力的观点似乎更有效率。

结　语

合同解除效果的论争已轰轰烈烈地进行许久,学说理论都具有一定的成熟性,实在难解难分。可能正因如此,不少学者开始探求第三条路径来解决合

---

① 参见王利明:《论根本违约与合同解除的关系》,《中国法学》1995 年第 3 期。

② 如"广州市白云区江高镇杨山村村民委员会与广东达裕实业有限公司土地租赁纠纷上诉案"(广东省广州市中级人民法院民事判决书(2009)穗中法民五终字第 3859 号)。一审认定系因国家政策的调整而导致双方约定的土地使用费标准丧失执行依据,租赁合同的解除,原、被告双方均不存在违约过错。

③ 参见雷裕春:《合同解除权行使的若干问题研究》,《学术论坛》2007 年第 5 期。

同解除效果问题,效果究竟如何还有待将来观察论证。本文通过对崔建远、韩世远两位教授的效果说分析,以实务效果为出发点,结合《合同法》第97条,仅就两者效果的不同之处进行比较,得出一点粗简的结论:溯及力、恢复原状的性质以及合同存续的系列问题是直接效果说与折衷说最集中的不同点。归纳司法实践来看,一般都具体问题具体分析,与学说理论脱节,有统一的必要。在将《合同法》第97条定位于补充性任意性规范的基础上,对约定解除效果与未约定解除效果两类情形进行分析,就对司法操作的效果而言,无论是简便经济还是利益衡量,折衷说或许更胜一筹。

《合同法》第 121 条的理解与适用①

浙江大学光华法学院教授　周江洪

摘　要:《合同法》第 121 条未限定第三人原因的具体范围,致使其理解多有争议;学界存在着限制性解释和废除论等观点。在司法实践中,法院通常在合同相对性的规范依据和排除第三人原因作为免责事由的意义上予以适用,其第三人范围与限制说主张的第三人范围基本相同,并非不作限制地加以适用。第 121 条的适用,可以通过"第三人的原因造成违约"的文义解释、第三人原因构成不可抗力或情势变更,以及过错责任情形的排除适用等角度予以限缩。在第 121 条与《侵权责任法》第 37 条的衔接上,应努力通过解释论消解两者之间的不一致。

关键词:第 121 条;第三人原因;违约;解释论

《合同法》第 121 条(以下简称"第 121 条")规定:"当事人一方因第三人的原因造成违约的,应当向对方承担违约责任。当事人一方和第三人之间的纠纷,依照法律规定或者按照约定解决。"从合同法立法当初开始,该条的理解就存在诸多争议。但从司法实践来看,条文理解的争议并未妨碍法院援引该条文作出了大量的判决。② 因此,从学说争议及司法实践的需要来看,也有必要对该条文作出分析和评述。据此,本文拟结合立法过程、《合同法》实施以来的司法实践状况以及相关比较法做一分析和探讨。

一、立法过程

第 121 条的出台历经了《经济合同法》第 33 条、《民法通则》第 116 条到合

---

① 本文原刊于《清华法学》2012 年第 5 期。该文曾在第 25 期浙大民商法学术沙龙上作报告并得到各位师生的批评指正,谨致谢忱。

② 以北大法宝收录的案例为例,援引该条作出判决的案件至少有 340 多件(截至 2012 年 7 月 5 日),分别涉及买卖合同、委托合同、储蓄存款合同、承揽合同、建设工程施工合同、拆迁安置补偿合同、租赁合同、运输合同、农业承包合同、技术合同等诸多有名或无名合同。本文所引案例,若无特别说明,均出自北大法宝案例数据库。

同法学者建议稿,再到合同法征求意见稿和《合同法》最终文本的过程。

《经济合同法》第 33 条规定:"由于上级领导机关或业务主管机关的过错,造成经济合同不能履行或者不能完全履行的,上级领导机关或业务主管机关应承担违约责任。应先由违约方按规定向对方偿付违约金或赔偿金,再应由其领导机关或业务主管机关负责处理。"该条规定于 1993 年被修改废除,之所以废除,是因为此条主要是针对当时政企不分、行政机关干涉企业经营自主权的问题而作的规定。① 随着统一合同法的出台,《经济合同法》本身也已被废止。但《民法通则》第 116 条依然保留了相类似的规定。该条规定:"当事人一方由于上级机关的原因,不能履行合同义务的,应当按照合同约定向另一方赔偿损失或者采取其他补救措施,再由上级机关对它因此受到的损失负责处理。"虽然随着市场经济法治的发展,该条的作用日益降低。但司法实践中仍有不少判决援引该条规定,以排除行政权力对合同的不当干涉。②

但是,因第三人原因违约的情形不限于因上级机关原因违约。因此,在合同法起草阶段,进一步扩张了该第三人的范围。学者建议稿第 139 条规定,"合同当事人一方因与自己有法律联系的第三人的过错造成违约的,应当向他方当事人承担违约责任责任"。③ 该规定虽然扩张了第三人的范围,但试图利用"与自己有法律联系"来限定第三人的范围。

但到了《征求意见稿》阶段,删去了"与自己有法律联系的"限定语。该稿第 87 条规定,"当事人一方因第三人的过错造成违约的,应当向对方承担违约责任"。④ 按照参与起草的梁慧星教授的解释,"建议条文企图用'与自己有法律联系'一语,限制'第三人'的范围。这次修改考虑到'与自己有法律联系的'一语,并不能达到限制第三人范围的目的,因此决定删去"。⑤ 当然,《征求意见稿》规定的违约责任并不以过错为要件,但在第三人原因违约时,却仍然采用了"第三人的过错"的表述。因过错涉及预见义务和结果回避义务的违反问题,较之《合同法》最终条文的"第三人的原因",其范围明显要狭窄许多。

但到了《合同法草案》阶段,又出现了较大的变动,"第三人的过错"被修改

---

① 韩世远:《他人过错与合同责任》,《法商研究》1999 年第 1 期。

② 以北大法宝收录的案例为例,1999 年《合同法》实施以后,仍有 50 多件案件援引了该条(截至 2012 年 7 月 5 日)。

③ 全国人大常委会法制工作委员会民法室编著:《中华人民共和国合同法及其重要草稿介绍》,法律出版社 2000 年版,第 40 页。

④ 全国人大常委会法制工作委员会民法室编著:《中华人民共和国合同法及其重要草稿介绍》,法律出版社 2000 年版,第 124 页。

⑤ 梁慧星:《关于中国统一合同法草案第三稿》,《法学》1997 年第 2 期。

为"第三人的原因",似乎要与合同法所采纳的严格责任原则保持一致。该稿第 124 条规定:"当事人一方因第三人的原因造成违约的,应当向对方承担违约责任。当事人一方和第三人之间的纠纷,依照法律规定或者按照约定解决。"①当然,与前面几稿一样,该稿也规定了第三人积极侵害债权制度(草案第 125 条)②。从解释论上言,草案第 124 条规定的"第三人原因",在文义上包括"第三人积极侵害债权"的情形;但由于草案第 125 条规定了"第三人积极侵害债权",可以将其看做是草案第 124 条的特别规定,将第三人积极侵害债权排除在草案第 124 条的"第三人原因"之外。

最终通过的第 121 条与草案第 124 条相同,但与草案不同的是,《合同法》未规定第三人积极侵害债权制度。这一删去,既涉及我国法律体系中是否承认"第三人积极侵害债权"法律制度,③也还涉及第 121 条中的"第三人原因"是否还包括了"第三人积极侵害债权"情形的解释论问题。

二、学说状况

虽然第 121 条规定并未说明非违约方只能向合同当事人请求承担违约责任,但就该条体现了合同相对性原则这一点,各家学说几无争议。④ 各家学说都认为,该条规定表明,原则上,合同的效力仅及于合同当事人,在一方当事人因第三人原因违约时,因该第三人并非合同当事人,非违约方不能要求该第三人承担违约责任,而只能追究违约方的责任。⑤ 梁慧星教授也强调了该条的合同相对性原则,认为立法者是想通过该条防止在审判实践中动辄将第三人拉进来,作为第三人参加诉讼,法院依职权把一些合同以外的当事人拉进案件,最后纠纷双方没有承担责任,判决由别的人承担责任,这种判决违反了合

---

① 全国人大常委会法制工作委员会民法室编著:《中华人民共和国合同法及其重要草稿介绍》,法律出版社 2000 年版,第 185 页。

② 全国人大常委会法制工作委员会民法室编著:《中华人民共和国合同法及其重要草稿介绍》,法律出版社 2000 年版,第 185 页。

③ 《侵权责任法》虽然规定了侵害的对象为包括权利和利益在内的民事权益,但对于第三人积极侵害债权制度并未作出明确规定,该问题的解释论依据仍然有待进一步探讨。

④ 谢怀栻等:《合同法原理》,法律出版社 2000 年版,第 299 页;王利明:《合同法研究(第一卷)》,中国人民大学出版社 2011 年修订版,第 119 页;韩世远:《合同法学》,高等教育出版社 2010 年版,第 310 页;柳经纬主编:《债法总论》,北京师范大学出版社 2011 年版,第 6 页。

⑤ 谢怀栻等:《合同法原理》,法律出版社 2000 年版,第 299 页。

同的相对性,没有合理性。[①] 也有学者特别强调了这一点,认为该条的立法用意在于恪守合同相对性原理。[②]

当然,从该条文义来说,因第三人违约时,该条只是规定了一方当事人应向非违约方承担责任,并没有说"只能由一方当事人向非违约方承担责任",并非是完全严格的"合同相对性"。因此,该条并未排除非违约方向第三人直接求偿的可能,并不构成第三人积极侵害债权、生产者向消费者承担责任等的制度障碍。

但该条最大的争议在于债务人能否以第三人原因为由主张免责以及第三人原因的范围如何界定。虽然国外立法例中普遍认为,第三人行为也可能具有不可抗力的特征,从而也可能构成不可抗力,[③]进而免除合同当事人的责任,但从第 121 条的文义上来看,当事人并不能主张因第三人原因免责。这与传统民法中债务人仅就履行辅助人、代理人等"第三人"原因违约承担责任,与通过"干涉可能性说"和"干涉可能性不要说"来扩张履行辅助人的范围进一步扩大债务人的他人责任明显不同。[④] 不仅如此,与比较法上所说的"委托第三人履行合同的当事人因该第三人的违约行为对另一方当事人承担责任"也存在着明显不同。[⑤] 从直观上看,第 121 条无疑加重了债务人的负担。"第三人原因"文义上的无限性,给学界带来了很大的冲击,有不少学者试图对"第三人"的范围作出限制。

首先是梁慧星教授在合同法出台后的一些讲座当中,对该条规定的"第三人"概念做了限定,认为此处的第三人不是一般意义上的第三人,不是合同当事人以外的任何一个第三人,而是指与当事人一方有关系的第三人,这个第三人通常是一方当事人的雇员、内部职工、当事人一方的原材料供应商、配件供应人、合作伙伴等。另外也包括上级。[⑥]

---

① 梁慧星:《梁慧星教授谈合同法》,四川省高级人民法院印,川新出内(98)字第 174 号,第 150—151 页。转引自韩世远:《合同法学》,高等教育出版社 2010 年版,第 600 页。

② 王立兵:《关系论视阈下第三人违约问题研究——以〈合同法〉第 121 条为中心》,《学术交流》2010 年第 2 期。

③ 尹田:《法国现代合同法》,法律出版社 2009 年第 2 版,第 373 页;冯珏:《论侵权法中的抗辩事由》,《法律科学》2011 年第 4 期。

④ 韩世远:《合同法总论》,法律出版社 2011 年第 3 版,第 598 页。

⑤ J.施皮尔主编:《侵权法的统一:对他人造成的损害的责任》,梅夏英、高圣平译,法律出版社 2009 年版,第 387 页。

⑥ 梁慧星:《梁慧星教授谈合同法》,四川省高级人民法院印,川新出内(98)字第 174 号,第 150 页,转引自王朝阳:《论合同法第 121 条中"第三人"的范围》,http://www.9ask.cnbloguser/wangsun99999/archives/2007/23169.html,2011 年 10 月 15 日访问。

在立法草案阶段,有学者认为该条对第三人根本未作任何的限定,以至对于与自己毫无任何关系的第三人的过错也要由债务人负责,使得债务人对通常事变负责成为普遍适用的规则,债务人负担未免过于沉重,十分地不合理。该作者认为,在解释上,第三人范围包括两类:一是履行辅助人,二是上级机关。该作者同时主张借鉴荷兰民法典的规定,将其修改为"为债之履行债务人利用他人服务时,债务人对他们的行为应像自己的行为一样负责"。① 当然,也有学者对将履行辅助人等纳入该条中的"第三人"提出了质疑。②

也有学者认为,与合同当事人没有任何法律联系的民事主体的行为导致债务人违约时,也由债务人承担违约责任,缺乏理论支持,有悖法律公正、效力和效率的理念,因此,应当将该条中的第三人限定在履行辅助人、上级机关以及与债务人有一定法律关系的第三人,如合伙关系、共有关系、代理关系、共同担保等。同时不包括第三人积极侵害债权的情形,认为此时应由责任人直接承担侵权责任。③

也有学者另辟新径,试图从不可抗力的角度来限定该条中的第三人范围。该学者认为,如因第三人的原因造成违约,债务人承担违约责任,第三人应与债务人有某种联系。同时认为,第三人原因既可能归属于不可抗力,也可能归属于通常事变。对于某些特殊合同主要指债务人具有看管义务的合同,包括保管、承揽、租赁、委任、旅店寄托等情形,应使债务人对于第三人原因造成不履行债务承担违约责任。而对于其他合同应采风险负担规则,准用买卖合同中风险负担规则。④

当然,也有学者对该条提出了强烈的批判,主张废除该条。该学者认为"将给付障碍的风险一律分配给债务人,无论在结果上还是理由上都过于极端。既然第 121 条对'第三人'的范围、导致履行障碍的原因未作任何限定,那么这种原因既可以轻微如履行辅助人的不认真行事,也可以重大到无限接近不可抗力的第三人原因,例如针对债务人的重大人身伤害、针对标的物的犯罪行为,甚至是严重危害履行环境的社会动荡、瘟疫流行、恐怖袭击等"。在此基础上,该作者主张,"按合同构成,当给付因第三人的原因遭遇障碍时,判断债务人是否构成违约,应当通过对合同内容的确定来判断债务人承接了多大程

① 韩世远:《他人过错与合同责任》,《法商研究》1999 年第 1 期。
② 王立兵:《关系论视阈下第三人违约问题研究——以〈合同法〉第 121 条为中心》,《学术交流》2010 年第 2 期。
③ 张影:《第三人原因违约及其责任承担》,《北方论丛》2002 年第 6 期。
④ 耿卓:《〈合同法〉第 121 条中"第三人"的理解与适用》,《贵州警官职业学院学报》2009 年第 3 期。

度的给付义务。因此,合同内容的确定是才解决问题的关键。合同法第121条完全无视合意的内容,机械地看待当事人合意的结果,完全不符合合同构成之尽可能尊重当事人对未来风险的分配的思想。在合同构成之下,该条不仅多余,而且有害"。① 事实上,在合同法立法过程中,也有意见主张该条没有必要。针对征求意见稿第87条的规定,有的部门提出,违约责任不是过错责任,也不论是否第三人的责任,只要违约就应承担相应的责任,因此建议删去此条。② 应该说,从合同构成角度来阐释该条是否有必要存在的观点,具有很好的解释力。③ 但第121条是否真的完全无视当事人的合意内容,尚有商榷的余地。而且,既然《合同法》已经规定了该条文,在很长的一段时期内,该条都会成为合同当事人及法院援引的重要条文。因此,笔者认为,当前阶段最为重要的并不在于批判,而在于如何使得该条得到准确的适用,以避免产生不适当的结果。因此,本文的主要思路将限于该条的理解和适用问题,仅在必要时涉及该条是否有必要存在的立法论问题。

除了上述限制论和废除论的视角,也有学者试图在严格责任的背景下来阐释本条的含义。例如,在《合同法》通过以后,韩世远教授并没有试图在解释论上限制该条"第三人"的范围,而是认为在严格责任下,并不局限于履行辅助人,尚包括其他的第三人,即大陆法系传统理论上所说的"通常事变"情形亦由债务人负责,认为《合同法》突破了传统理论上"债务人对于通常事变原则上不负责任"的禁区,是扩张违约责任的一个表现。④

上述各家学说,无论是限制论还是废除论,其所立足的前提都在于:依文义解释,第121条"第三人"或"第三人原因"的范围过大,给债务人造成了过重的负担,因此有必要加以限制或废除。这一观察视角值得肯定。同时,在阐释"第三人"的范围时,除了传统的履行辅助人理论,立法过程中"与自己有法律联系"这一表述对于各家学说都产生了非常重要的指引作用。但如同立法过

① 解亘:《我国合同拘束力理论的重构》,《法学研究》2011年第2期。

② 参见"地方、中央有关部门和法学教学研究等单位对《合同法(征求意见稿)》总则的意见",载全国人大法工委民法室编著:《中华人民共和国合同法立法资料选》,法律出版社1999年版,第90页。

③ 事实上,有学者在阐释《德国民法典》第278条规定的"债务人对第三人的责任"时,也体现了这一"风险分配"的原理,认为该条"系基于下述思想:任何债务人都应当就自己的事务范围和风险范围,向自己的债权人负责任,而自己之辅助人的活动,亦属于此项范畴"。参见杜景林、卢谌:《德国民法典评注:总则·债法·物权》,法律出版社2011年版,第110页。

④ 韩世远:《合同法总论》,法律出版社2011年第3版,第600页。当然,在韩世远教授担任副主编并参与撰写的《合同法》教材中则进一步指出,"在债务人被他人伤害致其不能履行合同等情况下,债务人不必向债权人承担违约责任",对第三人的范围做了一定的限定(参见崔建远主编:《合同法》,法律出版社2010年第5版,第307页)。

程中所表明的一样,"有一定法律联系"的内涵本身并不明确,并不能很好地达成限定第 121 条"第三人"范围的目的。从各家学说来看,履行辅助人、原材料供应商、配件供应人、合作伙伴等都会纳入第 121 条的"第三人"范围。但这些阐释无法合理地解释为什么其他第三人未纳入其中。① 因此,能否将目光不限于"第三人",实为必要的思维路径转换问题。

就此,上述学说中有一种解释值得关注。其目的虽然也在于限制"第三人"的范围,但并不是就"第三人"论"第三人",而是从债务人所处的合同关系性质角度入手阐释,认为负有看管义务的债务人,应使债务人对于第三人原因造成不履行债务承担违约责任;而其他的,则利用风险负担规则解决。② 这一阐释角度新颖,具有很强的冲击力。但是,从《合同法》的规定来看,该作者所列举的保管、委任,恰恰是采纳了过错责任的合同类型,债务人承担违约责任的前提是保管不善、重大过失(《合同法》第 374 条)或者是过错(《合同法》第 406 条)。这样一来,一方面,与有些学者所主张的债务人之所以对包括通常事变在内的第三人原因违约承担责任是因为我国合同法所采取的严格责任的体现这一观点相悖。另一方面,在委托合同的特定情形,债权人(委托人)可以通过行使介入权直接向第三人主张权利,与第 121 条强调合同相对性、由债务人(受托人)承担责任的立法思维并不完全一致。更何况,即使在因第三人原因违约的情形,保管、委托等负有该作者所谓的"看管义务"的合同类型中,债务人可以通过抗辩自己就该第三人原因违约并不存在过错为由免除其责任,第三人原因违约时,债务人并不必然承担违约责任。因此,该作者的主张仍有再考之余地。

同样地,在主张废除论的作者当中,也明确表明了这一从债务人所承担义务来解决第三人原因违约问题的思路。该作者主张,"当给付因第三人的原因遭遇障碍时,判断债务人是否构成违约,应当通过对合同内容的确定来判断债务人承接了多大程度的给付义务"。③ 这一义务论的思路无疑值得肯定,也是本文拟借鉴的思路之一。

---

① 事实上,在日本债法修改的讨论中,就第三人行为引起的债务不履行,也存在着试图依第三人的类型化来规定不同的构成要件的方案,但对此也存在作合理的类型化相当困难、且在司法实践中反倒容易引起纠纷等质疑的声音(参见法务省民事局参事官室:民法(債権関係)の改正に関する中間的な論点整理の補足説明,2011 年 5 月)。

② 耿卓:《〈合同法〉第 121 条中"第三人"的理解与适用》,《贵州警官职业学院学报》2009 年第 3 期。

③ 解亘:《我国合同拘束力理论的重构》,《法学研究》2011 年第 2 期。

三、司法实践状况

在司法实践当中,有不少判决书援引了第 121 条的规定。目前法院通常在以下两种意义上适用第 121 条的规定。[1]

第一,将第 121 条作为合同相对性的法律依据,排除债权人向第三人的直接请求权。

如前所述,第 121 条在文义上只是规定了违约方的义务,并未设定非违约方的义务,也未限制非违约方的权利行使;也就是说,并未规定一方当事人(债权人)只能向违约的对方当事人(债务人)请求承担违约责任,也未限制债权人向债务人以外的第三人请求承担责任。但学说将其解释为合同的相对性,认为依该条,非违约方只能向违约方请求,不得向第三人直接请求。以北大法宝收录的案例为例,典型的如"浙江省金华市中级人民法院民事判决书(2011)浙金商终字第 1236 号"(出卖人要求买受人的员工承担违约责任,法院以员工所从事的职务行为为由驳回该主张)、"河南省南阳市中级人民法院民事判决书(2010)南民一终字第 156 号"(新的承租人以违约之诉要求房屋不法占有人承担连带违约责任)、"海南省海口市中级人民法院民事判决书(2001)海中法民终字第 393 号"(次承租人要求出租人承担违约责任)、"山东省青岛市中级人民法院民事判决书(2010)青民二商终字第 141 号"(合同一方当事人向另一合同当事人的合作方主张违约责任)、四海公司诉袁明生等委托合同纠纷因四海公司未行使委托人介入权由袁明生承担违约责任案[2](委托合同委托人与受托人之间的纠纷,法院以第三人并非委托合同的当事人为由驳回委托人对第三人的请求)。虽然在具体表述上有所不同,但这些案件都以第 121 条的合同相对性为由驳回了当事人要求第三人承担违约责任的请求。"北京市第二中级人民法院民事判决书(2009)二中民终字第 22010 号"则稍有不同,法院援引第 121 条的合同相对性来说明房产公司与受托办理房产登记手续的公司之间的合同,与业主与受托办理房产登记手续的公司之间是两个分别独立的合同,应各自向各自的当事人承担违约责任。这些案件表明,在审判实践中,法院会援引第 121 条来说明合同的相对性。

---

[1] 北大法宝案例数据库中涉及《合同法》第 121 条的案件几乎涵盖了所有的合同类型,这里选取买卖合同、租赁合同、储蓄类合同、委托合同等合同类型予以说明,是因为这些合同分别是财产转移、财产利用、资金利用及劳务提供等方面的典型合同类型,在合同类型中具有一定的代表性。

[2] 出自《人民法院案例选》(2004 年商事、知识产权专辑),人民法院出版社 2005 年版,第 172 页。

第二,将第 121 条作为债务人就第三人原因违约承担责任的法律依据,排除债务人将第三人原因作为免责事由的抗辩。

更多的案件则是援引第 121 条排除债务人将第三人原因作为免责事由的抗辩。如"北京市第二中级人民法院民事判决书(2009)二中民终字第 08921 号"(供货方的送货车辆在电力公司施工工地被当地居民围堵,法院否定了电力公司的第三人原因抗辩;该案中,法院认定电力公司没有尽到协助运输车辆安全离开现场等合同附随义务)、"广东省广州市中级人民法院民事判决书(2005)穗中法民二终字第 983 号"(因审批手续导致迟延履行,法院援引第 121 条否定了迟延履行方的第三人原因抗辩)、"广东省广州市中级人民法院民事判决书(2007)穗中法民五终字第 3350 号"(因规划局未出具规划验收合格证导致逾期交房,法院援引第 121 条认为被告的该项辩解于法无据)、"上海市第二中级人民法院民事判决书(2008)沪二中民一再提字第 1 号"(被告以案外人为由辩解其不应承担返还责任,法院援引第 121 条否定该抗辩理由)、"江苏省南京市中级人民法院(2007)宁终字第 432 号"(政府变更规划导致楼间距与双方约定不符,法院认为不能据此免除其违约责任)、"四川省成都市中级人民法院民事判决书(2008)成民终字第 3320 号"(开发商以第三人承包商的原因为由主张免除逾期违约责任,法院援引第 121 条认为其免责理由不成立)、"广东省广州市中级人民法院民事判决书(2008)穗中法民五终字第 1545 号"(逾期办证,开发商以合同公司的回迁安置未办妥等第三人原因抗辩,法院驳回)、"河南省安阳市中级人民法院民事判决书(2009)安民一终字第 772 号"(以土地置换、村民围堵致使租赁合同不能履行,法院援引第 121 条认为出租人应承担违约责任)、"新疆维吾尔自治区乌鲁木齐市中级人民法院民事判决书(2010)乌中民一终字第 1011 号"(因出租人与第三人的纠纷,致使承租车辆被扣无法履行租赁合同,承租人向出租人请求承担违约责任,法院援引第 121 条认为出租人不得以第三人原因为由抗辩)、"江西省鹰潭市中级人民法院民事判决书(2003)鹰民二初字第 17 号"(因规划局等单位的限期整改通知致使合同无法实际履行,被告抗辩是政府行为所致,法院援引第 121 条认为被告应承担违约责任)、"新疆维吾尔自治区乌鲁木齐市中级人民法院民事判决书(2009)乌中民四终字第 123 号"(因新闻出版局整改文化市场导致市场歇业,市场经营方以此为由抗辩,法院援引第 121 条认为市场经营方应承担违约责任)、"广东省广州市中级人民法院民事判决书(2010)穗中法民二终字第 174 号"(加盟租赁的车辆因第三人非法质押被扣押,导致车辆迟延返还;法院依第 121 条驳回返还义务人的第三人原因抗辩)、全能电池有限公司诉上海昌盛仓储服务有限公司租赁合同纠纷抗诉案①（同一栋楼其他租户承租房屋内的消防栓漏水导致承租人货物受损，原审法院认为应由案外人承担侵权责任；检察院以第 121 条抗诉，认为第三人原因并不能免除出租人的违约责任；法院认为出租人违反保持出租物附属设施正常使用的义务，应当承担违约责任）、"上海市第二中级人民法院民事判决书(2006)沪二中民二终字第 690 号"（因出租人解除租赁协议，致使承租人与次承租人之间的合同无法继续履行，次承租人要求承租人承担违约责任，承租人以第三人原因为由抗辩，法院援引第 121 条驳回其抗辩）、"福建省厦门市中级人民法院(2004)厦民初字第 273 号"（承租车辆作为肇事车辆被交警扣留，租赁公司要求返还车辆及停驶期间的租金损失，承租人以员工私自驾车外出为由要求由驾驶人承担责任，法院援引第 121 条驳回其抗辩）、"浙江省宁波市镇海区人民法院民事判决书(2007)甬镇民二初字第 313 号"（存折被调包、案外人提取存款，法院以银行未履行严格审查义务构成违约，并援引第 121 条要求银行承担一定的责任）、"广东省东莞市第二人民法院民事判决书(2009)东二法民二初字第 2109 号"（案外人在 ATM 机上安装读卡器和摄像头，复制银行卡取走原告存款；法院认为银行未能履行安全、保密环境提供义务，援引第 121 条要求银行承担责任）、"湖南省常德市武陵区人民法院民事判决书(2006)武民初字第 324 号"（银行营业场所存在安全防范能力方面的缺陷，但法院未说明银行违反的是何义务，只是援引第 121 条要求承担违约责任）、"广东省广州市中级人民法院民事判决书(2010)穗中法民二终字第 155 号"（案外人利用盗码器等窃取、复制银行卡取走存款，银行答辩应由犯罪分子承担，法院认为银行未能尽到谨慎审查义务构成违约，不能以第三人原因抗辩）、"河南省驻马店市中级人民法院民事判决书(2009)驻民二终字第 77 号"（案外人在外地以伪造存折取走存款，被告以案外人利用伪折从第三人处取走为由抗辩，法院援引第 121 条认为外地的邮储支行与储户不存在合同关系，应由正阳支行承担责任）、"北京市第一中级人民法院(2003)一中民终字第 8199 号"（因银行未充分履行身份证件核查义务被案外人在付款行取走存款，法院援引第 121 条作出判决）。

　　就上述案件中的第三人原因言，主要有以下几类：(1)政府主管部门的原因，包括审批方面的原因（如车辆进口审批、规划局的规划验收合格证出具）、

---

① 最高人民检察院民事行政检察厅：《人民检察院民事行政抗诉案例选》（第 9 集），法律出版社 2006 年版，第 169 页。该案中，检察院以第 121 条抗辩，再审法院虽然最终支持了当事人的违约责任请求，但其理由并不是因为第三人原因违约，而是认为出租人自身未履行租赁合同上的义务。

主管部门行使审批以外的管理职权(如规划局的规划变更、限期整改处理决定、新闻出版局整改等)。这类政府原因与《民法通则》第116条所设想的直接干预企业经营活动的"上级机关"已明显不同。但就政府行为而言,若符合我国合同法上的不可抗力要件(不能预见、不能避免并不能克服的客观情况),则依《合同法》第117条不承担责任。① 因此,就政府行为是否构成第121条意义上的第三人原因,当结合具体案情判断。(2)"连环买卖"式合同关系中的第三人,如买卖合同中的下家(上海市第二中级人民法院民事判决书(2008)沪二中民一再提字第1号)、负有完成买卖合同标的物义务的承包商、相对于次承租人而言的出租人、相对于出租人而言的次承租人等等。这些第三人与"连环买卖"中供货方的地位类似,故将其归为一类。(3)履行辅助人、员工等。如银行卡被复制时的付款行与开户行之间的关系。但就履行辅助人、员工而言,究竟是视为债务人自己的履行,还是构成第121条意义上的"第三人",尚有可商榷的余地。(4)作为犯罪分子的案外人,如储蓄合同纠纷中的银行卡、存折复制人以及将租赁标的物非法质押的犯罪分子。但在银行卡纠纷中,法院往往并不以存款被取走本身作为违约事实,而是将银行未尽到特定的防范义务本身作为违约事实对待。这样一来,此种防范义务的违约,就有可能被解释为并不是由于第三人原因引起,而只能是银行自身原因引起。严格意义上言,与第121条所设想的"第三人的原因造成违约",是不同的情形,其指向的是债务人违约为第三人创造了可乘之机。但是,在"广东省广州市中级人民法院民事判决书(2010)穗中法民二终字第174号"中,则是第三人非法扣押致使租赁标的物无法返还,则可列入"第三人的原因造成违约"。(5)因与债务人之间存在纠纷直接扣押标的物的第三人,如"新疆维吾尔自治区乌鲁木齐市中级人民法院民事判决书(2010)乌中民一终字第1011号"中的第三人。(6)与债务人存在合作关系或其他合同关系的第三人,如"广东省广州市中级人民法院民事判决书(2008)穗中法民五终字第1545号"中开发商的合同公司,全能公司案中另一租赁合同的承租人等;这类第三人与前述"连环买卖"式合同关系中的第三人不同,合同的履行并不取决于第三人是否完全履行合同,只是因为其与合同的相对方存在合同关系而使得其成为可能影响合同履行的第三人。(7)不存在合同关系的第三人,如村民围堵致使运输车辆无法安全离开、因村民围堵致使租赁合同无法履行。

从这些案件可以看出,与限制说所主张的第三人范围基本相同。但是,与

---

① 韩世远:《合同法学》,高等教育出版社2010年版,第187页。

批评第 121 条第三人范围失之过宽的学说不同的是,针对标的物的犯罪①、针对债务人人身的重大人身伤害等极端情况,在援引第 121 条的案例当中,并不多见。这也在某种程度上表明,司法实践中援引第 121 条的第三人原因违约也并不是无任何限制的第三人。事实上,在针对标的物的犯罪当中,也有部分案例是将其作为风险负担的问题来处理的。例如,在"孙红亮以分期付款期满所有权转移方式承包车辆后因在期间内车辆被抢灭失诉中原汽车出租租赁公司退还抵押金和按已交款比例分享保险赔款案"中,法院就援引了风险负担规则,而不是第 121 条。同样的,即使并不是第三人犯罪问题,也有案件援引风险负担规则就第三人原因违约问题作出处理,如"磐安县粮食局与羊兴新等房屋买卖合同纠纷上诉案"中,因规划变更需拆迁导致无法过户,法院也是援引的风险负担规则,而不是第 121 条。② 从这层意义上来说,试图利用风险负担规则来限定第 121 条第三人范围的学说思路,也有司法实践上的支持,值得肯定。同样地,法院的实践也表明,虽然未能充分阐述其理由,也未提出限定的具体标准,但法院在某种程度上采纳了第三人范围限制说这点本身没有很大的争议。③

司法实践中并未依第 121 条的文义对第三人范围不作限制地要求合同当事人承担责任,也体现在相关的司法解释当中。例如,在《最高人民法院关于审理旅游纠纷案件适用法律若干问题的规定》第 7 条第 2 款中,就第三人行为造成的游客人身、财产损害,司法解释并未依据《合同法》第 121 条令旅游经营者承担违约责任,而是依据《侵权责任法》第 37 条规定,"因第三人的行为造成旅游者人身损害、财产损失,由第三人承担责任;旅游经营者、旅游辅助服务者未尽安全保障义务,旅游者请求其承担相应补充责任的,人民法院应予支持。"在这里,未尽安全保障义务的旅游经营者仅承担补充责任,并不是直接的违约责任承担主体。同样地,在因旅游辅助服务者原因违约时,虽然该司法解释第 4 条规定"因旅游辅助服务者的原因导致旅游经营者违约,旅游者仅起诉旅游经营者的,人民法院可以将旅游辅助服务者追加为第三人",但就未尽到安全保障义务以及未尽到告知警示义务的违约,该司法解释第 7 条第 1 款及第 8 条规定的责任承担主体并不限于旅游经营者,而将其扩张到了作为"第三人"

---

① 储蓄合同中的第三人犯罪问题,因储蓄合同性质决定的不同其观察视角可能不同,但通常难以视为对标的物本身的犯罪。但在上述案例当中,因租赁物被第三人非法质押,可能构成对标的物的犯罪问题。

② 周江洪:《风险负担规则与合同解除》,《法学研究》2010 年第 1 期。

③ 这一判断与解亘教授的判断有所不同。解亘教授认为法院会毫不犹豫地选择适用该条,参见解亘:《我国合同拘束力理论的重构》,《法学研究》2011 年第 2 期。

的旅游辅助服务者。这些规定,虽然难以说明债务人可以以第三人原因违约为由主张免责,但至少说明,第三人仍然可能是违约责任的承担主体,并未严格遵循学说所主张的第 121 条的合同相对性问题。[①]

除了"第三人"范围问题,司法实践中也表现出了值得我们关注的一个现象。即,虽然援引了第 121 条,但在第三人原因违约的问题上,更多地关注债务人本身是否违约。例如,在前述储蓄合同纠纷中,虽然存在着第三人的介入,但法院往往会将银行未尽到防范义务、安全保密义务等作为违约事实对待。就这些违约事实而言,很难说是因为第三人原因而引起,恰恰相反,其实质是此等违约行为为第三人的介入提供了可乘之机。也就是说,若银行本身不存在此等违约行为,即使因第三人原因导致储户账户内的存款额减少,也并不一定构成违约责任。这一点对于第 121 条的理解甚为重要,而且也是学说中容易忽略的视角之一。

四、可能的解释方案

在第 121 条的理解和适用上,学说及司法实践的状况都表明,有必要对其作出限制。[②] 笔者认为,至少可依排除法从以下几条路径作出限制。

第一,在援引第 121 条时,应准确把握该条规定的"违约",且该"违约"是第三人原因引起时才适用该条规定。

在这点上,储蓄合同类纠纷中法院所选取的思路值得肯定。只有合同当事人"违约",才有可能承担违约责任,第三人是否介入本身并不是关键。这样一来,至少可以将诸多介入了第三人原因的履行障碍,排除在该条的适用范围之外。例如,就服务类合同中的方式之债言,即使由于第三人的原因未能达成相应的结果,并不能说其存在违约。这一思路与目前学说受限于"第三人原

[①] 当然,因旅游辅助服务者在旅游经营者与游客之间的合同关系,与通常的第三人可能并不相同。旅游辅助服务者有时候可能被认为与游客之间存在着直接的合同关系。这也可能是导致该司法解释未能很好区分究竟为第三人原因违约还是自己原因违约的关键所在。

[②] 关于第 121 条作为合同相对性的规范依据这一点,学说和实践争议不大,此处省略。

因"视角的限制说存在着较大的不同。① 当然,如此解释,势必也会面临一个问题,即在判断是否存在"违约事实"时,是否同时应当判断第 121 条的构成? 从理论上来说,而起违约的原因各式各样,既有可能是因第三人的原因,也有可能是其他原因,在违约事实的判断上,何种原因引起违约并不重要。而且,存在违约事实本身并不足以要求债务人承担违约损害赔偿责任;即使是采用严格责任的违约损害赔偿构成,也存在着不可抗力等诸多免责事由。因此,在判断了是否存在"违约事实"时候,势必存在两种可能:若不存在违约事实,则无需再行考量引起履行障碍的原因,即可认定不构成违约责任;若存在违约事实,则依当事人的主张、抗辩,则须判断引起该违约事实的原因形态,若该原因为第三人原因,依第 121 条,债务人原则上应当承担违约责任,否则,须证明该第三人原因构成不可抗力等免责事由,始能免除其违约责任。

但若依此逻辑进一步推衍,合同当事人是否应对第三人原因违约承担违约责任,或者说能否以第三人原因为由免除责任,其关键在于合同当事人是否存在违约,即,是否在当事人设定(包括通过交易习惯等解释出来的意思以及通过合同法任意性规范补充等)的合同义务框架之内。从这层意义上来说,第 121 条似无存在之必要。②

但在《合同法》尚未被修改之前,通过个案中"违约事实"的认定来限定该条的适用范围,无疑也是重要的。而且,若删去第 121 条,至少会面临着合同相对性问题的规范依据问题。如前所述,第 121 条本身虽然并不是合同相对性的完整表述,但至少学说和审判实践都已将其作为合同相对性的重要规范依据之一,若将其删去,必然会面临相应的规范依据问题。不仅如此,若删去该条,举证责任方面也可能会发生一些变化。例如,按照第 121 条,原则上不能以第三人原因抗辩;若要抗辩,必须证明该第三人原因构成不可抗力,或者符合风险负担规则的适用条件,等等。若删去,其举证责任是否就变成债权人须主张证明债务人承接了多大程度的给付义务,主张证明该第三人原因亦纳入债务人的义务范畴之内。也就是说,保留该条的情况下,因第三人原因违

---

① 在合同实务中,也有部分合同示范文本体现了这一思路。例如,国家旅游局和国家工商总局发布的《团队国内旅游合同示范文本》第 7 条虽然规定了旅行社的安全保障义务,但在第 18 条第 1 款又规定,"由于第三方侵害等不可归责于旅行社的原因导致旅游者人身、财产权益受到损害的,旅行社不承担赔偿责任。但因旅行社不履行协助义务致使旅游者人身、财产权益损失扩大的,旅行社应当就扩大的损失承担赔偿责任"。该规定是否合理姑且不论,但这一规定明显区分了旅行社是否存在违约的情况,只有旅行社违约时,才有可能就第三人原因引起的损害承担责任。

② 解亘:《我国合同拘束力理论的重构》,《法学研究》2011 年第 2 期。

约,合同当事人原则上应当承担违约责任,除非债务人主张证明其符合特定的免责条件。而一旦删去,因第三人原因违约是否应当承担责任,将不得不求助于合同的约定或解释,这有可能会引起合同当事人双方立场的微妙变化。①

第二,若第三人原因构成不可抗力,排除第 121 条的适用。

《合同法》第 117 条规定:"因不可抗力不能履行合同的,根据不可抗力的影响,部分或者全部免除责任,但法律另有规定的除外。"虽然该条但书认为"法律另有规定的除外",第 121 条的规定在文义上也可以被视为第 117 条规定的"例外规定"。② 但从目的解释角度言,要说第 117 条中的"不可抗力"排除了构成该条第 2 款规定的"不能预见、不能避免并不能克服的客观情况"的"第三人原因",似与不可抗力免责制度的初衷相悖。因此,笔者认为,第三人原因若符合不可抗力的构成要件,则应当优先适用不可抗力免责的第 117 条,进而排除第 121 条的适用。当然,因不可抗力影响而免除给付义务时,就价金风险而言,则可以运用《合同法》第 142 条以下规定的风险负担规则加以调整。③

第三,能否从严格责任的角度限缩第 121 条的适用范围?

通过前述两重限制,第 121 条的适用范围已相对限缩。但问题在于第 121 条文义"第三人原因原则上不得免责",其立法意图究竟何在?除了《民法通则》第 116 条的历史渊源以外,是否还有更为深层次的原因?

在这点上,韩世远教授认为在严格责任下,并不局限于履行辅助人,尚包括其他的第三人,即大陆法系传统理论上所说的"通常事变"情形亦由债务人负责。④ 事实上,日本也同样有人主张,既然合同法采纳了严格责任原则,那么,就第三人原因违约承担违约责任,在逻辑上就是必然的归结。⑤ 若这一逻

---

① 另外,第 121 条的文义也表明,第三人原因(由第三人履行或非亲自履行)本身并不是违约,而是第三人原因引起的违约才会承担违约责任。这样一来,是否表明除非法律另有规定或当事人另有约定,债务原则上可以由第三人履行?若将债务原则上得以由第三人履行的规范依据寻诸于该条,删去该条亦可能引起第三人履行的规范依据问题(《合同法》第 65 条只是规定了当事人约定了由第三人履行的情形;约定以外的第三人履行问题,《合同法》并无相应的规范)。

② 例如,有日本学者就认为第 121 条是对第 117 条不可抗力主张的限制;参见塚本宏明监修:《逐条解说中国契约法の实务》,重村達郎执笔,中央经济社 2004 年版,第 169 页。

③ 当然,《合同法》第 142 条以下并未对风险负担规则适用的前提作出限定,并未说明是否仅限于因不可抗力引起的履行不能风险,还是尚包括因其他不可归责于当事人的事由引起的履行不能风险。若尚包括其他不可归责于当事人事由引起的履行不能风险,第 121 条中所谓的"第三人原因",在不可抗力之外,亦有部分可以纳入《合同法》第 142 条以下的风险负担规则处理,进而进一步限缩第 121 条的适用范围。

④ 韩世远:《合同法总论》,法律出版社 2011 年第 3 版,第 600 页。

⑤ 塚本宏明监修:《逐条解说中国契约法の实务》,重村達郎执笔,中央经济社 2004 年版,第 169 页。

辑得以成立,对于《合同法》分则规定的保管、委托等以过错为损害赔偿责任构成要件的合同类型来说,第121条并不能被当然地适用。也就是说,《合同法》分则规定的过错责任,排除了以严格责任为前提的《合同法》总则第121条的适用;对于委托、保管等以过错责任为前提的债务人(受托人)来说,无须就"通常事变"负责。如此一来,第121条的适用范围将被进一步限缩。

但如前所述,严格责任是否就意味着第三人须就通常事变负责,仍有再考之余地。例如,《国际货物销售合同公约》虽然采纳了严格责任原则,其第79条也规定了因第三人原因原则上不构成免责事由,但仍然肯定了在特定情形第三人原因可以免责。① 因此,从另一层含义来说,即使是严格责任,特定情形的第三人原因都可以免责;那么,在过错责任前提下,第121条的"第三人原因原则上不得免责"这一规则的适用当然应被限制。在司法实践中,委托类合同很少见到援引第121条来排除受托人的第三人原因抗辩,而多仅仅援引其作为合同相对性的规范依据,其原因既有可能是《合同法》第400条、第403条专门规定了委托人、受托人与特定第三人之间的关系,也有可能是这一严格责任与过错责任对立思维的存在所致。当然,在过错责任前提下,究竟何种第三人原因可以构成免责,仍有待进一步研究确定。而且,就《合同法》违约损害赔偿归责原则本身的探讨,也会对该逻辑推衍产生重大影响,因此,这里只将其作为一个姑且的结论,其目的仅为姑且限缩第121条的适用范围。②

通过上述分析,在第121条适用范围的限制上,尤其是在第三人原因是否可以作为免责事由的问题上,至少可以从第121条规定"违约"的解释、第三人原因是否构成不可抗力以及过错责任背景下有可能排除第121条适用的角度加以限缩。

五、余论:《合同法》与《侵权责任法》的衔接问题

上述限定,应该说只是提供了第121条理解与适用的几个视角而已,并未能为第121条的理解和适用提供精细的方案。事实上,就第三人原因违约问

---

① [德]彼得·施莱西特里姆:《〈联合国国际货物销售合同公约〉评释》,李慧妮译,北京大学出版社2006年版,第198页;张玉卿编著:《国际货物买卖统一法》,中国商务出版社2009年第3版,第510页;甲斐道太郎:《注释国际统一壳买法Ⅱ》,法律文化社2003年版,第215—217页。

② 对于《合同法》第107条能否被解读为严格责任归责原则,学界已有所质疑;参见周江洪:《服务合同的类型化及服务瑕疵研究》,《中外法学》2008年第5期;另参见朱广新:《违约责任的归责原则探究》,《政法论坛》2008年第4期。

题,还涉及《合同法》与《侵权责任法》的衔接问题。

《侵权责任法》第 28 条规定:"损害是因第三人原因造成的,第三人应当承担侵权责任。"该条文义虽然没有明确说明第三人原因可以作为抗辩事由,①学理上也通常解释为第三人行为已成为我国侵权法上的抗辩事由之一。② 这点与第 121 条的文义存在着很大的区别。不仅如此,就安全保障义务而言,其义务来源颇丰,既有可能是合同义务,也可能是消费者权益保护法规定的义务甚至是诚信原则产生的作为义务,③在第三人原因介入的违约或侵权中的安全保障义务问题,是两者衔接中的重要问题之一。④

以旅店服务合同纠纷为例,宾馆对住客负有合同上的安全保护义务。⑤但与此同时,宾馆对住客的安全保障义务,也是侵权法上的注意义务。在第三人侵害住客的人身、财产,而旅店又未尽到安全保障义务时,若援引第 121 条要求旅店承担违约责任时,旅店直接承担责任,但其赔偿范围限于《合同法》第 113 条的规定。但是,若援引《侵权责任法》第 37 条(以下简称"第 37 条")要求承担侵权责任时,旅店承担的可能是"相应的补充责任",并不是直接的责任人。⑥ 所谓补充责任,顾名思义,旅店只不过是直接责任人以外的、处于补充地位的责任主体。但如此一来,会因为当事人所选择的诉由不同,不仅在法律效果上出现较大不同,⑦在其责任承担主体也会发生明显的变化。例如,在王利毅、张丽霞诉上海银河宾馆赔偿纠纷案⑧中,因犯罪分子杀害住客,宾馆也

---

① 与《合同法》第 121 条类似,该条的表述方式也是"谁""应当"承担责任,并不是"由""谁"承担责任的表述。应该说第 28 条文义上并没有排除行为人(加害人)承担责任,很难构成一个抗辩事由的规定。

② 但是否能成为普遍性的抗辩事由,尚有争议;参见崔建远、韩世远、于敏:《债法》,清华大学出版社 2010 年版,第 701 页。

③ 冯珏:《安全保障义务与不作为侵权》,《法学研究》2009 年第 4 期。

④ 安全保障义务问题,被学者们认为是侵权法与合同法调整范围重叠的重要制度之一;参见王利明:《侵权责任法与合同法的界分——以侵权责任法的扩张为视野》,《中国法学》2011 年第 3 期。当然,关于第三人原因中的安全保障义务问题,如同储蓄类合同纠纷中所表明的那样,究竟是因为未尽到安全保障义务(违约事实)而给第三人造成可乘之机,还是说因为第三人的介入使得合同当事人违反了人身财产的安全保护义务,尚有商榷之余地。

⑤ 刘言浩:《论宾馆对住客的保护义务》,《法学》2001 年第 3 期。

⑥ 关于该条规定的补充责任,学界争议较大,参见郭明瑞:《补充责任、相应的补充责任与责任人的追偿权》,《烟台大学学报(哲学社会科学版)》2011 年第 1 期;刘倩:《论违反安全保障义务人的侵权责任承担》,《山东工商学院学报》2011 年第 3 期。

⑦ 王利明:《侵权责任法与合同法的界分——以侵权责任法的扩张为视野》,《中国法学》2011 年第 3 期;但"二者择其一"式的竞合方式是否合理,参见周江洪:《服务合同的类型化及服务瑕疵研究》,《中外法学》2008 年第 5 期。

⑧ 《最高人民法院公报》2001 年第 2 期。

违反了安全保障义务,法院适用《合同法》作出判决,肯定了宾馆的违约责任。但在类似的董德彬等诉启东市吕四聚鹤大酒店等旅店服务合同案[①]中,住客被第三人杀害,旅店亦未尽到安全保障义务,但法院却援引《人身损害赔偿司法解释》第6条[②]要求旅店承担的却是10%的补充赔偿责任。

当然,在第121条与第37条之间,有一点是相通的。就第121条言,合同当事人承担责任的前提是违反安全保障义务这一违约事实,而就第37条言,管理人、组织者等承担责任的前提是其存在违反了安全保障义务(注意义务)的过错或违法性。[③]但是,同一主体就同一事实(违反安全保障义务的行为),依《合同法》则为直接责任主体;依《侵权责任法》则为相应的补充责任主体,依生活常理,这本身不符合逻辑。实际上,从侵权和合同救济手段的工具性角度言,当利用这两种制度对当事人进行救济时,不应产生太大的差别;也正因为如此,侵权和合同在英美法系有日益趋同、甚至合为一体的趋势。[④]因此,如何合理解释以抹平两者之间的鸿沟,也是我们民事法律体系整合的必然要求。

第121条规定的"违约责任"如果能够解释成也是一种"补充责任",两者之间的矛盾当然可以避免。但是,若将第121条的"违约责任"解释成"补充责任",而由第三人来承担直接的责任,这明显有违合同相对性原理,与第121条的本来立法目的也明显不符。因此,这一解释明显不可能。

另外一种可能的解释是,第37条第1款规定了管理人、组织者就安全保障义务的违反应当承担侵权责任,这是一种直接的责任。在第三人行为造成损害时,若管理人、组织者未尽到安全保障义务,也应依该款承担与自己的过错行为相应的"自己"的责任;在承担"自己"责任后,就剩余的损害,就第三人应负的损害赔偿责任依第37条第2款承担相应的补充责任。如此一来,无论是依据第121条还是依第37条,宾馆等安全保障义务人都成为直接的责任主体,两者之间的矛盾会被部分消解。但是,宾馆等安全保障义务人在《侵权责任法》的背景下何以要承担超出自己责任以外的补充责任问题,而在《合同法》的违约责任视角下,则只需承担自己责任?这仍然是一个待解决的问题。因

① 国家法官学院等编:《中国审判案例要览(2006年商事审判案例卷)》,人民法院出版社2007年版,第172页。
② 《侵权责任法》第37条是《人身损害赔偿司法解释》第6条的进一步发展。
③ 关于违反安全保障义务时,过错与违法性采取的是同一判断标准这一点,参见冯珏:《安全保障义务与不作为侵权》,《法学研究》2009年第4期。
④ 王少禹:《侵权与合同竞合问题之展开——以英美法为视角》,北京大学出版社2010年版,第196页。

此,在尚未寻找到其规范依据或理论依据前,这一解释仍然未能完全弥合两者之间的鸿沟。

还有一种解释认为合同一方当事人在遭受第三人侵权行为侵害、另一方当事人又负有合同上的附随保护义务时,侵权人的侵权责任与合同当事人的违约责任成立不真正连带债务,并不适用补充责任。[①] 但是,从解释论角度言,何时适用不真正连带债务,何时又构成补充责任之适用,仍然未能作明确的区分。该理论并未能从解释论消解第37条与违约责任之间的张力。

正因为无法通过解释论完全消解第121条与第37条之间的鸿沟问题,第121条的存废也就成为问题。但是,造成此种结局究竟是第121条的"过错"抑或是其他,也不无疑问。正如有学者指出的那样,在经营活动领域、尤其是存在合同义务情形引入安全保障义务,并非是一个好的契机,其可能带来的负面影响不容小觑。[②] 因此,与其说是第121条的"过错",还不如说其"罪魁祸首"在于第37条,删去第121条本身并不足以消解这一不协调关系。

---

① 丁亮华:《附随保护义务的违反及其责任——乘客遭受第三人侵害时承运人的责任与范围》,载梁慧星主编:《民商法论丛》第47卷,法律出版社2010年版,第67页、第73页。该作者评析的案例中,原告乘坐公交车,因与一名乘客发生口角。该乘客与另一男子对原告进行殴打,致其面部受伤。售票员发现原告被打伤受,按铃示意司机停车。司机停车后打开车门。原告拉住一企图下车的打人者,该男子将原告腿部踢伤后逃逸。一审虽认为公交公司应在其能够防止或制止损害的范围内承担相应的补充赔偿责任,但在判决上则是全部赔偿;二审以双方之间的客运合同关系为由,要求承担全部赔偿责任。

② 冯珏:《安全保障义务与不作为侵权》,《法学研究》2009年第4期。

论优先购买权的法律效力①

北京大学法学院教授　常鹏翱

摘　要:我国的先买权是形成权,先买权依法行使的效果,是在财产权转让人与先买权人之间成立买卖合同,与转让人和第三人先前的买卖合同相比,这两份合同的内容相同,由此产生双重买卖。根据特定制度目的的限定,地方政府、本集体经济组织成员的先买权等能对抗第三人。房屋承租人的先买权等法定先买权以及意定先买权只能约束转让人,先买权人和第三人的地位平等,应适用通常的双重买卖规则,为了增加这些先买权的对抗力,可借鉴瑞士经验,通过预告登记,使受让财产权的任意人均为先买权的相对人。

关键词:先买权;形成权;合同成立;双重买卖;预告登记

一、引　言

在移转财产权的有偿交易中,为了特定目的,会有优先购买权(下称先买权)的存在,这类权利除了常见的法定先买权,如承租人对承租屋的先买权(《合同法》第 230 条、《最高人民法院关于审理城镇房屋租赁合同纠纷案件具体应用法律若干问题的解释》第 21－24 条,下称该解释为《租赁合同解释》)等,②还包括当事人通过法律行为设定的先买权,即意定先买权。

---

①　本文原刊于《中外法学》2014 年第 2 期。本文初稿得到王泽鉴、张谷、周江洪、陈信勇、陈旭琴、周翠、朱虎、王静等师友的指教,他们提出宝贵意见,作者受益匪浅,特致谢忱。当然,文责由作者自负。

②　此外,主要还包括按份共有人对份额的先买权(《民法通则》第 78 条第 3 款、《物权法》第 101 条)、有限责任公司股东对股权的先买权(《公司法》第 72 条第 3 款、第 73 条)、合营企业的合营者对股权的先买权(《中外合资经营企业法实施条例》第 20 条第 2 款)、合伙人对合伙份额的先买权(《合伙企业法》第 23条)、地方政府对于低价转让土地的先买权(《城镇国有土地使用权出让和转让暂行条例》第 26 条第 1 款)等。优先购买权强调通过有偿购买来受让财产权,以此内涵为准,本集体经济组织成员在土地承包经营权流转时的优先权(《农村土地承包法》第 33 条第 5 项)、本集体经济组织成员对于"四荒"的优先承包权(《农村土地承包法》第 47 条)、职务技术成果的完成人对于该成果的优先受让权(《合同法》第 326 条第 1 款)、委托人对于专利申请权的优先受让权(《合同法》第 339 条第 2 款)、共有人对于共有的专利申请权的优先受让权(《合同法》第 340 条第 1 款)尽管未以"优先购买权"来表述,但也属于先买权。

涉及先买权的纠纷相当常见,①但由于法理模糊和规范缺失,行使先买权能产生怎样的法律效力,理论和实务莫衷一是。以房屋承租人的先买权为例,有关其法律效力的争论主要集中在:(1)该权利行使能否或如何在租赁双方成立买卖合同?(2)能否或如何影响出租人和第三人的买卖合同?(3)能否或如何对抗已登记取得房屋所有权的第三人?② 这三个问题依次展开,环环相扣,构成先买权法律效力制度的主干。从不同的认识角度出发,考虑不同的制约因素,问题会有截然不同的解答,比如,在我国司法实践中,有法院认为先买权属于附强制缔约义务的请求权,在出租人违反强制缔约义务将租赁物出卖给第三人的情形,承租人可以诉请公权力介入,强迫出租人依照同等条件与其签订买卖合同;③有法院则认为,法律及相关司法解释均未规定承租人在行使优先购买权时即可以确认承租人与出租人形成买卖合同关系,在法无明文规定的情况下,根据法学理论以及合同法律制度的精神,无法直接确认承租人在行使优先购买权时即可以认定承租人与出租人形成买卖合同关系。④ 可以说,要准确回答上述问题,需尽量全面把握与先买权相关的制度,立足于规范体系的关联性进行分析,这将是本文的主要任务。

为了完成上述论述任务,本文将在我国先买权的规范、理论和实践基础上进行探讨,对我国经验的梳理因此是本文的基点。这意味着,本文不涉及先买权存续正当性的讨论,而是着眼于既有的现实展开分析。但由于规范疏缺,本文除了吸收已有的研究成果和实践经验,还将主要借鉴德国、瑞士和我国台湾地区的知识资源来正当化对先买权规范的理解。这种比较分析非常注重制度功能的制约,只有功能相当的域外制度才是可借鉴的对象,而且还把它们放在我国相应制度的整体架构中进行通盘考虑,以遴选出调适成本最小的理解路径和改进方案。出于论证简约的考虑,本文不拟把我国规范以及域外经验的整体盘点当做文章的独立部分,而是在必要处点到为止,更多的笔墨将花在功能性分析和论证之上。需要说明的是,在我国大陆对先买权的既有研究成果中,有不少相当注重德国经验,但在借鉴时忽略了我国规范与异域做法的整体

---

① 以"优先购买权"为关键词检索"北大法宝"的民事案例,截至 2013 年 5 月 1 日,相关案例有 1521 个。

② 对这些争论问题的新近研究,参见冉克平:《论房屋承租人的优先购买权》,《法学评论》2010 年第 4 期;张朝阳:《论承租人先买权纠纷中第三人的保护》,《法律适用》2011 年第 2 期。

③ 参见南宁市中级人民法院(2011)南市民一终字第 1680 号民事判决书。该见解与最高人民法院法官对《租赁合同解释》的释义完全一样,参见奚晓明主编:《最高人民法院关于审理城镇房屋租赁合同纠纷案件司法解释的理解与适用》,人民法院出版社 2009 年版,第 286—287 页。本文引用的我国大陆法院的判决均出自"北大法宝"。

④ 参见广东省高级人民法院(2010)粤高法审监民提字第 78 号民事判决书。

差异,因而产生了知识错位和逻辑断裂,指出和弥补这样的缺憾,也是本文的任务和意义。

与既有的多数作品不同,本文不局限在承租人先买权或按份共有人先买权等具体的先买权,而是在整体上统一把握先买权的法律效力,把它作为先买权一般规范的内容进行处理。这种论述之所以可行,是因为各类具体的先买权不仅共享同一名称,在制度内涵上也有实质的相通性,这为先买权一般规范提供了坚实基础,在此方面,德国和瑞士的经验即为镜鉴,它们的民法均为先买权设置了一般规范(《德国民法典》第 463—473 条、第 1094—1104 条;《瑞士民法典》第 681—681b 条、《瑞士债法》第 216—216e 条),各自的理论阐述也以先买权的一般规范为重,以特殊规范为辅。而且,我国的多数作品也常逾越讨论对象的范围,从其他类型先买权规范中汲取资源,这表明尽管我国缺乏先买权的一般规范,但一体化地论述先买权的基础规范已有研究实践的支持,缺乏的只是研究先买权一般规范的自觉意识或明确形式而已。

还需指出的是,除了普通民商交易中的先买权,我国还有行政先买权,即为了实现管制目的,行政机构依法行使公共权力而排他的、有偿的取得特定标的的权利,如出于保护珍贵文物的需要,国有文物收藏单位根据文物行政部门的指定,对拟拍卖的文物有先买权(《文物保护法》第 58 条)。行政先买权与民商交易中的先买权有根本差异,不在本文的讨论范围。此外,为了凸显问题,本文只关注自由协商的、非竞价交易中的先买权,不涉及法院强制执行以及委托拍卖中的先买权,因为它们相当特殊,可适用的规范和理论缺乏普适性,而且它们的规范相对完整和成熟,[①]带有根本性的争议问题较少。

二、买卖合同的成立

先买权为权利人争取到购买的机会,至于如何落实该机会,即先买权的行使能否以及如何产生买卖合同,涉及先买权的定性,不同的界定会有不同的路径和后果。由于我国先买权规范仅以法定先买权为对象,而未涉及意定先买权,那么,法定权利与意定权利的定性是否相同,就是首要问题。下文分析指出它们均为形成权,一经行使就在权利人和转让人之间成立买卖合同。

---

① 这方面的规范主要包括《最高人民法院关于人民法院民事执行中拍卖、变卖财产的规定》第 14 条、第 16 条、《租赁合同解释》第 23 条、《公司法》第 73 条、《合伙企业法》第 42 条第 2 款。

(一)法定权利的定性

我国法定先买权规范未明确权利属性,理论和实务的争议颇大。在不同的交易情景,先买权的功能有所差异,如房屋承租人的先买权能维持和巩固财物使用状态,减少因主体变更所引致的使用调整成本,而按份共有人的先买权在上述功能之外,还有简化财产权属关系的作用,①但这些功能差异是在先买权这种法律手段既定存在的前提下得到的分析结论,不影响先买权自身的定性。要完成法定先买权的定性,还应以法律规范为支点进行探讨。

先买权规范的通常表述是"权利人在同等条件下有先买权",以房屋承租人的先买权为例,其基础规范《合同法》第 230 条规定:"出租人出卖租赁房屋的,应当在出卖之前的合理期限内通知承租人,承租人享有以同等条件优先购买的权利。"在这种规范结构的约束下,只要无额外的特别调整,各类法定先买权应有同一属性,正是约束条件的同一性为它们提供了归纳共性的基础平台。为了论述方便,下文仍以房屋承租人的先买权为例,分析和结论对其他先买权同样适用。

立法部门对《合同法》第 230 条的解释指出,房屋承租人的先买权兼具形成权和请求权的双重特性,具体说来,它是附条件的形成权,以同等条件作为前提,但又是承租人对出租人出卖房屋的请求权,不能直接对抗第三人,在行使前不影响出卖人与其他人协商。② 这种见解值得商榷,因为尽管从请求权和形成权存于特定主体之间的共同点来看,它们均为相对权,③但两者的差异大于这种共性,比如,请求权总是相对于义务人而言的,形成权则不会导致当事人产生义务;④又如,请求权的实现需借助义务人的协力,而形成权凭借权利人的意思表示即可涉足他人的权利范围,如债权人为保全债权可撤销债务人的行为。这些差异如此根本,以至于请求权和形成权在理论上分属不同的权利层次,前者属于原生权利,与他人的固有权利范围无关,他人的权利只能基于该他人的意思而得丧变更,后者则属于衍生权利,无需他人意思即可涉足

---

① 参见苏永钦:《法定物权的社会成本》,载苏永钦:《民事立法与公私法的接轨》,北京大学出版社 2005 年版,第 256—258 页。

② 参见胡康生主编:《中华人民共和国合同法释义》,法律出版社 1999 年版,第 340 页。

③ Vgl. von Tuhr. Der allgemeine teil des deutschen buergerlichen rechts. Bd. I,Berlin 1957,S. 218 f; Koehler,BGB Allgemeiner Teil,33. Aufl. ,Muenchen 2009,S. 233 f.

④ 参见[德]迪特尔·施瓦布:《民法导论》,郑冲译,法律出版社 2006 年版,第 143—144 页。

他人的权利范围。① 既然如此,就不宜认定先买权融这两种权利属性于一体。

与立法部门的见解不同,理论和司法通常兵分两路:一派认为先买权是形成权,另一路将它定位成请求权,主要是附强制缔约义务的请求权。② 把先买权当成形成权,权利行使的结果固然是在租赁双方成立房屋买卖合同,但正如上文所见,即便把先买权定性为附强制缔约义务的请求权,在我国司法实践中,仍不妨碍租赁双方成立房屋买卖关系,就此而言,先买权的定性争议似纯属头脑风暴,对承租人作为房屋买受人法律地位的影响不大。其实不然,形成权与请求权的差异对租赁双方的买卖合同影响颇大。

首先,在先买权是形成权的定性上,买卖合同因承租人以同等条件购买房屋的意思表示到达出租人而成立,无需考虑出租人有无承诺的意思。当然,若承租人在诉讼中无法证明该时点,则以出租人收到法院诉讼通知的时点,作为买卖合同的成立时点。

若将先买权视为附强制缔约义务的请求权,则对于先买权人的购买请求,义务人有成立合同的义务,这表明针对承租人的诉请,法院可强迫出租人承诺,从而使承租人取得买受人的地位。③ 不过,由于强制缔约不能替代承诺,因强制缔约成立的合同仍要遵循要约与承诺的一般规律,④买卖合同在承诺生效时成立,故而,即便承租人购买房屋的意思表示到达出租人,但后者拒绝承诺的,买卖合同仍无法成立,只有通过法院生效判决的救济,才能强制成立合同。

其次,在先买权是形成权的平台上,先买权的行使直接导致买卖合同成立,《合同法》第230条足以为该法律效果提供请求权基础,法院的介入只是确认该效果,所涉诉讼应归于确认之诉。如果承租人直接诉求出租人承担该买卖合同的违约责任,在承租人先买权依法行使的情况下,法院的处理通常是确认买卖合同成立,判令出租人实际履行或损害赔偿,由此合并了确认之诉和给付之诉,诉讼便宜相当明显。

---

① Vgl. von Tuhr. Der Allgemeine teil des deutschen buergerlichen rechts. Bd. I, Berlin 1957, S. 133 ff. 另参见申海恩:《私法中的权力》,北京大学出版社 2011 年版,第 16—24 页。

② 对相关观点的简要梳理和总结,参见邓志伟、陈小珍:《承租人先买权纠纷司法裁判差异的实证分析》,《人民司法·应用》2007 年第 4 期;张朝阳:《论承租人先买权纠纷中第三人的保护》,《法律适用》2011 年第 2 期。

③ 参见奚晓明主编:《最高人民法院关于审理城镇房屋租赁合同纠纷案件司法解释的理解与适用》,人民法院出版社 2009 年版,第 286—287 页。

④ 参见王泽鉴:《债法原理》,北京大学出版社 2009 年版,第 62 页;魏振瀛主编:《民法》,北京大学出版社、高等教育出版社 2010 年第 4 版,第 433 页。

基于先买权是附强制缔约义务的请求权的定性,仅凭《合同法》第 230 条不能给这种效果提供完全的根据,还需强制缔约等其他规范的配合。从德国的经验来看,强制缔约应依据《德国民法典》第 249 条第 1 款,即负担损害赔偿责任的当事人应回复损害前的原状,这种责任运用到拒绝缔约的出租人身上,就是应与承租人订立合同。① 而我国缺乏这样的规范,适用强制缔约并无法可依,还需法官造法。此外,既然强制缔约要遵循要约和承诺的规律,当然还需结合相应的规范。就此看来,这种强制缔约诉讼应为给付之诉。而且,由于租赁双方的买卖合同经由该给付之诉才能成立,只要出租人未把房屋所有权移转给第三人,承租人通常无法在该诉讼中主张出租人承担违约责任。在出租人不履行合同时,承租人只能另行起诉,该诉讼仍为给付之诉。显然,两次给付之诉的操作成本已高出确认之诉与给付之诉的合并。

综上可知,将先买权定位为形成权或请求权,不仅影响到租赁双方买卖合同成立的方式和时点,还影响到请求权基础、诉讼类型和诉讼成本。对比而言,形成权的法律定性有利于承租人尽早进入买卖关系,在司法操作上也相对简便,更为可取。据此,承租人依法行使先买权的意思表示到达出租人,双方直接成立买卖合同。

除了上述的实践优势,把先买权定性为形成权,在规范和理论上的优势也很明显,即它既不同于自由缔约机制,也不同于强制缔约机制,具有独立的地位。若把先买权当成附强制缔约义务的请求权,它就应归于强制缔约机制,在规范适用上还需求助于要约与承诺,在理论上则被强制缔约所覆盖,无独立存续的意义,但这显然不是既有规范和理论的布局。其实,强制缔约的功能旨在维护公共利益,且以当事人双方没有同等的缔约能力为前提,先买权并无这样的功能和前提,②不能与强制缔约相提并论。

此外,将法定先买权定性成形成权,也有其他法例可供参考。从先买权规范布局上看,我国台湾地区与大陆一样,均调整各类具体的法定先买权,主要包括基地所有人和承租人的先买权(台湾地区"民法"第 426 条之 2)、耕地承租人的先买权(台湾地区"耕地三七五减租条例"第 15 条)、土地共有人的先买权(台湾地区"土地法"第 34 条之 1 第 4 项)等,它们的规范表达均为"权利人

---

① Vgl. Medicus/Lorenz,Schuldrecht. Bd. I,18. Aufl. ,Muenchen 2008,S. 44.

② 参见王利明:《合同法研究》(第 1 卷),中国人民大学出版社 2011 年修订版,第 280—285 页。

在同等条件下有先买权",权利定性为形成权。[1] 瑞士也有具体的法定先买权规范,主要涉及共有人及建筑权人的先买权(《瑞士民法典》第 682 条)、与农业经营和农地有关的亲属先买权等(《瑞士民法典》第 682a 条、《瑞士建筑基地法》第 42—56 条),它们同为形成权。在这些个别调整之外,瑞士还有法定先买权的一般规范,即民法典第 681—681b 条,它们属于土地所有权的限制规范,用以调整法定先买权的存续、行使等共性问题。[2] 从节约立法成本,减少制度分歧的角度来看,瑞士这种一般与特殊结合的规范布局值得我国借鉴。

(二)意定权利的定性

意定先买权通常由当事人双方约定产生,但不排除财产权人通过特定的单方表示或遗嘱来设定。[3] 无论设定基础如何,意定先买权是财产权人自我限制处分权的结果,且以同等交易条件作为内置的约束条件,其结果就是在同等条件下,先买权人可凭单方意思表示与转让人成立买卖合同,这种构造与法定先买权并无本质差异,应同为形成权。这表明,先买权的法定或意定,仅表明权利的产生机制不同,并不影响它们的同质性。

从比较法经验来看,我国台湾地区与大陆一样,也没有调整意定先买权的规范,但学理和实务将意定先买权定为形成权,与法定先买权完全一样。[4] 瑞士则有意定先买权的一般规范,即债法第 216—216e 条,它们属于土地买卖规范,[5]完全围绕形成权的定位来展开,尽管与法定先买权规范在细节上有所不同,但它们均属于土地所有权的限制规范。[6] 与瑞士一样,德国也有意定先买权的一般规范,但不同非常明显。德国的意定先买权规范分别位于债法和物权法,前者在民法典第 463—473 条,属于特种买卖规范,后者在民法典第

---

① 对例举的这三类先买权的分析,分别参见黄立主编:《民法债编各论》上册,中国政法大学出版社 2003 年版,第 321 页;史尚宽:《债法各论》,中国政法大学出版社 2000 年版,第 244 页;我国台湾地区"最高法院"100 年度台上字第 432 号民事判决,《台湾法学杂志》第 183 期,2011 年 9 月,第 211 页。

② Vgl. Schmid/Huerlimann-Kaup,Sachenrecht,4. Aufl. ,Zuerich 2012,S. 228 ff.

③ Vgl. Rey,Die Neuregelung der vorkaufsrechte in ihren grundzuegen. in:ZSR I 1994,S. 39.

④ 参见王泽鉴:《优先承买权之法律性质》,载王泽鉴:《民法学说与判例研究》(第一册),中国政法大学出版社 1998 年版,第 506—507 页;黄茂荣主编:《民法裁判百选》,中国政法大学出版社 2002 年版,第 63 页。

⑤ 不过,这些规范可准用于动产交易。Vgl. Rey. Die neuregelung der vorkaufsrechte in ihren grund-zuegen. in:ZSR I 1994,S. 39;Lanz,Von der wirtschaflichen Betrachtungsweise im Privatrecht,in:ZBJV 2001,S. 3.

⑥ Vgl. Tuor/Schnyder/Schmid/Rumo-Jungo. Das schweizerische zivilgesetzbuch,13. Aufl. ,Zuerich 2009,S. 962 ff.

1094—1104 条。学理对债法中的意定先买权的属性有争论,通说认为是能产生法律关系的积极形成权,行使先买权的意思表示可成立买卖合同。① 物权法中的先买权以保障权利人取得不动产所有权为目的,属于不同于用益物权和担保物权的取得权,只能存于不动产之上,而债法中的意定先买权无此限制。②

就我国实际情况而言,先买权不像建设用地使用权或抵押权一样,被法律明定为物权,故而,受制于《物权法》第 5 条的物权法定,先买权在我国不是物权,当事人无法通过意定的方式来创设作为物权的先买权。这意味着,上述的德国模式不能映照我国现实,在理解我国的意定先买权时,不宜参照德国物权法的先买权规范,而应从瑞士相应规范以及德国债法的意定先买权规范寻找知识支持。

(三)合同成立的基础

法定先买权与意定先买权均是形成权,一经依法行使,无论转让人是否愿把财产权转给先买权人,径直在转让人与先买权人之间成立买卖合同,这说明先买权有限制转让人缔约自由的效用。

需要强调的是,引发先买权行使的诱因通常是转让人的通知,它无疑是一种表示行为,目的是把转让人与第三人的买卖合同内容告知先买权人,结果导致先买权存续期间的起算,如根据《租赁合同解释》第 24 条第 3 项,承租人在出租人通知后的 15 日内未明确表示购买的,就不能再行使先买权。显然,通知是表示行为,但先买权逾期不能行使的法律效果取决于法律规定,这种构造符合准法律行为的结构,③属于当中的观念通知,④它因此不是意思表示。既然如此,通知就不是要约,因为要约是希望和他人订立合同的意思表示(《合同法》第 14 条),先买权人基于通知来行使权利的意思表示也就不是承诺,这再次表明,要约和承诺的规范因此在优先购买的场合无适用余地。

不过,若通知中除了转让人与第三人的合同信息,还有转让人愿以同等条件与先买权人成立买卖合同的意思,后部分内容就符合要约的要求,先买权人对该要约的同意则为承诺,即便先买权因存续期间届满而不能行使,只要承诺在要约确定的期限或在合理期限内到达相对人,仍不妨买卖合同的成立(《合同法》第 23 条)。当然,这种情形是双方合意的结果,已与先买权无关。

---

① 参见[德]迪特尔·梅迪库斯:《德国债法分论》,杜景林、卢谌译,法律出版社 2007 年版,第 128 页。
② Vgl. Baur/Stuerner,Sachenrecht,18. Aufl.,Muenchen 2009,S. 29,280.
③ 参见[德]卡尔·拉伦茨:《德国民法通论》下册,王晓晔等译,法律出版社 2003 年版,第 710—712 页。
④ 参见史尚宽:《民法总论》,中国政法大学出版社 2000 年版,第 302—303 页。

三、双重买卖的规制

依法行使先买权的后果,首先是在转让人与先买权人之间成立买卖合同,问题是,应否依据转让人与第三人的买卖合同(下称先前合同)来界定转让人与先买权人的合同内容? 这种双重买卖与通常双重买卖的规制有无区别,如基于先买权的合同是否影响先前合同的效力,先买权人与第三人的法律地位是否平等? 解析这些问题的结果表明,先买权的行使不影响先前合同,先买权人与第三人处在相同的买受人地位,处理双重买卖的通常机制在此仍可适用。

(一)合同内容的确定

先买权的行使以同等条件为制约要素,也就是先买权人对转让人负担的义务应与第三人负担的义务完全相同,结果就是先买权人需以先前合同的主要内容为标准,确立其与转让人的买卖合同内容。[①] 换言之,经由先买权而成立的合同,除了主体不同,在内容上与先前合同并无差别,转让人有义务向先买权人转让财产权,先买权人则应与第三人一样,按照约定金额、期限和方式支付价款。

不过,先买权人与转让人的买卖合同毕竟成立在后,在先买权行使时,若先前合同约定的价款支付期限届满,强求先买权人遵守该期限,反而对其不利,此时应认定先买权人支付价款的期限尚未届至,并无违约问题。[②] 与此道理相当,为了避免使转让人陷入不利,若先买权在行使时,转让人的债务履行期届至,先买权人也无违约请求权。

此外,先前合同的成立,除了市场规律的主导,特定交易目的或第三人具体情况可能也起重要作用,为了照料这些特殊因素,就应对先买权人的合同权利或义务进行适当调整。比如,第三人对转让人负担从给付义务,而该义务对先前合同有决定作用的,若该义务不能用金钱估价,先买权人又不能实际履行的,如第三人有照料转让人起居生活的义务,先买权人就不能行使先买权;若该义务可用金钱估价,权利人须支付相应金额来替代;若该义务不妨碍买卖合同订立的,就不予以考虑(《德国民法典》第 466 条)。又如,转让人信赖第三人

---

① 参见陈自强:《民法讲义 I——契约之成立与生效》,法律出版社 2002 年版,第 91—92 页;韩世远:《合同法学》,高等教育出版社 2010 年版,第 458—459 页。

② 参见[德]曼弗雷德·沃尔夫:《物权法》,吴越、李大雪译,法律出版社 2002 年版,第 243 页。

的信用,给予第三人分期付款或延期付款的优待,若允许先买权人照猫画虎,就不利于转让人,先买权人应一次付款或按期付款,或对延期支付的金额提供充分担保(《德国民法典》第 468 条)。

(二)先前合同的效力

先买权的行使客观上导致双重买卖。在通常的双重买卖,只要符合合同的生效要件,买卖合同均有效,合同成立时间、方式等因素不影响合同效力。但在房屋承租人先买权的介入下,我国立法部门认为先前合同不能生效,[①]从而不同于双重买卖的通常处理。这种认识不足为取,不仅因为合同不能生效浪费了缔约成本,给无辜的第三人带来不测风险,还因为这会使同等条件失去依托,先买权的行使也就失去条件,租赁双方的买卖合同因此岌岌可危,谈何优先实际履行。不过,根据《租赁合同解释》第 21 条第 2 句,上述认识已失去市场,只要先前合同符合生效要件,就不会因租赁双方的买卖合同而无效。这样一来,先后的买卖合同相安并存,该结论对其他先买权同样适用。

当然,这并不意味着先前合同绝对不受先买权行使的影响,为了避免转让人陷入双重买卖困境而承担违约责任,先前合同可约定以先买权的行使为解除条件,先买权的行使因此有了副产品,即先前合同的不生效。由于这种约定专为转让人的利益而设,不影响转让人有偿转让财产权的真实意思,故同等条件仍然可得认定,不影响先买权的行使(《德国民法典》第 465 条)。该做法既维持了先买权的法律效力,又妥当照料了转让人的利益,可谓两全其美。

问题在于,若先前合同没有约定这样的解除条件,而第三人又明知有先买权的存在,能否据此推定双方默示以先买权的行使为先前合同的解除条件?德国学理和实践的态度不一,[②]如有持肯定态度,[③]有持相反见解,认为是转让人而非第三人因双重买卖而陷入义务冲突困境之中,故转让人应据诚信原则事先予以防范,不宜根据第三人的明知来推定先前合同有解除条件的默示约定。[④] 对此,若选用肯定态度,就意味着只要第三人明知先买权,则先买权的行使会导致先前合同失效,转让人因此摆脱了双重买卖,依约向先买权人实际履行即可,这样就无需再考虑先买权能否对抗第三人。这种做法简化了问题,

---

① 参见胡康生主编:《中华人民共和国合同法释义》,法律出版社 1999 年版,第 340 页。
② 参见朱晓哲:《论房屋承租人先买权的对抗力与损害赔偿》,载《民商法传统与现代化论文集》下册,北京航空航天大学法学院、台湾政治大学法学院 2012 年印制,第 700 页。
③ Vgl. Jauernig/Berger,14. Aufl.,Muenchen 2011,§ 464,Rn. 7.
④ Vgl. Staudinger/Mader,Berlin 2004,§ 464,Rn. 43 ff.

好处显而易见,但问题也不少:首先,正如下文所见,如何证明第三人是否明知先买权,并非易事;其次,它不涉及不知先买权的第三人,先买权能否对抗这种第三人,还需再设规范予以规制;最后,也是更重要的,如何从第三人的明知演绎为双方默示约定解除条件,不仅要经得起意思一致达成合同的规范和法理检验,还要考虑在这种情况下是否或如何救济第三人,而从我国目前的理论储备和司法实践来看,要圆满解释这种做法并妥当进行法律适用,难度不小。鉴于上述的问题,本文选用相反见解,认为第三人明知先买权不影响先前合同的效力。

(三)双重买卖的处理

在通常的双重买卖,受制于债的相对性,买卖合同的地位平等,出卖人有权决定履行的方向,无法实现合同目的的一方只能请求出卖人承担违约责任,以商品房双重买卖为例,无法取得房屋所有权的买受人可以请求赔偿损失(《最高人民法院关于审理商品房买卖合同纠纷案件适用法律若干问题的解释》第8条第2项,下称该解释为《商品房买卖合同解释》)。将上述规范运用到涉及先买权的双重买卖,只要财产权尚未移转,转让人就有权选择向第三人或先买权人实际履行,实际受领的债权人由此取得财产权,这是意思自治和有权处分的结果,正当性十足,不能取得财产权的一方只能请求转让人承担损害赔偿责任。[①] 也就是说,先买权不能排斥先前合同,转让人拥有实际履行的发球权,可依其意愿选择向权利人或向第三人实际履行。这表明,无论在合同成立还是履行,先买权并未使权利人的法律地位优于第三人。据此,只要先买权无对抗第三人的效力,只要转让人向第三人实际履行,由第三人取得财产权,转让人就违背了与先买权人之间的合同,应承担损害赔偿等违约责任。

这一结论完全符合我国的现实,即法律不要求公示先买权,实践中也没有公示机制,而缺乏公示的先买权仍在相对权的行列,无法突破相对性,它只能确保权利人成为买受人,而不能否定第三人同为买受人,无法强求转让人只能向权利人实际履行,否则,既违背合同的平等性,也违背作为形成权的先买权的相对性。即便无视合同平等性的法理而限定转让人只能向权利人实际履行,但只要不能以先买权来禁止转让人的处分行为,根据《租赁合同解释》第24条第4项,一旦财产权在正常交易中移转给不知情的第三人,先买权仍要

---

① 参见〔德〕迪特尔·梅迪库斯:《德国债法分论》,杜景林、卢谌译,法律出版社2007年版,第131—132页;湖南省怀化市中级人民法院(2011)怀中民再终字第14号民事判决书。

落空。

尽管转让人主导了实际履行,但在财产权为房屋所有权、建设用地使用权等不动产物权的场合,先买权人仍有机会确保合同得以实际履行,从而取得财产权。比如,我国的查封登记和预告登记有禁止转让人处分不动产物权的效力,登记机构不得办理相应登记(《房屋登记办法》第 22 条第 6 项、第 68 条第 1 款;《土地登记办法》第 62 条第 4 款、第 69 条),先买权人通过向法院申请财产保全来办理查封登记,或就取得不动产物权的请求权申请预告登记,可使转让人无法向第三人实际履行,确保先买权人取得不动产物权。当然,无论财产保全还是预告登记,均需先买权人积极主动争取,与先买权自身的法律效果无关,第三人也能通过相同途径来实现合同目的。

在转让人不实际履行,而先买权人和第三人均诉求转让人实际履行合同时,只要任一方均未申请财产保全或预告登记,法院如何判决就是难题。根据目前的司法经验,在受让人未受领交付,也未支付价款时,先成立合同的受让人可优先取得财产权(《商品房买卖合同解释》第 10 条、《最高人民法院关于审理买卖合同纠纷案件适用法律问题的解释》第 9—10 条)。但这一做法不能适用于优先购买的情形,因为受制于同等条件,基于先买权的合同注定落后于先前合同,采用上述做法,只能使权利人吃亏。这样一来,若转让人不愿针对任一方为实际履行,尽管先买权人和第三人均有请求转让人继续履行的权利,但为了表现先买权人和第三人的平等地位,也为了打破权利争执僵局,对于转让人来说,恐怕也只能通过承担损害赔偿责任来替代实际履行的责任,结局当然是先买权人和第三人均无法取得财产权。

四、对抗效力的辨析

身陷双重买卖的转让人一旦向第三人实际履行,财产权由第三人取得,先买权能否对抗该第三人,即先买权的行使能否否定第三人对财产权的终局取得,转而由先买权人取得?我国的先买权规范基本上对此语焉不详,在解释和补充时不能不借助域外经验,但域外经验之间的差异也不小,在分析时必须慎重对待。

(一)能否对抗的标准

我国的先买权规范以法定先买权为调整对象,这是先买权规范的最突出特点,那么,能否以权利源自法定这个特点,赋予法定先买权对抗第三人的效力？瑞士的经验提供了肯定答案,即法定先买权以确保先买权人取得土地所有权为终极目的,无需登记就能对抗任何人,即便第三人不知该权利的存在而从转让人处取得土地所有权,也不能求助于善意保护。① 法定先买权之所以能对抗第三人,看上去似乎是其法定性的作用,但究其实质,还是因为先买权人与先买权指向的标的之间有特别的结合关系,如先买权人是长期承租人、建筑物所在土地的所有人,或与转让人有特别的人身关系,如先买权人是转让人的亲属、共有人,②为了保护这些特别关系,法律严格限制土地所有权人的处分权,确保先买权人终局取得土地所有权,正是这一制度目的决定了先买权的对抗力。

这一点在德国也能得到验证,德国的法定先买权对第三人有无约束力,需综合规范文义和制度目的而定,如住房承租人的法定先买权没有对抗力,而公益垦荒企业对农地的法定先买权以及乡镇对建筑物的先买权就有对抗力。③我国台湾地区同样如此,基地承租人与土地共有人均有法定先买权,但前者可对抗第三人,后者则无此效力,差异仍在于法条表述和制度目的。④ 这意味着,在判断法定先买权有无对抗力时,除了考察规范表述,还必须紧紧围绕制度目的进行价值判断。

与法定先买权有无对抗力的判断不同,正如下文所见,在德国和瑞士,若不借助不动产登记,意定先买权就无对抗力。以此为准,由于我国缺乏先买权的公示机制,无论法定先买权还是意定先买权均无公示外观,在扣除无需公示即有对抗力的法定先买权后,其他的先买权均无对抗力。而为了使先买权获得对抗力,我国学理多倾向于依靠登记机制,该制度改革方向值得肯定,但因为德国和瑞士的具体操作方案并不相同,如何取舍还需斟酌。

总之,先买权有无对抗力的判断标准有二,一是从规范文义和目的出发考察法定先买权,另一是从公示与否出发考察意定先买权,这个标准同样适用于不符合前一标准的其他法定先买权。

(二)法定对抗的情形

考察法定先买权有无对抗力的初步,是看规范如何表达。在我国先买权

---

① Vgl. Schmid/Huerlimann-Kaup,Sachenrecht,4. Aufl. ,Zuerich 2012,S. 217.

② Vgl. Ghandchi,Das gesetzliche Vorkaufsrecht in Baurechtsverhaeltnis,Diss. Zuerich 1999,S. 94;Simonius/Sutter,Schweizerisches Immobiliarsachenrecht,Bd. I,Basel u. a. 1995,S. 350 ff.

③ Vgl. Baur/Stuerner,Sachenrecht,18. Aufl. ,Muenchen 2009,S. 282.

④ 参见林诚二:《民法债编各论》(上册),中国人民大学出版社 2007 年版,第 346－348 页。

规范中,对此明文涉及的是房屋承租人的先买权,根据《租赁合同解释》第24条第4项,它不能对抗善意购买出租屋并办理所有权登记的第三人,若能对该规范进行反面解释,结论应是先买权能对抗恶意第三人,故而,第三人善意与否是先买权有无对抗力的根源。不过,该条规范并未界定善意或恶意的判断标准或例示情形,需要细加辨析。

承租人先买权涉及房屋所有权移转这一物权法领域的事项,而《租赁合同解释》第24条第4项显然借鉴了《物权法》第106条的善意取得制度,[①]在善意判断方面,应借道物权法的判断标准,即以第三人是否信赖登记簿为标准。[②]据此,登记簿的权利记载是决定第三人能否取得房屋所有权及负担他物权的关键,而先买权并非物权,无法在登记簿中显示,这样一来,所有的第三人均为善意,承租人先买权也就没有对抗力。这意味着,《租赁合同解释》第24条第4项根本就无反面解释的余地。

若不采用上述标准,就需要证明第三人不知先买权的存续,或反证其明知或因过失而不知先买权的存续。要做到这一点,应先证明第三人是否知悉房屋租赁。在我国,房屋租赁以租赁合同为依托,既不以承租人占有房屋为标志,也无需登记,[③]第三人要想准确探查房屋租赁与否的信息,需支出相当的成本。即便这一步顺利完成,还需探知承租人有无先买权,因为有房屋租赁的事实并不表明承租人一定有先买权,承租人还会通过放弃先买权等形式失去权利,[④]第三人因此又要再次支出探知成本。这个探查过程对于第三人而言,

---

① 参见奚晓明主编:《最高人民法院关于审理城镇房屋租赁合同纠纷案件司法解释的理解与适用》,人民法院出版社2009年版,第332—333页。

② 参见孙宪忠:《中国物权法总论》,法律出版社2009年第2版,第290—291页。

③ 根据《城市房地产管理法》第54条,我国城市房屋租赁合同应向房产管理部门登记备案,但不登记备案不影响租赁合同的效力(《租赁合同解释》第4条第1款)。此外,尽管各地主管部门近些年在大力推动房屋租赁登记备案,但实践效果并不突出,参见《太原房屋租赁登记备案:缘何落实这样难?》,载 http://house. baidu. com/;《济出租房登记制名存实亡 登记者不到百分之一》,载 http://newhouse. hz. soufun. com/2012-08-30/8466220. htm;《房东们 租房合同备案了吗?》,载 http://fj. qq. com/a/20120802/000163_1. htm;《房屋出租备案遇冷 市民称回报率低交税吃不消》,载 http://www. anhuinews. com/zhuyeguan-li/system/2011/05/30/004089636. shtml;《贵阳租赁管理办法:租房需备案 市民称不现实》,载 http://news. gy. soufun. com/2012-02-22/7094847. htm.

④ 我国有不少学者和实务人士把房屋租赁合同登记备案作为承租人先买权的公示方式,以是否登记备案作为先买权有无对抗力的标准,对此除了前引的论述承租人先买权的主题论文,还可参见史浩明、张鹏:《优先购买权制度的法律技术分析》,《法学》2008年第9期;奚晓明主编:《最高人民法院关于审理城镇房屋租赁合同纠纷案件司法解释的理解与适用》,人民法院出版社2009年版,第327页。这种看法值得斟酌,因为租赁合同登记备案仅表明租赁关系的存在,但承租人是否必然有先买权,还要看有无权利人单方放弃或双方约定排除的抗辩,故不宜把租赁合同登记备案作为承租人先买权存续的单一标志。

绝对是不可承受之重,只要未完成该过程,就表明第三人是有过失的不知,是可被先买权对抗的恶意第三人。这一结论无疑过度增加了第三人的成本和风险,会阻碍合同有效、价格合理的正常房屋买卖,与以登记簿为基础的不动产交易现实不符。鉴于反面解释并非纯属逻辑操作,而是具有规范目的的评价活动,①而强调第三人的善意将过分限制正常交易,提高不必要的交易成本和证明成本,为了削弱这种负面效应,就不宜对《租赁合同解释》第 24 条第 4 项进行反面解释,②承租人先买权因此也无对抗力。综合上述,《租赁合同解释》第 24 条第 4 项并未促成房屋承租人先买权的对抗力。

在条文表达之外,还应注重制度目的。在此方面,地方政府对土地的先买权应属典型,尽管《城镇国有土地使用权出让和转让暂行条例》第 26 条第 1 款的条文未明确其效力,但它防止土地低价交易、维护土地转让秩序、增加政府财政收入的目的非常明显,根据《国务院关于加强国有土地资产管理的通知》第 4 点,土地转让价低于标定价 20% 的,市、县政府即可行使先买权。而且,它还有增加土地储备来源(《土地储备管理办法》第 10 条第 3 项)、实施公共建设规划等政府管制功能。③ 为了实现这些目的,地方政府的先买权就必须有对抗力,即便交易双方的土地转让登记完成,也没有法律效力,只能由地方政府根据同等条件受让土地使用权。

本集体经济组织成员对土地承包经营权的优先权也应有对抗力。在土地承包经营权流转时,本集体经济组织成员之所以有优先权,是为了充分发挥农地对本集体经济组织成员的社会保障功能,使其能排他地取得流转的土地承包经营权。④ 具体到实践中,在未经书面公示的情形下,即便本集体经济组织以外的人取得了流转的土地承包经营权,仍不妨碍本集体经济组织成员在取得人开始使用承包地两个月内主张优先权(《最高人民法院关于审理涉及农村土地承包纠纷案件适用法律问题的解释》第 11 条第 2 款)。

(三)登记对抗的方案

除了上述法定对抗的情形,其他先买权无当然的对抗力,要弥补这个亏空,以德国和瑞士的经验为鉴,就需借助不动产登记,这意味着,无法借力不动产登记的先买权没有对抗力。不动产登记分为物权登记和预告登记,德国主

---

① 参见王泽鉴:《民法思维》,北京大学出版社 2009 年版,第 204 页。
② 与此相同的结论,可参见韩世远:《合同法学》,高等教育出版社 2010 年版,第 461 页。
③ 参见杨遴杰、周文兴:《中国政府土地优先购买权功能分析》,《中国土地科学》2011 年第 2 期。
④ 参见胡康生主编:《中华人民共和国农村土地承包法释义》,法律出版社 2002 年版,第 92 页。

要依靠前者,瑞士则靠后者,在这两种方案之间,我国应如何取舍,就不得不细加斟酌。

1. 物权登记的方案

在德国,法定或意定对先买权的区分意义不大,登记与否的分类才有根本意义。正如前文所见,德国以意定先买权为主导,分别由债法和物权法加以规范。债法调整不登记的先买权,它是相对性的形成权,与我国的先买权相同。与债法中的先买权不同,物权法调整的先买权是物权,在登记后具有对抗第三人的绝对性。据此,若忽视德国法的上述差别,直接参照德国物权法的先买权规范来解释和补充我国现有规范,所得结论就值得怀疑。以德国经验为鉴,首先需把可登记的先买权定位成物权,这将为我国限制物权增添新类型,即取得权。就我国目前的物权法规范、学理和实践来看,这种观念变革可能颇费气力,再付诸实践更需要巨大勇气,[①]难度不小。

这一步若能实现,接下来要考虑先买权登记的法律效力。根据《德国民法典》第 1098 条第 2 款,先买权与预告登记的效力完全一致,由此套用旨在规范预告登记的《德国民法典》第 883 条、第 888 条,能得出以下结论:在先买权登记后,转让人转让不动产所有权给第三人的行为妨碍了先买权的实现,该行为对先买权人无效,但对其他人有效,这就是所谓的相对无效。既然如此,对于先买权人而言,转让人仍是所有权人,先买权人有权请求转让人移转所有权,但由于第三人已登记为所有权人,仅凭转让人不足以让先买权人取得所有权,为此,先买权人有权请求第三人同意先买权人和转让人之间的所有权移转登记。

若注重德国物权法将先买权与预告登记效力一体化的做法,那么,先买权登记与预告登记的效力在我国也应相同。在我国,未经预告登记权利人同意,登记机构不得办理处分该不动产物权的登记,预告登记因此有禁止登记的效力,顺应该法律效力,若因登记操作原因导致未经权利人同意的处分得以登记,该登记绝对无效(《物权法》第 20 条第 1 款)。[②] 据此,第三人在预告登记中根本不受保护,预告登记权利人只要请求转让人协力登记,就能完成预期的物权变动。套用这一思路,未经先买权人同意,登记机构不得办理处分先买权指

---

① 我国法院以物权法定原则为根据,把先买权排除出物权的看法,参见衡阳市中级人民法院(2012)衡中法民一终字第 213 号民事判决书。

② 参见王利明:《物权法研究》(上卷),中国人民大学出版社 2007 年修订版,第 362 页;程啸:《不动产登记法研究》,法律出版社 2011 年版,第 547 页。

向的不动产物权的登记,否则,该登记错误,先买权人只需转让人的协助即可取得物权。

两相对比,德国相对无效的制度安排更有意义,因为它与禁止登记的效力安排一样,能有效实现物权变动的预期目的,但它同时顺应了意思自治的价值,即登记向第三人警示了风险,第三人的行为是在信息完全的条件下自治决定,法律没有禁止的正当理由;而且,登记机构还无需审查登记事项是否与预告登记或先买权登记的目的相悖,便于提高登记效率。[①] 此外,与相对无效相比,绝对无效的后果是先回复转让人的物权人地位,权利人再受让物权,法律适用稍显周折,制度成本和运作成本并不经济。再者,根据德国的实践,因为登记的公示作用,很少有人冒险与转让人再为处分交易,实际效果与禁止登记一样。[②] 可以说,相对无效制度巧妙地在意思自治和保全权利之间达成了平衡,更为可取。

若改用相对无效,我国的先买权登记就不应有禁止登记的效力,从而会涉及先买权人、转让人和第三人相互间的关系。根据德国经验,在先买权人和第三人之间,若第三人已通过登记受让了所有权,但尚未向转让人支付价款,则应无条件同意先买权人与转让人的所有权移转登记;若第三人已向转让人支付价款,在该价款未还给第三人时,第三人可拒绝同意登记和返还不动产(《德国民法典》第1100条)。在先买权人和转让人之间,先买权人有权按照约定请求转让人移转所有权,自己承担支付价款的义务,但对于已向第三人偿还的价款,权利人不再向转让人支付(《德国民法典》第1101条)。在转让人与第三人之间,第三人因先买权的行使而失去所有权的,若其未支付价款,就不再支付;若已支付价款,不得请求转让人返还,而应由先买权人偿还(《德国民法典》第1102条)。

2.预告登记的方案

与物权登记方案不同,预告登记的方案将先买权纳入预告登记之中,进而产生对抗力,这是瑞士的做法。在瑞士,法定先买权和意定先买权的区分价值最根本,前者无需登记,后者可被预告登记(《瑞士债法》第216a条),未预告登记的意定先买权只能约束当事人双方,反之则能对抗取得该不动产的任意第三人(《瑞士民法典》第959条)。

与德国不同,瑞士未将先买权纳入物权,无论预告登记与否,先买权的形

---

① 参见常鹏翱:《物权程序的建构与效应》,中国人民大学出版社2005年版,第336页。
② Vgl. Baur/Stuerner,Sachenrecht,18. Aufl. ,Muenchen 2009,S. 261.

成权属性不变。不过,通过预告登记,先买权成为附在不动产上的负担,对此后取得该不动产所有权的任意之人均有约束力。换言之,无论谁取得不动产所有权,均要承受先买权,成为先买权的相对人,权利人可针对相对人来主张先买权,这就是预告登记的继受保护效力。[1] 据此,预告登记给了先买权人最有力的保护,在不动产所有权未移转时,转让人是相对人,在不动产所有权移转时,受让所有权的第三人、再受让所有权的第四人等,也是先买权的相对人,只要权利人合法行使先买权,权利人与相对人就有买卖合同关系。以瑞士经验为鉴,我国就无需改变物权制度,不用在物权中增设先买权,需要调整的只是预告登记制度,这样既减少了制度改革的成本与阻力,还能稳定先买权的相对权属性,似更好用。

在调整我国的预告登记制度时,首先要扩张对象范围。我国预告登记的对象与德国一样,限于旨在将来发生不动产物权变动的请求权,[2]而瑞士预告登记的对象是相对性的对人权,包括先买权等形成权和租赁权等债权(《瑞士民法典》第 959 条)。根据《物权法》第 20 条第 1 款,我国预告登记的请求权源自"当事人签订买卖房屋或其他不动产物权的协议",对此可扩张解释,把与不动产物权变动有关的权利内容均包含进来,当事人在协议中约定的先买权就属于该相关内容,能被预告登记。当然,这种预告登记需要当事人共同申请才能完成。此外,还应将法定先买权容括到预告登记的对象范围,并在证据充分的情况下,由权利人单方申请登记。

在此基础上,再改良预告登记的效力,思路与前述一致,应废止禁止登记的制度安排。不过,因为预告登记的先买权的形成权定位不变,能约束房屋所有权、建设用地使用权等不动产物权的受让人,受让人自动成为先买权的相对人,在先买权行使后,相对人有义务将不动产物权移转给先买权人,先买权人则有义务向相对人支付价款,引起祸端的转让人反而由此出局,无需再考虑转让人与先买权人、转让人与相对人的关系。显然,与物权登记方案相比,预告登记方案在保持先买权属性不变的前提下,扩张了相对人的范围,这既简化了法律关系,也便于实践操作,更为可取。

采用预告登记的结果,不仅使财产权的受让人成为先买权的相对人,还增加了登记机构的义务,即在预告登记后,为了最大限度地确保先买权能及时行

---

[1] Vgl. Zobl, Grundbuchrecht, 2. Aufl., Zuerich 2004, S. 127.

[2] 参见胡康生:《中华人民共和国物权法释义》,法律出版社 2007 年版,第 61 页。

使,登记机构有义务将所有权移转的信息通知先买权人(《瑞士民法典》第 969 条第 1 款),登记机构违背该义务导致先买权人受损的,负有赔偿责任。[①]

五、结 语

我国的先买权属于形成权,在转让人与第三人成立买卖合同后,先买权的行使将导致转让人与先买权人径直成立买卖合同,其主要内容比照先前转让人与第三人的买卖合同而定,由此产生双重买卖。由于制度目的的特殊性,地方政府、本集体经济组织成员所享有的先买权能对抗第三人,包括房屋承租人的先买权、按份共有人的先买权在内的其他法定先买权以及意定先买权只能约束转让人,适用通常的双重买卖规则即可。

就此而言,我国的先买权规范看似差别不大,但实则有两派分化。一是能对抗第三人的先买权,它不仅能限制转让人的缔约自由和处分自由,在先买权人与转让人之间径直成立买卖合同,使转让人处于双重买卖之中,显示出"购买"的效力,还能确保先买权人最终取得财产权,从而表现了"优先"于第三人的效力。另一是不能对抗第三人的先买权,它只有"购买"效力而无"优先"效力。

以上结论主要针对我国的实然规范,而完善先买权的措施是引入登记机制。通过对比德国和瑞士的经验,不难看出瑞士的预告登记方案不仅更简捷,而且,需要进行制度改革的环节较少、难度较低,更为可行。据此,不能对抗第三人的先买权在预告登记后,在"购买"效力之外,还因相对人负有向先买权人移转不动产物权的义务而有"优先"的效力。

---

① Vgl. Schmid/Huerlimann-Kaup, Sachenrecht, 4. Aufl., Zuerich 2012, S. 230.

侵权法研究

《侵权责任法》第 6 条第 1 款的
规范漏洞和填补方法[①]

苏州大学王健法学院教授　方新军

摘　要:侵权责任法第 6 条第 1 款存在一个法律漏洞,它没有就利益保护的方法为法官提供具体的指引。根据现行的法律,我们可以在解释论上得出类似于德国模式的三个一般条款的侵权责任类型。对于权利的保护应该坚持形式主义标准,法院不得随意创设法律规定以外的权利类别。违反保护他人的法律主要指的是行政法规,宪法和刑法规范不能对民法产生直接的效力,它们只能通过民法的一般条款转介其价值观念。违反善良风俗导致侵权的类别应该予以区分,侵害人身利益的仍以过错为主观要件,侵犯财产利益的应以故意为要件。善良风俗首先应该根据宪法的价值观念予以判断,此外,法官应该根据自己的法感情,以最低的社会道德要求为标准,基于互惠原则予以认定。

关键词:权利;利益;保护他人的法律;善良风俗

一、《侵权责任法》第 6 条第 1 款的规范漏洞

《侵权责任法》第 6 条第 1 款明确规定保护客体的范围包括权利和利益,尽管第 2 条列举了 18 种权利的类别,但是对于利益的类别和具体的保护方式,第 6 条第 1 款却保持沉默。如果严格地对第 6 条第 1 款进行文义解释,只要当事人能够证明自己利益的存在,而被告又存在过错,原则上都应该构成侵权。如果在司法实践中坚持上述解释,那么整个社会的行为自由将受到严重威胁。

尽管利益保护的范围有扩张的趋势,但是全世界还没有一个国家对当事人提出的所有利益都进行保护。作为一个心理学的概念,利益表达的是主体对客体的一种欲望,基于这种欲望的主观性,我们可以想见有多少人就会有多

①　本文是国家社会科学基金项目(14BFX162)"《侵权责任法》中利益保护的解释论问题研究"的阶段性成果。本文的删减版曾发表于《华东政法大学学报》2013 年第 6 期。

少欲望,而且这种欲望在很多时候是完全不同的,甚至是完全对立的,我们无法从心理学的概念去把握规范的实质。① 如果我们能够非常确定地对当事人主张的任何利益都进行全面、彻底的保护,第6条第1款的规定就不存在任何法律上的漏洞,但是这种情况不可能存在,因为世界支付不起人的所有欲望。因此我们必然要对当事人主张的利益进行筛选,选出其中一部分进行法律保护,而另外一部分只能处于法外空间。问题恰恰在于第6条第1款对利益筛选的方法没有作任何的说明,这显然是一种违反法律计划的不圆满性,构成一个法律上的漏洞。

从时间因素上看,第6条第1款中存在的法律漏洞属于自始的、立法者未意识到的漏洞;从表现方式上看,第6条第1款中存在的法律漏洞属于隐藏的漏洞。因为乍看之下该款的规定并未欠缺可资适用的规则,事实构成和法律效果是完整的,但是依其目的和意义对于特定类型的事件并不适宜,漏洞存在于限制的欠缺。在方法论上,对隐藏的漏洞主要是通过目的论限缩的方式予以填补,即依据法律规整目的或其意义脉络添加限制,从而使得因字义过宽而适用范围过大的法定规则仅适用于宜于适用的范围。② 现在的问题是我们通过什么样的方法对第6条第1款进行目的论的限缩。

在《侵权责任法》生效之后,无论在我国的学术界,还是在实务界,均有学者在解释论上指出应该通过借鉴德国模式③对第6条第1款进行目的论限缩,但是他们要么只是指出了限缩的目标应该是德国模式,要么只是指出了中国司法实务的传统实际上坚持的是德国模式,对于在我国现行法律规定的基础上如何推导出运用类似于德国模式进行目的论限缩的方法并没有明确的说明。④

薛军教授认为,可以通过对损害概念的不法性的解释推导出类似于德国模式的对第6条第1款的限缩方法。⑤ 这实际上是试图通过借鉴意大利的经验建构中国的解释论模式。1865年《意大利民法典》第1151条是对《法国民

---

① Emilio Betti. *Interesse（Teoria generale）*, *Novissimo Digesto Italiano* Ⅷ, VTET Torino, 1968, pp. 838－839.

② 参见[德]卡尔·拉伦茨:《法学方法论》,陈爱娥译,商务印书馆2003年版,第254、267页。

③ 德国模式就是德国民法典第823条第1款、第2款和第826条确立的三个侵权责任类型,即侵害绝对权权益构成侵权,违反保护他人法律侵害他人利益的构成侵权,故意违反善良风俗侵害他人利益的构成侵权。

④ 参见葛云松:《侵权责任法保护的民事利益》,《中国法学》2010年第3期;陈现杰:《侵权责任法一般条款中的违法性判断要件》,《法律适用》2010年第7期。

⑤ 参见薛军:《损害的概念与中国侵权责任制度的体系化建构》,《广东社会科学》2011年第1期。

法典》第 1382 条的原文照抄,但是后来发现保护的范围过大,在司法实践中不好操作,因此 1942 年的新民法典在"损害"的前面加上了"不法"两个字。意大利学者明确指出这是受到了德国学说理论的影响,而且在意大利随后的司法实践中建构的解释论模式确实和德国模式没有本质区别。① 但是这种以损害概念作为原点,在解释论上寻求限缩的方法在逻辑上存在问题。第一,根据我国《侵权责任法》第 15 条的规定,排除妨碍、消除危险等责任形式并不以损害的实际发生作为前提,即便是赔偿损失,从最新的发展趋势看,也未必一定要以损害的实际发生为前提,例如很多欧洲国家的法律制度承认名义性赔偿,它是在没有具体损害时,宣称某种权利被侵害的方式,这被称之为"权利宣示或确权功能"。② 因此以损害为原点在解释论上寻求限缩的方法,必然会在逻辑上出现不周延性。第二,不法损害是否应该予以赔偿并不能通过对损害概念本身的分析予以回答,因为损害作为一种不利益的状态只是一个事实陈述,其本身并没有承载价值评判的内涵。损害本身能否获得赔偿恰恰要以作为损害的前提概念的利益是否受到法律保护作为判断前提。在 1999 年的"Comune di Fiesole"案中,意大利法院明确指出,所谓不法损害就是对法律体系保护的利益的侵害,而且这也成为了意大利学界的通说。③ 因此,以损害概念作为原点寻求对利益保护的限缩方法,在逻辑上是倒置的,不是损害的范围决定利益保护的范围,而是利益的保护范围决定损害的保护范围。

正因为存在上述逻辑上的问题,龙俊博士提出了另外一种对第 6 条第 1 款的解释方法,即用权益侵害要件在地位上取代损害要件,在功能上取代违法性要件,从而达到对权利和利益进行区分保护的目的。这实际上是试图通过借鉴日本的经验建构中国的解释论模式。这种解释论的理论依据是,第 6 条第 1 款只使用了"侵害他人民事权益"的表述,并没有出现"不法"和"损害"的字样,从忠实法条原文的角度看,用权益侵害要件取代违法性和损害要件具有

---

① Pier Giuseppe Monateri,Filippo Andrea Chiaves. Italy. International Encyclopaedia of Laws. Tort Law. Volume 2. Hague,*The Netherland*. *Kluwer Law International*,2003. pp. 90－95. [意]毛罗·布萨尼、[美]弗农·瓦伦丁·帕尔默:《欧洲法中的纯粹经济损失》,张小义等译,法律出版社 2005 年版,第 99 页。

② 参见[德]U. 马格努斯主编:《侵权法的统一:损害与损害赔偿》,谢鸿飞译,法律出版社 2009 年版,第 270 页。

③ Pier Giuseppe Monateri,Filippo Andrea Chiaves. Italy. International Encyclopaedia of Laws. Tort Law. Volume 2. Hague,*The Netherland*. *Kluwer Law International*,2003. p. 90－95.法国学者同样明确指出,并非所有的损失都能导致赔偿,要获得赔偿,损失必须确定地触及到法律保护的合法利益。参见[法]雷米·卡布里亚克:《论侵权法上的损害》,王鲲译,《法律适用》2008 年第 8 期,第 15 页。

先天优势。这种解释论的理论目标是,通过将权益侵害解释为独立的构成要件,从而对权利和利益进行区分保护,让不同层次的权益和不同判断基准的过错相对应。同时为了使权益侵害要件具有可操作性,可以通过引入日本通说"相关关系理论"及其修正理论对权益进行二元划分,对于强的法益类型,只要没有违法阻却事由,就认可损害赔偿请求,对弱的法益类型,则要综合考虑行为的样态等因素再行决断。① 但是这种解释论仍然存在如下问题:第一,第6条第1款中没有包括"不法"和"损害"的字样,不代表我们不能通过整体解释将它们解释出来;第二,用权益侵害代替违法性要件,让不同层次的权益和不同判断基准的过错相对应,并不能最终解决利益的保护问题。例如甲逆向超速行驶撞到乙,致使乙手中的一千克白色粉状物散落在污水中,此时甲存在过错是没有疑问的,但是乙的损害是否应该赔偿并不确定。如果白色粉状物是面粉,当然应该予以赔偿;如果是海洛因,则不应该予以赔偿。也就是说,利益保护要进行单独的判断。日本的相关关系理论只是在一个利益已经明确受到法律保护的前提下,法官再进行利益衡量的方法。欧洲侵权法原则第2:102条在本质上和日本的相关关系理论是一致的,该条的宗旨是受保护利益的范围取决于利益的性质,价值越高,界定越精确、越明显,其所受保护就越全面。但该条的前提是第2:101条,即损害须是对法律保护的利益造成的物质损失或非物质损失。② 第三,正因为作者没有意识到利益保护的范围需要预先予以确定,他就得出了《侵权责任法》第6条第1款不存在法律漏洞的结论。只要不是所有利益都能受到法律的保护,上述结论是不成立的。

尽管上述解释论存在问题,但是论者们试图通过借鉴意大利和日本的经验建构我国的解释论模式是非常合理的。从比较法的层面看,与我国《侵权责任法》第6条第1款最相类似的是《意大利民法典》的第2043条和日本《民法典》的第709条,他们在司法实践中发展出来的目的论限缩方法确实对我国具有较大的借鉴意义。因为他们遇到的问题和中国是类似的。

尽管意大利学界的通说认为,所谓"不法损害"就是对他人权利和利益的侵犯所造成的损害,但是问题在于对于当事人所主张的任何利益保护的请求,法院是否都应该予以支持。早期的学说理论从"不得侵害他人"的原则出发得出如下结论:因为法无明文禁止即自由,除非行为人违反了法律对具体行为方

---

① 参见龙俊:《权益侵害之要件化》,《法学研究》2010年第4期。
② 参见欧洲侵权法小组编著:《欧洲侵权法原则:文本与评注》,于敏等译,法律出版社2009年版,第4页。

式的特别规定,原则上不需对他人的损害负赔偿责任。这种观点必然以这样的假定为前提,即现行法律中存在具体行为方式的详细清单,但是很显然这种详细的清单在意大利法律中不存在。因此后期的学说理论从利益概念入手解决不法损害的认定问题,即行为人只要侵害了法律保护的利益就构成不法损害。① 目前意大利的通说认为,对不法损害中的不法应该这样判断:(1)违反了一条民法规范;(2)对根据社会公认的原则予以认可的利益的侵害;(3)根据宪法原理的衡量应予以保护利益的侵害;(4)对根据法律制度整体的考量应该予以保护利益的侵害,这些利益主要是刑法规范和法律特别规定的义务所保护的利益。② 上述解决方法和德国模式基本上不存在差别。

2005 年现代化语改革前的《日本民法典》第 709 条明确规定只保护权利,在 1925 年的"大学汤"案中,日本法院对该条进行了目的性扩张,即不法行为法不但保护权利,也保护利益。日本的学说理论也从严格的"权利侵害说"转向了"法规违反=违法性说",这种学说理论认为即使不存在权利侵害,对合法利益的侵害也成立不法行为。2005 年现代化语改革对第 709 条的修订,即加上"法律上受保护的利益",只是违法性学说在判例法上固定下来的证明。至于如何在司法实务中判断违法性,日本的学说理论完全倒向了德国模式。日本的通说认为,权利侵害构成违法是比较普遍的,另外,命令性的法规通过自身具有的评价性机能具有独自对违法的评价,在缺乏明确法规的场合时可因违反公序良俗来评价违法。后两者实际上就是判断利益是否受到法律保护的标准。③

意大利和日本的经验表明,关于利益保护的问题,我们必须直接回答哪些利益应该受到法律的保护,任何迂回的解释只能使问题复杂化。如果我们只是说合法的利益应该受到法律的保护,这实际上是一种循环说明,对于问题的解决并没有实质的助益。问题的关键在于合法中的"法"究竟应该如何认定,只有解决了这个问题,利益保护的范围才能够相对确定。在司法实务中,法官只有在确定一个利益是受到法律保护的前提下,关于损害、过错和因果关系的分析才有意义;一旦确定一个利益并不在法律的保护范围内,任何后续的分析

---

① Pier Giuseppe Monateri,Filippo Andrea Chiaves. Italy. International Encyclopaedia of Laws. Tort Law. Volume 2. Hague, *The Netherland*, *Kluwer Law International*,2003,pp. 90—95.

② C. Massimo Bianca. *Diritto Civile*, *La Responsabilità*. Giuffrè Editore, Milano. 1994,pp. 585—587.

③ 参见[日]圆谷峻:《判例形成的日本新侵权行为法》,赵莉译,法律出版社 2008 年版,第 65—70 页。于敏:《日本侵权行为法》,法律出版社 2006 年第 2 版,第 144—156 页。

都不再必要。

现在的问题是《侵权责任法》第 6 条第 1 款只规定了民事权益,并没有合法两个字。如果从字面理解,民事关系就是私人之间的关系,那么民事利益就是私人利益,而私人利益纯粹是一种个人的主观感受,其范围无边无际,但是侵权责任法第 1 条规定:"为保护民事主体的合法权益,明确侵权责任,预防并制裁侵权行为,促进社会和谐稳定,制定本法。"这是对立法目的的宣示,而且民事主体的合法权益的表述与《民法通则》第 1 条和第 5 条的表述是一致的。尽管在随后的《侵权责任法》第 2 条、第 6 条和第 7 条中只出现了民事权益的表述,但是我们只能理解为民事权益是民事主体的合法权益的缩写形式,利益必须合法才能得到保护,这是其题中应有之意。而且合法中的法不仅包括私法,也包括公法。根据利益法学派的"起源利益论",无论是公法,还是私法,利益都是法律规范的基础。因为法律就是通过国家强制力量所获得的,确保社会生活条件的形式,而社会生活条件就是最广义的利益。① 我们在考虑对利益的保护时,不能只考虑私法的规范,而且也要考虑公法的规范,因为"民法规范不仅仅只是想要追求使个人的利益达到尽可能的平衡;更重要的是,它必须使其规范的总和——同时还要与其他法律规范的总和一起——形成一个能够运行的整体。"②

其次,如果法律并没有明确规定某类受保护的利益,但是根据体现道德规范的民法基本原则应该予以保护的利益,也是合法的利益,即法律没有规定,但是根据善良风俗原则应该予以保护的利益。这可以从民法通则第 7 条"民事活动应当尊重社会公德,不得损害社会公共利益"推导出来。这在我国并非没有先例,《最高人民法院关于精神损害赔偿的司法解释》第 1 条第 2 款规定:"违反社会公共利益、社会公德侵害他人隐私或者其他人格利益,受害人以侵权为由向人民法院起诉请求赔偿精神损害的,人民法院应当依法予以受理。"这是一个非常好的,法院通过解释,对权利之外的利益进行保护的典范。

通过上述对合法权益中的"法"的解释,我们确实可以在既有法律规定的基础上推导出类似于德国模式的利益保护方法,这一方面可以在司法实务中为法官寻求利益保护的合法根据提供指引,即判断一个利益是否应该受到法律保护时,法官首先应该考虑这个利益是否在民法上已经体现为一种权利;如

---

① 参见吴从周:《概念法学、利益法学与价值法学:探索一部民法方法论的演变史》,一品文化出版公司 2007 年版,第 147 页、第 254—259 页。

② [德]迪特尔·施瓦布:《民法导论》,郑冲译,法律出版社 2006 年版,第 9 页。

果不是,民法中是否有保护这种利益的规范存在;如果没有,公法中是否有保护这种利益的规范存在;如果还没有,最后再考虑根据社会的善良风俗这种利益是否应该受保护。另一方面,这种解释也打通了私法和公法、私法和道德之间的通道,从而使法官能够在一个更加广阔的背景上考虑利益的保护问题。①

二、权利保护的形式主义标准

对《侵权责任法》第 6 条第 1 款进行目的论限缩,主要是为了限缩利益的保护范围,对民事法律明确规定的权利的侵害构成侵权,乃当然之理,似乎没有进一步讨论的必要。但是在德国的司法实践中,德国的法院通过超越法律的法的续造,将原本属于利益的类型解释为《德国民法典》第 823 条第 1 款中的"其他权利",从而创造出民事法律原先没有规定的新的权利类别,典型代表是"一般人格权"和"营业权"。对于这种超越法律的法的续造,德国的学说理论也是毁誉参半。上述超越法律的法的续造在中国的司法实践中同样存在,《最高人民法院关于精神损害赔偿的司法解释》第 1 条第 1 款第 3 项规定了现行民事法律中并不存在的人格尊严权和人身自由权。问题在于,上述超越法律的法的续造在中国是否必要,在今后的司法实践中中国的法院是否能够继续创设出新的权利类别。我认为没有必要,理由如下:

首先,在权利的保护上我们应该遵循形式主义的标准,即只有民事法律明确规定的权利才是民法上的权利,其他的都是利益保护的问题。只要能够通过法律解释和法律内的法的续造能够解决的问题,就绝不要采取法律外的法的续造方式。进行法律外的法律续造必须满足两个前提条件:第一,必须是真实的法律问题,对于法外空间的问题不能进行续造;第二,仅凭单纯的法律解释和法律内的法的续造不能解决问题,而且立法者长期不能发挥作用,以致产生一种真正的法律紧急状态。② 确实,不能认为人格尊严和人身自由处于法外空间,它们甚至是各种具体人格权的理论基础,但是在中国现有法律规定的基础上,我们还没有必要通过法律外的法的续造方式去创造出人格尊严权和人身自由权。因为《宪法》第 37 条和第 38 条已经明确规定人身自由和人格尊

① 正因为德国模式存在上述优势,在侵权责任法制定的前后,最高人民法院的法官和同处司法实务第一线的律师都反复主张我国应该借鉴德国模式解决利益保护问题。参见黄松有:《关于侵权责任法立法的几个问题》,《法律适用》2006 年第 10 期,第 2—3 页。全国人大常委会法制工作委员会民法室编:《侵权责任法:立法背景与观点全集》,法律出版社 2010 年版,第 189 页、第 243—244 页。

② 参见[德]卡尔·拉伦茨:《法学方法论》,陈爱娥译,商务印书馆 2003 年版,第 298—299 页。

严不受侵犯,我们只需要通过《民法通则》第 7 条将其转介入民法就可以了。实际上,《最高人民法院关于精神损害赔偿的司法解释》第 1 条第 2 款已经解决了这个问题,因为其他人格利益可以包括人身自由和人格尊严,最高人民法院没有必要冒着僭越立法权的风险去创造上述两种权利类别。

其次,从表面上看,法院无论将人身自由和人格尊严确定为权利,还是通过转介条款将其引入民法,在判决结论上似乎不会产生什么实质性的影响,但实际上两者的差别很大。一旦我们将上述两种利益确立为权利,那么它们在理论上将产生对世效力,只要有人侵犯了它们,事实构成要件的符合性应该直接征引不法性,但是法院做不到。因为上述两种"权利"在范围上的不确定性,法官只能在具体个案中进行利益衡量才能最终确定违法性是否存在,这反而会使得法律变得不稳定,并且同等对待原则也将被破坏。如果法院在个案中通过民法的基本原则转介宪法关于基本权利规定的价值观念,它并没有创设出一个新的权利类别,它只是形成了一个关于特定利益保护的判例。尽管判决先例在事实上会起到类似于法源的作用,但是有拘束力的不是判例本身,而是在其中被正确理解或具体化的规范。如果法官发现判决先例中的解释不正确,或者当初虽然正确,但是因为规范情景变更或整个法秩序的演变现今已不再合理时,法官必须自为判断。因此判决先例绝非独立的法源,它只是法官认识的媒介。① 如果某个关于特定利益保护的判例接受了长时间的考验,事实上已经被广泛接受,那么立法者可以考虑将其上升到权利的层次。在我国,2001 年最高院司法解释中的隐私利益就是通过这样一个过程最终变为侵权责任法中的隐私权的。法院确实是新类型权利的发源地,但是这并不代表法院可以直接创设出新的权利类别。

第三,坚持权利保护的形式主义标准可以避免思维逻辑上的矛盾。当德国学者以所有权为样本,发展出归属效能、排除效能和社会典型公开性三个判断标准,从而将一部分利益纳入第 823 条第 1 款中的"其他权利"进行保护时,他们实际上在进行类推适用,甚至是以类推适用为表象进行目的性扩张。② 如果我们采纳这种思维模式,一方面还是会出现司法权僭越立法权的问题,另一方面也会出现逻辑上的矛盾。因为类推适用或者目的性扩张是填补开放漏洞的方法,其理论依据是基于事物本质的相似性,相同的情况应该相同处理;而目的论限缩是对隐藏漏洞的填补方法,其理论依据是不同的情况应该做不

---

① 参见[德]卡尔·拉伦茨:《法学方法论》,陈爱娥译,商务印书馆 2003 年版,第 301—302 页。
② 参见于飞:《侵权法中权利与利益的区分方法》,《法学研究》2011 年第 4 期。

同的处理。当我们试图将某些利益纳入其他权利进行保护的时候,我们只能说《侵权责任法》第 6 条第 1 款存在开放的漏洞;当我们试图排除对某些利益的保护时,我们又只能说第 6 条第 1 款存在隐藏的漏洞。对于同样一个条款,我们一会儿说存在开放的漏洞,一会儿说存在隐藏的漏洞,一会儿进行目的性扩张,一会儿进行目的性限缩,逻辑上的混乱不可谓不明显。消除这一混乱的最好方法就是坚持权利保护的形式主义标准,法定权利以外的利益保护只能通过目的论限缩的方式解决。但这并不意味着德国学者创造出来的三个判断标准在理论上没有价值,只是这三个标准将成为判断利益本身是否值得保护的技术标准,而不是使利益成为权利的标准。

第四,坚持权利保护的形式主义标准符合思维经济的原则。我们只需了解现行民事立法规定了多少种权利类别,剩下来的都是利益问题,它们只能通过判断是否违反保护他人法律和违反善良风俗来加以保护。侵权责任法第 2 条第 2 款规定的"等人身、财产权益",其中的权利只能是立法者在随后的立法中新规定的权利,法院不能创设出新的权利类别。《侵权责任法》第 2 条列举了 18 种有名的权利,实际上列举的还不完整,首先是漏了法人、个体工商户、个人合伙的名称权,《民法通则》第 99 条第 2 款对此有明确的规定;其次是漏了自然人的身体权,《侵权责任法》第 2 条显然是沿袭了《民法通则》第 98 条的规定,只规定了生命权和健康权,但是《民法通则》第 119 条明确规定了侵害自然人身体的损害赔偿责任。我们可以认为立法者存在立法技术上的缺陷,应该承认我国立法上有身体权的存在。《最高人民法院关于确定民事侵权精神损害赔偿责任若干问题的解释》第 1 条第 1 款第 1 项直接规定身体权,不应该被认为是僭越了立法权。第三是遗漏了债权,全国人大法工委的相关人士也明确指出,尽管《侵权责任法》第 2 条第 2 款没有列举债权,但是可以认为"等人身、财产权益"中包括了债权。[①] 德国立法者明确地将债权排除在第 823 条第 1 款中的其他权利之外,理由是债权具有相对性,第三人无侵害的可能

---

① 参见全国人大常委会法制工作委员会民法室编:《中华人民共和国侵权责任法:条文说明、立法理由及相关规定》,北京大学出版社 2010 年版,第 8 页。

性。① 实际上任何权利都是对世的,任何权利都具有不可侵性,只是处于第二层次以后的债权,其目的并不是划定一个个人自由意志的支配范围,第三人只是不太容易意识到自己的行为对某类债权实施了侵害。因此只要事实构成要件具备,侵害债权的违法性同样可以被征引,但是只有违法性要件还不够,原告还必须证明被告的有责性。此时原告并不能通过理性人标准证明被告的过错存在,因为债权并没有被公示出来,一般的理性人无从知晓。因此,原告只有证明被告明知特定债权的存在,而且其行为的目的正是为了阻止该债权的实现,也即存在主观上的故意时,第三人侵害债权才能成立。也就是说,债权并非不具有可侵性,只是在主观要件上要求更加严格,即使立法没有明确规定这种要求,我们通过对债权性质的分析也能够推导出来。②

第五,坚持权利保护的形式主义标准只意味着法官在司法实务中不能创设新的权利类别,但是这并不意味着法官不能对法定的权利类别进行解释,从而将一些原先被认为是利益的内容纳入某种权利的类别中进行保护。例如通过扩张解释健康权的概念,将精神损害纳入侵权责任法的保护范围。原先认为健康主要指的是人的肉体机能的正常运转,但是人不仅是肉体的存在,也是精神的存在,后者甚至是人和动物之间的本质区别。因此精神机能的不正常

---

① 我国有学者认为,侵权责任法中的权利只能是绝对权,不包括作为相对权的债权,债权应该放入纯粹经济损失中进行分析。我认为,尽管两者在主观要件上不存在区别,但是债权既然享有权利之名,它还是应该纳入权利的范畴进行对待,这是逻辑思维清晰的表现。考茨欧在分析受侵权法保护的利益之性质的时候也明确地将债权和纯粹经济损失区分开来,并且认为纯粹经济利益受到的评价比债权更低,因为它们尚未形成为权利,也没有明确的内容。参见葛云松:《纯粹经济损失的赔偿与一般侵权行为条款》,《中外法学》2009 年第 5 期,第 692 页。[奥]H. 考茨欧主编:《侵权法的统一:违法性》,张家勇译,法律出版社 2009 年版,第 36 页。

② 陈忠五教授认为,债权作为一种权利当然属于台湾民法第 184 条第 1 项前段侵犯权利的调整范围,但他同时又认为关于第三人侵害债权的问题,关键不在债权性质上是一种权利或利益,而在侵害行为是否具有不法性。因为无论依据第 184 条第 1 项前段,还是依据第 184 条后段"违反善良风俗"的规定,行为都要具有不法性。无论是故意侵害债权,还是过失侵害债权,侵权责任的成立关键仍在于行为是否具有不法性。我认为上述观点不成立。首先,如果认为债权是权利从而适用第 184 条第 1 项前段,事实构成要件本身就能征引不法性;如果认为债权是利益从而适用第 184 条第 1 项后段,事实构成要件本身不能征引不法性,不法性要在个案中通过利益衡量予以具体确定。其次,故意的认定只能是有责性问题,陈忠五教授举例说,明知交易相对人为竞争同业者的长期固定客户,但却以更低的价格和更好的服务品质抢走该客户,尽管主观上存在故意,但是因为竞争行为不构成不法性,因此不构成侵权。我认为只要事实构成要件构成就存在不法性,但是当事人的行为不构成故意,因此不构成侵权。因为明知并不能当然构成法律上的故意,只有当行为人的目的就是为了阻止他人债权的实现才构成故意,竞争行为本身是为了获取自身的利益,对他人债权的损害只是该行为的附带结果,并不是其行为的目的所在。参见陈忠五:《契约责任与侵权责任的保护客体——"权利"与"利益"区别正当性的再反省》,新学林出版股份有限公司 2008 年版,第 208—211 页。

应该属于健康权的受损。最高人民法院关于精神损害的司法解释尽管没有说明解释的理论依据，但是应该认为是对健康权进行扩张解释的结果。法院通过解释从而将一些利益纳入特定权利类别的保护范围，可以避免动辄僭越立法权创设新的权利类别，同时也符合思维经济原则，即如无实益，勿增实体。例如法院可以通过对身体权和健康权的解释，将所谓的"生育权"包含的利益纳入侵权责任法的保护范围，因为中国的民事立法中并不存在生育权的概念。① 如果通过对身体权和健康权的解释不能包括当事人主张的所谓的"生育权"中所包括的利益，法院只能通过适用《最高人民法院关于精神损害赔偿的司法解释》第 1 条第 2 款中规定的其他人格利益予以保护。

比较容易引起争论的是法院通过扩张解释所有权的概念将一些原本属于纯粹经济利益的损失纳入到侵权责任法的保护范围。原先的学说理论认为对所有权的侵害只能是对所有权人的法律地位或者是对所有权客体的实际损害，但是现今开始扩展到对所有权功能的损害。这种扩张解释一方面具有一定的合理性，但是另一方面也可能导致所有权侵害和纯粹经济损失的混淆，因此我们必须对具体的情形进行细分。在侵害人的行为直接导致所有权功能妨碍，但是对所有权人的法律地位没有影响，也没有对所有权客体造成实际损害的情形，法院可以通过扩张解释予以保护，例如严重扰乱依一定次序排列的资料，致所有人必须支付费用重新整理分类。如果不作扩张解释，所有人支付的费用只能是纯粹经济损失，原则上不予赔偿；如果作扩张解释，所有人支付的费用就变成了间接损失，原则上应该予以赔偿。因为按照传统的观点，间接损失必定意味着此前也发生了实际损害，而纯粹经济损失只是使受害者的钱包受损，此外别无他物受损。

在侵害人的行为间接导致所有权功能妨碍的情形，只能认定为纯粹经济损失，否则所有权侵害和纯粹经济损失之间的区分将荡然无存。在"水道阻塞船舶受困案"中，被告由于过失导致港口堤坝坍塌，德国法院对于困于水道内的 A 船不能履行运输契约的损失认定为所有权的损害，对于水道外的 B 船不能到港卸货的损失则属于纯粹经济损失。理由是 A 船长期困于水道，物的使用功能尽被剥夺，市场价值大减，而 B 船可以通过陆路到达港口。正如梅迪库斯所质疑的："没有水，港口设施又有何用？"如果 A 船的使用功能已经丧失，那么 B 船在特定合同履行中的功能也已经丧失，B 船通过陆路履行合同的

---

① 参见朱晓喆、徐刚：《民法上生育权的表象与本质——对我国司法实务案例的解构研究》，《法学研究》2010 年第 5 期。

费用就应该被认定为间接损失得到赔偿,如此一来,被告的赔偿范围可能会漫无边际。同时时间因素也不能成为区分所有权侵害和纯粹经济损失的理由,因为法院对于时间的长短无法拿出一个确定的标准。在随后发生的"储油库爆炸案"中,原告搬离营业场所 2 小时,随后因清空救火道路又封锁道路 5 小时导致不能营业。法院认定前 2 小时的营业损失构成所有权的侵害,后 5 小时的营业损失属于纯粹经济损失。这一判决受到广泛的批判,因为法院拿不出像样的理由。① 因此,为了维持法律的安定性,对于间接导致的所有权功能的妨碍应一致认定为纯粹经济损失。如果被告不存在故意,但是造成损害的时间较长,原告损失较重的场合,法院认为有必要让被告承担一定的赔偿责任,在中国,法官只能通过适用侵权责任法第 24 条,理由是被告开启了危险的因果关系链条,基于公平应该分担一部分损失。

最后,法院的扩张解释不能突破特定权利概念的核心意义,解释的依据是事物本质的相似性,否则法院无异于通过解释创设新的权利类别。例如最高人民法院早先将隐私纳入名誉权进行保护,这显然违背了事物本质相似性的原理,因为名誉是指一个人的社会评价,而隐私是一个人不愿让外人知道的信息。侵犯隐私不一定会导致名誉的降低,甚至在极端的情况下还可能导致对一个人名誉评价的提高,所以最高人民法院后来通过违反善良风俗的方式对隐私进行保护,这种思考模式值得赞同。

三、违反保护他人法律构成侵权的认定方法

(一)违反保护他人法律的一般认定标准

权利只是保护利益的工具之一,法律通过单纯为他人设定义务也可以起到保护利益的作用,因此当事人除了侵害民事法律规定的权利之外,违反法律损害他人利益的也可能构成不法行为。通说认为,关于违反保护他人法律构成侵权,在方法上应分三个阶段加以认定:第一,加害人违反的法律是否为保护他人的法律,即法律规范的意图是否包括对个人提供保护,单纯保护公众的规范不是保护他人的规范;第二,被害人是否属于受保护之人的范围,只有在受害人属于保护性法律意图保护的那一类时,他才能有效地援引该规范;第

---

① 参见[德]马克西米利安·福克斯:《侵权行为法》,齐晓琨译,法律出版社 2006 年版,第 35—39 页。

三,被害人所请求的是否为该法律所要保护的利益。[1] 在上述三个阶段中,第一个阶段具有特别重要的意义,它关系到一条规范,尤其是公法规范是否能进入民法,法官解释的宽严决定着公法规范进入民法的流量。

(二)侵权责任法之外的私法规范是否属于保护他人的法律

通说认为违反保护他人的法律既然可能包括公法规范,当然也应该包括私法规范,但是有学者认为违反保护他人的法律只能是行政法和刑法,不包括民法。理由是违反保护他人法律构成侵权的目的是为了转介公法领域的强制性规范,只要形式上构成民事侵权责任的规定,就没有必要再转介。[2] 我认为违反保护他人的法律应该包括侵权责任法之外的其他私法规范。

第一,其他私法规范可能只规定了行为义务和保护利益的类型,没有规定法律后果。例如《婚姻法》第4条规定,夫妻应当互相忠实,互相尊重。该条只规定了行为义务,但是没有规定法律效果,也没有规定主观要件,性质上属于不完全法条,它必须与其他规范结合才能起到完整的规整效果。如果发生夫妻一方违反忠实义务的情形,在德国应通过第823条第2款进行转介,因为上述条文属于保护他人的法律,而违反以保护他人法律为目的的人,担负和第823条第1款同样的损害赔偿责任,但是在中国并不存在和德国法类似的条文,此时只能通过《侵权责任法》第6条第1款进行转介。因为该条不仅保护权利,也保护合法的利益,而婚姻法的规定表明,因夫妻双方互相忠实所带来的利益是受法律保护的。正是通过合法两个字,我们可以将《婚姻法》第4条的规定转介到《侵权责任法》第6条第1款中。尽管《婚姻法》的条文没有规定主观要件,但是根据《侵权责任法》第6条第1款的规定应以过错为要件。我们可以看出最终的处理结果和德国法是一样的,而上述思考方式正是中国法官所欠缺的。

在2008年发生的"应小明诉陈淑红配偶权案"中,原告主张婚姻关系存续期间和被告所生子女,经DNA检测不是其亲生,被告对检测结果没有异议,原告因此向法院主张精神损害赔偿。法院认为被告的行为侵犯了原告的配偶权,遂根据《婚姻法》第4条和《最高人民法院关于精神损害赔偿的司法解释》第1条判决被告承担精神损害抚慰金的责任。[3] 首先,配偶权在中国民法中

---

① 参见王泽鉴:《侵权行为》,北京大学出版社2009年版,第288页。

② 参见苏永钦:《走入新世纪的私法自治》,中国政法大学出版社2002年版,第311、329页。

③ 参见国家法官学院、中国人民大学法学院编:《中国审判案例要览》(2009年民事审判案例卷),中国人民大学出版社、人民法院出版社2010年版,第434—437页。

不存在,《婚姻法》第 4 条只是规定了夫妻双方互负忠实义务所带来的利益,法院没有随意创设权利类别的权限;其次,法院适用《最高人民法院关于精神损害赔偿的司法解释》第 1 条的规定,属于法律适用不当。因为该条第 2 款只是规定了人格利益的精神损害,而夫妻双方互负忠实义务所带来的利益属于典型的身份利益。即便该款将"其他人格利益"改为"其他人身利益",法院适用法律仍属不当。因为该款的前置语是"违反社会公共利益、社会公德",这实际上是通过《民法通则》第 7 条有关违反善良风俗的规定转介道德规范解决利益的保护问题。在《婚姻法》有明确规定的情况下,法院没有必要转介道德规范。因此,在《侵权责任法》生效之前,法院应通过《民法通则》第 106 条第 2 款转介适用《婚姻法》第 4 条。只是该条并没有直接规定精神损害赔偿问题,而且《最高人民法院关于精神损害赔偿的司法解释》也没有规定该种身份利益侵害的精神损害赔偿问题。这属于一个法律漏洞。但是法官可以通过举轻明重的方式进行目的性扩张,因为《最高人民法院关于精神损害赔偿的司法解释》第 4 条规定,因具有人格象征意义的特定纪念物品被毁损的,物品所有权人可以提起精神损害赔偿。从利益的位阶上看,身份利益应该低于人格利益,但是应该高于财产利益。既然基于特定财产的损害都可以主张精神损害赔偿,侵害身份利益当然更应该可以主张精神损害赔偿。如果这个案件发生在今天,法官应该通过《侵权责任法》第 6 条第 1 款转介《婚姻法》第 4 条,然后再通过《侵权责任法》第 22 条判决被告承担精神损害赔偿责任,因为该条规定侵害他人人身权益,造成严重精神损害的,被侵权人可以请求精神损害赔偿。同时,通过《侵权责任法》第 6 条第 1 款转介《婚姻法》第 4 条可以起到避免适用《最高人民法院关于适用婚姻法若干问题的解释》(一)第 3 条规定的作用,该条规定:"当事人仅以婚姻法第 4 条为依据提起诉讼的,人民法院不予受理;已经受理的,裁定驳回起诉。"这条规定实际上是错误的,因为当事人一般并非法律专家,他可能完全不知道上述复杂的法律转介适用问题,但是他的利益确实受到了侵害。实际上最高人民法院应该规定的是,法院不能仅依据《婚姻法》第 4 条对案件进行判决,因为该条缺乏对具体行为义务的规定,也没有关于主观要件的规定,因此应该转介入《侵权责任法》第 6 条第 1 款,对侵权责任是否成立进行具体判断。

第二,其他私法规范可能既规定了行为义务,也规定了法律后果,表面看起来是一个完整的规范,但是该规范可能只是笼统地规定了行为义务,并没有对责任的主观构成要件予以说明,这时仍然要通过《侵权责任法》第 6 条第 1 款的转介适用对具体责任予以认定。例如《物权法》第 245 条规定:"占有的不动产或者动产被侵占的……因侵占或者妨碍造成损害的,占有人有权请求损害赔偿。"该条将不属于权利的占有利益纳入了法律的保护范围,而且从表面看是一个完整规范,如果只从字面解释,该条规定没有对侵占人的主观要件作任何规定,那么侵占人是否应该承担无过错责任? 但是这种解释显然在价值判断上出现了倒错,因为对所有权的侵犯原则上应该适用过错责任原则,而所有权的位阶显然比占有利益更高,对于占有利益的保护并没有适用无过错责任的特别理由。因此《物权法》第245条应通过转介适用《侵权责任法》第6条第1款,基于过错责任原则对具体责任进行认定。

在这个问题上,德国模式显示出合理性,《德国民法典》第823条第2款规定:"违反以保护他人为目的的法律的人,担负同样的义务。依法律的内容,无过错也可能违反法律的,仅在有过错的情形下,才发生赔偿义务。"而我国台湾地区"民法"的规定则不尽合理,其第184条第2项规定:"违反保护他人之法律,致生损害于他人者,负损害赔偿责任。但能证明其行为无过失者,不在此限。"如果按照上述规定,《物权法》第245条规定的侵占人责任应该是过错推定责任,这在价值判断上也没有合适的理由。梅迪库斯认为,民法上关于占有的规定不能认为是保护他人的法律,否则无权占有人,尤其是盗赃占有人也将受到保护。[①] 问题在于:如果关于占有的规定不被认为是保护他人的法律,那么有权占有人的利益如何保护。出路只有一条,即将有权占有解释为《德国民法典》第823条第1款中的其他权利。梅迪库斯甚至采更加激进的观点,凡在法律规范赋予无权占有人以收益权(《德国民法典》第987条以下)时,其占有均可视为其他权利。[②] 这一方面破坏了法律的安定性,即将法律明确规定占有不是权利的情况下,将其解释为权利,另一方面也将导致法官要对无权占有进行类别划分,而且会出现一些空白地带无法解决。例如遗失物拾得人属于典型的无权占有,但是根据我国《物权法》的规定,并没有赋予其收益权。如果拾得物在拾得人占有期间遭第三人侵害,此时既没有办法将其解释为权利,拾得人又没有办法基于占有的规定主张损害赔偿,这对拾得人会非常不公平。因为他要对真正的权利人承担损害赔偿责任,自己却不能基于占有的规定向真正导致损害的人主张损害赔偿。尽管我们也可以认为,拾得人和真正导致损害的人对权利人构成不真正连带责任,基于终局责任可以向真正导致损害

---

① 参见王泽鉴:《民法学说与判例研究》(第三册),北京大学出版社2009年版,第177页。
② 参见[德]鲍尔、施蒂尔纳:《德国物权法》(上册),张双根译,法律出版社2004年版,第168—169页。

的人主张赔偿,但是这只是人为地导致了法律适用的复杂化。因此,王泽鉴教授尽管认为梅迪库斯的观点深具说服力,但是他仍然认为有关占有的规定属于保护他人的法律,在我国台湾地区应该适用第184条第2项。^① 不过他的观点又受到了简资修教授的批判,原因就是价值判断上的倒错,^②但这不是王泽鉴教授的错,这只是台湾地区"民法典"的错。在我国台湾地区"法律"没有修改之前,只能适用过错推定原则,这实际上是对大陆的最好提醒,我们在解释论上不要再犯台湾的错误。台湾地区"民法典"的上述错误,关键原因在于立法者没有意识到保护他人的法律并非全部都是有关行为人义务的规定,它可能只是指出了某种应该保护的利益,而且即便是有关行为人义务的规定,它可能非常抽象,并不能成为法院判断行为人过错的依据。

我国台湾地区"民法"的规定只在一种情况下是合理的,即其他规范(包括"公法")明确规定了当事人行为义务的具体样态,当事人违反该法律规定时,法院可以根据行为人违反法律的事实认定其有过错。这在实际效果上起到了过错推定的作用,但还不是严格意义上的过错推定,因为法律并没有直接规定。例如《物权法》第89条规定"建造建筑物,不得违反国家有关工程建设标准,妨碍相邻建筑物的通风、采光和日照。"该条扩大了所有权的保护范围,否则法官只能通过扩张解释将通风、采光和日照的影响纳入所有权的功能妨碍予以保护。如果国家有关工程建设标准规定楼间距应该符合:楼高度:楼间距=1∶1.2,那么只要当事人违反该规定造成对他人的通风、采光、日照的影响的,其过错就直接被推定。但是这种过错推定是违反具体法律义务的当然之理,即使法律没有直接规定,法院也能够直接解释出来,所以在德国尽管没有我国台湾地区"民法"的上述规定,但是通说认为只要保护他人的法律对所要求的行为进行了具体的表述,满足客观要件即可得出主观过错的结论,甚至因果关系也是被推定的。^③ 在意大利,"对行为人违反特别法律规范的证明,就是对过错的充分证明。"^④

第三,如果其他私法规范明确规定了主观构成要件,也规定了法律后果,这时确实没有必要通过《侵权责任法》第6条第1款转介适用,因为该规定已

---

① 参见王泽鉴:《民法学说与判例研究》(第三册),北京大学出版社2009年版,第177页。

② 参见简资修:《违反保护他人法律之过失推定:经济功效与司法仙丹》,《政大法学评论》第75期,2003年,第100页。

③ 参见[德]马克西米利安·福克斯:《侵权行为法》,齐晓琨译,法律出版社2006年版,第154—155页。

④ C. Massimo Bianca. *Diritto Civile*, *La Responsabilità*. Giuffrè Editore, Milano,1994, p.582.

经构成了法律特别规定的侵权责任类型。例如《公司法》第 190 条第 3 款规定:"清算组成员因故意或者重大过失给公司或者债权人造成损失的,应当承担损害赔偿责任。"该条规定的损失实际上包括了纯粹经济损失,立法者将主观要件界定为故意或者重大过失,表明了立法者就这一类型的侵权责任作出了独立的价值判断,因此没有必要再转介适用。如果没有这一条的规定,根据《公司法》第 188 条的规定:"清算组在清理公司财产、编制资产负债表和财产清单后,发现公司财产不足清偿债务的,应当依法向人民法院申请宣告破产。"这一条就是一个不完全的法条,需要转介适用《侵权责任法》第 6 条第 1 款,这时应该适用的就是过错责任。立法者之所以要做出第 190 条第 3 款的规定,主要原因恐怕在于担心基于过错责任对纯粹经济损失进行赔偿会对社会的健康发展造成阻碍。朱岩博士认为,《证券法》第 69 条和第 173 条对纯粹经济利益的保护,属于保护他人的法律应该引入侵权责任法。[①] 实际上上述两个条文和《公司法》第 190 条第 3 款一样是一个完整的规范,没有必要通过《侵权责任法》第 6 条第 1 款的转介。

同时判断方法上的第二阶段和第三阶段也同样重要,例如根据《公司法》第 148 条的规定,公司董事、监事和高级管理人员对公司负有忠实和勤勉义务,如果上述人员违反该义务造成损害的,只有公司和公司的股东才能基于该条提起诉讼,公司的债权人可能也会有损失,但是不在该条保护的人的范围之内。根据《物权法》第 89 条规定:"建造建筑物,不得违反国家有关工程建设标准,妨碍相邻建筑物的通风、采光和日照。"当事人主张的"眺望"则不在该条保护的客体范围之内。《物权法》第 91 条规定:"不动产权利人挖掘土地、建造建筑物、铺设管线以及安装设备等,不得危及相邻不动产的安全。"如果因为上述行为导致不动产停电不能营业的纯粹经济损失则不在该条保护的客体范围之内。

(三)宪法规范是否属于保护他人法律的范围

在引起广泛关注的"齐玉苓案"中,山东省高级人民法院以《最高人民法院关于以侵犯姓名权的手段侵犯宪法保护的公民受教育的基本权利是否应承担民事责任的批复》为依据判决原告胜诉,从而开启了宪法规范在民事案件中直接适用的先河。但是最高人民法院审判委员会《关于废止 2007 年底以前发布的有关司法解释(第 7 批)的决定》又明确废止了上述批复。现在的问题是,最

---

① 参见朱岩:《违反保护他人法律的过错责任》,《法学研究》2011 年第 2 期,第 98 页。

高人民法院的废止决定是否具有示范效应,在今后的司法实务中法院是否都不能直接适用宪法规范作为民事案件的审判依据?

"齐玉苓案"涉及的核心问题就是《宪法》规定的基本权利对第三人的效力问题。作为国家的根本大法,《宪法》规定的基本权利对私法的影响是毋庸置疑的,《宪法》的优位性是出于法秩序的内在逻辑,没有任何的法律领域能不受到这一内在逻辑的拘束。关键在于《宪法》规定的基本权利通过何种路径影响私法,正是在这个问题上学说理论产生了分歧。

基本权利的直接效力说主张《宪法》规定的基本权利在私人关系中有绝对的效力,当事人可以直接援引,否则宪法关于基本权利的条文将沦为仅具有绝对的宣示性质。[①]《最高人民法院关于"齐玉苓案"的批复》持的就是这种观点,国内有学者也对上述批复表示了赞同。[②] 基本权利的间接效力说则认为,《宪法》规定的基本权利只是针对国家权力而产生,私法有其自身的独立性,基本权利的直接效力说是对私法体系的一个毁灭杰作,但是该说也承认私法本身也是由基本权利衍生而出,因此《宪法》中的基本权利应该通过私法中的概括条款的媒介间接地对私人关系产生影响。[③]

从世界范围看,除极少数国家采基本权利直接效力说外,[④]基本权利间接效力说已经成为通说。尽管德国联邦劳工法院仍然维持基本权利直接效力说的立场,但其主要适用于合同法领域。在侵权领域,自 1950 年"路特案"以来德国联邦宪法法院一直坚持基本权利间接效力说不曾动摇,甚至有学者认为:"就以基本权利对第三者效力之深入而言,路特案达到了理论之顶点。其后之联邦宪法法院判决,皆未超过其程度。"[⑤]在该案中,汉堡地方法院运用违反善良风俗条款判决被告败诉,联邦宪法法院同样运用善良风俗条款,但是通过对宪法基本权利的转介得出了对违反善良风俗的不同理解,从而对案件进行了

---

① 参见陈新民:《德国公法学基础理论》(增订新版·上册),法律出版社 2010 年版,第 337—338 页。

② 参见王磊:《宪法实施的新探索——齐玉苓案的几个宪法问题》,《中国社会科学》2003 年第 2 期,第 32 页。

③ 参见陈新民:《德国公法学基础理论》(增订新版·上册),法律出版社 2010 年版,第 349—352 页。[德]Christian Starck:《法学、宪法法院、审判权与基本权利》,杨子慧、林三钦等译,元照出版公司 2006 年版,第 368 页。朱岩博士认为,《宪法》应该作为保护他人的法律,经由民法中一般条款的解释,《宪法》应该可以间接进入保护性法律的范围。这种理解有误,如果宪法作为保护他人的法律,他就是在民法中产生了直接效力,通过《民法》一般条款的解释,只是转介《宪法》的价值观念,法院在判决中并不能直接援引《宪法》条文。参见朱岩:《违反保护他人法律的过错责任》,《法学研究》2011 年第 2 期,第 92—93 页。

④ 爱尔兰有宪法上的侵权概念。参见前引 21,克雷斯蒂安·冯·巴尔书,第 682 页。

⑤ 陈新民:《德国公法学基础理论》(增订新版·上册),法律出版社 2010 年版,第 349—352 页。

改判。① 这是一个通过《民法》的概括条款体现基本权利所蕴含的价值观念的典范。

不采纳基本权利直接效力说不代表否认宪法对私法的影响,但是承认《宪法》在效力上的优先性,并不意味着要否认私法在适用上的优先性。尽管采直接效力说和采间接效力说法院都要在个案中进行利益衡量,而且可能对案件的最终结果不会产生实质性的影响,但是能够在私法范围内能够解决的问题就不要直接适用《宪法》条文。因为一方面这会导致私法独立性的丧失,另一方面直接适用《宪法》条文反而可能损害宪法的根本性和终极性。因此我国也应该采纳基本权利的间接效力说,基本权利和民法的关系应该是,民法应该尊重在基本权利中所传达的人类生活图像,即在人们相互间交往时,基本权利必须被尊重,这并不是因为法律具体规定所有人民均受到基本权利的直接约束,而是源自于人类共同生活的传统规范,基本权即是建构在此一规范的基础上。基本权利所传达的人类生活图像并不只是在人民——国家关系中作为基本权利规范的基础,也是民法建构的根基。而这一根基的原点就是人有尊严。②

如果中国采基本权利的间接效力说,那么最高人民法院废止原先对"齐玉苓案"的批复在技术上就是正确的,问题是中国的法院再遇到类似案件应该如何解决? 蔡定剑教授认为可以适用《教育法》第 81 条侵犯受教育权的应当承担民事责任的规定予以解决。③ 这种观点不能成立。因为第 81 条只是规定了侵犯受教育者的合法权益的,应当承担民事责任。这种合法权益只能是受教育者的人身和财产权益,也就是通过《教育法》第 72 条(寻衅滋事)和第 73 条(校舍倒塌)保护的权益,而不是受教育权。如果在责任的构成要件上没有特殊性,教育法中规定民事责任实际上是多余的。《教育法》是在立法上对宪法教育权的细化,即便是主张基本权利直接效力的学者也认为教育权作为一种相对权,只能向国家主张,它只能是公法上的主观权利。实际上,在中国教育权目前还处于客观法的层面,它还不是公法上的主观权利,更不用说成为私法上的主观权利了,例如失学儿童就没有办法向国家起诉主张教育权。如果我们比较一下《义务教育法》的相关规定就更加清楚了,义务教育应该比一般教育更加根本、更加重要,按照举轻明重的原则,侵犯一般教育权应该承担民事责任,侵犯义务教育权更应该承担民事责任,但是义务教育法对民事责任问

---

① 参见陈新民:《德国公法学基础理论》(增订新版·上册),法律出版社 2010 年版,第 362—374 页。

② 参见[德]Christian Starck:《法学、宪法法院、审判权与基本权利》,杨子慧、林三钦等译,元照出版公司 2006 年版,第 372 页。

③ 参见蔡定剑:《中国宪法实施的私法化之路》,《中国社会科学》2004 年第 2 期。第 63 页。

题根本没有提及,同时也没有提及失学儿童主张义务教育权的内容。我们有一万个理由说,教育权应该体现为一种主观权利,但是从应当中无法推导出是。

刘文杰博士认为,在最高人民法院废止"齐玉苓案"批复之后,如果遇到类似案件,可以将姓名权作为兜底性的人格权,即冒用他人姓名侵犯的利益尚未结晶为民法上的权利,则由姓名权加以保护。[①] 这种观点同样不成立。首先,姓名权并不是人格权,而是身份权,它只是通过文字符号将一个人与其他人进行区分的标志;[②]其次,作为最不重要的人身权,姓名权根本起不到兜底的作用,因为姓名权并不是与生俱来的必备的人格要素,法律也没有禁止重名,个人也可以随时改变自己的姓名;第三,以姓名权作为兜底的人格性权利保护尚未结晶为民法上的权利的做法,实际上是通过扩张解释姓名权起到保护相关利益的作用,前文已经提及,这种解释不能超越相关权利的核心意义。

因此,类似案件应该这样解决:冒用他人姓名顶替上学,是以姓名权为中介侵犯他人上学的机会,从而侵犯了原告按照自己的自由意志发展人格的利益,这种利益在民法上并没有表现为一种权利类别,根据《最高人民法院关于精神损害赔偿的司法解释》第 1 条第 2 款规定,被告实际上是违反社会公共利益、社会公德侵害他人的其他人格利益。如果在德国,上述解释的依据就是《基本法》第 2 条第 1 款自由发展人格的权利,在中国宪法中没有上述内容,因此解释的依据是《宪法》第 38 条的关于人格尊严不得侵犯的规定。因为德国《基本法》第 2 条第 1 款也是《基本法》第 1 条第 1 款人格尊严不得侵犯的展开。康德在《道德形而上学原理》中的一段话被认为是对人的尊严的最好阐释,即"人,一般来说,每个有理性的东西,都自在地作为目的而实存着,他不单纯是这个或那个意志所随意使用的工具。在他的一切行为中,不论对于自己还是其他有理性的东西,任何时候都必须被当作目的"。[③] 人有尊严是因为人有理性,这种理性不仅指人类认识客观世界的能力,而且也包括人识别道德要求并根据道德要求行事的能力。因此"人依其本质属性,有能力在给定的各种

---

① 参见刘文杰:《民法上的姓名权》,《法学研究》2010 年第 6 期,第 75 页。
② 参见方新军:《权利客体的概念及层次》,《法学研究》2010 年第 2 期,第 51—52 页。
③ [德]伊曼努尔·康德:《道德形而上学原理》,苗力田译,上海世纪出版集团 2005 年版,第 47 页。德国联邦宪法法院在一则判决中明确引用了康德的观点:"仅仅将个人视为国家的工具是与人的尊严相悖的。每一个人都是他自身的目的这一原则必需毫无保留地在任何法的领域被遵守。"Edward. J. Eberle, *Dignity and Liberty: Constitutional Visions in Germany and the United States*, Praeger, London, 2002, p. 43.

可能性的范围内,自主地和负责地决定他的存在和关系、为自己设定目标并对自己的行为加以限制。"①齐玉苓被侵害的正是这种人格利益,在被冒名顶替上学之后,她的整个人生发生了完全的改变,她失去了基于自己的自由意志发展自己人格的机会。

(四)刑法规范是否属于保护他人法律的范围

在大陆法系关于刑法中侵犯个人利益的犯罪属于保护他人的法律基本上不存在争议,在葡萄牙和西班牙违反保护他人构成侵权的规定甚至主要依赖的是刑法,②但是英美法系明确地将刑法排除在违反制定法的责任之外。在"Lonrho"案中,英国法院明确表示:"在法律以刑事制裁作为强制行为人履行义务之方法时,应排除民事责任之请求权。"③我的看法是,刑法规范原则上不能被认为是保护他人的法律,它们不能在民法中被直接援引,它们只能通过民法的一般条款转介其价值观念。

首先,刑法存在的正当性在于它对于保障社会共同体和睦昌盛的共同生活有着无可争议的必要性,刑法的任务是为实现共同福祉和维护共同秩序服务。④ 判断一条规范是否属于保护他人的法律,关键标准是规范的目的,正是在规范的目的上,刑法不属于保护他人的法律。刑法的直接目的是对社会共同体生活秩序的维护,只是间接上起到保护个人权益的作用。"几乎无法想象哪一个公法条文不在较为一般的意义上,以对个别公民提供帮助和保护为目的。"⑤反过来,我们也无法想象哪一个私法的条文不在一般的意义上是有利于公共利益的。如果以间接目的为标准,刑法和民法之间的区分将在根本上消失。将刑法限缩成为"禁止社会损害行为"的规范,恰恰是现代刑法的第一个重要前提。⑥

比较容易让人产生误解的是《刑法》第四章"侵犯公民人身权利、民主权利

---

① ［德］卡尔·拉伦茨:《德国民法通论》(上册),王晓晔等译,法律出版社 2003 年版,第 45—46 页。

② 参见［德］克雷斯蒂安·冯·巴尔:《欧洲比较侵权行为法》(上卷),张新宝译,法律出版社 2001 年版,第 21 页。

③ 陈聪富:《侵权归责原则与损害赔偿》,北京大学出版社 2005 年版,第 63 页。瓦格纳通过比较法上的考察也明确指出,在英美法系,广义上的刑法作为一种庞大且不断扩张的体系,事实上是侵权法适用的禁区,因此不应该将其作为发展新型侵权责任的指引渊源。参见［德］格哈特·瓦格纳:《当代侵权法比较研究》,高圣平等译,载《法学家》2010 年第 2 期,第 108 页。

④ 参见［德］约翰内斯·韦塞尔斯:《德国刑法总论》,李昌珂译,法律出版社 2008 年版,第 5—6 页。

⑤ ［德］马克西米利安·福克斯:《侵权行为法》,齐晓琨译,法律出版社 2006 年版,第 144 页。

⑥ 参见林钰雄:《新刑法总则》,中国人民大学出版社 2009 年版,第 8 页。

罪"和第五章"侵犯财产罪"中规定的各种犯罪类型,从名称上看是对公民人身权利和财产权利的直接保护,实质不然。我们来看两则例子:(1)甲持刀蓄意杀害乙,但是因为乙跑得快,甲追出 100 多米被警察制服。此时乙没有任何民事权利被侵害,但是根据《刑法》第 232 条的规定甲构成犯罪,只是根据第 23 条的规定属于未遂,可以从轻或减轻处罚。(2)甲希望以 100 万元的高价购买乙祖传的明代花瓶,但是乙基于对祖辈的感情不愿出售,甲恼火地将正在自己手中观赏的花瓶扔在地上摔碎,甲即便愿意赔偿乙 100 万元。根据《刑法》第 275 条的规定他的行为仍然构成犯罪。上述两个例子表明,犯罪的本质不在于是否对个人的民事权益造成了具体的损害,而在于对刑法认定的社会公共秩序的违反,[①]犯罪是对法本身的不法。[②] 在例 1 中,尽管乙的民事权利没有受到任何损害,但是甲的行为严重挑战了人的生命不得侵犯的社会公共秩序,因此应该被定为犯罪。否则所有的预备犯、中止犯和未遂犯都失去了被处罚的依据。在例 2 中,如果《刑法》的目的是对个人权利的保护,那么乙的权利在《民法》上已经得到充分的填补,基于谦抑性原则刑法似乎没有必要介入。通过对甲科处刑罚,甲得到的是他的行为应得的社会伦理上的谴责和法制共同体对他不负责任地犯下的不法给予的不能够同意的回答。[③] 因为甲的行为不但侵害了乙的财产权利,而且严重挑战了任何个人的财产不得被侵犯的社会公共秩序,前者属于民法,后者属于刑法。我们从侵犯知识产权罪在中国刑法中的位置更能看出问题的所在,知识产权当然属于民事权利,如果侵犯人身权利罪和侵犯财产罪都是独立的一章,侵犯知识产权罪也应该是独立的一章,但是在《刑法》中侵犯知识产权罪位于第三章"破坏社会主义市场经济秩序罪"中的第七节,这正反映了这一罪名的本质。

正因为刑法直接保护的是公共利益,民法直接保护的是私人利益,凯尔森认为两者之间的本质区分在程序上最能体现出来。在私法中启动程序的是权益受到侵害的个人,在刑法中启动程序的是国家的专门机关,因为"规定刑罚作为制裁的法律秩序认为有决定意义的,并不是直接为不法行为所侵犯的私人利益,而却是以公诉人为其机关的那个法律共同体的利益。"[④]比较容易引起争论的,是《刑法》第 246 条、257 条、260 条和 270 条规定了五种"亲告罪",这确实是刑法中的异类,但是上述"亲告罪"恰恰体现了刑法的谦抑性,因为

---

① 参见[英]J. C. 史密斯、B. 霍根:《英国刑法》,马清升等译,法律出版社 2000 年版,第 21 页。
② 参见[德]黑格尔:《法哲学原理》,范扬等译,商务印书馆 1961 年版,第 95—96 页。
③ [德]约翰内斯·韦塞尔斯:《德国刑法总论》,李昌珂译,法律出版社 2008 年版,第 4 页。
④ [奥]凯尔森:《法与国家的一般理论》,沈宗灵译,中国大百科全书出版社 1996 年版,第 232 页。

《民法》的相关规定已经可以解决问题。《刑法》第 246 条第 2 款的但书更能说明问题,即侮辱、诽谤罪严重危害社会秩序和国家利益的不适用告诉才处理的规定。而且上述五个罪名都以主观上故意为要件,在民法上转介反而不利于保护受害人。

其次,正因为刑法的直接目的是对公共利益的维护,而不是对个人权利的保护,刑法学从权利侵害说转向了法益侵害说。费尔巴哈创立的"权利侵害说"认为刑法的任务是保护权利,权利分为国家的权利和个人的权利,因此犯罪分为对国家的犯罪和对个人的犯罪。[①] 权利侵害说和费尔巴哈主张的罪刑法定原则相并列,对防止国家权力的恣意、维护刑法的安定性有着重大的贡献,但是该说也存在如下问题:(1)由于实证法上通过权利工具保护的利益只是法律保护利益的一部分,这使得费尔巴哈必须持自然权利论,这受到了法实证主义的批判;(2)对于一些刑法规定的,但是既没有侵犯国家权利,也没有侵犯个人权利的罪名没有办法解释,例如反伦理罪、违警罪等。因此比恩鲍姆提出了法益侵害说,即权利作为一个抽象的概念不存在被侵害的问题,立法者只是在比喻的意义上使用侵害一词。我们受到侵害的不是权利本身,而是权利的对象,即法益。[②]

如果从法律的目的就是保护利益,刑法的直接目的并不是对个人权利的保护这个角度看,法益侵害说具有合理性,但是当法益侵害说将其理论基础设立在权利作为一种抽象概念是不可能被侵犯的,同时将刑法保护的利益理解为既包括超个人的法益,也包括个人法益时,它仍然存在问题。

(1)尽管民事法律以赔偿实际损害为原则,但是前文已经提及,很多欧洲国家的法律制度承认名义性赔偿,即"权利宣示或确权功能",它是在没有具体损害时,宣称某种权利被侵害的方式。因此刑法转向法益侵害说和权利是否能够被侵害没有本质联系,根本性的原因在于刑法的直接目的并不是对个人权利的保护。

(2)如果刑法直接保护的法益包括个人法益,那么未遂犯的处罚正当性问题仍然无法解决。尽管有学者提出了"多元的法益保护论",但是这种多元只是一个犯罪对多个共同利益的侵犯,共同利益背后的个人利益仍然是被间接

[①] 参见[德]安塞尔姆·里特尔·冯·费尔巴哈:《德国刑法教科书》(第十四版),徐久生译,中国方正出版社 2010 年版,第 35—36 页。

[②] 参见张明楷:《法益初论》,中国政法大学出版社 2003 年修订版,第 14—18 页。

保护的。① 也有学者认为,刑法的保护体系是以个人法益为中心的,超个人的法益只居于次位地位。在超个人法益和个人法益之间存在"推论的关系",只有在超个人法益是为了个人的人格发展之目的,且该超个人法益是保护个人法益的可能性上的条件时,才有资格成为超个人的法益。因为在纳粹时代,国家通过创设和个人利益毫无直接关联的民族精神、种族主义等法益,发展所谓的非常时期的刑法,从而使刑法沦为政治意识形态的化身。② 这种对极权主义的怵惕之心实值赞赏,对超个人利益所持的唯名论观点确实可以防止国家随意创设罪名,但是国家确实可以通过创设和个人利益毫无关联(例如虐待动物罪)、甚至和整个人类通行的价值观相悖的罪名(例如曼德拉在南非被判有罪),这是刑法本身保护抽象的社会公共利益的固有风险,这只能通过完善的政治制度进行预防。在现代民主国家,"对刑事立法者预先规定的唯一限制,存在于宪法的原则中。"③既然刑法和民法都要体现宪法规定的价值观念,而且刑法的直接目的是保护社会公共利益,那么民法在遇到权利之外的利益被侵犯的场合,没有必要转介刑法规范,因为通过一般条款转介宪法的价值观念就可以了。如果宪法的规范过于抽象,而刑法的规定非常具体,民法在对一般条款进行解释时确实可以考虑刑法所体现的价值观念。

第三,尽管基于保护目的的不同,民法无须转介刑法规范,但是在比较法上确实存在立法上明确规定,构成犯罪的对受害人予以赔偿。问题是中国在解释论上是否应该借鉴? 我认为没有必要,理由如下:

(1)原先的《西班牙刑法典》第 19 条规定:"任何一个构成违法或犯罪的人也负有民事上的责任。"上述规定显然有漏洞,因为即使没有任何损害,也不影响犯罪的成立。因此,《西班牙新刑法典》第 116 条将其修改为只有造成损害的犯罪行为,才承担民事赔偿责任,但是上述规定仍然存在问题。④ 我们来看一个例子:甲为了贿赂乙,将一幅名人字画交给丙,让其转交给乙,但被丙私吞。如果丙的侵占罪成立,甲并不能向丙主张画的返还,更不用说赔偿损失了,因为不法原因的给付并不导致不当得利的返还。⑤ 正因为民法中上述规

---

① 参见[日]关哲夫:《法益概念与多元的保护利益论》,王充译,《吉林大学社会科学报》2006 年第 3 期。

② 参见陈志龙:《法益与刑事立法》,台湾大学法学丛书 1997 年版,第 44—45 页、第 156—157 页。

③ [德]克劳斯·罗克辛:《德国刑法学·总论》,王世洲译,法律出版社 2005 年版,第 15 页。

④ 《西班牙刑法典》,潘灯译,中国政法大学出版社 2004 年版,第 45 页;[意]毛罗·布萨尼、[美]弗农·瓦伦丁·帕尔默:《欧洲法中的纯粹经济损失》,张小义等译,法律出版社 2005 年版,第 738 页。

⑤ 参见王泽鉴:《不当得利》,北京大学出版社 2009 年版,第 273—280 页。

定,刑法学的主流学说认为在上述案例中,丙也不构成侵占罪。认定罪名成立,实际上表明刑法和民法的保护对象并不一致,认定罪名不成立的,恰恰是以民法的理论为前提。① 因此更加合理的规定是《意大利刑法典》第 185 条和《葡萄牙刑法典》第 129 条,即犯罪人必须依据民法规范承担恢复和赔偿的义务。② 我国《刑法》第 36 条和第 37 条也应该作这样的解释,不是民法应该转引刑法,而是刑法应该转引民法。

（2）《奥地利民法典》第 1331 条规定,如果损害是由刑法禁止的行为造成的,受害人可以请求赔偿受损害财产的特别价值,上述特别价值指的是受害人该物的感情价值。③ 上述立法例确实可以证明最高人民法院关于人民法院是否受理刑事案件被害人提起精神损害赔偿民事诉讼问题的批复是错误的,但是对于中国的民事司法实践意义甚微。因为《最高人民法院关于精神损害赔偿的司法解释》第 4 条明确规定,具有人格象征意义的特定纪念物品被毁损的,受害人可以提起精神损害赔偿。一方面,刑法中的犯罪原则上以故意为要件,这反而限制了情感损失的赔偿范围;另一方面,上述立法例对物的范围没有限定,实务中也需作目的论限缩。因为具有情感价值的物在经济上未必有多大价值,这时可能不存在犯罪的问题,但是民事上的精神损害赔偿责任仍然存在。因此,有关侵害具有情感价值的物造成的精神损害赔偿的问题,只能在民法中进行规定。张明楷也明确指出,如果根据《刑法》第 37 条的规定应该赔偿精神损害的,其范围应该参考《民法》的规定予以决定。④

（3）《瑞典侵权责任法》第 2 章第 4 条规定,因犯罪致人发生纯粹经济损失的,应予赔偿。相似的规定有《芬兰侵权责任法》第 5 章第 1 条、《西班牙刑法典》第 113 条。⑤ 我认为在中国的民事司法实践中没有必要采纳这种思考方式。首先,即便是我们要在民法中对刑法规范进行转介,也只能转介侵犯个人财产法益的规范,但是这些罪名全部以故意为要件。在民法中,尽管纯粹经济

---

① 参见［日］曾根威彦:《刑法学基础》,黎宏译,法律出版社 2005 年版,第 260—262 页;张明楷:《刑法学》,法律出版社 2007 年第 3 版,第 742—743 页。

② 参见《最新意大利刑法典》,黄风译,法律出版社 2007 年版,第 71 页;《葡萄牙刑法典》,陈志军译,中国人民公安大学出版社 2010 年版,第 63 页;［意］杜里奥·帕多瓦尼:《意大利刑法原理》,陈忠林译,中国人民大学出版社 2004 年版,第 353—354 页。

③ 参见《奥国民法》,王绍堉译,文武有限公司 1978 年版,第 230 页;［德］克雷斯蒂安·冯·巴尔:《欧洲比较侵权行为法》（上卷）,张新宝译,法律出版社 2001 年版,第 749 页。

④ 张明楷:《刑法学》,法律出版社 2007 年第 3 版,第 478 页。

⑤ 参见［意］毛罗·布萨尼、［美］弗农·瓦伦丁·帕尔默:《欧洲法中的纯粹经济损失》,张小义等译,法律出版社 2005 年版,第 2—9 页;［德］克雷斯蒂安·冯·巴尔:《欧洲比较侵权行为法》（上卷）,张新宝译,法律出版社 2001 年版,第 749—750 页。

损失原则上得不到赔偿,但是所有法系都承认故意造成的纯粹经济损失是可以赔偿的,这是纯粹经济损失赔偿的真正共同核心。[①] 通过故意违反善良风俗构成侵权的规定,民法可以解决问题,没有必要转介刑法规范。其次,如果不对犯罪的类型进行限定,则可能不当地扩大对纯粹经济损失的保护范围。例如根据我国《刑法》第 119 条的规定,当事人基于过失破坏电力设备造成严重后果的构成犯罪,而破坏电力设备是最容易导致纯粹经济损失的,如果此时认定纯粹经济损失的赔偿,反而不当地扩大了民法的保护范围。即便瑞典和芬兰作了上述规定,对因过失引起的纯粹经济损失也是不予赔偿的。[②] 因此,就纯粹经济损失问题,民法也没有必要转介刑法的规定,但是故意犯罪的认定确实可以认为民事侵权的主观要件也已经符合了。在荷兰的司法实践中,行为人构成犯罪的,确实可以认为其也符合了《荷兰民法典》第 6:106 条第 1 款的故意要件。[③]

第四,传统大陆法系国家通过目的性扩张,将刑法规范解释为:尽管是一项保护公众的条款,但是同时也有意图对具体的受害人提供保护,从而将其纳入保护他人的法律,但是在具体的司法实践中作用甚微。在我国台湾地区"最高法院"关于是否适用第 184 条第 2 项的 80 个判例中,没有一个是主张刑法规范的。[④] 在德国,学说理论上试图通过转介刑法规范解决第 823 条第 1 款对人身权保护不足的问题,这在《德国基本法》没有出现之前有一定意义,此后法院可以通过违反善良风俗条款转介基本法的价值理念予以解决,这使得转介刑法规范只起到阐释和进一步明确的功能,甚至只是考试中的一种分析方法而已。[⑤]

(四)行政法规范是否可以作为保护他人的法律

尽管传统学说理论认为行政法是以维护公共利益为目的,因此在性质上属于公法范畴,但是通过转介行政法规解决民事案件,无论是在大陆法系,还是在英美法系均是一种常态。只是在转介的范围、对行政法规保护的物的范

---

① 参见[意]毛罗·布萨尼、[美]弗农·瓦伦丁·帕尔默:《欧洲法中的纯粹经济损失》,张小义等译,法律出版社 2005 年版,第 398—399 页。

② 参见[意]毛罗·布萨尼、[美]弗农·瓦伦丁·帕尔默:《欧洲法中的纯粹经济损失》,张小义等译,法律出版社 2005 年版,第 153 页。

③ [德]克雷斯蒂安·冯·巴尔:《欧洲比较侵权行为法》(上卷),张新宝译,法律出版社 2001 年版,第 749 页。

④ 参见陈聪富:《侵权归责原则与损害赔偿》,北京大学出版社 2005 年版,第 90—101 页。

⑤ 参见[德]马克西米利安·福克斯:《侵权行为法》,齐晓琨译,法律出版社 2006 年版,第 141 页。

围和人的范围的宽窄度上各国存在区别。如果刑法属于公法范畴,从而在民法中不能直接转介,那么同属公法范畴的行政法规为什么能够在民法中转介,而且作用非常明显。在我国台湾地区"最高法院"关于是否适用第184条第2项的80个判例中,绝大多数都是关于转介行政法的案件,在英美法上违反制定法的责任,绝大多数也是违反行政法规构成侵权的案件。

这是因为行政法从其产生开始就是公法和私法的混合体。在行政法成为一个独立的法律部门之前,有关国家的活动一直受到民法和民事审判的调整。作为这种思考方式的残余,现代社会仍然在讨论行政法是否可以类推适用民法的规定。① 在法治国出现之后,基于分权的思想,行政法开始独立出来。行政法产生之初,正值自由主义鼎盛时期,基于经济人假说和国家守夜人的定位,国家对市民生活的干预并不明显,行政法被认为只是为了实现公共利益。因此行政法被认为是和民法截然不同的法律,两者之间不存在共同的法律制度,也没有能够直接产生民事法律效力的行政法制度。② 但是,随着后自由主义社会的来临,国家和社会逐步近似,公法和私法逐步混同,国家不再伪装为社会秩序的中立监护人,国家越来越多地对社会经济生活进行直接的干预。③ 此时开始产生行政法究竟属于公法,还是属于私法的讨论。

在这场讨论中我们发现,关于民法和刑法、宪法的区分并不存在争议,所谓私法的公法化和公法的私法化实际上就是民法和行政法相互渗透的问题。正是因为社会经济基础的变化,即现代社会已经是一个风险社会和福利社会,民法从近代民法转向现代民法,即从抽象人格转向具体人格、从所有权的绝对保护转向所有权的限制、从意思自治转向意思自治的限制、从自己责任转向社会责任。④ 其中的每一个转变都意味着国家对社会经济生活控制的加强,民法中强制性规范也随之空前增加,这使得民法成为公法和私法的混合体。⑤ 与民法的转向同步,行政法也脱离单纯为国家存立服务的观念,开始系统地介入市民的社会经济生活。

同一社会经济生活现象,民法和行政法可能从不同方向进行规制,例如道

---

① 参见吴庚:《行政法之理论与适用》(增订八版),中国人民大学出版社2005年版,第24页。

② 参见[德]奥托·迈耶:《德国行政法》,刘飞译,商务印书馆2002年版,第40—65页,第119—123页。

③ 参见[美]昂格尔:《现代社会中的法律》,吴玉章等译,中国政法大学出版社1994年版,第180—181页。

④ 参见梁慧星:《从近代民法到现代民法》,载梁慧星主编:《民商法论丛》第7卷,法律出版社1997年版,第244—246页。

⑤ 参见徐国栋:《民法是私法吗?》,《江苏行政学院学报》2009年第3期。

路交通事故致人损害当然属于民事侵权之一种,但是行政法对驾驶人的具体行为义务进行规定,这实际上成为民法判断行为人过错的标准。国家这个巨兽正是通过在侵权责任法上钻孔的方式全面地介入私法,而钻孔的工具就是通过制定大量的规范社会经济生活中行为义务的行政法规。① 渡边洋三教授认为,行政法对社会经济生活的渗透不能简单地用"公共福祉"这样的抽象概念予以说明,而应该求助于事物的本质。"现代行政法,与古典的私法原理之解体过程同一轨迹,即作为此一解体结果而出现,且与修正古典私法之现代私法之展开,立于同一社会基础之上。因此,无论现代行政法或现代私法,均系由现代法之共通原理所支持,所对立者,并非公法与私法,而系古典市民法与现代法。"② 这被称之为行政法的"私法特别法论"。在英美法系,有学者干脆用行政法替换公法来讨论公法和私法的区分合理性问题,结论同样是公法(行政法)和私法之间存在大量互动和相互渗透的现象。③

正因为行政法和民法的相互渗透状态,行政法的规范作为保护他人的法律在民法中被转引就是当然之理。我国《立法法》第8条规定,民事基本制度只能制定法律;但是第9条又规定,对第8条规定的事项尚未制定法律的,全国人民代表大会及常务委员会有权作出决定,授权国务院可以根据实际需要,对其中的部分事项先制定行政法规。《侵权责任法》第48条规定,机动车发生交通事故造成损害的,依照道路交通安全法的有关规定承担责任。《物权法》第89条不得违反国家有关工程建设标准,第90条不得违反国家规定弃置固体废物等的规定都表明行政法规可以成为民事判案的依据。问题是在民法没有直接规定转介行政法规时,司法实务中如何判断一条行政法规属于保护他人的法律?

行政法的范围包括两个大块:第一块是为了国家的存立对社会的管理,这是传统行政法的主要范围,例如税法、财政法等,这主要涉及国家和个人之间的关系,属于严格意义上的公法范围,即使当事人受到损害只能通过行政诉讼解决,原则上不对民法产生效力,因此不能在民法中转介。第二块是为了个人

---

① 参见[美]劳伦斯·傅利曼:《二十世纪美国法律史》,吴懿婷译,城邦文化事业股份有限公司2005年版,第402—403页。

② 刘宗德、赖恒盈:《日本行政法学之现状分析——译者代序》,载[日]盐野宏:《行政法I》,刘宗德、赖恒盈译,月旦出版社股份有限公司1996年版,第319页。

③ 参见[新西兰]迈克尔·塔格特编:《行政法的范围》,金自宁译,中国人民大学出版社2006年版,第1—7页。[英]彼得·莱兰、戈登·安东尼:《英国行政法教科书》,杨伟东译,北京大学出版社2007年第5版,第272—286页。

的权利对社会的管理,这属于行政法和民法交叉的地方,原则上都属于保护他人的法律,可以在民法中转介,但是明确属于单纯保护公共利益的规范,则不属于保护他人的法律。

在第二块法律中,行政法可以通过多种方式对个人权利进行保护。

首先,通过预先规定行为人行为义务的方式保护他人的权益。这又有两种方法:一种是规定在特定场合的行为义务,例如道路交通安全法和道路交通安全法实施条例规定的机动车驾驶人的义务,建设部《住宅室内装饰装修管理办法》关于装修人的行为义务;另一种是规定特定主体的行为义务,例如医生、律师、建筑师、会计师的行为义务,也就是各种专家的行为义务;经营者的反不正当竞争义务;在市场中居优势地位者的反垄断义务等。

民法转介第一种类型的行为义务规范,其主要作用在于对行为人过错的认定,行为人违反行政法规定的行为义务本身是证明行为人存在过错的表面证据,这实际上起到了过错推定的作用。既然是推定,行为人也可以通过反证予以推翻。在德国发生的一则案例中,被告违反道路交通法在一交叉路口超车,轧死一骑车人。被告主张死者突然右转,其很难预见。德国最高法院认为,即使该主张是真实的,被告也应承担损害赔偿责任。因为违反保护他人法律的主观要件和第823条第1款所要求的主观要件不同。违反保护他人法律的,行为人的过错是针对违反本身而言,至于行为人对其行为结果、例如权利或法益之侵害是否预见或于尽适当注意时可得预见,在所不问。[①] 我认为上述见解未必合理。在违反保护他人法律的场合,过错只能是对损害是否发生的过错,而不是对违反法律的过错。因为任何人都不得以不知法律为由进行抗辩,如果被告主张其不知道不能在交叉路口超车,法院可以不予采信,尽管被告也许真的不知道。既然被告的过错是对损害是否发生的过错,他当然可以通过反证予以推翻,或者是证明原告也有过失,从而减轻自己的赔偿责任。在我国台湾地区发生的一则案件中,被告违反货柜作业场地的行车规定,反向行驶撞伤原告。法院认为被告行车速度非常缓慢,且与货柜有1米的间距,原告并未观察有无左右来车,贸然穿越道路,导致被撞,是其自己的过失,因此被告不用承担责任。法院的上述判决显然是认为,被告对于违反法律本身固然具有过失,但被告可以对于损害的发生,已尽适当之注意义务,而无过失,因此无需承担责任。上述理解在英美法的判例中也多有所见。[②] 因此,行为人即

---

① 参见王泽鉴:《民法学说与判例研究》(第二册),北京大学出版社2009年版,第145页。

② 参见陈聪富:《侵权归责原则与损害赔偿》,北京大学出版社2005年版,第72—78页。

便违反了保护他人的法律,还是可以通过反证否认自己的过错的存在。同时,这种转介原则上并不扩大民法上对当事人权益保护的范围,例如行为人超速驾驶导致交通事故,超速本身被推定为有过错,但是对因此造成的纯粹经济损失,行为人仍无赔偿的必要,除非行为人主观上存在故意。

民法转介第二种类型的行为义务规范,不但可以起到对行为人过错认定的作用,而且也可能扩大民法上对当事人权益的保护范围。例如根据《最高人民法院关于审理涉及会计师事务所在审计业务活动中民事侵权赔偿案件的若干规定》第1条和第2条的规定,因合理信赖或者使用会计师事务所出具的不实报告,与被审计单位进行交易或者从事与被审计单位的股票、债券等有关的交易活动而遭受损失的自然人、法人或者其他组织,可以向人民法院提起民事侵权赔偿诉讼。上述损失实际上主要是纯粹经济损失,而会计师的过错则要通过转介《注册会计师法》第20、21、22等条规定予以判断。这实际上突破了纯粹经济损失只有在行为人故意的情况下才予以赔偿的规定,但是这符合世界各国关于纯粹经济损失赔偿的发展趋势。因为对专家在其专业领域内课以更重的责任,才能维持更高的专业服务水准,至于风险专家可以通过保险的方式予以分散。[①]

其次,行政法可以通过直接创设权利的方式保护个人的利益,通过对这些规范的转介,民法实际上扩大了保护范围。在现代社会,"政府开始成为财富的主要源泉。政府是巨型压力器,它吸进税收和权力,释放出财富:金钱、救济金、服务、合同、专营权和特许权"。[②](1)国家可以人为地垄断一部分资源,通过发放营业许可创设新的财产权,例如出租车营运证、客运长途班线营运证、航空班线营运证、烟草专卖证等。如果行为人直接阻碍权利人行使权利当然构成侵权,此时应该将行政法规转介入《侵权责任法》第6条第1款,适用过错责任原则。正是在这个地方我国台湾地区的立法例存在问题,因为他们没有意识到违反保护他人的法律并不是全部都是具体的行为规范,如果一概适用过错推定原则反而会导致价值判断上的轻重倒置。如果行为人不直接阻碍权利人行使权利,而是在没有专营权的情况下从事上述营业,这时权利人可能遭受纯粹经济损失。侵权人明知自己没有营运证而从事营业,主观要件上可以认定为故意,但是受害人应该证明具体损失的存在,以及损害和侵权人行为之

---

① 参见[意]毛罗·布萨尼、[美]弗农·瓦伦丁·帕尔默:《欧洲法中的纯粹经济损失》,张小义等译,法律出版社2005年版,第399页。

② [美]查尔斯·A.赖希:《新财产权》,翟小波译,载易继明主编:《私法》第6辑第2卷,华中科技大学出版社2007年版,第194页。

间因果关系的存在。如果不能证明,则只能由行政主管部门对行为人进行行政处罚,这实际上起到了权利的宣示和确认的功能。(2)国家可以在公共资源上创设不同于传统物权的新类型权利,例如采矿权、捕捞权、取水权、养殖权等,这又被称之为"准物权"。直接侵权的仍然转介适用《侵权责任法》第 6 条第 1 款,对这些权利的侵害导致纯粹经济损失的,主观要件仍以故意为必要。(3)针对特定的人群赋予特定的权利,例如残疾人补助金、失业救济金、单身母亲救济金等。这实际上是现代社会转向福利国家的结果,也是从近代民法的抽象人格转向具体人格的结果,同时也是现代社会身份复活的结果。但是这些权利主要是宪法上社会权在行政法上的细化,这使得上述权利从宪法上的客观规范转化为行政法上的主观公权利,但是这种权利只是一种相对权,权利人只能向国家主张,第三人无侵犯的可能,因此没有在民法上转介的必要。

四、违反善良风俗构成侵权的认定方法

经过侵犯法定权利构成侵权和违反保护他人法律构成侵权的过滤之后,剩下来的利益则要通过违反善良风俗的规定予以保护,这是侵权认定的最后兜底方法,兜不住的都处于法外空间,属于利益人自担风险的范围。

(一)违反善良风俗是否应以故意为主观要件

《德国民法典》第 826 条、我国台湾地区"民法典"第 184 条第 1 项后段、《瑞士债法》第 41 条第 2 款、《奥地利民法典》第 1295 条的第 2 款和《希腊民法典》第 919 条均规定行为人必须是故意违反善良风俗侵害他人利益的,方构成侵权,但是其他国家(或地区)并不要求故意作为违反善良风俗构成侵权的主观要件。

德国的立法模式试图通过严格的主观要件与第 826 条宽泛的保护范围之间达到一种平衡,即主观上最窄、客观上最宽。[①] 尽管德国学者认为第 826 条不考虑受侵害的法益种类,只要故意违反善良风俗的就构成侵权,但是德国学者也指出第 826 条主要是为了解决纯粹经济损失问题。[②] 如果只是为了解决

---

① Basil S. Markesinis and Hannes Unberath. *The German Law of Torts. A Comparative Treatise*. Fourth Edition Entirely Revised and Updated. Hart Publishing Oxford and Portland, Orengon. 2002. p. 889.

② 参见[德]迪特尔·梅迪库斯:《德国债法分论》,杜景林等译,法律出版社 2007 年版,第 682 页。参见[德]马克西米利安·福克斯:《侵权行为法》,齐晓琨译,法律出版社 2006 年版,第 162 页。

纯粹经济损失问题,主观要件以故意为必要是合理的,否则人的行为自由将受到极大的限制,但是在纯粹经济损失之外,很多人身利益并没有以权利工具进行保护,同时可能其他法律也没有规定保护义务。如果一概以故意为主观要件,将会导致价值判断上的轻重倒错。例如人的尊严并没有成为民法上的权利,但是在人格利益中,最为核心的利益就是人的尊严,其他人格利益都是从人有尊严这个前提上推演的结果。

作为一个宽泛的概念,人的尊严很难被精确地界定,但是德国立法者以康德的道德哲学为依据,为其确定了相对固定的内容。康德对人的尊严的阐释被认为具有三个核心面相:第一,尊严意味着每个人都必须被平等地,像人一样地对待;第二,尊严意味着尊重个人在肉体上的同一性和完整性;第三,尊严意味着尊重个人在精神上的同一性和完整性。[①] 在上述三个面相中,第一个面相在法律中的体现就是人格,因为每一个人都是目的,因此每一个人都平等地拥有人格,而后两个面相则体现了人所拥有的具体的人格利益,这实际上反映了人既是一种物质(肉体)的存在,也是一种精神的存在。相应地,人格利益可以分为物质性的人格利益和精神性的人格利益。在物质性人格利益中,生命、健康、身体、肖像和隐私在我国《侵权责任法》中已经上升到权利的层次。在这些权利之外,当事人仍然可能主张各种物质性人格利益的保护问题,这一方面可以通过扩张解释上述权利予以解决,无法扩张解释、又没有保护他人法律予以保护的,只能通过违反善良风俗予以解决。精神性人格利益的本质就是精神自由,由于这种精神利益没有外部的客观定在,因此理论上具有无限多的区分可能性。但是我们可以大致地将人的精神自由区分为内在自由和外在自由。前者又可以大致地区分为自我决定、自我发展的自由、独立思考的自由和不受干扰的自由。外在自由则包括言论自由、出版自由、结社自由、集会自由、迁徙自由和行动自由等。在我国的《侵权责任法》中,只列举了婚姻自由权,其他的精神性人格利益除非有保护他人的法律予以保护,否则也只能通过违反善良风俗予以解决。

如果对上升到权利层次的人格利益适用过错责任原则,对没有上升到权利层次的人格利益只有故意才构成侵权,确实可能导致价值判断的倒错。在"读者来信案"中,德国联邦最高普通法院为了规避第826条的故意要件,通过

---

① Edward. J. Eberle, *Dignity and Liberty：Constitutional Visions in Germany and the United States*, Praeger, London, 2002, pp. 6－10, 50－51. William A. Parent, *Constitutional Values and Human Dignity*, *The Constitution of Rights：Human Dignity and American Values*, Edited by Michael J. Meyer and William A. Parent, Cornell University Press, 1992, pp. 47－50.

直接适用德国《基本法》第 2 条的规定创设了一般人格权的概念,从而作为"其他权利"适用第 823 条第 1 款。这种对人的尊严的全面保护几乎受到了一致的赞扬,但是德国法院直接适用《基本法》的条文解决民事案件则又受到广泛的批评。① 但是在第 826 条规定故意要件的前提下,德国法院为了扩大对人格利益的保护范围,除了创设一般人格权的概念外,几乎没有其他选择,德国法院的两难处境值得体谅。

在中国的解释论上可以避免德国存在的问题,方法就是将人身利益和财产利益进行区别对待,违反善良风俗侵害人身利益的,无需故意,只要存在过错即为已足;违反善良风俗侵害财产利益的,则须行为人主观上存在故意。这种解决方法一方面符合最新的世界立法趋势,欧洲《侵权法原则》第 2:102 条规定:"1. 受保护的利益的范围取决于利益的性质;价值越高,界定越明确、越明显,其所受保护就越全面。2. 生命、身体和精神的完整性,人的尊严和自由受最全面的保护。"②该条并没有要求以故意为要件。另一方面对违反善良风俗侵犯人格利益不以故意为主观要件也符合中国一直以来的司法实践。《最高人民法院关于确定民事侵权精神损害赔偿责任若干问题的解释》第 1 条第 2 款的规定并没有强调以故意为要件。在实际的案件中,中国的法院在运用善良风俗条款认定侵害人身利益的责任时,也不要求行为人主观上必须是故意。在"韩立生诉中铁六局集团北京铁路建设有限公司案"中,原告主张被告施工破坏了其先人的墓穴,导致其悼念死者的权利受到侵害,请求精神损害赔偿。在该案中被告并不存在故意,但是法院认为:民事活动应尊重社会公德,对已故亲人进行祭奠是中华民族的传统习俗,被告存在过错,应赔偿原告的精神损害。③ 上述司法传统在今后的司法实践中应该坚持。

对法律规定的财产权以外的财产利益进行侵犯的,实际上就是纯粹经济损失问题,除了保护他人的法律作了明确规定的以外,以违反善良风俗的方式构成侵权的,必须以故意为要件,这是世界各国关于纯粹经济损失赔偿的真正的共同核心。④ 在"重庆电缆案"中,重庆市第四中级人民法院法官正是通过被告故意要件的不具备,驳回了原告的诉讼请求。葛云松教授认为法院在该

---

① 参见[德]马克西米利安·福克斯:《侵权行为法》,齐晓琨译,法律出版社 2006 年版,第 50—52 页。

② 欧洲侵权法小组编著:《欧洲侵权法原则:文本与评注》,于敏等译,法律出版社 2009 年版,第 4 页。

③ 参见国家法官学院、中国人民大学法学院编:《中国审判案例要览》(2009 年民事审判案例卷),中国人民大学出版社、人民法院出版社 2010 年版,第 61—65 页。

④ 参见[意]毛罗·布萨尼、[美]弗农·瓦伦丁·帕尔默:《欧洲法中的纯粹经济损失》,张小义等译,法律出版社 2005 年版,第 398—399 页。

案判决中的说理,显示了中国法院的巨大进步。[1]

在"装修工人上吊案"中,法院未能很好地运用善良风俗条款作出判决。原告主张装修工人在其婚房内上吊自杀,导致其婚房变成凶宅,一方面已无法在内居住,另一方面也无法转让,即便转让价格也会大幅降低,因此主张装修公司赔偿其购房款和装修费。上海黄浦区法院合议庭认为房屋内发生人员伤亡事件与房屋价值没有直接联系。原告没能充分举证证明自己的房产已受损害,因此对其要求赔偿购房款、装修款的诉讼请求不予支持。[2] 在本案中法院实际上是通过因果关系的排除驳回原告的诉讼请求,这种说理方式非常牵强。因此陈现杰法官认为,本案中原告所受的损失是纯粹经济损失,被告故意以违反善良风俗的方式造成原告上述损失,应该予以赔偿。[3] 上述分析的路径非常正确,但是结论未见合理。装修工人在婚房内上吊自杀确实违反了结婚应该喜庆、吉祥的善良风俗,但是装修工人主观上是否存在故意则要区分情况进行分析。如果装修工人和原告发生纠纷,因此在婚房内上吊自杀以报复原告,可以认定装修工人对造成原告的损失存在故意;如果装修工人只是和装修公司存在纠纷,或者因个人自身的因素在婚房内上吊自杀,则不能认定他对原告的损失存在故意,本案的实际情况正是如此,因此原告的纯粹经济损失不应予以赔偿。但是根据《侵权责任法》第24条的规定(《民法通则》第132条),受害人和行为人对损害的发生都没有过错的,可以根据实际情况,由双方分担损失。按照举轻明重的原理,既然行为人没有过错都有可能要分担损失,本案中装修工人尽管不存在故意,但是按照理性人的标准,他应该意识到在婚房内上吊自杀会导致什么样的后果,而且他的上吊行为开启了原告损害的因果关系链条,因此法院可以判决被告合理地分担部分损失。这种处理方式恐怕更加符合社会的善良风俗。

至于故意的认定,通说认为既包括直接故意,也包括间接故意。[4] 基于罗马法谚"重大过失等同于故意",德国实务上将故意扩张于轻率或肆无忌惮等重大过失情形。也有学者认为上述轻率或肆无忌惮更多的是对于背俗具有意

---

[1] 参见葛云松:《侵权责任法保护的民事利益》,《中国法学》2010年第3期,第708页。

[2] http://zhidao.baidu.com/question/107468340.html. 2011年10月10日访问。

[3] 参见陈现杰:《侵权责任法一般条款中的违法性判断要件》,《法律适用》2010年第7期。第12页。

[4] Basil S. Markesinis and Hannes Unberath. *The German Law of Torts. A Comparative Treatise.* Fourth Edition Entirely Revised and Updated. Hart Publishing Oxford and Portland, Orengon. 2002. p. 889.

义，只是可以推断出当事人存在或许（未必）故意。① 至于故意究竟是对违反善良风俗的故意，还是对损害的故意，学说理论基本上是一致地认为是对损害的故意，而且与侵犯权利不同，这种故意还必须是对损害结果的故意。就违反善良风俗本身而言应采客观标准，否则，如果某些加害人对社会伦理和法律伦理的最低标准就是缺乏了解，采主观标准等于是对他们的包庇。②

如果就违反善良风俗采客观标准，对故意采主观标准，那么对违反善良风俗和故意应该分别考察，前者属于违法性的问题，后者属于有责性问题，但是在德国的司法实务中二者被认为是一个事物的两面。"在行为被证明违反善良风俗时，德国法院一直就推定加害人有故意，反向的认定方法也如此（即被证明故意就推定其违反善良风俗）。"③我认为上述推定存在问题，在"装修工人自杀案"中行为人违了善良风俗，但不一定存在故意，在市场竞争中，行为人尽管可能有导致他人损害的故意，但却不一定违反善良风俗。违反善良风俗确实可以推定行为人存在过错，这种理解实际上可以扩大违反善良风俗的适用范围，它不但是侵害权利之外利益的违法性判断标准，也是侵犯法定权利时认定过错的标准。在河南睢县发生的"半拉子门案"中，原告建起三间门楼，其中头门朝南，四年后，被告重新垒了自家房屋院墙，垒成后，有一部分院墙挡住了原告的头门的一半。在当地农村习惯上认为"半拉子门"是骂人的，影射的是妇女生活作风不好的意思。在本案中被告对上述风俗的存在没有异议，只是对房屋和院墙的建造时间存在异议，但是法院对被告的抗辩不予采信，就此认定被告的故意存在，侵犯了原告的名誉权。④ 如果本案中被告以自己不知道上述风俗为由进行抗辩，法院只要能够认定上述风俗的客观存在，即使不能够证明被告存在故意，仍然可以判决其基于过错侵害了原告的名誉权。

（二）善良风俗的认定方法

在违反善良风俗构成侵权的责任类型中，即便行为人在主观要件上存在过错或者故意，也并不当然构成侵权，因为违法性要件要通过违反善良风俗本身来认定。在《德国民法典》施行不久，德国帝国法院就作出了一个被广泛援

---

① 参见［德］迪特尔·梅迪库斯：《德国债法总论》，杜景林等译，法律出版社2004年版，第247页。

② 参见［德］马克西米利安·福克斯：《侵权行为法》，齐晓琨译，法律出版社2006年版，第164页。

③ ［德］克雷斯蒂安·冯·巴尔：《欧洲比较侵权行为法》（上卷），张新宝译，法律出版社2001年版，第52页。

④ 参见最高人民法院中国应用法学研究所编：《人民法院案例选》（2007年第2辑），人民法院出版社2007年版，第124—130页。

引的,关于善良风俗的表述,即"一切公平和正义的思想者之礼仪感"。① 但是德国学者认为这一表达至少存在两个缺陷:第一,以礼仪感为判断标准,几乎不能提供任何适合于第三人进行客观判断的标准,这一标准仍然需要再次解释。② 第二,公平和正义的思想者究竟是谁? 如果这个人是法官本人,那么法官个人的价值偏好是否就决定了案件结果。梅迪库斯特别提醒,在纳粹统治时期的一个判例中,帝国法院就将善良风俗等同于"人民的健康感受",然后又将"人民的健康感受"等同于"国家社会主义的世界观"。③

因此,有学者提出善良风俗应该根据在现存社会中占统治地位的道德来判断。④ 问题在于,在现代的开放社会中人们越来越趋向于陌生人化,人们的价值观念也越来越趋向于多元,"所有他律的,被给定的具有权威性的自然法和其他伦理上的真实都变得有疑问了"⑤。于是,有学者又提出善良风俗既包括法制本身内在的伦理道德价值和原则,也包括了现今社会占统治地位的道德价值。而且前者相对于后者具有优先性,因为法院首先是和"法律和法"联系在一起的。而法制本身内在的伦理道德价值主要就是宪法中体现的伦理价值标准。⑥ 这实际上也符合菲利普·黑克所提出的漏洞填补中的制定法价值判断的远距作用的观念,即虽然应该赋予法官为未规划的利益冲突状态找到一个适当的答案,以补充法律漏洞的权限,但基于法律安定性的利益,应该让法官受制定法所表达出来的价值判断的拘束。因为在制定法中表达出来的法律共同体的价值判断,不只是对外有至高主权,就是对内、对于法官也是一样。⑦ 这种以宪法中体现的价值观念作为判断善良风俗的首要标准的观点,不仅体现了宪法的至上权威性,实际上也减轻了法官在形成自己的道德判断方面的认知负担。

如果宪法未能提供相应的价值判断标准,那么法官只能取其次,根据"在现存社会中占统治地位的道德"来判断善良风俗是否存在。德国学者认为这

---

① [德]迪特尔·梅迪库斯:《德国民法总论》,邵建东译,法律出版社 2000 年版,第 512 页。
② 参见[德]卡尔·拉伦茨:《德国民法通论》(下册),王晓晔等译,法律出版社 2003 年版,第 596—599 页。
③ 参见[德]迪特尔·梅迪库斯:《德国民法总论》,邵建东译,法律出版社 2000 年版,第 513 页。
④ 参见[德]卡尔·拉伦茨:《德国民法通论》(下册),王晓晔等译,法律出版社 2003 年版,第 597 页。
⑤ [德]齐佩利乌斯:《法学方法论》,金振豹译,法律出版社 2009 年版,第 22 页。
⑥ 参见[德]卡尔·拉伦茨:《德国民法通论》(下册),王晓晔等译,法律出版社 2003 年版,第 599—602 页。
⑦ 参见吴从周:《概念法学、利益法学与价值法学:探索一部民法方法论的演变史》,一品文化出版公司 2007 年版,第 98—99 页、第 130—131 页。

种占统治地位的道德并不是对现存道德秩序的完全照搬,它"只是从道德秩序中裁剪下来的、在很大程度上被烙上了法律印记的那部分;法绝非接受某种崇高伦理的标准"①。它只是一个有秩序的共同生活必须具有的最低的道德要求。德国法学家的上述看法与美国法学家富勒的观点不谋而合。

富勒将道德划分为义务的道德和愿望的道德。愿望的道德是善的生活的道德、卓越的道德以及充分实现人的力量的道德,它要求的行为是人在发挥其最佳可能性时能够做出的行为。而义务的道德则是从最低点出发,它确立了使有序社会成为可能或者使有序社会得以达致其特点目标的那些基本规则。用语法规则作比喻,愿望的道德是希望每一个人都成为语言优美的诗人,义务的道德只是希望每一个人不要犯基本的语法错误。正因为两种道德对人的要求不同,与愿望的道德相对的是奖赏,与义务的道德相对的是惩罚。如果将整个道德设想为一根标尺,那么它的最低起点是社会生活的最明显要求,向上逐渐延伸到人类愿望所能企及的最高境界。在这一标尺上有一个看不见的指针,它标志着一条分界线,上面的是愿望的道德,下面的是义务的道德。有些人试图将这一指针的位置向上移,有人则试图将它往下拉。如果这一指针的位置过高,那么强制性义务的铁腕就可能抑制试验、灵感和自发性。同时过高的行为义务要求,实际上是要求不可能之事,这也是造法失败的典型形式之一。②

为了确定这一指针的位置,齐佩利乌斯指出关于超越法律的评价标准,应寻找尽可能广泛的民意基础,以及以此为基础的,可为大多数人接受的正义观念中去寻找。"在正义问题上只有当人们能够克服个人的主观性,通过各种观点的自由交锋得以达成普遍的,或至少是大多数人的合意的时候,一种对许多人有效的正义社会秩序才能够实现。"③这实际上就是哈贝马斯提出的作为道德规范和法律规范共同基础的商谈原则,即,如果所有人都参与了商谈过程,或者至少潜在地参与了商谈过程,而且在商谈中大家都能够对于某个道德规范达成共识,那么这个道德规范就具有普遍性。④ 问题在于,法官在具体的案件中可能等不及这种商谈的结果,而且这种表面上的多数意见未必一定能够

---

① [德]迪特尔·梅迪库斯:《德国民法总论》,邵建东译,法律出版社 2000 年版,第 510—511 页。

② 参见[美]富勒:《法律的道德性》,郑戈译,商务印书馆 2005 年版,第 7—8 页、第 12 页、第 19 页、第 34 页、第 37—39 页。

③ [德]齐佩利乌斯:《法学方法论》,金振豹译,法律出版社 2009 年版,第 22 页。

④ 参见[德]哈贝马斯:《在事实与规范之间——关于法律和民主法治国的商谈理论》,童世骏译,生活·读书·新知三联书店 2003 年版,第 128—131 页。

反映正当的正义观念,这种意见有可能是为自身的特殊利益所驱动,而不是由良知所驱动。这时齐佩利乌斯就提到了英美法系法官经常运用的常识标准。

富勒为义务的道德确立的互惠原则实际上是对常识标准的最好说明,而互惠原则的理论基础是《圣经·马太福音》中的金律,即"你们愿意人怎样待你,你们也要怎样待人"①。而富勒的观点与康德又是暗合的,因为康德的表述是金律的学术版。康德在《道德形而上学原理》中指出,我们总是喜欢用一种虚构的高尚动机来欺哄自己,实际上,在道德领域定言命令只有一条,这就是,要按照你同时认为也能成为普遍规律的准则去行动。从这一定言命令中可以得出如下的实践命令:你的行动,要把你自己人身中的人性,和其他人身中的人性,在任何时候都同样看做是目的,永远不能只看作是手段。② 上述金律在中国的传统文化中存在几乎完全相同的表达,即孔子确立的"己所不欲,勿施于人"的为人准则。上述金律或者准则都基于这样一个假定,即"人同此心,心同此理。"与这个假定相配合的方法论是"推己及人",但是现代社会的价值多元导致的价值弥散可能会使"推己及人"出现问题。如果我们只是从"己"出发,"这意味着,我才有权利判断什么东西是普遍可欲和什么事情才是应该做的,我的心灵才是有资格做决定的心灵,而他人的心灵根本不需要在场,我就可以单方面决定普遍价值的选择,可以单方面制定游戏规则。这就是主体性的政治霸权"③。此时富勒提出来的"互惠原则"就具有重要的意义,而西季威克一段阐述是对"互惠原则"的最好说明:"对于任意两个不同的个体,A 与 B,如果各自情况的不同不足以成为在道德上加以区别对待的根据,那么,如果 A 对 B 的行为不能反过来同时使 B 对 A 的同样行为同样正确的话,这一行为就不能被称为道德上的正确行为。"④如果说上述伦理原则是在行为当时对行为人的要求,那么法官则是在行为发生之后对上述行为的道德性进行判断,进而将其纳入善良风俗的一般条款转介入民法。法官不但应该将原告和被告的位置进行互换,而且应该将自己分别假想成原告和被告,来判断被告的行为是否具有适当性。

如果按照上述标准来判断作为社会最低道德要求的善良风俗是否存在,我们发现绝大多数时候法官只能以个人的法感受为基础做出判断。通说认为,只有在法律的价值决定以及其他材料都不能为有公认力的正义观念提供

① 参见[美]富勒:《法律的道德性》,郑戈译,商务印书馆 2005 年版,第 24—27 页。

② 参见[德]康德:《道德形而上学原理》,苗力田译,上海世纪出版集团 2005 年版,第 24、39、48 页。

③ 赵汀阳:《每个人的政治》,社会科学文献出版社 2010 年版,第 64 页。

④ [英]亨利·西季威克:《伦理学方法》,廖申白译,中国社会科学出版社 1993 年版,第 395 页。

可靠依据的情况下,法官才能以自己的法感受为基础作出判断。① 原先菲利普·黑克也是上述观点的支持者,后来发生了转变。他认为没有理由要求法官一定要毫无批判地受社会中通行的价值判断之拘束,以至于法官的判决反而受到这种非制定法的指挥。"因为愚蠢和不道德的事不会因为其大量出现,就因此变成可敬而无害的事。在现代宪法中,对数量的尊敬还不能得出这样的结果,让我们似乎可以期待把它作为法官判决的理想。也许让法官个人依据自己的良心为判决,会变成对司法案件相同处理的损害,但这还要比要求我们法院一味地服从通行的价值判断,还来得可以令人忍受。"他进一步指出立法者正是通过善良风俗的空白规定表达了对法官的信赖。"如果法官认为有值得保护的利益,即使他在法律中找不到对此有特别的承认,他还是可以保护该利益,亦即,他不是从法律中,而是从他自己的生活经验中,得出法律共同体的认识。"②

黑克的观点看起来非常激进,但实际上却符合司法实践的真实情况,我们与其遮遮掩掩,不如坦率承认。这反而能够让我们真切地感受到一个不受任何其他权力干扰的司法制度是多么的重要,一个高度精英化的、充满道德良知的法官群体是多么重要,而这一切又要以一个良好的政治体制作为前提。实际上,只要法官在现行的法律制度中无法寻找到价值判断的依据,他就只能开始法伦理上的冒险。此时的法官就像一个提着灯笼在黑暗中行走的探路者,他可能只是短暂地照亮了一小块地方,然后一切又归于黑暗,但他也有可能就此为后来人照出一条路来。在史尚宽先生基于比较法上的考察所归纳的,关于违反善良风俗构成侵权的最为全面的 21 个类型中,我们发现有一些利益已经上升到权利的层次,有一些已经由制定法予以保护,剩下来的至少也为其他法官提供了一种思考路径。③ 这些都是法官探险所作出的贡献,而这正是中国的法官们所欠缺的。

在 20 世纪 90 年代发生的两起电话骚扰居住安宁案件中,法官分别依据《民法通则》第 120 条第 1 款保护姓名权、肖像权、名誉权和荣誉权的规定和第 98 条保护生命健康权的规定作出判决,最高人民法院的法官在评论上述案件时也指出法院的判决在适用法律上的不当。因为居住安宁和上述权利之间并没有本质的联系,评论者明确指出居住安宁在当时并不是一种法定的权利,但

---

① 参见[德]齐佩利乌斯:《法学方法论》,金振豹译,法律出版社 2009 年版,第 26 页。

② 参见吴从周:《概念法学、利益法学与价值法学:探索一部民法方法论的演变史》,一品文化出版公司 2007 年版,第 128 页、第 133 页。

③ 参见史尚宽:《债法总论》,中国政法大学出版社 2000 年版,第 162—166 页。

是因为本案无适当法律规定可适用,所以不得已适用上述条款,可谓用心之良苦,急保护受害人之合法权益之所急。将居住安宁归入生命健康权的范畴,也是现实不得已的办法。① 尽管在侵权责任法生效后,上述案件可以通过隐私权予以保护,但是先前的判决和评论表明,我国的法官在很长一段时间里并没有意识到,可以通过适用《民法通则》第 7 条转介宪法的价值观念解决新类型利益的保护问题,实际上最高人民法院的法官在评论上述案件时,已经指出《宪法》第 39 条所规定的公民的住宅不受侵犯就含有公民正常生活不受非法骚扰的意思。因此,上述判决并不是现实不得已的办法,只是法官没有发现正确的方法而已。

可以预见,通过违反善良风俗认定侵权责任的成立,在很长的时间里,甚至永远都会是法院保护新类型利益的试验田。因为我们永远无法准确地预见将来会出现哪些新类型的利益,现实生活永远会不断地撑破法律的边界。"然而正是在法和社会伦理秩序看起来确定可靠部分的边界地带,在这些对个人的法感受和正义的尝试提出挑战的领域,能够看到法学也是使人类历史如此生动丰富的原因之一。"②

---

① 参见最高人民法院中国应用法学研究所编:《人民法院案例选——民事卷(中)》(1992－1999 年合订本),中国法制出版社 2000 年版,第 925－937 页。

② [德]齐佩利乌斯:《法学方法论》,金振豹译,法律出版社 2009 年版,第 26 页。

社会视野下的死亡赔偿

——兼评《侵权责任法》相关规定[①]

浙江大学光华法学院副教授　巩　固

摘　要:"同命不同价"源于目前占据学界主流的"继承丧失说"及相应制度安排;在对其批评基础上提出的"生命损失说",虽有反思性,但仍不能解决根本问题。它们本质上都是"损害填补"思维的产物,把死亡视为个体利益的损失加以"填补"。但从社会角度看来,生命权被侵犯还具有重要的伦理意义;"死亡损失"的认定具有极强的主观性,并不存在真正意义上的"损害填补";以"财产损失"为主进行赔偿有失公正。死亡赔偿应在"赔偿"的外衣下综合发挥"救济"、"弘扬"、"惩罚"、"预防"等多种功能,结合社会现实,考虑社会效果。以"社会"视野观之,"继承丧失说"及其倡导的"个殊化"赔偿模式殊不可取,死亡赔偿应向"相对定额"发展。《侵权责任法》的理论基础还是"继承丧失说",该法第 17 条并未真正解决"同命不同价",应通过对"死亡赔偿金"的扩大解释予以弥补。

关键词:死亡赔偿;同命不同价;损害填补;多元平衡

引　言

保障人身权是侵权法的根本目标和基本功能。但作为对侵害生命权这一最宝贵人身权益的主要民事责任形式的死亡赔偿,却因其特殊性和复杂性成为侵权法领域的棘手难题。尤其近年来,我国司法实践中出现了同等情形下死亡的受害人因身份不同致令家属获赔金额悬殊的情况,引起社会广泛关

[①]　本文主体内容以《社会视野下的死亡赔偿》为题,发表于《法学研究》2010 年第 4 期,发表时删掉了图表及若干文字,此版为完整版。

注。① 一些媒体发出"同命不同价"的指责,②更有人大代表和政协委员愤而上书要求修改相关立法。③ 与此同时,多数学者却认为"同命不同价"不过是对法律的"误读"或"误导",甚至斥为"伪命题"。④ 但无论如何,"同命不同价"毕竟牵动了各方神经,并对立法实践产生了实质影响,⑤成为法律界不得不认真面对的问题。

尤其值得注意的是,2009 年 12 月 28 日通过并于 2010 年 7 月 1 日正式施行的《侵权责任法》在死亡赔偿方面又有较大变动,该法第 17 条更是作出了似乎迎合社会舆论的"专门"规定。一时间,"同命同价"成为民间宣传和解读该法的焦点之一,"命与价"的关系也再度成为社会讨论的热点。但该条究竟是否真正解决了"同命不同价"问题,《侵权责任法》所确立的死亡赔偿制度是否足够合理,也有大量值得探讨的空间。

社会舆论的沸腾和学界的淡然反映出的是法理与社会的疏离,对此,如果承认法并非某种恒定不变的先验理性而是为社会生活提供符合主流价值预期之秩序的实践性规则的话,那么在这种疏离面前,法律界就不能固守自己的逻辑而不进行积极回应。"同命不同价"到底是不是一个问题,为何会出现这种问题,《侵权责任法》是否真正解决了这些问题,我国死亡赔偿制度的理论基础有何不当之处,应该向何种方向发展?这些都是需要深刻检讨和反思的。对此,本文试析之!

---

① 引起媒体广泛关注的主要是基于户口差别引起的死亡赔偿差异。其典型案例为《中国青年报》2006 年 1 月 24 日报道的"三少女遭车祸'同命不同价'"。该案中,三个年龄相仿的女孩在同一场车祸中死亡,其中两个城市女孩的父母各获赔 20 余万元,而农村女孩的父母仅获赔 5.8 万元。

② 相关报道可参见廖卫华:《两公民上书高法建议统一城乡人身损害赔偿标准》,《新京报》2006 年 3 月 21 日;李丽:《城乡同命不同价司法解释亟待修改》,《中国青年报》2006 年 3 月 23 日等。人民网甚至长期开辟专栏《特别策划:"同命不同价"拷问法律公平》,http://legal. people. com. cn/GB/42731/4608947. html.

③ 2006 年"两会"期间,全国人大代表张力猛烈抨击"同命不同价"现象,认为其暴露出司法解释违背了"法律面前人人平等"这一现代法治的基本要求和宪法精神,并建议立法机关对《人身损害赔偿解释》进行违宪审查。2007 年,全国人大代表刘安平递交议案呼吁司法部门取消农村居民与城镇居民人身损害赔偿的悬殊差别。而全国政协委员李玉玲则认为之所以在同一个侵权案件中农村居民所得到的赔偿金额远远低于城镇居民其实是户籍制度造成的,因而呼吁取消现行户籍制度。

④ 相关观点,可参见傅蔚冈:《"同命不同价"中的法与理——关于死亡赔偿金制度的反思》,《法学》2006 年第 9 期;谢宝红、付子堂:《司法解释中的社会公平问题:以"同命不同价"现象为例》,《法律适用》2007 年第 2 期;孙鹏:《"同命"真该"同价"?——对死亡损害赔偿的民法思考》,《法学论坛》2007 年第 2 期;佟强:《论人身损害赔偿标准之确定——对"同命不同价"的解读》,《清华法学》2008 年第 1 期。

⑤ 《中国青年报》2006 年 3 月 23 日的"专家建言最高法'同命不同价'司法解释需改"一文透露,最高法院正在协调各方意见,考虑就人身损害赔偿出台新的相关司法解释。2007 年两会期间,时任最高人民法院院长肖扬接受记者采访时表示,最高院对"同命不同价"问题已有专门考虑和调研,并在积极酝酿出台相关决定。(《最高法将出台同命不同价问题司法解释》,http://news. sohu. com/20070315/n248734794. shtml.)

一、是否存在"同命不同价"

(一)何为"同命不同价"

"同命不同价"到底是不是一个问题？基于语言固有的多义性,笔者认为,对此不能一概而论,而须结合所言说的语境与层次具体分析。如果像一些大众媒体所说的,"同命不同价"仅是因不同人的死亡引起的赔偿金额不同而指责法律有违"生命平等",那么这种说法确实值得商榷。其一,死亡赔偿不是"买命钱",不是"命价";其二,除空难等实行绝对化定额赔偿的特殊情形之外,赔偿通常都是依某种标准结合当事人具体情况进行计算,当事人实际情况不同,赔偿额也难免差异。所以,仅以生命平等而赔偿额不等为由的"同命不同价"指责难以成立。但是,如果像一些专业报道和学术文章中所说的,"同命不同价"是指不同死者因身份不同导致被计算赔偿额的"标准"有差异,并进而质疑这种制度安排的合理性的话,那其无疑又是一个值得探讨的"真"问题。这一层面的"同命不同价",既是一个事实问题,可以通过对相关立法的梳理予以验证;更是一个价值问题,需要经由法理的论证和实效的考查,其实质指向死亡赔偿制度的合法性。

两种层面的"同命不同价"经常被混同使用,这是造成探讨困难的原因之一。对此,进行专业分析的学者们要有清楚认识。尤其要注意的是,切不可因社会舆论通常从前一种意义上使用的"同命不同价"难以成立而抹杀后一种意义上的"同命不同价"的存在,更不能因为前者语言表述的欠缺精准而否定或漠视其提出的(法社会学层面的)积极意义。① 当然,从理论探讨和制度完善的角度而言,真正有意义的问题,是后一种意义上的。本文相关论述,也主要在这一层面展开。

(二)我国死亡赔偿相关法律规定及其"同命不同价"表现

我国死亡赔偿制度的发展漫长而曲折,② 由于"摸着石头过河",不同立法陆续作出不同规定,导致体系混乱、内部互相矛盾、赔偿项目名称和计算标准

---

① 尽管社会舆论有关"同命不同价"的指责似乎过多集中于"数额"问题而从法律专业角度看来有所偏失,但这种现象所反映的民众对现行死亡赔偿制度不够满意和希望死亡赔偿能够更加公平合理、体现生命的平等和尊严的"情绪"是真实的,而正是这一点,最值得法律界重视和慎思。

② 参见林存柱:《我国死亡赔偿制度的演变与趋势》,《东岳论丛》2004 年第 4 期。

不一致、赔偿范围不一致、性质认识各异的状况。① 时至今日,我国死亡赔偿仍然"令出多门",相关规定,依颁行时间排列如表 1 所示。

表 1

名称,施行时间,条款	赔偿项目	计算依据	计算时间
《民法通则》,1987 年 1 月 1 日,第 119 条	丧葬费		
	死者生前扶养的人必要的生活费		
《关于审理涉外海上人身伤亡案件损害赔偿的具体规定(试行)》(法发〔1992〕16 号),1992 年 7 月 1 日,第 4 条	丧葬费		
	安抚费		
	死者收入损失	(年收入一年个人生活费)×死亡时起至退休的年数＋(退休年收入×10);年个人生活费为年收入的 25%～30%	
《消费者权益保护法》,1994 年 1 月 1 日,第 42 条	丧葬费		
	死亡赔偿金		
	死者生前扶养的人必需的生活费		
《国家赔偿法》,2012 年 12 月 26 日修改,第 34 条第(三)项	丧葬费	国家上年度职工年平均工资	20 倍
	死亡赔偿金		
	死者生前扶养的无劳动能力的人的生活费	参照当地民政部门生活救济标准	未成年人至 18 周岁,其他人至死亡
《产品质量法》,2000 年 9 月 1 日施行修正版;第 44 条	丧葬费		
	死亡赔偿金		
	死者生前扶养的人必需的生活费		

① 相关规定及其混乱状况,详请参见张新宝:《侵权死亡赔偿研究》,《法学研究》2008 年第 4 期。

续表

名称,施行时间,条款	赔偿项目	计算依据	计算时间
《关于审理触电人身损害赔偿案件若干问题的解释》(法释〔2001〕3号),2001年1月21日,第4条	丧葬费	国家或地方有关机关有规定的依规定;没有规定的按实际支出的合理费用	
	死亡补偿费	当地平均生活费	20年;70以上每增加1岁少1年,不低于10年
	被抚养人生活费	当地居民基本生活费	未成年人到18周岁;无劳动能力的20年;50以上,每增1岁少1年,最低不少于10年;70以上为5年
《关于确定民事侵权精神损害赔偿责任若干问题的解释》(法释〔2001〕7号),2001年3月10日,第9条	死亡赔偿金(明确其性质为精神抚慰金)	法律、法规有明确规定的从其规定,没有明确规定的,参照第10条所列因素酌定	
《医疗事故处理条例》,2002年9月1日,第50条	丧葬费	医疗事故发生地规定的丧葬费补助标准	
	死者生前扶养的人必需的生活费		
	精神损害抚慰金	医疗事故发生地居民年平均生活费	最长不超过6年
《工伤保险条例》,2004年1月1日,第37条	丧葬补助金	统筹地区上年度职工月平均工资	6个月
	供养亲属抚恤金	按职工本人月工资的比例:配偶40%,其他亲属每人30%,孤寡老人或孤儿在上述标准基础上增加10%	
	一次性工亡补助	统筹地区上年度职工月平均工资	48~60个月

续表

名称，施行时间，条款	赔偿项目	计算依据	计算时间
《关于审理人身损害赔偿案件适用法律若干问题的解释》（法释〔2003〕20号），2004年5月1日，第17、18、27、28、29、30条	丧葬费	受诉法院所在地上一年度职工月平均工资	6个月
	死亡补偿费（第29条又称"死亡赔偿金"）	受诉法院所在地（或住所地、经常居住地）上一年度城镇居民人均可支配收入或者农村居民人均纯收入	20年；60以上，多1岁减1年；75以上为5年
	被扶养人生活费	受诉法院所在地（或住所地、经常居住地）上一年度城镇居民人均消费性支出和农村居民人均年生活消费支出标准	未成年人至18岁；无劳动能力和其他生活来源的20年；60以上多1岁减1年；75以上为5年
	精神损害抚慰金	按法释〔2001〕7号	酌定

另外，法发〔1992〕16号规定海上人身伤亡损害赔偿的最高限额为每人80万元。2006年3月28日施行的《国内航空运输承运人赔偿责任限额规定》规定航空承运人对每名旅客的赔偿责任限额为40万元。2007年9月1日施行的《铁路交通事故应急救援和调查处理条例》规定铁路运输企业对每名铁路旅客人身伤亡的赔偿责任限额为15万元。

由此可见，在我国，不同情形的死亡赔偿标准确实存在很大差异，户籍、年龄、地区、被扶养人数量、生前收入、家属精神痛苦程度甚至"死法"等任何一项的差异都可能导致赔偿项目、赔偿依据的差别并最终造成赔偿额的悬殊。虽然差别本身并不必然意味着不公平、不合理，但舆论强烈的"同命不同价"指责和如前文注解中的"三少女遭车祸'同命不同价'"等几乎任何人都会觉得有失公允的司法实例的大量存在，都在切实拷问着现行制度的正当性。对此，学者们应有清楚认识。尤其要注意的是，切不可因社会舆论通常从前一种意义上使用的"同命不同价"在逻辑上难以成立而抹杀后一种意义上的"同命不同价"的存在，更不能因为前者语言表述的欠缺精准而否定或漠视其提出的（法社会学层面的）积极意义。①

---

① 尽管社会舆论有关"同命不同价"的指责似乎过多集中于"数额"问题而从法律专业角度看来有所偏失，但这种现象所反映的民众对现行死亡赔偿制度不够满意和希望死亡赔偿能够更加公平合理、体现生命的平等和尊严的"情绪"是真实的，而正是这一点，最值得法律界重视和慎思。

二、损害填补:传统理论视野下死亡赔偿的法理逻辑与制度安排

"作为在私法的范畴内调整民事关系的一部民法专门法,侵权法主要发生在私人之间,其目的和功能是对各方所受的损害加以赔偿。"①这是学界对于侵权法的基本定位。尽管通常并不否认兼具多种功能,②但学者们显然更愿意强调"侵权责任法的主要功能是'补偿',更确切地说应该是'填补损害'"③。"损害填补"几乎成为侵权法的唯一视角,"界定损害—计算损失—予以弥补"也成为人们考虑侵权问题的基本理路。④但死亡赔偿到底是对"什么损失"的赔偿,理论界认识并不一致,大致存在两种倾向,影响着死亡赔偿的价值取向和制度选择。

(一)"遗属损失说"

"遗属损失说"认为死亡赔偿是对死者"遗属"因死者死亡所遭受损失的赔偿。⑤该说的基本立场是,"被害人既已死亡,权利能力因而消灭,就其死亡,应无损害赔偿之余地。"⑥因此,尽管生命权至高无上,但却"无法自行救济","侵权责任法无法也没有必要对死者或者死亡本身进行救济。……损害赔偿不过是用来填补近亲属的财产损失或抚慰其精神损害的"。⑦在此认识下,死亡赔偿被分为精神损害赔偿和财产损失赔偿两部分。

1.精神损害赔偿

死者去世无疑给其家属带来巨大的精神痛苦,对于这一痛苦,虽然金钱不能充分填补,但可以也应当通过损害赔偿的方式予以"抚慰",此为学界所普遍

---

① 许传玺:《中国侵权法现状:考察与评论》,《政法论坛》2002 年第 1 期。

② 参见王利明:《侵权行为法研究》(上卷),中国人民大学出版社 2004 年版,第 85 页。

③ 张新宝:《侵权责任法立法:功能定位、利益平衡与制度构建》,《中国人民大学学报》2009 年第 3 期。

④ 王利明教授认为,侵权责任法"解决的核心问题是:哪些权利或者利益应当受到侵权责任法的保护? 如何对私权提供有效保护?"并主张"以补偿为其主要功能,并从强化对受害人补偿出发,来构建整个制度和规则"。参见王利明:《侵权责任法制定中的若干问题》,《当代法学》2008 年第 5 期。

⑤ 这里的"遗属"不完全等同于"亲属",因为死亡赔偿的权利请求人既包括近亲属,也可能包括没有法定亲属关系但为死者事实"扶养"的人,为方便起见,本文统称为"遗属"。

⑥ 王泽鉴:《民法学说与判例研究》(第四册),中国政法大学出版社 1998 年版,第 299 页。

⑦ 张新宝:《侵权死亡赔偿研究》,《法学研究》2008 年第 4 期。

认可。由于精神痛苦是一种主观感受,与受害人的年龄、收入、身份等无关,且难以客观计算。因此一般认为精神损害赔偿"应符合'同命同价'原则",[①]坚持"全民大体相当的赔偿数额"。[②]

最高院法发〔1992〕16 号首次在死亡赔偿项目中确立了"安抚费"一项,并明确其性质为"对死者遗属的精神损失所给予的补偿"。后来的《消费者权益保护法》、《产品质量法》、《关于审理触电人身损害赔偿案件若干问题的解释》都规定了"死亡赔偿金"项目,但未明确其性质,理论上一般视为"精神损害赔偿",司法实践中也作此处理。这一点在法释〔2001〕7 号中得到明确认定。[③]但在法释〔2003〕20 号中,死亡赔偿金的性质被变更为对财产性的"收入损失"的赔偿。[④] 而此前《国家赔偿法》规定的死亡赔偿金因为采用以"职工年平均工资"的倍数为计算依据的方法,也被推定为对收入损失的赔偿。[⑤]

法释〔2003〕20 号没有排除精神损害赔偿与死亡赔偿金的同时适用,但立法对死亡赔偿项目有特殊规定的仍须按原规定。由此,目前我国死亡精神损害赔偿的适用情况是:一般情形下死者遗属可以要求该项赔偿,且与"死亡赔偿金"并行不悖;但在国家赔偿、触电等立法对赔偿项目有特殊规定且未包括精神赔偿的领域则不可要求该项赔偿。[⑥] 另外,由于我国"刑事附带民事诉讼"明确拒绝受理精神损失案件,[⑦]故因犯罪行为造成被害人死亡的,也不能获得精神损害赔偿。

---

① 佟强:《论人身损害赔偿标准之确定——对"同命不同价"的解读》,《清华法学》2008 年第 1 期。

② 张新宝、郭明龙:《论侵权死亡的精神损害赔偿》,《法学杂志》2009 年第 1 期。

③ 法释〔2001〕7 号第 9 条:"精神损害抚慰金包括以下方式:……(二)致人死亡的,为死亡赔偿金。"

④ 法释〔2003〕20 号中,死亡赔偿金(或称"死亡补偿费")是与精神损害抚慰金相列的项目,自然否定了其精神损害赔偿性质。

⑤ 最高人民法院原副院长黄松有认为:"1994 年 5 月 12 日八届人大七次会议通过的《中华人民共和国国家赔偿法》,首次明确了死亡赔偿金的内涵是对受害人收入损失的赔偿。"参见黄松有:《最高人民法院副院长黄松有就〈最高人民法院关于审理人身损害赔偿案件适用法律若干问题的解释〉答记者问》《人民法院报》2003 年 12 月 30 日。当然,《国家赔偿法》的这一条款究竟能否必然推出"死亡赔偿金"为收入损失赔偿,抑或仅仅是对于计算方式的一种规定,也是有争议的。

⑥ 在消费侵权和产品侵权的情形下,由于《消费者权益保护法》和《产品质量法》相关条款除明确列举三项赔偿项目之外,尚有"等费用"的原则性规定,故一般认为受害者家属仍可据此提请精神损害赔偿。详见《消费者权益保护法》第 42 条、《产品质量法》第 44 条。

⑦ 《最高人民法院关于形式附带民事诉讼范围问题的规定》(2000 年 12 月 19 日施行)第 1 条第 2 款:"对于被害人因犯罪行为遭受精神损失而提起附带民事诉讼的,人民法院不予受理。"《最高人民法院关于人民法院是否受理形式案件被害人提前精神损害赔偿民事诉讼问题的批复》(2002 年 7 月 20 日施行)进一步规定:"对于刑事案件被害人由于被告人的犯罪行为而遭受精神损失提起的附带民事诉讼,或者在该刑事案件审结以后,被害人另行提起精神损害赔偿民事诉讼的,人民法院不予受理。"

在赔偿额计算上,立法一直没有确立具体、明确的标准,仅《医疗事故处理条例》作出了"按照医疗事故发生地居民年平均生活费计算"、"最长不超过 6 年"的粗略规定。而面向一般情形、作为精神损害赔偿主要依据的法释[2001] 7 号只是简单列举了侵权人的过错程度、具体情节、行为后果、获利情况、经济能力和受诉法院所在地平均生活水平等参考因素,具有很大的不确定性,且过于偏重对加害人情况的考虑。

由此可见,虽然理论上死亡精神损害赔偿应"同命同价"已成共识,但实践中并未得到充分实现,产生了一些问题。一方面,因案件性质或死亡原因的不同拒绝部分死者的遗属获赔殊不公平,尤其在犯罪致死案件中,受害人家属的精神痛苦通常更重,拒绝赔偿,没有道理;另一方面,在数额计算上缺乏明确标准,主要由法官结合参考因素自由裁量,较为随意,实践中不乏数额悬殊、轻重失当的案例,[①]也会导致"同命不同价"。

但总体来看,我国死亡精神损害赔偿毕竟没有与死者的户口、收入、年龄等因素挂钩,还是体现了相当程度的平等性,实践中法院对此项赔偿判决也较谨慎。这或许是其没有引起太大争议的原因。

2. 财产损失赔偿

死亡财产损失分"积极损失"和"消极损失"。"积极损失"指侵权行为直接引起的财产减少或费用支出,在死亡情形中主要为安排丧葬及相关事宜的费用,可统称为"丧葬费"。[②] 对此,理论认识较统一,立法差别不大,实际数额也较小,此不赘述。

争议焦点主要在于"消极损失",即遗属因受害者死亡而丧失的可得利益的损失。对该类损失的赔偿数额较高,占据整个死亡赔偿的大部分比例;又因非现实利益,只能抽象评价,主观性强,争议不断,是死亡赔偿的重点和难点。在此方面,占理论主流并深刻影响立法实践的,主要是以下两种认识:

(1)"扶养丧失说",认为被害人的死亡导致其生前扶养的人丧失原本可得的生活来源,因此被扶养人有权要求加害人就该损失予以赔偿,数额为被扶养人在加害人死亡前通常获得或依法有权获得的金额,或者能够维持被扶养人一定程度生活水平的必要资金。

---

① 不仅不同地区对于精神赔偿的"把握"不一,相同地区的不同法院之间认识有时也有很大差异。如上海的"女大学生遭屈臣氏员工非法搜身案",一审判决精神损失费 25 万元,二审则锐减为 1 万元。

② 本文只讨论"立即死亡"的情况,在"非立即死亡"的情形可能还有医疗费、护理费、误工费等,在此不论。

"扶养丧失说"体现了对遗属中处境最为悲惨的生活弱者的扶助,具有强烈的社会道义性,是非常必要的。但该说对于同样因死亡而遭受损失的其他遗属利益缺乏关怀。在无被扶养人的情况下,则难以要求加害人赔偿。另外,依该说,所需赔偿的只是勉强能够维持基本生活的"必要的生活费",数额较低,补偿力度较弱。

"扶养丧失说"对我国立法影响很大,《民法通则》最早规定的死亡赔偿项目仅丧葬费和扶养费两项。而我国现行死亡赔偿相关立法中,也绝大多数规定有此项,[①]只是在"扶养还是抚养"、"权利人是否仅限未成年人和无劳动能力且无生活来源者"、"是否包括事实扶养"等具体问题上,还存在一些争议。[②]

(2)"继承丧失说",认为如果受害人没有死亡,在未来将不断获得收入,该收入可为其继承人继承,由于加害人对受害人生命的剥夺致使继承人的可期待利益丧失,故应予以赔偿。由于不同死者的收入状况不同,"可得财产损失"也就不同,故应结合死者生前收入能力或生活水平具体计算实际损失,实行"差额化"甚至"个殊化"的死亡赔偿模式。

在我国,法发〔1992〕16 号可谓"继承丧失说"的最早实行者。该法不仅明确规定"死者收入损失"一项,还列出了"科学"的计算公式:(年收入－年个人生活费)×死亡时起至退休的年数＋(退休年收入×10),其中"年个人生活费"为年收入的 25％～30％。而当前作为死亡赔偿主要依据的法释〔2003〕20 号也正是在该理论的支持下把"死亡赔偿金"的性质"改写"为"可得收入损失",[③]并规定按照受诉法院所在地(或住所地、经常居住地)"上一年度城镇居民人均可支配收入或者农村居民人均纯收入标准"进行计算。

"继承丧失说"扩展了死亡损失的计算空间,有利于增加赔偿额,并解决了在此之前死亡赔偿金因被视为精神损害赔偿而无法适用于"刑事附带民事诉讼"的尴尬。[④] 在抽象意义上,该理论也更符合"最大限度填补损害"的民法旨趣。

---

① 详见本文第一部分。

② 详见王成:《论死者生前扶养的人的范围》,《法学家》2007 年第 5 期。

③ 参见黄松有:《最高人民法院副院长黄松有就〈最高人民法院关于审理人身损害赔偿案件适用法律若干问题的解释〉答记者问》,《人民法院报》2003 年 12 月 30 日。

④ 避免由于目前刑事附带民事诉讼排斥精神损害赔偿而致刑事受害人家属无法获得死亡赔偿金的尴尬,是法释〔2003〕20 号转而采用继承丧失说的原因之一。参见陈现杰:《〈关于审理人身损害赔偿案件适用法律若干问题的解释〉的理解与适用》,《人民司法》2004 年第 2 期。

但该理论的最大问题在于把赔偿数额与被害人生前收入水平捆绑起来，导致赔偿额的悬殊。尤其法释〔2003〕20号把死亡赔偿金的确定标准与时下已成为社会敏感问题的户籍制度相挂钩，并在实践中导致许多情形类似、数额悬殊的案例时，难免引起社会强烈反应。当前社会舆论的"同命不同价"指责，主要是因该规定而起。

也正是因为这种逻辑关联，理论界"继承丧失说"的支持者几乎都是"同命不同价"问题的否认者（反之亦然）。在这些学者看来，死亡赔偿标准的不统一不仅是正常的，而且是正当的，甚至是必需的，因为不同人的收入能力不一样，预期损失不一样，赔偿当然也就不一样。所以"按不同标准赔偿的立法选择完全符合人身损害赔偿的立法目的，具有社会妥当性"。① 至于目前舆论的"义愤"，则被认为主要在于民众没有弄清死亡赔偿金的性质，"误读"法律，而不在于是否与户籍挂钩。"因为决定赔偿标准的根本原因并非户籍不同而是生活水平存在的差距。"②换言之，只要收入和生活水平上的城乡差异普遍存在，以户籍划分赔偿标准就有其合理性。而另有一些学者虽然认为按户籍划分赔偿标准确有不妥，但问题并不在于导致赔偿额悬殊，而在于户籍过于粗率，不能真正体现不同被害人的收入差别，背离了填补实际损害的初衷。在他们看来，死亡赔偿或许可以与户籍脱钩，但前进的方向却是，"还继承主义以本来面目，扎扎实实地以死者生前收入为基准来计算死亡赔偿金的数额"，③"在条件成熟的时候应逐步过渡到有限的个别化死亡赔偿金模式"，④参考更多"个人因素"，⑤进行"精细的个别化计算"，⑥"让死亡赔偿金能够体现被害人的收入状况"。⑦

对于此种颇有"以毒攻毒"意味的观点，笔者不敢苟同。以被一些论者所推崇、较充分地贯彻了"继承丧失说"之精神的法发〔1992〕16号的赔偿额计算公式为例，死者年收入对赔偿数额具有决定性作用，可以想见，严格以此计算，

---

① 佟强：《论人身损害赔偿标准之确定——对"同命不同价"的解读》，《清华法学》2008年第1期。
② 佟强：《论人身损害赔偿标准之确定——对"同命不同价"的解读》，《清华法学》2008年第1期。
③ 姚辉、邱鹏：《论侵害生命权之损害赔偿》，《中国人民大学学报》2006年第4期。
④ 张新宝：《侵权死亡赔偿研究》，《法学研究》2008年第4期。
⑤ 同上。张新宝教授认为死亡赔偿所应考虑的个人因素包括：(1)受害人死亡时的年龄；(2)受害人死亡前的收入情况；(3)死者的家庭经济状况（对于未成年人死亡之情形此点更为重要）；(4)受害人可能的发展背景。对死亡后果予以个别化的财产损害赔偿方式。其要点在于充分考虑到受害人（死者）生前赚取收入的能力和未来发展的潜能。
⑥ 孙鹏：《"同命"真该"同价"？——对死亡损害赔偿的民法思考》，《法学论坛》2007年第2期。
⑦ 傅蔚冈：《"同命不同价"中的法与理——关于死亡赔偿金制度的反思》，《法学》2006年第9期

不同收入的人遇难,其赔偿额悬殊或可达千百倍。① 对此,社会各阶层之反应会如何? 而中国社科院经济研究所的跟踪调查报告显示,我国城乡人均收入差距已达 3.1 倍,若加上各种福利因素,差距可达 6 倍之多,②全面的"差异化赔偿"不仅将使这种原本不公的"城乡差距"在死亡赔偿金中得到原封不动的体现,还将在城市人口和农村人口中掀起无数"穷命富命"之别。③ 对此,社会反应又将如何? 而对于未成年人、失业者、家庭主妇、无劳动能力者等无收入者的死亡,又将如何计算其"收入损失"? 另外,若严格贯彻"继承丧失说",巨细无遗地计算每个死者的收入损失,势必造成一个极端依赖法官的专业素质和公正良心的自由裁量空间,并不可避免地大大增加司法成本,④就我国司法现状而言,条件具备吗?

综合上述可知,"遗属损失说"不仅占据学界主流,也是我国立法实践所赖以为凭的理论基础。而在这一理论框架下的死亡赔偿具有两个基本特征:一是考虑重心在于"遗属",死者人格及生命灭失本身没有独立地位和目的性考量,只是作为引起"他人"损失的原因和衡量损失的工具"被考虑";二是重点补偿财产损失,与死者收入能力挂钩,精神损害赔偿仅为次要、补充。这些正是导致"同命不同价"的根源。也正因为此,在"遗属损失说"的固有框架下,难以真正解决这一问题;而如果力图通过其中占据核心地位的"继承损失说"的全面贯彻来解决,更无异于南辕北辙。

(二)"生命损失说"

"生命损失说"的基本观点是死亡赔偿是对被害人丧失"生命利益"这一人之最宝贵"财富"之"损失"的赔偿,由其遗属承继获得。在我国,"生命损失说"基本上是作为应对"同命不同价"问题而进行的一种理论尝试,仅为少数学者所主张。同时,论者通常并不否定其他赔偿的必要性,只是主张增设或强化"生命损失赔偿",作为死亡赔偿的项目之一。

---

① 可以想象一个上市公司的 CEO 与一个收入微薄的中低收入者之间的收入差距。尤其近年来我国社会处于转型期,发展不均衡现象日益严重,一方面是千万富翁的爆炸式增长,一方面是"房奴"、"蚁族"、"民工"等弱势群体的悄然"崛起",高低收入群体之间收入差别几十上百倍并不新鲜。

② 《中国社科院调查中国城乡收入差距世界最高》,http://finance.sina.com.cn/roll/20040226/1436649174.shtml.

③ 不仅城乡有别,连穷农民和富农民、穷城里人和富城里人、公司高管和普通员工、总经理和副总经理之间也将产生无数鸿沟,职业、阶层之别将在死亡赔偿中得到原封不动的重复和体现。

④ 关于日本实行"死亡损害赔偿额的个别化计算"而在实务中面临的各种复杂情形,可参见孙鹏:《"生命的价值"——日本死亡损害赔偿的判例与学说》,《甘肃政法学院学报》2005 年第 4 期。

杨立新教授提出"余命说",主张"死亡赔偿金应当是对受害死者没有享受人生的'余命'的赔偿,是受害人由于侵权行为的侵害,使自己应当享受的生命因侵权行为而没有享受寿命的赔偿。因此,死亡赔偿金就是余命赔偿,就是人格利益损失的赔偿,而不能是对收入损失的赔偿"。在他看来,对被扶养人的生活补助已经体现了对死者遗属的补偿,而不存在什么需要赔偿的"死者收入损失",因为"有一个最为浅显的道理,那就是,人既然死亡了,还会有收入的损失吗?"而"既然死亡赔偿金的性质是人格损害赔偿,而不是财产的损失,那么就绝对不允许区分受害人的身份的不同,因为所有的人的人格都是平等的,不应当有差异。"在此基础上,他提出了一个"同命同价"的死亡抚慰金方案,"以当地人均生活费(或者相应的标准)为标准,根据受害人死亡之日的年龄和当年国家人口平均预期寿命的差额计算,但最高不得超过 30 年,最低不得少于5 年"①。

邵世星教授则提出"命价说"。他认为"我国法律并没有对生命受害中的生命自身进行补偿或者赔偿",所以在死亡赔偿的项目中,除了补偿物质损失和精神损害之外,还应当增加"命价"。"命价是对受害人生命现象消亡的补偿,应该一律平等,不得因人而异,以体现同命同价。"他同时认为,生命无法作价,生命丧失无法弥补,"命价只是形象化的表达方式,并不是说其等于生命的价值"。"支付命价,数目可能有限,但意义重大,它体现了对生命的尊重"。②

另有学者从马克思关于商品价值二重性的认识出发推出生命价值的二重性,认为具体的生命价值因人而异;但抽象的生命价值"生而平等",应"同命同价"。并认为如果对"'死者的人格损害'不予赔偿,则表明侵权人并未对自己的行为承担其应该承担的责任,受害人几近于白白丢了一条命,死者家庭应该得到的赔偿没有得到"。③

还有学者从死亡赔偿请求权基础的角度出发,认为死亡赔偿基于生命丧失而生,"不承认生命受侵害享有任何赔偿请求权,显然不合理"。她认为,死亡损害具有"扩张性或转移性","全部的损害转嫁到近亲属身上,近亲属的生存状态因而恶化",故虽然享有损害赔偿请求权的是亲属,但权利基础却是"死亡损失的转移"而非"可得利益的丧失"。由此,死亡赔偿"是对生命损害本身的补偿,而不是对死亡引起的未来财产损失的赔偿。""其性质是精神损害赔

---

① 杨立新:《我国死亡赔偿制度应当进行改革》,《光明日报》2008 年 5 月 6 日。
② 邵世星:《破解"同命不同价"问题的法律构想》,《检察日报》2006 年 11 月 9 日。
③ 黄金桥:《人身侵权损害与死亡赔偿的制度理性》,《北方法学》2009 年第 4 期。

偿"。① 基于此,她提出概括的"死亡补偿费"主张,即把丧葬费、扶养费、近亲属精神抚慰费等因死亡而产生的费用统统合并到"死亡补偿费"之中;在数额确定上,遵循体现生命平等的"定额赔偿",并注意与相关因素的"协调、平衡"。②

作为一种理论尝试,"生命损失说"观点差别,主张各异,严格而论,称之为"说"都未必准确。但尽管如此,这些理论所表现出的共同倾向——对现行制度把"财产损失"设定为赔偿核心而缺乏对生命、人格本身的目的性关怀的质疑,和对应弱化财产因素,强调人格尊严、生命价值和精神痛苦,强化"非财产损害"赔偿的主张——对于全面反思死亡赔偿,具有相当的积极意义。可以说,这些思考已经非常深入地触及"同命不同价"的"命门",并为问题的解决指出了大致方向。

当然,"生命损失说"的缺陷也很明显。比如,建立在太多假设之上、空想性强,与传统法理距离较远,难以求证和计算,甚至带有一定的惩罚主义倾向。最致命的问题在于,生命专属于死者,赔偿请求权的主体却是亲属,二者如何统一? 更何况,死者已逝,何来权利与损失,赔偿如何可能,又有何益? 对此,虽有"继承说"、"损害转移说"等解释,但终究过于曲折而失之牵强。而在赔偿额计算上,学者提出的以生活费计算生命损失的方法,似乎还是难逃以财产衡量生命之窠臼。看来,"生命损失说"愿望虽好,却非真正的解决之道。

笔者认为,"生命损失说"的最重要意义在于方法论上的启示:在法律实效与主流理论不甚融洽的现实面前,是固守理论而漠视甚或拒绝承认问题的存在,还是向导致问题的理论根本发起挑战,寻求创新以更好地为现实服务? 对此,杨立新教授的见解一针见血:"死亡赔偿金的人格不平等问题,在有些人的眼里似乎已经到了无法解决的地步。可是,如果对于一个问题用一种方法无法求解时,不妨换一种方法试一试,大概就能够解决——死亡赔偿金所造成的人格不平等的问题就是如此。"③或许,这是走出死亡赔偿困境所必须树立的基本态度。

三、多元平衡:社会视野下的死亡赔偿

无论"遗属损失说"还是"生命损失说",都是"损害填补"思维的产物,即把

---

① 石春玲:《死亡赔偿请求权基础研究》,《法商研究》2005 年第 1 期。
② 石春玲:《死亡补偿费研究——尝试一种非主流观点》,《法学论坛》2007 年第 1 期。
③ 杨立新:《如何化解"同命不同价"的法律尴尬》,《新京报》2006 年 4 月 19 日。

赔偿作为弥补实际损失的手段,追求对"实际损害的填补",差别仅在于对权利主体(遗属还是死者本人)、损失性质(仅财产、精神还是包括生命、人格利益)、计算标准(收入能力还是人格尊严)等方面的认识差异。各理论所穷心竭力、孜孜以求的,无非是证明己所主张的某类损害的客观存在性和补偿必要性。这是民法论证的"正统"路径,在多数情形下,也的确具有相当的合理性。但是,这里值得疑问的是,"损害填补"真的同样适合于死亡情形吗?

(一)填补死亡损失是否可能

1."生命损失"损害填补之否定

生命为死者所有,生命损失是死者的损失,有损失就要有补偿,这是"生命损失说"的基本逻辑。这里存在的问题有:首先,生命虽然无上宝贵,却无法客观衡量,更难以"定价",损失无从计算。其次,一旦生命灭失,生命所有者即告消亡,不存在任何"填补"的可能性。这一点,与精神损害或具有特定意义的特定物的灭失有着本质的不同——虽然精神痛苦或特定物的灭失从物理意义上也难以补救,但权利人仍在,对权利人进行财产补偿客观上可以"减抵"其他方面的损失从而构成间接意义上的"填补"。但死亡赔偿对于死者没有任何填补可能,因而也就没有填补的必要。至于"权利能力始于出生、终于死亡"对于死者权利的排斥问题,有论者以存在胎儿等法律拟制主体的情形加以反驳。对此笔者认为,传统当然不是不可以破例,拟制也固然是常用技术,但问题的关键在于是否有实际意义。胎儿一旦出生且存活,对其保护就有实际意义;而死者除非能够起死回生,否则对其救济就没有实际意义。所以,并不能因胎儿权利的例外而当然推出死者权利的例外,二者不具有可比性。

2."遗属损失"损害填补之否定

一个人的死亡必然会给他人(尤其是亲友)带来物质和精神的损失,这是为学界所普遍接受的观点,对死者遗属的补偿由此成为死亡赔偿的重点。在抽象层面,这些损失的存在似乎毋庸置疑;但具体考查起来,这些损失的确定及其填补实际上也存在诸多可争议之处。

丧葬费等"积极财产损失",争议最小,情形最单纯。但从实践来看,该项赔偿也并非针对真正意义上的"实际损失"。[①] 原因很简单,现实丧葬有"厚薄"之分,大操大办和简单草率数额差距很大,但究竟如何操办,系由遗属安

---

① 按法释〔2003〕20号,丧葬费为受诉法院所在地上一年度职工月平均工资的六个月计算。

排,难有一定之规,法律不可能划出三六九等。① 故立法只能参照一般情形将该项费用固定化,以通常情形下的合理、必要支出为限。如遗属愿意大办,实际花费超支,也不能追加;如操办极为俭省,仅用一部分费用,亲友甚至从中获益,通常也不予追回。另外,也有人对"丧葬费"作为赔偿项目的必要性提出质疑,理由在于长远来看人终究死亡,丧葬终不可免,也不是全无道理。

至于"消极财产损失",尤其所谓"继承丧失说"所主张的"预期收入"的损失更是建立在"极其模糊的盖然性"之上,具有浓厚的"想当然"色彩。对此,日本学者西原道雄提出了系统批评:(1)以被害人死亡时的收入为基准并不妥当。即便是收入相对稳定的工薪族,也难凭一时收入断定其职业前景和未来收益;那些收入极具个体性和风险性的职业者更加难以预测;②对死亡时无业、失业者,更难公平计算。(2)从预期收入中扣除生活费等必要支出也缺乏道理,因为将收入用于生活消费同样也是人生价值的体现。(3)在劳动年限方面,被害人能否生存到平均年龄,是否愿意并且能够劳动到平均年龄实际上也极不确定。③

另外,也有不少人指出,"继承丧失说"假定死者遗属必然要比死者死得晚,甚至在死者年幼而遗属为老龄长辈时也要把死者"剩余一生"的"收入"都假定为长辈的"可得利益"未免过于荒唐。同时,该说的基本前提是死者均善良勤勉、赚多花少,现实情形恐怕也不尽然。④ 另外,如果死者之"预期收入"要被预计,那么其"未尽债务"(遗产不足清偿之债务)是否也要从中折抵才算公平? 如果这样,债权人是否对死亡赔偿享有优先受偿权,甚至在债务额超过死亡赔偿总数的情形下可以连扶养人的基本生活费也不留?⑤

在精神损害方面,一般都认为该项损失不可计算、难以衡量,并且赞同基于人格平等、痛苦程度相似的原则确定"全民大致相等的赔偿额"。但虽如学者所言:"伤害一个'舅舅不疼、叔叔不爱'的孩子,与一个邻居们都喜欢、巴不得捧在手心里的孩子,对家人造成的精神创伤有多大的差异,没有人知道,也无法衡量。"⑥但痛苦差别的存在总归是有的。尤其是那些德才兼备、世之典

---

① 除非葬礼由国家财政支出的公共人物,如韩国法律规定总统葬礼分国葬、国民葬、家族葬三类。

② 如医生、律师、会计师、演艺人员、金融从业人员等,尤其是高收入者往往伴随高风险。

③ 孙鹏:《"生命的价值"——日本死亡损害赔偿的判例与学说》,《甘肃政法学院学报》2005 年第 4 期。

④ 且不说赚少花多、惹是生非的"败家子"和长期无职业也不打算就业的无业者,如今就是有正式工作的年轻人,也越来越多成为"啃老"一族,若仅从财产角度衡量,其死亡对于遗属的财产收益反而是增加。

⑤ 依该理论,死者债务超过预期收益,被扶养人本来就无该项扶养费之预期,当然亦无损失和赔偿。

⑥ 俞肖云:《定价体系之一:生命诚可贵》,《中国统计》2006 年第 5 期。

范的大师的去世和个别即使其家属也认为恶贯满盈、死不足惜的"坏人"的死亡,其引起的精神痛苦不仅确有差异,而且差异巨大,为什么就不进行细致区分、个别对待了呢,难道仅仅是因为技术上的困难吗? 而这又是否有违"损失多少、弥补多少"的补偿原则呢。另外,如果真正秉持"补偿实际损失"的精神,许多人的死造成某些朋友的精神痛苦可能不亚于甚至远强于其亲属;即使近亲属中,不同人的痛苦程度也往往存在明显差异。为什么只赔亲属不赔朋友,不痛苦的亲属也能获赔,痛苦的亲属之间不能根据痛苦程度划分赔偿额呢?

对于这些似乎个殊但实际生活中大量存在的问题,仅从"损害填补"的角度显然无法给以圆满解答。而大量疑问也表明,各种死亡损失,尽管为持论者言之凿凿,但究其实际,不过是建立在大量假设、拟制和过滤之上,充满"极其模糊的盖然性",所谓"充分补偿",更是镜花水月。既然这样,我们为什么还要进行死亡赔偿呢? 尤其是,在面对那么多的或然性时,为什么我们选择这样而不是那样? 答案似乎只有一个可能,那就是:死亡赔偿的价值功能也许并不真的是——至少不仅仅是——"损害填补"。

也正因为此,仅从"填补"的角度去认识、从"损害"的客观性和补偿的必要性的角度去解释和论证死亡赔偿问题,是注定不够的,这是无论"遗属损失说"还是"生命损失说"均难以解决"同命不同价"的根本原因。可以说,在传统思维下,死亡赔偿的完善空间已经走到了尽头。① 只有跳出"损害填补"的思维局限,以更加广阔的视角和更加多重的考量,我们才能更加全面和深刻地认识死亡赔偿,更好地解决面临的问题。

(二)社会视野下的"命与价"

既然死亡损失的计算和填补都不具有客观真实性,那么,为什么进行赔偿,如何赔偿就不存在客观恒定的唯一标准,而只能取决于人们的主观认识和社会效果了。在传统理论的解释框架下,我们可以深切感受到的,是"个体性"和"财产性"这一近代民法精神的深刻烙印——从"个体"角度来看,死亡不过是导致相关个体之个人利益损害的事件;从"财产"角度来看,不惟"财产补偿"

---

① 在笔者接触的相关文献中,多数有法律专业背景的人士都对现行死亡赔偿表现出一种纠结,即一方面觉得赔偿金额悬殊,"同命不同价"确实不妥;另一方面,又根据传统法理表现出对现行制度的认同和对赔偿应更加"个殊化"的向往,最终结论往往是一方面指责批评者"不懂法",一方面慨叹法律固有局限,似乎只能无奈地接受。还有学者为了适度平衡,在提倡个殊化赔偿的同时又不得不加以总额限制和适当倾斜,虽能在实效上部分地缓解问题,但却背叛了所坚持的理论,缺乏逻辑上的自洽性。

为民法应对死亡的唯一责任形式,"补偿财产损失"也几乎成为死亡赔偿的全部。[①] 但对此,人们常忍不住冒出的疑问是,难道一个人的死亡只与其近亲属个人有关,难道死亡的损失就只是财产损失?

民法只调整作为平等主体的个人之间的财产关系和人身关系。但民法究竟"如何"调整个人之间的关系,终究要受到认识论的深刻影响。质言之,立法者所预设的"个人",究竟是原子的、与世无涉的、以自我利益维护为唯一考量的"孤立个人",还是"社会连带"的、受具体环境影响的、需要顾及社会利益的"社会人",对于民法的价值取向和制度安排来说是具有相当不同的意义。近代民法诚然是个体主义和理性主义的产物,并且这两种元素始终占据民法的重要地位,但随着社会的进步和现代哲学的发展,绝对的个体主义和理性主义已不再可能。从个人本位到社会本位、从抽象人格到具体人格、从理性建构到"社会回应"的演变,[②]不唯是民法,也是整个现代法秩序的总体走向和基本特征。在这一时代大背景下,考虑任何法律问题,仅仅依靠从某种抽象理论或绝对价值出发的演绎推理已远远不够,其必须要有面向"社会"的综合考量。而对于关乎"生命权"这一人之最宝贵权益、关乎"死亡"这一在任何文明中都受到高度重视和谨慎处理的严重事件,关乎社会各阶层的普遍利益和伦理底线的死亡赔偿,就更有必要超越"私益"的视域,从"社会"的角度予以审视和考量。

1."社会"视野下的死亡与赔偿

一个人的死亡意味着什么? 就死者而言,是生命的灭失,包括负载于其上的一切身外之物(既包括财产、权利、收益、幸福,也包括债务、责任、痛苦、纠葛)的消失。就亲属而言,是亲人的离去,包括财产、精神上的各种不利益或利益。就朋友、仇人、同学、同事等各种非亲属的相识者而言,是伙伴的离去,也会有物质上但更多是精神上的损或益。

但除了对具体个体的影响之外,死亡还对社会、人类等"集体人格"产生影响。个体生命的被非法剥夺,意味着立基于集体人格之上的作为整体的"人

[①] 其他方面的损失,或因其主体已逝(如生命利益)被排斥在赔偿范围之外、或被认为难以测量(如精神损害)而仅为象征性、补充性赔偿。

[②] 关于"回应型"法,可参见[美]P.诺内特、P.塞尔兹尼克:《转变中的法律与社会:迈向回应型法》,张志铭译,中国政法大学出版社 2004 年版。

(类)"的"抽象生命价值"的被侵害,①意味着"人的生命至高无上,任何人不得非法剥夺"这一社会共同体之最基本伦理的被侵犯和挑战,意味着对任何生者之生命的潜在威胁。这是一种看不见、摸不着,但却实实在在地存在于每一个人(得知同类生命被非法剥夺)的感受之中的侵害。一种伦理层面的、精神性的侵害。对这种"损害"的救济,不是出于对某具体个体的考量,而是源于社会对任何成员之生命的珍惜,是对康德所谓"人的目的价值"的尊重,是维护集合意义上的"人(类)"之价值尊严的需要,是作为现代文明之"最低限度共识"的人道主义的要求。

对于上述种种价值,当然任何法律都不可能全面考虑,同等应对。以什么方法、侧重于什么角度进行救济,在不同社会、不同时代是不一样的。但无论如何,有几点是明确的。第一,在任何社会,死亡赔偿的功能都不是单一的,而必须(也必然)兼具多种价值。第二,如何赔偿,取决于(同时也客观体现着)立法者及其所代表的国家对生命价值的认识和选择,具有重大的伦理意义和社会价值。"在法治国背景下,法律制度不是孤立存在的……制度构建中包含着一定社会整体对公平和正义的具体理解和诉求。"②第三,从人的"抽象价值"出发进行人道主义考量是现代法律的基本特征和内在要求,③其在人身损害赔偿领域直接体现为财产的淡化和人格的突出,也即"可赔偿范围从占主导地位的绝对财产性损害逐步发展到对人格尊严的非财产性损害,并且将对人格尊严的赔偿完全独立于受害人的收益能力放在首位"。④ 由此,死亡赔偿不能仅着眼于补偿遗属的、主要是财产性质的"实际损失",把人之死亡等同于财物灭失那样的纯粹"私益损害";而必须有基于社会利益的多种考量,尤其是对生命价值之至高无上性和绝对平等性的确认与弘扬。

基于上述认识,笔者认为,死亡赔偿虽名为"赔偿",但并不完全等同于一般意义上以"填补直接受害人实际损失"为唯一旨趣的"纯粹"赔偿。作为对生

---

① 抽象生命价值"是排除或超越每个人千差万别的具体生存属性与特殊生活状态后所共同拥有的生存或活着的价值,即每个人都有一个生命,其本质是人的性命价值或活着的权利。"参见黄金桥:《人身侵权损害与死亡赔偿的制度理性》,《北方法学》2009年第4期。

② 张新宝:《侵权责任法立法的利益衡量》,《中国法学》2009年第4期。

③ 这一点在公法领域表现尤为明显,如刑法之"无罪推定"、"罪刑法定"、"刑罚人道主义";行政法之"正当程序"、"自然公正"等基石性原则皆源于此。甚至那些证据充分且经公正审判确定为罪大恶极者,仍可得享基本的人道待遇,免受酷刑和侮辱,究其根源,不在于对当事人个体的怜悯,而是出于对"人(类)"这一伦理共同体的自我尊重——只要属于"人"的一分子,就应当保证其最低限度的人格尊严。

④ [意]恺撒·米拉拜利:《人身损害赔偿:从收益能力到人格尊严》,丁玫、李静译,《中外法学》2007年第1期。

命灭失这一严重伦理事件的唯一民法应对,其"损害赔偿"的外衣下承载着多种价值,必须私益与公益兼顾、弥补损失与弘扬价值并举。综合来看,死亡赔偿的功能至少应包括以下几点:

第一,救济。救济是死亡赔偿的首要价值,这一点不同于其他损害赔偿。这里的救济,是社会保障意义上的,指对因被害人死亡而导致依赖其生活的弱者(也即"被扶养人")生存困难的补助。这一救济的必要性,不仅在于被扶养人因被害人死亡而至"预期收益"受损,还因为其经济地位的弱势而需要特别保护,故具有独立地位和优先性,是死亡赔偿所应当首要考虑的。事实上,我国整个死亡赔偿制度正是从以救济功能为主的"家属抚恤制度"发展起来的,①而"扶养费"也一直在我国死亡赔偿体系中占有重要地位。当然,从现代社会的发展趋势来看,救济弱者越来越成为政府承担的公共职能,主要应依靠社会保障制度。但无论如何,作为侵害他人生命所引起的直接严重后果,通过赔偿的形式让加害人承担一定程度的责任,无论从道义上还是实际效果上看,都是非常有必要的,尤其在社会保障尚不健全的现阶段。

第二,补偿。补偿是损害赔偿的基本功能,死亡赔偿也不例外。但应当明确的是,在死亡赔偿中,不唯精神损害难以计量,财产损失也充满或然性,故这里的"补偿"注定是一种"象征性"补偿。其着力的重点,不应是根据死者的潜在生财能力去煞费苦心地推算"实际损失",而是应综合相关人利益、主流伦理和社会效果来确定最佳赔偿方案,具有相当程度的"政策性"。

第三,惩罚。虽然现代社会的惩罚功能主要由公法担当,但"即使在私法关系中,损害赔偿也不仅仅是赔偿损失,还包括对不法行为人的制裁"②。对于非法剥夺他人生命,尽管公法规定有严厉责任,但若私法上毫无"反应",无论如何说不过去。尤其在一些公法惩罚较轻的情形下,民事责任的惩罚功能更显必要。③ 当然,惩罚主要体现在赔偿金数额的适度增加上,而不是设置作为独立项目的"命价",更不能设置罚金性质的罚款。④

---

① 参见林存柱:《我国死亡赔偿制度的演变与趋势》,《东岳论丛》2004年第4期。

② [意]恺撒·米拉拜利:《人身损害赔偿:从收益能力到人格尊严》,丁玫、李静译,《中外法学》2007年第1期。

③ 如交通肇事致人死亡,加害人一般仅受年度不等的自由刑,惩罚力度相对较轻,死亡赔偿的"惩罚"功能更加突出。关于公法垄断惩罚的弊端和私法惩罚的必要性,详见阳庚德:《私法惩罚论:以侵权法的惩罚与遏制功能为中心》,《中外法学》2009年第6期。

④ 在此问题上,笔者赞同许传玺教授的观点,"由国家在侵权法这一私法、民法领域内施加类似'罚款、拘留'这些公法乃至刑法的制裁手段是不恰当的。"参见许传玺:《中国侵权法现状:考察与评论》,《政法论坛》2002年第1期。

第四,弘扬。作为对侵害生命权的民法"表态",死亡赔偿如何确定,体现着立法者对待死亡、对待生命的基本态度。无论人们怎么极力撇清"命与价"的关系,有一点是可以肯定的:在没有赔偿或赔偿很少的社会,无论对加害人施加怎样严苛的刑事惩罚予以"报偿",都难逃人命如草芥的观感;反之,在死亡赔偿充分的社会,必然给人以重视生命的感觉;至于"同命同价"和"同命不同价"的对比,其效果就更加明显了。所以,绝不能忽略死亡赔偿在弘扬生命价值方面的功能。其中尤其要注意表达的,一是珍爱生命,伤害生命要付出沉重代价;二是生命无价,生命价值难以用财产衡量;三是生命平等,不因财产、身份差异而分高低贵贱。

第五,预防。虽然放在最后阐述,但笔者认为,这其实是仅次于救济的次级重要功能。作为一项至关重要的"公共政策",死亡赔偿客观上影响着人们对于生命的态度继而影响着其行为的谨慎程度,对于生命权的保障,意义重大。死亡赔偿不仅要关注死者及其家属的"已然损失",还应关注潜在受害人的利益,最大限度地减少"未来"可能的侵害,充分发挥预防功能,[①]这是尊重生命、最大限度保障生命权的根本要求。

2."社会"视野下的"同命不同价"

诚如论者所言,法律上的死亡赔偿并非"生命的对价",而是对遗属的补偿。但是否这样界定就真的不含有任何比较或"歧视"了呢?举一个简单的类比就可知:假如张三有一个萝卜,李四有一棵白菜,都遭到毁损,判令赔偿张三5元,李四8元。尽管一再声明"萝卜白菜、各有所爱",两者价值无从比较,赔偿只是对二人各自损失的"补偿",而不是菜的"对价",但你是否会据此认为萝卜、白菜价值同等呢?恐怕一般人都不会这样认为!尤其当人们追问5元、8元的数额如何得来,而被告知是根据萝卜、白菜在市场交换中的通常表现(预期收益)推算而来时,这里的"损失补偿"与"对价"又有什么本质差别?

真正值得深思的是,在白菜、萝卜的情况下,按市场价格比对价值少有人异议,但为何死亡情形下争议激烈呢?其原因正在于人命不是白菜、萝卜,不是任何可以用交换价值衡量的"财产"。以财产损失赔偿为主要项目,以收入能力为主要计算标准,无异于以市场价格衡量生命,其中被过滤掉的,是生命的尊严和种种财产难以衡量的价值。如此"只问财产,不及其余",不是"歧视"又是什么?这种安排所体现出的"不平等",是生命的其他品质不被承认、唯独

---

① 关于侵权损害赔偿的预防功能,详见王成:《侵权损害赔偿计算的经济分析——以人身及精神损害赔偿为背景》,《比较法研究》2004年第2期。

财富能力受到认可和强化的不平等,是伦理意义上的、价值选择上的不平等。现行制度所最为人所诟病的,正在于此。不解决这一问题,无论如何强调死亡赔偿的"补偿"性质,如何穷心竭力地去探求"实际损失",都难以获得普遍信服。

(三)社会视野下主流理论及其制度模式的不足

"继承损害说"无疑是当前学界主流,并为法释〔2003〕20 号所实际采纳——尽管有所折中。按照一些学者的意见,立基于"继承损害说"的"个殊化"赔偿模式应该成为我国死亡赔偿的归宿。的确,在纯粹"损害填补"的传统思维下,该理论确实"近乎完美",甚至还带有相当程度的"科学性"。[①] 但一旦引入"社会"视角,结合前述死亡赔偿的应有功能来审视,个殊化赔偿模式的不足之处是非常明显的:

在价值上,把"挣钱能力"作为死亡赔偿的主要指标,以财量命,必然导致"同命不同价",并且把人视同生产财富的机器,与弘扬人的"目的价值"、人格尊严、生命平等的现代人道主义价值观相违背。同时,该做法隐含"富者永富、穷者永穷"的预设并客观上强化着这种效果,也不符合抑强扶弱的传统道德观。而把处于弱势地位的被扶养人利益与其他近亲属利益混为一谈,不予优先照顾,连怜贫恤孤的伦理底线也未能坚守。

在功能上,对生命的高贵与平等的弘扬不仅付之阙如,甚至起到反作用,理由如上,此不赘述。在救济方面,或许由于计算方式上的变化而使被扶养人所获赔偿"高于基本生活费"成为可能,但却因淹没了作为弱者的被扶养人的独立地位和优先性,增加了其实际获益的风险,尤其是在被扶养人年龄、智识或能力远较常人为弱的情况。[②] 而所谓"数额增加"也只有在死者预期收入较高的情况下才有可能,在死者本身为收入极低的经济弱势者的情形,被扶养人所得可能还不够基本生活费。补偿功能或许是该模式的最大优势和亮点,但其客观效果却是"强者愈强,弱者愈弱"——被害人及其近亲属经济情况越好,如既无弱势被扶养人又均有独立收入来源,则获益越多;反之则获益越少,甚至出现连被扶养人基本生活都难以保证的情况。至于惩罚和预防,二者互为

---

① 如学者所推崇的参考多种具体因素,以某种科学的复杂公式详细计算死者预期收入,并扣除各种"相关费用"的"精确计算"。

② 如被扶养人年龄极幼且父母均亡、或虽成年但有重要缺陷、或并无法律上的近亲属身份只是因为与死者有某种特殊关系而受"事实"扶养等情形,其利益极易因与死者其他近亲属不一致而遭减损。

因果、相辅相成,与赔偿项目和赔偿标准密切相关,与赔偿数额成正比。[1] 在赔偿额几乎完全取决于死者收入能力的个殊化赔偿模式下,必然导致对穷人的惩罚强、预防低,对富人的惩罚弱、预防高。[2]

上述种种问题会造成什么样的客观效果,引起什么样的社会反应,不难想象。限于篇幅,在此不展开。这里要着重指出的是,该思路所体现出的认为立法可以对不合理的社会差距无所作为,放任甚至放纵社会不正义状态的态度。这实际上涉及民法到底是否具有"社会责任"这一根本问题。"同命不同价"否认者的一个重要观点是,死亡赔偿额的悬殊只是对不同死者生前收入不平等的社会现实的忠实反映,至于这种"现实"是否合理,在所不问,也无须过问。其潜台词是民法只追求"形式正义",只被动反映现实,而现实是否公平、是否需要改变,在所不问。对此,笔者认为非常值得商榷:

一方面,民法作为社会规范之一部分,且为与民众关系最紧密、最普遍的那一部分,直接影响到各群体的现实利益,是导致社会现状(无论"好"的还是"坏"的)的重要原因,绝不应该(事实上也不可能)"置身事外"。以目前广遭诟病的"城乡不平等"为例,必须要厘清的一点是,死亡赔偿上的"城乡不平等"并不是收入上的"城乡不平等"的必然结果,其本身就是需要被逐步消灭的诸多"城乡不平等"中的"一员"。不能因为其他方面不平等的存在而认为死亡赔偿上的不平等理所当然,更不应秉着"无为而治"的态度坐待其他领域的不平等消失后"自然而然"地解决死亡赔偿中的平等问题。民法不能机械地反映现实,而应在能力范围之内进行最大限度的调节和矫正。另一方面,世界上也并不存在价值无涉的"形式正义"。任何"形式"背后都潜藏着对不同群体利益的不同影响。虽然近代民法所诞生的资本主义背景使得许多实质上倾斜于社会资源优势者的原则和理论披上了普世外衣,但其并非"放之四海而皆准"的客观真理,究竟如何处理,关键还是要看立法目的和社会实效。作为"按理说"本应更加追求平等的社会主义国家,在这个问题上的考量,应当更加全面和慎重,应当有自己的选择。

(四)完善我国死亡赔偿所应考虑的社会现实

立法不是空中楼阁,决定立法走向的根本因素是社会基础和现实需要。

---

[1] 除非数额高得离谱令人绝望,否则赔偿数额越高,惩罚性越强,而预防效果越好;反之亦然。

[2] 尤其在加害者不必同样付出生命代价的情形。如交通肇事,富人撞死穷人赔偿费本来就低,与其财力相比所占比例更低,因而惩罚力度更低;穷人撞死富人则相反,赔偿费的绝对数额高,与其经济实力相比比例更加不对称,可能倾家荡产也难以赔偿,惩罚力度显然更高。

对于我国死亡赔偿制度的完善而言,除了理论上的抽象思辨之外,至少还有以下几点值得参考:

第一,就业结构越来越多元,收入格局越来越复杂。尤其随着各种类型的新兴产业、服务业、金融业的发展和就业观念的改变,一个人的收入来源变得越来越多样,风险和机会也越来越难以捉摸,"预期收入"难以预测。

第二,社会发展不均衡,平等问题日益突出,公平成为民众基本诉求,协调发展成为国家急迫任务。改革开放三十年来的经济腾飞使全社会各群体的绝对利益都得到了普遍增长,但各群体利益的相对增长速度差别很大,城乡差距、地区差距、贫富差距日益拉大,不利于社会健康发展。尤其我国经济的发展本身带有强烈的政策性的"先富"色彩,富裕群体经济成功的背后不乏其他群体的巨大代价,更加不能"以财富论英雄"。"死亡赔偿"作为财产性"待遇"的一种,应当发挥一定的"矫正"功能。

第三,人口流动日趋频繁,户籍功能日益弱化,城乡收入差距越来越难以"绝对化"衡量。"纯粹农民"越来越少,青壮年劳动力进城打工成为农村普遍现象且成为农村收入的重要来源。这些进城务工人员无论收入还是生活成本都不比同等职业的城市人口低;相反一些经济困难的城市贫民,收入可能比一般农民还差。另一方面,农村中有大量因从事各种经营而发家致富的人,以及一些位于城市近郊因征地而获充分补偿的人,他们的收入不弱于甚至远超过一般城市居民的收入水平。单纯的户籍越来越难以反映收入和生活成本情况。

第四,人道主义观念渐趋普及,珍视生命、尊重人权、追求平等,已成为社会普遍共享的价值观念。尤其从近年来一系列重大灾害(如汶川地震、海地地震)事件中各阶层的表现来看,尊重生命,不惜物质代价保护生命,平等对待每一个人的生命已成为社会基本伦理。

第五,扶助弱者的传统。我国古代就有怜贫惜弱的道德传统,救济"孤儿寡母"往往是应对死亡的首要考虑,建国后长期实行的抚恤金制度认可并强化了这一传统,有其合理性。经济地位弱势的遗属应该得到优先照顾,是普通民众对于死亡赔偿的基本认识,同时也完全符合现代人道主义的要求,应当确认和弘扬。

第六,社会经济不断发展,国民生产总值大增,人均收入不断上升,人们已经比较能够负担得起较大数额的赔偿。从"只赔命不赔钱"到"要么赔命要么赔钱"到"既赔命又赔钱"再到"慎赔命多赔钱"是文明进步、社会发展的趋势。

第七,也许最重要的,是公众对于死亡赔偿的普遍态度和观感。对此,除已经沸沸扬扬的社会舆论外,"中国民商法律网"曾经进行的一项"在线调查"也颇能说明问题。该调查显示,只有 11.29％的人认为城乡"同命不同价"合法合理,而有 42.69％的人认为合法不合理,42.51％的人认为不合法也不合理。[①]

四、相对定额:死亡赔偿的应然与侵权责任法的完善

(一)定额化:死亡赔偿的应然方向与制度构想

综合以上分析,笔者认为,无论从人道主义还是社会实效的角度考虑,个殊化赔偿均不可取,相较而言,定额化是更加合理的选择。对此,可通过增加非财产损失赔偿的比重和数额,弱化甚或取消"预期财产损失"赔偿来实现。当然,由于社会生活的复杂性,也不可能完全以"一刀切"的方式规定全民绝对相等的赔偿额,所以定额应是"相对"的,可以根据实际情况进行一定程度的调整。但调整的标准,不应是财产能力,而是与"救济"、"弘扬"、"预防"等功能的发挥有关的因素。据此,笔者对理想的死亡赔偿制度的初步设想如下。

1. 丧葬费

丧葬费关系死者作为人的"最后的体面",是最起码的人道主义要求,应当具有独立地位并充分保障。即使死者无任何亲属,通常也有相应单位或个人代为操办,产生该项费用。但由于前文所述该费用的不确定性,赔偿无法针对真正产生的"实际费用",而只能结合通常水平予以定额化处理。但该数额究竟应全民统一,还是参考所在地区一般水平,可以具体探讨。笔者倾向于实际调查全国水平,在平均值之上上浮一定比例确定全民统一的数额,理由在于虽然各地丧葬水平差异,但该项费用总额不大,差额并不悬殊,可以以"相对较高"的数额充分补偿,同时起到一定的"惩罚"效果。

2. 扶养费

这里的扶养费采狭义,即对死者生前承担扶养义务的"未成年人"或"无劳动能力且无其他生活来源者"的必要的生活补助。该项费用基于被扶养人的弱势地位而生,专属于被扶养人且具有独立地位和优先受偿性,且不限于法定

---

① 参见谢宝红:《司法解释与社会公平——对"同命不同价"的另类思考》,《学术探索》2006 年第 6 期。

义务扶养人;但数额不宜过高,以维持当事人基本生活为限。

3. 死亡赔偿金

死亡赔偿金是对死者遗属因死者死亡而受损失的"补偿",同时兼具其他功能,为整个死亡赔偿体系中的核心项目。基于前述分析,无论死亡之"非财产损失"还是"财产损失",实际上都具有极大的不确定性,突出"财产损失"赔偿并无道理且必然导致"同命不同价",故笔者建议该项赔偿为"概括"、"统一"。应将其性质界定为对生命丧失所引起之财产、精神、人格、伦理等诸多损失的概括赔偿,由于难以计量且(至少理论上应假定)每个人的生命价值相当,故该项费用应全民大致相等。在具体数额的确定上,可考虑以人均国民收入的相应倍数计算,但这只是出于社会经济水平和普遍承受能力的考虑,与赚钱能力无关。同时,为适度发挥"惩罚"和"预防"功能,可根据加害人的主观恶性、行为情节、社会影响、经济能力以及受害人家属的实际情况等因素在法定基础上考虑一定程度的增加,但以特殊重大情形为限,且幅度不宜过大。死亡赔偿金应确定为死者近亲属共有,不得用于清偿死者债务。属于近亲属的被扶养人同时享有相应份额,不因扶养费而折抵。

4. 必要的社会化救济

为应付复杂的社会情况,基于人道主义,还应有一定程度的社会化手段,适当矫正可能出现的极端不合理情形。一是如加害者无力承担丧葬费、扶养费而被害人遗属经济困难时,可由民政部门先行垫付或代为支付,权利人可凭法院判决和执行文书向民政部门进行申请。二是被害人没有近亲属的,加害人也应缴纳"死亡赔偿金",由法院代为收缴,上缴国库或转移给民政部门作为前一情形下的补偿。另外,从长远来看,有必要由相关部门牵头,设置专门的"死亡赔偿基金",对加害人无力支付赔偿的受害人遗属进行补偿,资金来源可以包括"被害人无遗属的死亡赔偿金"、"罚金"、"社会捐助"和一定数量的"财政拨款"。

这一模式运行的总体结果是,通常情形下的赔偿额大致相当,在被扶养人人数较多或侵权情节特别恶劣时,数额适度增加,也即在确保对所有生命以平等保护的同时,适当向弱者倾斜。如此设计,凸显了尊重生命、生命平等和人道主义,体现了对弱者的特殊保护,补偿更充分,计算更简便,更易与"社会化"救济接轨,较为合理。

(二)《侵权责任法》之死亡赔偿规定的问题与出路

1.《侵权责任法》死亡赔偿相关条款解析

《侵权责任法》在死亡赔偿上的最大变化莫过于赔偿项目的缩减。依该法第 16 条之规定,死亡赔偿项目仅丧葬费和死亡赔偿金两项,去除了扶养费和精神损害赔偿,尤其是《二次审议稿》中原有的关于扶养费和精神损害的专门条款,[①]在三审阶段均被删除,清楚地表明了立法者的意思。而《侵权责任法》第 22 条把精神损害赔偿的请求权人严格限定为"被侵权人",更是排除了近亲属获得死亡精神损害赔偿的可能。[②]

由于《侵权责任法》的条文非常笼统,没有对死亡赔偿金的具体构成作出明确规定,所以该项目到底性质如何、内容如何、实施效果如何,尚不敢妄下断语。但从目前规定及立法过程中的条文变化来看,情况不容乐观。因为占据主导地位的指导思想似乎还是"继承丧失说",还是延续了法释〔2003〕20 号把死亡赔偿金作为对死者遗属的"财产损失补偿"的认识。尤其《侵权责任法(草案)》中的扶养费条款,规定"侵权人已支付死亡赔偿金的除外",把扶养费与死亡赔偿金对立起来作为可选择项目而不能兼得,说明立法者完全是从"预期收入补偿"的角度定位死亡赔偿金,认为死亡赔偿金涵盖了死者的全部"剩余价值",扶养费已囊括在内,故不应"重复"赔偿,这是"继承丧失说"的典型观点。而依这种逻辑,既然死亡赔偿金与扶养费不可兼得而其数额又比扶养费高,法律再同时规定二者由当事人选择也就毫无意义;去除扶养费,仅规定死亡赔偿金,反而体现了对权利人的保护。正式文本中之所以删除抚养费条款,大概就是出于这种考虑。至于排斥死亡精神损害赔偿或许是一来认为死亡赔偿金的数额已较高,没有必要再精神赔偿;二来死亡通常均给近亲属带来精神痛苦,且损害不易界定,故统统取消,以示平等。

如此处理,存在诸多不合理之处。首先,扶养费不独立体现不出对弱势群体的特殊照顾。其次,精神损害赔偿弱化、财产损失赔偿强化凸显了从财产角度界定生命损失,展现出冷冰冰的物质主义的法律精神,缺乏人性关怀和社会

[①] 《侵权责任法(草案)二次审议稿》第 4 条:"受害人死亡或者残疾的,被扶养人有权请求侵权人赔偿生活费,但侵权人已支付死亡赔偿金或者残疾的除外。"第 23 条:"侵害他人生命权、健康权的,造成死亡的,受害人的近亲属可以请求精神损害赔偿。"全国人大常委会 2008 年 12 月 22 日公布。http://www.legal-daily.com.cn/misc/2009−10/26/content_1171895.htm。

[②] 《侵权责任法》第 22 条:"侵害他人人身权益,造成他人严重精神损害的,被侵权人可以请求精神损害赔偿。"

道义。再次,如果这里的"死亡赔偿金"照搬法释〔2003〕20 号中的"死亡补偿费",仍以户籍、年龄为计算依据的话,则不仅没有解决"户籍歧视"这一焦点问题,反而因为凭空削减了两个项目而导致赔偿总额的下降,形成对"解释"的倒退。最后,在总体效果上,体现不出对不同群体的不同考量,弘扬、救济、惩罚、预防等功能均极差。尤其值得一提的是,无论从哪个方面来看,真正遵循"继承丧失说"的个殊化赔偿模式在我国目前绝不可能实现,立法实践中只能是像现在这样实行"折中",①而这种缺乏充分理由的"折中"不仅实践中造成更多"不平等",而且也与其所秉持的内在逻辑不一致、不自洽,增加了人们对其合理性的质疑。

2.《侵权责任法》第 17 条评析

《侵权责任法》第 17 条"因同一侵权行为造成多人死亡的,可以以相同数额确定死亡赔偿金",体现了立法者对"同命不同价"的积极回应和解决努力,成为该法一大亮点。该条的前身——《侵权责任法(草案)征求意见稿》第 17条"因交通事故、矿山事故等侵权行为造成死亡人数较多的,可以不考虑年龄、收入状况等因素,以同一数额确定死亡赔偿金"②——更是直接反映了立法者力图摆脱"年龄、收入"等"身外之物"的影响,实现平等赔偿的意图。这说明立法者也认为"同命不同价"确实是一个问题并着力破解。该条款的进步性和积极意义也受到委员们的肯定和社会舆论的赞赏。

但在笔者看来,该条只是针对"在同一事故受害"这一现实中受指责最为激烈的"同命不同价"情形进行了机械、被动的回应,并没有解决根本问题;该规定本身也存在很多问题,一旦付诸实践,难免造成更多"同命不同价"现象,招来更多指责。

首先,何为"多人"需要具体界定,但无论如何界定,都难让人满意。难道同时死二十个人与死十个、死三个与死两个有什么本质上的不同? 其次,数额确定难以公平。在目前法律仍把死亡赔偿金与死者的户籍和年龄相挂钩的情况下,如当事人情况差异很大那到底以谁为准来确定"相同数额"? 以低额者或取中间水平都损害了本应获高额赔偿者的利益,可行的只有"就高不就低",但这对加害者又是否公平? 尤其是这将导致同为农民,跟城里人一起死获赔

---

① 即一方面认为死亡赔偿主要是对死者近亲属预期财产损失的弥补,追求对"实际损害的充分补偿",一方面又不可能详细考察不同当事人的具体因素判断其"赚钱能力","精准"计算"实际损失",只能依照"户籍"和"年龄"这一极其粗略的"标准"计算。

② 《侵权责任法(草案)征求意见稿》,全国人大常委会 2009 年 11 月 6 日公布,http://www.npc.gov.cn/npc/xinwen/lfgz/flca/2009—11/06/content_1525914.htm.

就多,否则就少的荒谬现象。再次,同等数额仅限于"同一侵权行为",意味着不同侵权行为中的赔偿差别仍然存在,如撞死几个老弱病幼的农民和撞死几个年轻力壮的城里人,赔偿数额仍将悬殊,恐怕又难逃舆论诟病。另外,从法理上讲,如果法律对"死亡赔偿金"的"财产损失补偿"性质的界定不改变,那么这种"一刀切"式的处理就没有道理,就缺乏理论上的正当性。而从实效上看,不分具体情况的"一刀切"也难以应对复杂的社会情形,难以综合发挥制度的各种功能,保证社会效果的良好。

总之,该条文具有明显的"为了同等而同等"的味道,实为"治标不治本"。实际上,"同命不同价"的根源在于理论基础和制度总体格局,在大环境不发生根本转变的情况下,仅靠个别条款的努力,不可能真正解决问题。

3.《侵权责任法》的完善建议

虽然《侵权责任法》现行规定与"理想模式"距离较远,但由于其条文较为笼统,如何具体适用、如何界定和计算、尤其是如何处理与此前诸多不同法律规定的关系,需要通过制定下位法或专门法律解释加以解决。这给了我们在不触动既有法律条文的前提下进行调适和完善的空间。

鉴于前文的分析,笔者坚持认为,以多元化视角看待死亡赔偿,从社会效果和利益平衡的角度进行设计,秉持"人格突出、财产弱化、数额充分、大致均等"的原则,实行"定额为主、差额例外、社会补充"的模式是较合理的选择。基于此认识,结合《侵权责任法》的现有规定,目前最可行的补救办法,是在"死亡赔偿金"上做文章。

一方面,应明确"死亡赔偿金"是对死者死亡所引起之"间接损失"的概括赔偿,在法理上把死亡赔偿金从与收入能力(及户籍、年龄等)的"被捆绑"中解放出来,为数额的"全民大致相等"奠定法理基础。另一方面,由于立法没有明确规定"扶养费"而该项费用之独立又必不可少,故可以在解释中把"死亡赔偿金"进一步细化为"扶养费"和"死亡补偿费"两部分。其中"扶养费"为对死者生前扶养人的必要的生活补助,由被扶养人独立享有,按人数计算。"死亡补偿费"则为对死者死亡所引起的物质、精神等各方面损失的概括赔偿,按人均国民生产总值的一定倍数计算。至于年龄方面,可以参考具体情况,对极幼和高龄者给予一定程度的减额,但幅度不宜过大。

论环境侵权中的合规抗辩

浙江大学光华法学院民商法硕士生　黄智伟

摘　要：在环境侵权的诉讼实践中被告往往以其行为"合规"为由通过违法性、污染行为、因果关系三种路径提出抗辩。合规致害的归责应从行政规范在侵权案件中的适用效力、违法性要件、私人风险与公共风险的区分多个视角加以考量。参考比较法可以看出造成我国实践中对环境领域合规致害处理混乱的关键在于司法中对环境侵权归责体系的认知缺失。应当在司法中厘清物权关系、一般侵权与特殊侵权各自对应的环境侵权请求权基础，从而区分私人风险与公共风险，此外还应强化行政责任并完善责任保险的公共风险分担功能。

关键词：环境侵权；合规抗辩；违法性；风险社会

引　言

在环境侵权的案件中常常出现被告以自己的生产、"排污行为严格遵循国家标准"、"周遭环境检测符合国家环境标准"等理由抗辩，即"合规抗辩"。这种行为虽然客观上给他人造成了损害，但让一个遵纪守法的公民或企业，为其在法律上不具备可谴责性的行为造成的，甚至可能是出乎意料的损害后果承担赔偿责任，是否有正当性？如果说在一般侵权领域"过错客观化"的今天，"合规"可以作为尽到一般注意义务的表征从而使行为人因无过错而免责，那么在奉行无过错责任的环境侵权领域"合规"又具有怎样的考量余地呢？如果担责，限度何在？

一、司法见解——基于"合规"的抗辩路径与法院判决

曾有学者通过案例检索研究法院对环境侵权中合规抗辩的处理，得出的结论是："判决被告是否承担赔偿责任的结果与被诉行为是否合规具有高度相关性：法院认定被诉行为符合相关规定的所有案件，最终都判驳回原告诉讼请求；而法院认定被诉行为违反相关规定或被告未能证明其行为符合相关规定

的所有案件,均判决被告负赔偿责任。"①但是笔者在检索之后所得的结果却与其大不相同,在本文分析的 10 个环境侵权被告进行合规抗辩的典型案例中,仅有 3 例法院完全支持了"合规"之抗辩,另有 2 例法院虽然判决被告担责,但考虑其"合规"之因素,免除了部分赔偿责任(或承担次要责任),还有 1 例法院支持原告的赔偿请求但以被告"合规"为由驳回了停止侵害、要求被告搬迁的请求,完全否认被告的合规抗辩判令其承担完全责任的有 4 例(见文后附表),更大范围的检索结果也显示了法院的判决存在分歧。考量这种检索结果差别的原因,可能因为该学者检索的案例均判决在《侵权责任法》颁布以前,而近几年随着学界对合规行为是否可以构成环境侵权责任的讨论,法院的判决也出现了变化。此外该学者的检索方法为在环境侵权项下同段搜索"符合"、"标准",而事实上被告表达合规抗辩的用语和路径非常多样,即便是 2010 年《侵权责任法》实施以前的案件,对于这一问题的见解也大有不同,影响合规抗辩是否被法院采纳的因素更是复杂,不一而足。

(一)通过"违法性"要件抗辩

在笔者整理分析的 10 个典型案例中,有 5 个案例的被告方提出了基于"合规"的合法性抗辩:

在"郎溪县黎明化工有限公司与许继红环境污染责任纠纷上诉案"(案例 1)②中,原告以被告化工排污导致其承包经营的苗圃内苗木枯死之损失要求损害赔偿。被告辩称:其在生产经营过程中"三废"排放符合国家标准,且各项环境指标均能满足相应的环境质量标准要求,周围环境质量良好,因此不应担责。

在"孙有礼等 18 人与迁安市第一造纸厂等企业养殖损害赔偿案"(案例 2)③中,原告因被告排放污水入海导致其养殖的水产成批死亡,遭受重大经济损失,诉请赔偿,被告辩称其排污达标。

在"聂胜等 149 户村民与平顶山天安煤业股份有限公司五矿、平顶山天安煤业股份有限公司六矿、中平能化医疗集团总医院环境污染责任纠纷案"(案例 3)④中,原告因被告污水排放导致其生活用水受到污染,需往外地引水饮用诉请停止侵害、损害赔偿。司法鉴定意见书显示:五矿、六矿生产生活排污口

---

① 参见金自宁:《风险社会背景下的合规抗辩——从一起环境污染损害案例切入》,《北大法律评论》2012 年第 2 期。

② 〔2014〕宣中民一终字第 00023 号判决书。

③ 〔2002〕津高民四终字第 008 号判决书。

④ 〔2011〕平民终字第 118 号判决书。

各项因子均可满足《污水综合排放标准》和《农田灌溉水质标准》的要求,没有超标排放。

在"沈某某诉杭州某某纺织有限公司噪声污染侵权纠纷案"(案例4)①中,原告因被告生产之噪音长期失眠致抑郁症,诉请被告停止侵害并赔偿。被告辩称截至开庭其噪音排放已达到《工业企业厂界环境噪声排放标准》(GB12348-2008)中2类区的标准。

在"鹿万金等与宁夏宁东铁路股份有限公司噪声污染责任纠纷、高度危险责任纠纷上诉案"(案例5)②中,原告以被告铁路噪声影响其正常生活起诉要求停止侵害并赔偿。被告辩称:监测结论居室内噪声值未超出《铁路边界噪声限值及其测量方法》所规定的限值,因而无需担责。

这一抗辩路径的法律依据在于《民法通则》第124条规定中的"违反国家保护环境防止污染的规定,污染环境造成他人损害的,应当依法承担民事责任。"该条将"违反国家保护环境防止污染的规定"作为环境侵权责任的前提条件,而所谓"规定",毫无疑问应该包括法律、行政法规、政府规章、地方性法规和规章,以及其他规范性文件,例如环境标准等。类似的规定在具体环境污染类型的单行法中也有体现,如《环境噪声污染防治法》第2条:"本法所称环境噪声污染,是指所产生的环境噪声超过国家规定的环境噪声排放标准,并干扰他人正常生活、工作和学习的现象。"《放射线污染防治法》第62条也规定:"放射性污染,是指……超过国家标准的放射性物质或者射线。"如果仅仅以此为参照,我们似乎可以得到这样的印象:合规行为将不需要为其行为所造成的侵害承担民事侵权责任。上述案例的抗辩均提出了《民法通则》作为自己的法律依据,在案例5的噪音污染纠纷中被告也意料中的援引了《环境噪声污染防治法》作为依据。

虽然上述案例除案例2外均判决在《侵权责任法》正式适用之后,而《环境保护法》③和《侵权责任法》④的相关规定中没有类似"违反国家保护环境防止污染的规定"用语,学界合规抗辩的反对者也常常以特别法优于普通法之规则

---

① 〔2010〕杭萧民初字第4246号判决书。

② 〔2012〕吴民终字第77号判决书。

③ 《环境保护法》第41条第1款规定:"造成环境污染危害的,有责任排除危害,并对直接受到损害的单位或者个人赔偿损失。"环境单行法中的类似的规定如《水污染防治法》第85条第1款规定:"因水污染受到损害的当事人,有权要求排污方排除危害和赔偿损失。"《固体废物污染防治法》第84条第1款规定:"受到固体废物污染损害的单位和个人,有权要求依法赔偿损失。"

④ 《侵权责任法》第65条:"因污染环境造成损害的,污染者应当承担侵权责任。"

主张适用《环境保护法》与《侵权责任法》来排除"违法性"要件。然以此抗辩者仍可主张，违法性乃侵权责任构成之一般要件，纵然法律无明文亦不当然排除；且《环境噪声污染防治法》、《放射线污染防治法》相比上述两部法亦为特别法，因此其违法性要件之规定仍应据《侵权责任法》第5条①优先适用；另《侵权责任法(三审稿)》中曾有"排污符合规定的标准，但是给他人造成明显损害的，排污者应当承担赔偿责任。"但在正式法律文本中被删除，因而《侵权责任法》对于违法性要件的态度本就可以讨论。

在上述5个案例中，案例1法院完全驳回了被告的合规抗辩，认为："企业排污符合国家法律法规的有关规定，只是企业获得向外部环境排放污染物的前提条件，并不代表企业排放污染物就必然不会造成环境污染。"②案例2、3两例也大体否决了合规抗辩，认为"……虽属排污达标企业，但并不意味着排污达标就不会造成环境污染的损害结果，《环境保护法》第41条规定，造成环境污染危害的，有责任排除危害，并对受到损害的单位或者个人赔偿损失……"③、"企业是否达标排放废水，是其是否承担行政责任的标准，不是其应免责的条件，并不能以此免除其应承担的民事赔偿责任"④。但同时，法院考量被告行为"合规"之因素，适当减轻了其承担的赔偿责任，如"但在承担民事责任上应与超标企业有所区别，应酌情判令其单独承担……不承担连带责任"⑤以及"由于排污达标五矿、六矿、总医院对辛庄村的水污染应负次要责任，40%的赔偿责任"。⑥案例4的情况与案例2、3类似，确认了合规行为人需担责，但法院一方面支持了原告损害赔偿的诉求，同时又认为"被告排放的噪声经检测已经达到《工业企业厂界环境噪声排放标准》(GB12348-2008)中2类区的标准，故对原告要求被告停止侵害，排除噪音危害的诉讼请求不予支持"，在承认侵权并判决赔偿的同时又允许继续侵权，实在费解！案例5中法院支持了被告的合规抗辩，但在判决中除了认可被告行为的合规外，还提到"原告修建房屋时清楚房屋所处的区域环境，建房时应主动采取相应降噪措施"⑦。可见除了合规，其他因素也对法院的判决产生了影响，本案中为被告

① 《侵权责任法》第5条："其他法律对侵权责任另有特别规定的，依照其规定。"
② 〔2014〕宣中民一终字第00023号判决书。
③ 〔2002〕津高民四终字第008号判决书。
④ 〔2011〕平民终字第118号判决书。
⑤ 〔2002〕津高民四终字第008号判决书。
⑥ 〔2011〕平民终字第118号判决书。
⑦ 〔2012〕吴民终字第77号判决书。

的噪音排放为原告安家之前存在的事实,原告理应明知。

(二)通过"污染行为"要件抗辩

在笔者整理分析的 10 个典型案例中,有 2 个案例的被告方提出了以"污染行为"为路径的合规抗辩。

所谓被告基于"污染行为"的合规抗辩有两种思路:第一种辩称因为其行为符合国家排污或环境质量标准,因此认为其行为不能称之为"污染行为",即不是侵权法上的侵害行为。这种抗辩的逻辑其实和基于"合法性"的抗辩是一样的,只是用了不同的表达方式而已。第二种则是认为由于自己的行为"合规",因此虽然可能客观造成了原告的损害,但由于其"侵害行为"尚不达到法律规定的"污染行为"的程度,因而不应适用《环境保护法》或《侵权责任法》"环境侵权专章",而应作为一般侵权处理,故归责原则、举证责任等均应按照一般侵权的规定。如此一来原告需举证证明被告的过错和因果关系,大大增加了被告胜诉的可能。

第一种思路体现在"蒋秀兰诉湖南省桂阳银星有色冶炼有限公司环境污染责任纠纷案"(案例 6)①中,原告诉称:被告冶炼产生的大量污染物、噪音严重破坏了原告的生活环境,致使原告经医院检查体内金属元素含量超标,患上高血压、肾功能损害等疾病,要求被告停止侵害并赔偿。被告辩称:其生产项目通过了环保部门的环境评估审查;严格遵守国家相关法律法规的规定,严格控制废气、废水及噪音的产生和排放,经过环保监测站多年现场检测,其在生产过程中的各项环保指标均符合国家标准,因此未有污染行为。

第二种思路体现在上文提到的"郎溪县黎明化工有限公司与许继红环境污染责任纠纷上诉案"中,被告除通过"合法性"抗辩外还辩称:"被告在生产经营过程中各项环境指标均能满足相应的环境质量标准要求,周围环境质量良好,且在质证意见中提出排污行为和环境污染行为是两个不同的概念,只有排污不符合国家法律规定,如排污超过了国家规定标准等情形时,才有可能构成环境污染行为。"②并据此进一步认为本案不应适用《环境保护法》和《侵权责任法》关于"环境污染侵权"的规定,而应适用《侵权责任法》关于一般侵权的规则,故原告应举证因果关系与过错。

在判决上,"蒋秀兰诉湖南省桂阳银星有色冶炼有限公司环境污染责任纠

---

① 〔2013〕桂阳法民初字第 763 号判决书。

② 〔2014〕宣中民一终字第 00023 号判决书。

纷案"中法院以原告证据不足以证明因果关系为由,不支持损害赔偿诉请。以被告依法取得了企业法人营业执照等有关手续,且该公司在生产过程中的各项环保指标,经环保部门现场检测符合国家标准为由不支持原告要求被告停止损害、搬迁的诉请。可见,法院虽支持了被告的"合规"抗辩,但更多是基于"因果关系"的路径,并未对其单纯否认"污染行为"的思路进行回应。

至于"郎溪县黎明化工有限公司与许继红环境污染责任纠纷上诉案"如上文已述,认为"企业排污符合国家法律法规的有关规定,只是企业获得向外部环境排放污染物的前提条件,并不代表企业排放污染物就必然不会造成环境污染。"进而两审法院均坚持适用《环境保护法》和《侵权责任法》关于环境污染侵权的规定,即适用无过错原则和因果关系举证责任倒置规则,最终判决被告承担全部责任。

(三)通过"因果关系"要件抗辩

在笔者整理分析的 10 个典型案例中,有 6 个案例的被告方提出了以"因果关系"为路径的合规抗辩。

这种路径的抗辩亦存在两种形式:其一,单纯以"合规"为依据否认自身行为与原告损害的因果关系;其二,则将"合规"作为一种事实依据,结合诸如对比排污行为对周围其他居民的影响、专家学者或鉴定机构对"合规"排污的污染物量是否足以造成原告损失进行论证、提出其他造成损害的可能性等多种事实,力图形成证据链综合说明被告的排污行为与原告之损害无因果关系。

单独以"合规"为依据主张其行为与损害无因果关系的如"张长建等 1721人与福建省(屏南)榕屏化工有限公司环境污染损害赔偿纠纷上诉案"(案例 7),原告认为排放的废水、废气、废渣严重超标,对环境和人体造成严重损害。特别是排放的氯气,造成大片树林、竹林、果树、庄稼被污染枯死、鱼虾不能生存。因而诉请被告停止侵害并赔偿损失。被告辩称"工厂环保设备齐全、先进、规章制度健全,每年均两次委托省、市有关环保检测机构进行检测,"三废"全部达标排放,而且绝大部分是在国家最高允许排放限值的一个数量级以下。因此,"工厂的达标排放不会造成原告农作物减产绝收,也不会造成人体任何损害"。[①] 其逻辑为因为"合规",所以不会造成损害。

大多数以"因果关系"为路径的抗辩都综合"合规"与其他有关事实。如:

"蒋秀兰诉湖南省桂阳银星有色冶炼有限公司环境污染责任纠纷案"(案

---

① 〔2005〕闽民终字第 349 号判决书。

例6)①中被告结合了"未对附近其他居民身体健康造成损害"的事实否认因果关系。

"卞建彬诉新疆雅宝陶瓷有限公司环境污染损害赔偿纠纷案"(案例8)②中被告结合北京农学院温书斋教授、中国农业大学动物科技学院王新谋、刘继军教授的证言,认为噪声虽是产生应激的原因之一,但符合《畜禽场环境质量标准》(NY/T388-1999)的60、70分贝的噪音不致造成大群鸡发生腹膜炎和产蛋率降低的后果。

"罗勇等与重庆天泰铝业有限公司大气污染侵权纠纷上诉案"(案例9)③中被告结合了2005—2008年多次、多种类型的环境检测报告,说明其排放符合国家标准,周边环境质量达标,且均低于国家环保总局《保护农作物的大气污染最高允许浓度》中对原告所述农作物保护的大气污染物限值,试图证明其合规的排污不会造成原告同种植物的损害。

"重庆远上机械制造有限公司与王某环境污染责任纠纷上诉案"(案例10)④原告诉称被告从事生产产生的废水、废气造成原告身体不适,经诊断因被污染气体及尘埃侵袭患支气管肺炎和哮喘。被告的抗辩除提出其排污"合规"之外,还举出被告周边其他居民并无类似症状,且原告为住校生在家居住与所谓"污染环境"接触时间非常有限的事实试图证明其排污与原告损害无因果关系。

"聂胜等149户村民与平顶山天安煤业股份有限公司五矿、平顶山天安煤业股份有限公司六矿、中平能化医疗集团总医院环境污染责任纠纷案"⑤中,被告除了证明其"合规"外,更举证证明上游家属区的生活污水排放才是导致下游村民用水污染的主要原因。

同样是以因果关系为路径的合规抗辩,显然综合其他事实说明比单薄地声称"因为合规,所以不产生损害"要有力得多,也更能形成法官的心证,从法院判决来看也是如此。单纯以"合规"否认因果关系的"张长建等1721人与福建省(屏南)榕屏化工有限公司环境污染损害赔偿纠纷上诉案"中法院认为"达标排放,并不等于不会造成污染,达标排放只解决行政责任问题,并不排除民

---

① 〔2013〕桂阳法民初字第763号判决书。
② 〔2006〕新民一终字第117号判决书。
③ 〔2009〕渝五中民终字第14号判决书。
④ 〔2013〕渝一中法环民终字第04145号判决书。
⑤ 〔2011〕平民终字第118号判决书。

事责任。"①从而判决被告担责。而综合其他事实抗辩的几个案例中,案例 8 中法院就《畜禽场环境质量标准》的适用与理解问题询问了农业部,农业部畜牧环境质量监督检验测试中心(该标准的有权解释部门)作了如下答复:"此行业标准中规定的噪声标准为 80 分贝,但如果畜禽长期处于较高噪声(如 60 分贝以上)的环境中,则会对其生理机能产生影响,如出现体重和产奶、产蛋率降低等现象(影响程度布待进一步实验研究)。《畜禽场环境质量标准》适用于对畜禽场环境质量的监测、控制、管理及畜禽场环境质量评价,为畜禽生产的源头环境质量管理提供政策性依据,它属于行业环境质量标准,而不是污染物排放标准。"据此法院认定因果关系成立,判定被告担责。案例 9 中两审法院都认为:"被告各项排污指标均符合国家标准,同时,也低于国家环保总局保护农作物的大气排污允许值,这已经充分证明被上诉人已经被上诉人的排污符合国家标准,故不会对上诉人的农作物造成损害。"从而支持了合规抗辩,驳回了原告的诉请。案例 10 中法院则结合"原告在被告排污前无病症且无相关家族病史;众所周知,支气管肺炎、支气管哮喘等呼吸道疾病与环境有很大的关联性,而被告的排放物就有废气、粉尘等,且排放点距离王某家住宅较近,故不能排除王某所患疾病与重庆远上机械制造有限公司排污行为没有关联;……"依据常理认定因果关系成立,判令被告担责。案例 3 中法院在判决中一方面在是否担责的问题上回避了因果关系,从违法性要件的角度"认为企业是否达标排放废水,是其是否承担行政责任的标准,不是其应免责的条件,并不能以此免除其应承担的民事赔偿责任"。判令被告担责,另一方面在赔偿数额上考虑因果关系减轻了被告的责任,判令"三被告共同承担 40% 的赔偿责任"。②

(四)小结

通过上述案件的梳理我们可以看出:被告在基于"合规"进行抗辩的路径上出现了"违法性"、"污染行为"、"因果关系"三种选择。再细分,其中综合其他事实因素来否认"因果关系"这一抗辩思路仅将"合规"作为证明被告行为与损害无因果关系的多个事实中的一环,因而就在事实上回避了"合规"在环境侵权责任构成中的地位和效力的问题,法官在判决中往往也不用考虑"合规"本身对侵权是否成立的影响,而是专注于被告提出的证据是否形成了可以在逻辑上否定因果关系的心证,这样"合规行为"的特殊性被淡化了。由于我国

---

① 〔2005〕闽民终字第 349 号判决书。
② 〔2011〕平民终字第 118 号判决书。

在特殊侵权的因果关系证明程度上并没有统一的标准,法官形成心证的标准不同判决也就不同。上文案例 3、8、9、10 就有力地说明了这点,但这与本文所要重点讨论的问题关系不大。而"合法性"、"污染行为"以及以"合规"单独否认因果关系都是以"合规"为理由的一种直接抗辩。在判决上,对于以"合规"单独否认因果关系的抗辩,法院也往往回到判断因果关系的思路;对于基于"合法性"、"污染行为"的合规抗辩法院则不得不回答:国家标准(排污标准、环境质量标准)在环境侵权案件审理中有何种适用效力和地位? 环境侵权之成立是否要求"违法性"之要件?"合规"是否意味着"合法",从而是否应当担责,所但责任范围、大小应有什么区分?

从上述案件的判决来看,涉及这类抗辩(共 6 例),法院以不予采纳为主(5例),其中 2 例被告担全责;2 例被告承担次要责任或与超标排污被告区分不承担连带责任且赔偿数额较少;1 例支持原告赔偿诉请却驳回其停止侵害的请求。而法院否认直接"合规"抗辩的理由往往是:"达标排放,并不等于不会造成污染,达标排放只解决行政责任问题,并不排除民事责任。"①另有 1 例法院完全支持了被告的合规抗辩,但只是做了支持的结果陈述,未有对为什么合规行为不构成环境侵权作出说明。

此外,对于不同类型的污染案件,法院往往对"合规"与否给予不同的考量:对于噪声、光等污染,往往在超过排放标准时才能被认定为侵权,上文法院支持合规抗辩的两例均涉及噪音污染;而对于大气、水等污染类型,则基本在责任成立的环节上不考虑"合规"与否。这样的区别也许是因为《环境噪声污染防治法》第 2 条明确将环境噪声污染限定为超过国家规定的环境噪声排放标准,但从更多的案例来看这种区别也不绝对,且按照污染的类型区分规则标准是否正当、合法也又一个值得检讨的问题。

二、环境侵权中"合规抗辩"的效力分析

(一)行政规范、标准的司法适用的角度

如上文已述,对于环境侵权案件中基于"合法性"、"污染行为"的合规抗辩法院不得不回答的第一个问题是:国家标准(排污标准、环境质量标准)在环境侵权案件审理中有何种适用效力和地位? 进而符合这种规则、标准的行为是

---

① 〔2005〕闽民终字第 349 号判决书。

否可以成立环境侵权责任？

"张长建等 1721 人与福建省(屏南)榕屏化工有限公司环境污染损害赔偿纠纷上诉案"中法院认为"达标排放,并不等于不会造成污染,达标排放只解决行政责任问题,并不排除民事责任",在该判决书中法院明确提到判决的根据是国家环保局《关于确定环境污染损害赔偿问题的复函》(1991 年 10 月 10 日〔91〕环法函字第 104 号)。

这个著名的回复函是 1991 年"武汉市国营严西湖渔场等与国营四六一厂水污染损害赔偿纠纷上诉案"中法院就排污标准的适用询问国家环保总局,回复的内容是:"承担污染赔偿责任的法定条件,就是排污单位造成环境污染危害,并使其他单位或者个人遭受损失,现有法律法规并未将有无过错以及污染物的排放是否超过标准,作为确定排污单位是否承担赔偿责任的条件。至于国家或者地方规定的污染物排放标准,只是环保部门决定排污单位是否需要缴纳超标排污费和进行环境管理的依据,而不是确定排污单位是否承担赔偿责任的界限。"后来许多法院判决"合规"企业担责的依据正是这份回复。

该案中,一审法院认为"合规"行为人不需担责所隐含的观点是:公法规范可直接适用于私法领域,更确切地说,公法上有些规范(如本案中的排放标准),可以直接作为私法责任认定的依据。而环保总局复函的观点是:公法与私法是截然两分不可混淆的,污染物排放标准是公法领域内基于公法目的而设的,与私人之间侵权赔偿责任认定并无干系。因此"合规"仅意味着不承担行政责任,而与是否承担民事责任无关。

但事实上单纯因为公法与私法的二分就认为"合规"与否与是否承担民事责任无关是不合理也不符合现实的。正如学者指出:"现代社会中,对于某些高度专业性技术性的问题,行政机关比法院有着更好的事实认定能力,而且技术标准还牵涉到诸多与科学技术事项相关联的科学政策问题。因此法院没有能力去替代行政机关制定技术标准,也没有能力对技术标准的实体内容进行科学判断和政策选择。而且由于技术标准实际上和法源有着同样的机能,为了维持行政运作的圆通无碍以及司法的效益,法院通常应对技术标准予以尊重并加以适用。"①简而言之,由于行政机关的专业性分工,由其对相应专业领域的事实判断,要比法院的判断更加合理;且由于财力、人力和审限的限制,法院也无力自己判断。《环境噪声污染防治法》、《放射线污染防治法》等法律更

---

① 参见宋华琳:《论行政规则对司法的规范效应——以技术标准为中心的初步观察》,《中国法学》2006 年第 6 期。

是直接引致国家标准作为是否构成相应侵权的构成前提。由此可见,简单认为行政规范、标准只影响行政责任的思路决不可取,而且若如此也无法解释大量法院因为被告"违规"造成原告损害而直接认定环境侵权责任成立的判决。

对于从这一角度分析,合规行为是否需承担侵权责任。"否定说"认为由于标准本身的局限,无论是产品质量标准,还是环境标准,政府所制定的标准水平,只是一个最低限度而非最高限度的"安全阀",它所规定的是环境洁净程度的下限而非上限。所以技术标准往往规定的是一个具有"可接受性"的而非"安全"的阈值;达不到标准,一定要为此承担相应的民事责任,而达到标准不一定就可以免除民事责任。①

"肯定说"认为让"合规"的行为人承担责任实际上是开脱了行政机关应承担的责任。一定程度的生产排污是社会发展必须容忍的,政府制定环境标准、规范正是为了将环境风险控制在"可接受的范围内",因此制定合理的标准和行为规范是政府的职责。此外,企业"合规"不止意味着排污达标,还意味着企业缴纳了"环境治理费"(或者排污费),这笔费用起码在名目上就是政府征收用以治理企业正常排污所造成的污染的。"当国家环保局指出:国家或地方规定的污染物排放标准,只是环保部门决定排污单位是否需要缴纳超标排污费和进行环境管理的依据,而不是确定排污单位是否承担赔偿责任的界限时,我们不禁要问设立排放标准的目的何在? 同时,征收排污费的目的又何在?"②既然企业"合规"仍然造成无辜者损害的情形政府似乎有其可归责性,但要追究政府的行政责任、通过国家赔偿拟补受害者的损失则是更进一步行政法与行政诉讼法上的问题,有学者对此曾做专门探讨③,但本文不做介绍。

"折衷说"认为"合规"是否免责取决于具体行政规范、标准所设定的注意义务是否达到了具体行为人在民法上应有的注意义务,只有当二者吻合时"合规性"才达到了侵权法的"合法性"。正如解亘教授所总结:"就违法性要件而言,被侵害的利益与管制规范的违反之间并不当然存在对应关系;就过错而言,管制规范所确立的义务并非社会生活上的注意义务——侵权行为法意义上的注意义务。只不过,考虑到在多数情况下管制规范的违反与侵权行为法

① 参见宋华琳:《论行政规则对司法的规范效应——以技术标准为中心的初步观察》,《中国法学》2006年第6期。

② 傅蔚冈:《合规行为的效力:一个超越实证法的分析》,《浙江学刊》2010年第4期。

③ 参见杜仪方:《论合规药品致害之国家责任——基于合规药品致害的民事和行政救济的局限之展开》,《政治与法律》2013年第7期第86—97页。该文以合规药品致害为例论述了合规行为致害请求国家担责的实在法依据和路径。

上的权利侵害或者注意义务的违反之间发生重合,所以,只要存在管制规范的违反,那么就可以大致推定违法性要件乃至过错要件的充足。"① 这种思路将"合规"作为过错客观化的衡量标准,那么在奉行无过错责任的环境侵权领域,"合规"自然也同样要担责。

还有学者将行政规范分为:指令型行政规范(必须如何)、禁令型行政规范(不得如何)、任意性行政规范,分别进行分析。② 就环境侵权而言,对于早期政企不分时国企的生产行为均严格执行上级命令,其符合指令性规范的行为若污染致害就无需担责。

而今天的各种环境排污标准、生产规范等大多为禁令型行政规范,如排污标准规定企业不得超标排污。对于这类规范,又可两类:一类可称为行为规范,是针对行为本身的,即要求行为人不得作出某种特定的行为,如排污标准,直接规制的是企业的排污行为不得超标;另一类可称为状态规范,是针对作为行为结果的某种状态,即要求行为人不得造成某种特定的结果。如大气质量标准,直接针对的是作为废气排放结果的大气质量状况不得超标。一般而言,状态规范所追求的旨在保护各方合法权益的状态。符合状态规范的情况下,一般不存在权益侵害发生的可能。而符合行为规范的行为,仍可能造成不符合状态规范的结果。例如,在环境侵权领域的合规致害,往往就是行为人从事符合如排污标准这样行为规范的活动,结果却仍然污染了水或大气,即造成水或大气不符合人体健康所需质量标准,进而对他人合法权益造成损害。

前文提到我国现行法上对噪音污染和污水污染的不同界定(只有超标排放才构成噪声污染),也可由此区分得到解释:噪音标准属于状态规范,直接规范噪音排放的结果,它应该是根据公众直接感受到的影响(分贝)而确定,也就是说,对它的违反就意味着肯定会发生危害他人身体健康人身安全的结果,反过来,符合该标准的要求则意味着不会发生危害他人健康或人身安全的结果。而污水排放标准则属于行为规范,虽然此规范亦是出于保护他人健康或人身安全等合法权益而设,也就是说,受规制的行为如果不合规范则通常会发生侵害他人权益的后果,但特定行为与特定后果之间往往只存在相当因果关系而非必然因果关系,因而违反行为规范不一定会造成损害他人的结果,符合该行为规范也不一定不会造成损害他人的结果,所以,在侵权责任认定中,仍要以

---

① 解亘:《论管制规范在侵权行为法上的意义》,《中国法学》2009 年第 2 期。
② 金自宁:《风险社会背景下的合规抗辩——从一起环境污染损害案例切入》,《北大法律评论》2012 年第 2 期。

是否实际造成了损害为准。从这一观点来看,似乎就可以理解为什么上文案例中法院对不同类型污染中的合规致害做出了不同的判决。

从"否定说"认为行政标准只是最低标准和"折衷说"比较"合规"与侵权法上注意义务的对比两种分析思路自可以得出符合标准不一定免责的结论,但让不能论证担责与否完全不需考虑"合规"因素,而对不同标准分类分析正是试图从行政规范出发建立"合规"与"责任"间的联系,更进一步要思考的是如何将"合规"作为影响侵权责任的因素加以考量。

(二)"违法性"要件的视角

在了解"合规"不能简单作为环境侵权的免责事由,但依据标准性质、种类的不同,其至少应当被作为是否构成环境侵权的一个考量因素后,我们要思考的下一个问题是:"合规"影响的是侵权责任构成的哪一个要件?

在一般民事侵权领域,加害行为"违规"这一情节通常是通过"过错"要件或"违法"要件而对侵权责任的认定发生影响的。作为特殊侵权领域的环境侵权,由于适用无过错责任,"合规"显然无法在过错要件下发挥作用,因而环境侵权是否应当考虑"违法性"要件,且"合规"是否意味着"合法"就成了民法学者讨论的问题。

"肯定说"认为环境污染损害赔偿事件虽属特殊侵权行为之一种,但仍属侵权责任。对于侵权责任所应具备之违法性要件,仍应具备,始得成立环境污染损害赔偿责任。关于环境污染之违法性认定,必须在纠正正义与功利主义之间,寻求调和。当被害人受有严重损害时,法院通常基于纠正正义之要求,而令被告负损害赔偿责任。但某些法院基于功利主义的观点,在被告企业对于社会具有重大效益时,排除被告之赔偿责任。在环境污染事件,加害人固有不应严重侵害他人权益之义务,但受害人在社会上一般人可忍受之范围内,亦有忍受被告干扰之义务。据此,功利主义之观点,在衡量合规排污者是否应负侵权责任,具有一定之参考价值。[①]

"否定说"认为不管是否违法,只要造成污染损害,就应赔偿损失。理由是国家环保局在〔91〕环法函字第 104 号批复中的解释与《环保法》第 41 条第 1 款的规定的一致性,表明立法与实践的认同。如梁慧星教授主持的《中国民法典草案建议稿》第 1606 条第 1 款规定,污染环境造成他人损害的,由排污者承担民事责任。排污者不得以排污符合有关规定而主张免责。此条规定赔偿责

---

① 参见陈聪富:《环境污染责任之违法性判断》,《中国法学》2006 年第 5 期。

任不以排污者有过错及行为有违法性为要件,属于无过错责任,并规定"排污者不得以排污符合有关标准而主张免责",以明此旨。[①]

"折衷说"虽认为环境侵权的构成需考虑"违法性"要件,但合规排污致损仍是违法行为。这种违法行为可能直接违反环境保护方面的法律法规,也可能不违反环境保护方面的法律法规。但是该行为侵害他人受到法律保护的生命健康权,因此它是违反《民法通则》第 98 条的。照此推论,违反第 98 条,即可能构成环境侵权行为。[②]

笔者认为以实在法为依据,《民法通则》第 124 条规定:"违反国家保护环境防止污染的规定,污染环境造成他人损害的,应当依法承担民事责任。"与原《环境保护法》第 41 条"造成环境污染危害的,有责任排除危害,并对直接受到损害的单位或者个人赔偿损失"中对"违法性"要件表述的不同,这才产生了解释论上的诸多争议,2014 年新修改的《环境保护法》第 64 条"因污染环境和破坏生态造成损害的,应当依照《中华人民共和国侵权责任法》的有关规定承担侵权责任",而《侵权责任法》第 65 条"因污染环境造成损害的,污染者应当承担侵权责任"的规定与《环境保护法》原先的表述一致,从文义上并没有要求以"违反国家保护环境防止污染的规定"为要件。事实上,即便是对《民法通则》第 124 条中"违法性"的理解,也有学者认为应当从实质违法或广义违法的角度理解"违法性",即使加害人的排污行为没有违反环境保护方面的法律规定,但是其污染行为污染环境造成他人损害本身就违反了保护他人生命健康权和财产权的法律规定。[③] 因此,单从法律规范的文义来看,基于特别法优先原则,环境侵权一般不考虑行为的"违法性",而《环境噪声污染防治法》、《放射线污染防治法》中对"超出国家标准"的限制可以用上文中对不同标准(行为标准与状态标准)的区分加以解释。

从学理上理解,一般侵权领域的加害行为,如伤害他人身体的行为本身就是法律所禁止、道德上可谴责的;而环境侵权的原因行为,如造纸等生产行为,本身却是法律所允许的,通常也并不具备可谴责性。在一般侵权领域,行为人只要不做法律(广义)所禁止的行为,一般而言就尽到了注意义务,不会造成损害;而在环境侵权领域,一旦容许原因行为,则其损害结果往往就是无法避免

---

① 参见梁慧星:《中国民法典草案建议稿附理由侵权行为编·继承编》,法律出版社 2004 版,第 90—91 页。

② 参见张新宝:《中国侵权行为法》,中国社会科学出版社 1998 年版第 83—90 页。

③ 参见奚晓明:《中华人民共和国侵权责任法条文理解与适用》,人民法院出版社 2010 年版,第456 页。

的:即使当事人尽到了法定义务,污染仍不可避免,仍有可能造成损害。在很大程度上是因为考虑到这种现实,我国现行环境立法对环境污染责任作了不同于一般侵权责任的特殊规定,它既不以加害人的过错为前提,也不以加害行为的"违法性"为条件。简而言之,环境侵权责任为代表的危险责任与个人本位的过错责任最大的区别就在于,它所调整的对象不再具有"违法性",而是各种合法(合规)行为带来的"特殊危险"。

(三)"风险社会"中的风险防范与分担——法社会学的角度

从行政规范在民事审判中的适用和环境侵权"违法性"要件的视角思考合规抗辩都是从规范解释的立场出发,得出的结论似乎是我国环境侵权中合规致害仍然要承担责任,只不过在数人侵权的情况下可以适用《侵权责任法》第67条"两个以上污染者污染环境,污染者承担责任的大小,根据污染物的种类、排放量等因素确定"之规定,让合规者分担较小的责任,从前文案例分析部分可以看到多数法院的判决也持类似的立场。那么接下来要反思的问题就是这样的归责方式是否具有立法论上的正当性?

鉴于从规范解释的进路,通说认为合规致害仍应承担环境侵权责任,许多学者转而从法社会学的视角出发,依据社会学的"风险社会"理论提出自己的反对意见。

风险社会作为一个概念和理论的提出源于德国社会学家乌尔里希·贝克。贝克在其《风险社会》一书中指出,随着现代科技的发展,生产效率的提高,财富分配和不平等问题得到了有效改善,但是人类面临着新出现的技术性风险,比如核风险、化学产品风险、基因工程风险、生态灾难风险等。"正如现代化消解了19世纪封建社会的结构并产生了工业社会一样,今天的现代化(即自反性现代化)正在消解工业社会,而另一种现代性(即风险社会)则正在形成之中。"①贝克用日常语言表达了工业社会和风险社会的区别,他说:"阶级社会的推动力可以用一句话来概括:我饿! 风险社会的驱动力则可以用另一句话来概括:我怕!""在古典工业社会中,财富生产的逻辑统治着风险生产的逻辑;而在风险社会中,这种关系就颠倒了过来,风险生产和分配的逻辑代替了财富生产和积累的逻辑作为社会分层和政治分化的标志。"②因此,风险社会的核心问题从工业社会时期的财富分配以及不平等的改善与合法化,转

①② [德]乌尔里希·贝克,何博闻译,《风险社会》,译林出版社2004版,第3页,转引自王小钢:《贝克的风险社会理论及其启示》,《河北法学》2007年第1期。

变为如何缓解伤害和分配风险。

工业社会带来的环境污染正属于上文的公共风险,这种风险的不可避免性与古典社会的私人风险相对。反映在侵权法中,私人风险可以通过行为人尽注意义务来防范,而社会风险是由于工业化带来的技术风险,其防范个人无能为力,即便是政府也只能尽量把风险控制在一定范围内,而无法消除风险。

回到合规抗辩的主题。既然,在现代风险社会中,最为成功的政府规制也无法消除风险,那么,政府规制的目的就是将公共风险维持在一个社会能够接受的程度,完全消灭公共风险既无可能,更不经济。以法律的视角来看,因残余风险而导致的利益分配,实质就是合规行为的效力问题。就像企业排污,排污要获得排污许可,而且污水排放也要符合相关国家标准。但是,再有效的政府规制也无法达到零风险,基于技术手段、物质资源和其他因素的限制,风险主体的行为还是会不可避免地对第三人的利益造成损害。那么"合规"行为人是否仍需为公共风险的实现担责?

从"风险社会"理论出发,"否定说"认为:要求"合规"行为人承担环境风险实际上是对公共风险的偏见。该观点认为,要求合规行为对其所造成的损害承担民事责任的逻辑是如果行为人尽到足够的义务,那么这种损害是可以避免的,因此,要求行为人承担赔偿责任就可以威慑潜在的加害者,从而达到安全。但是这实际并不可能,从公共风险的特性可知,政府规制只能将公共风险维持在社会可接受的程度而不能消除风险,这就意味着由其导致的损害是一种社会应该承担的成本。如果为了避免这种事故而要求公共风险的制造者承担赔偿责任,很有可能会产生两个结果:一是社会接受该种产品或者服务的价格增加,因为风险制造者不得不为此种行为准备更多的资金来应对可能产生的赔偿;二是风险制造者不再从事该种活动,导致该种公共风险消失。由此可见,权利受到侵害并不是行为人承担侵权责任的充分条件,而试图让合规行为对其行为所造成的损害承担侵权责任,显然是混淆了私人风险和公共风险的界限,这样做并不会减少风险,相反,却可能会增加事故,导致社会福利的损失。

"肯定说"对从传统社会到风险社会转变的进程中侵权法面内在体系的重构做了梳理。[①] 传统社会的私人风险表现为"理性人"之间一般性的交往风险,侵权行为往往具有道德上的可归责性,因此过错责任因其体现了对行为人主观过错的伦理上的负面评价,能调和"个人自由"和"社会安全"两个基本价

---

① 参见朱岩:《风险社会与现代侵权责任法体系》,《法学研究》2009 年第 5 期。

值,成为各国侵权法的归责原则。而人的主观过错往往难以察知,随着社会发展、人际交往的复杂,"在过失责任的范围内,法律尝试通过各种解释逐步从主观过失过渡到客观化的过失,从而以'违反注意义务'作为整个侵权法体系的核心概念。"①而"随着风险社会的来临,侵权法中的损害赔偿从最初在当事人之间损失分配,发展为向多个共同参与人乃至整个社会分散损失,出现了集体化的损失分担趋势。"并"通过法律的经济分析研究从如何降低整个事故费用、合理分担损失、促进整个社会利益出发,损害赔偿责任先由能够分摊赔偿成本的被告承担,再通过保险或者价格机制加以分散,由其他多数人承担,从而将损害赔偿的义务传导给加害人之外的第三人,体现为在宏观层面分配具体当事人的损害。"②这也与企业成为公共风险的主要来源,而弱势的个人往往为受害者有关。

综上,笔者认为:风险社会中环境领域的合规致害属于个人难以防范的社会风险,因此在归责上首先应当肯定的是严格"合规"的行为人在道德上不具有可谴责性,如果法律要求他承担责任并非是一种惩戒或警示,而是出于一种风险的分担。可是现实中,合规致害方的风险承担能力不见得比受害人好多少,对于中小企业尤其如此,它们甚至无力在符合国家标准外购置更环保的设备或进行进一步的废物处理。这就要求建立完善的责任保险体系,最终实现风险的社会分担,同时如果政府在防范风险中失职,比如标准制定不合理、"排污费"收取后未在职责范围内有力治理环境而致害如何追究政府责任,就回到了之前行政责任的视角,可见前文。而在责任保险制度尚不完善和普及的中国单纯一句"风险分担"就让"合规"企业承担意外有时甚至是巨额的环境责任是否具有正当性就成了大问题。

三、环境侵权责任归责体系的思考——结合外国法参考③

国内许多学者似乎认为,在环境侵权领域里无过错责任已经成为各国立法通例。但是,剑桥大学出版社 2008 年出版的一项调查表明,受调查的 13 个

---

① ②　参见朱岩:《风险社会与现代侵权责任法体系》,《法学研究》2009 年第 5 期。

③　本文外国法部分主要参考全国人大法工委民法室编:《中国人民共和国侵权责任法条纹说明、立法理由及相关规定》,北京大学出版社 2010 年版,第 268-270 页、《侵权责任法立法背景与观点全集》,法律出版社 2009 年版,第 864-871 页。

欧洲国家在基于相邻权提起的环境侵权案件中广泛地应用着过错责任。① 大多数国家对不同环境侵权的类型,分别采用过错责任和无过错责任。

(一)德国

德国法对环境侵害作了两类区分:(1)由于人们的日常生活或者企业无需政府许可的营业活动所引起的环境侵害,被称为一般性的环境侵害;(2)经政府许可的营业活动,也即企业产业活动引起的环境侵害,被称为特殊类型的环境侵害。

1.民法和一般性环境侵害

对于一般性环境侵害的救济,请求权基础主要是《德国民法典》第 906 条关于不可量物侵入的规定,也常译为"干扰侵害",该条规定"在干扰不损害或者较轻微损害土地使用的范围内,土地所有权人不得禁止煤气、蒸汽、臭气、烟气、煤烟、热气、噪声、震动和其他来自他人土地的类似干扰的侵入。如果此类干扰对土地的通常使用或收益所造成的妨害超出预期的程度,所有权人可以要求适当的金钱赔偿。"对无法适用相邻关系调整的其他一般性环境侵权损害赔偿,应适用《德国民法典》第 823 条规定的过错原则,即"因故意或过失不法侵害他人的生命、身体、健康、自由、所有权或者其他权利者,负向他人赔偿因此所产生的损害的义务。"

2.环境保护专门立法和特殊类型环境侵权

这类环境侵权,德国法将其纳入危险责任,在民法典之外通过特别法加以规定。此类侵权请求赔偿的请求权基础在于德国《环境赔偿责任法》第 1 条规定其适用范围仅限于该法附录 1 所列举的 96 种特定的设备,此外适用无过错责任的专门法还有《水利法》、《原子能法》、《联邦矿山法》和《基因技术法》等。适用无过错责任的范围以法律明文列举为限。

此外,德国法对合规致害除了依据不同环境侵害的类型适用不同的归责原则,法律还往往要求公民承担一定的"忍受义务"(如《民法典》第 906 条和《联邦公害防治法》第 14 条的规定),而容忍的界限往往依据国家标准予以判断。

在德国联邦普通法院第五法庭 VZR76/93 一案中,原告主张,被告造纸工

---

① 金自宁:《风险社会背景下的合规抗辩——从一起环境污染损害案例切入》,《北大法律评论》2012年第 2 期。

厂于夜间经常制造超过 45 分贝的噪音,请求被告于夜间 22 时至翌日 6 时止,不得发出超过 45 分贝的噪音而干扰原告承租之建地。上诉审法院认为,认定噪音损害是否重大,原审法院系依据联邦噪音管制标准中,管制营业及工业设备噪音之标准为判断标准。若被告制造之噪音未逾越法律或法规命令所订之界限或标准值时,通常即无重大之损害。上开德国法院之判决,对于噪音公害是否造成重大损害,系以联邦噪音管制标准作为判断标准。①

可见,"合规"与否在一般环境侵权领域和特殊环境侵权但未造成生命、健康损害的情形中判断行为人过错的重要标准,是德国法判断环境侵权责任成立与否的重要依据。

(二)日本

日本环境立法中对一般的环境侵权依据《日本民法典》第 709 条承担过错责任,仅在公害事件中适用无过错责任。公害无过错原则的适用对象为大气污染、水质污染和放射性污染等有害物质引起的公害,对于噪声、振动、恶臭等造成的环境损害,不适用无过错原则。且无过错责任的公害事件,赔偿范围仅限于对人生命、健康侵害的救济,对于财产的损害则不适用无过错原则。日本的《大气污染防治法》、《水污染防治》、《矿业法》均规定行为人因上述法规制之行为危害他人生命、健康时应承担损害赔偿责任。

为了缓和一般环境侵权领域过错责任给受害方带来的压力,日本法学家加藤一郎提出"忍受限度理论"并成为日本学界的通说,在司法中广泛运用。

所谓忍受限度理论,是用来衡量环境侵权行为违法性的理论,换言之,是证成环境侵权责任正当性的理论。就受害者方面的损害的性质(健康损害、精神损害、财产损害)及其轻重等情况,加害者方面的加害行为的社会评价(公共性、有用性)、损害防除设施的设置状况、管制法律的遵守等各方面情况进行比较衡量,并对客观方面的工厂所在地的状况、先住后住关系等周边情况进行综合性考虑,从而个别、具体地判定损害的忍受限度,认定损害超过忍受限度时加害行为就是违法的。这种判断违法性的方法就是忍受限度理论。②

公害程度如超过被害人社会生活上应忍受限度时,被害人即得请求损害赔偿或请求排除、禁止或者防止公害。忍受限度理论的判断取决于各种利益的比较衡量,包括受害利益之性质及其程度,加害行为之态样、性质、程度及社

---

① 参见陈聪富:《环境污染责任之违法性判断》,《中国法学》2006 年第 5 期。
② 参见王成:《环境侵权行为构成的解释论及立法论之考察》,《法学评论》2008 年第 6 期。

会上的评价,地区性,加害人有无采取最完善损害防止措施,是否遵守公法上排放标准,土地利用之先后关系等。另有文献介绍,日本环境侵权损害侵权责任的构成,需有故意或者过失。日本目前判例采取了承认被告的高度预见义务、结果回避义务的立场。①

可见,日本法也把"合规"作为环境侵权责任成立的重要考察因素。

(三)美国

英美法系的干扰妨害和严格责任在环境侵权救济中运用比较普遍,但是也不是完全不考虑"合规"因素。

美国侵权行为法整编即说明:"在社会上,每个人均必须忍受某种程度的干扰、不便及干涉,且必须承受某程度的危险,以使吾等得以共同生活。有组织型态的社会之所以存在,在于'互惠原则'及'自己存活并让他人存活'之法则,从而侵权行为法并非在任何人之行为,对于他人造成有害效果时,均课与法律责任或移转损害于他人。法律仅在加害人之行为对被害人造成损害或危险,超越被害人(在系争环境下,无法获得补偿时)所应该承受之范围,始课与加害人责任。"②

陈聪富教授在其《环境污染责任之违法性判断》一文中梳理了美国法院的一系列判决,认为体现了美国司法实务中环境污染之违法性认定,必须在纠正正义与功利主义之间寻求调和的观点。

(四)环境侵权请求权基础的体系分析

从上述的外国法梳理来看,当事人因环境污染致损请求污染方损害赔偿的请求权基础依不同情况可以分别从民法物权关系的条款、一般侵权条款、特殊侵权条款或特别法规定得出。比如在德国法上,环境侵权依据类型的不同分属物权法相邻关系,侵权法一般侵权责任,特别法危险责任三个体系。一般的噪音、臭气等环境侵害依据物权相邻关系或一般侵权关系规制,其规制领域往往为社会主体交往关系中产生的私人风险,应适用过错原则。而对于涉及公共风险的水、大气污染则由特别法加以规制适用无过错原则,且以损害人身权为限。

将不同种环境侵权责任的请求权基础进行区分规定,笔者认为是合理的,

---

① 参见马俊驹、罗丽:《日本环境侵权民事责任研究》,《现代法学》2003 年第 1 期。

② 参见陈聪富:《环境污染责任之违法性判断》,《中国法学》2006 年第 5 期。

首先从公共风险与私人风险区分的角度:德国法将不可量物(一般污染物,如噪音、烟尘等)与公害污染物(水污染、大气污染、原子能污染等)相区分,前者从物理性质来看通常只能对周边产生影响不致产生公害(公共风险),后者则涉及公共利益。因此对于不可量物致损由物权关系规制,不构成物权相邻关系则适用一般侵权的规定,体现法律对私人风险的规制。而对于公害(公共风险致害)若危及人类生命、健康,受害人无力独自承担,法律应予以特殊关怀,故适用无过错责任原则,令企业、社会予以分担。而若仅涉及经济损失,"合规"企业已遵守政府为控制社会风险而制定之规范、标准,实无谓再令其独自承担社会成本。

我国《物权法》第 90 条规定:"不动产权利人不得违反国家规定弃置固体废物,排放大气污染物、水污染物、噪声、光、电磁波辐射等有害物质。"由此导致特定情形下与《侵权责任法》第 65 条发生请求权竞合的可能性。对此竞合,据立法解读应当根据不同的污染源适用不同的归责原则:"居民之间生活污染适用过错责任,主要由《物权法》规定的相邻关系解决;企业生产污染适用无过错责任,主要由《侵权责任法》、《环境保护法》和其他规制类型环境侵权的单行法解决。"[1]但最高人民法院相关解读则认为,《物权法》第 90 条应当依据具体环境立法予以适用。[2] 尽管这两种解读并不具有法律效力,但无疑反映了立法机关和司法机关在这一问题上的分歧。同时,从司法实践来看,法院判决通常直接适用《侵权责任法》关于环境侵权的规定,不对此加以区分,本文分析的10 个案例均是如此。

我国《物权法》第 90 条显然是对大陆法系不可量物侵害制度的移植。但我国却将噪声、光、辐射等不可量物质与固体废物、水污染物等实质型污染一体规定,并将传统不可量物侵害中的"容忍义务"量化为"违反国家规定"(排放标准),忽视了实质型污染与不可量物基于实质差异而需要不同调整规则的实际,从而导致第 90 条不仅与单行环境立法出现矛盾,与《侵权责任法》亦难以协调。[3]

从我国实定法来看,《物权法》第 90 条规定了相邻关系的环境妨害,从立法者给出的理由来看界定物权法与侵权法适用于环境妨害案件的界限除了是

---

[1] 全国人大法工委民法室编:《中国人民共和国侵权责任法条纹说明、立法理由及相关规定》,北京大学出版社 2010 年版,第 267 页。

[2] 参见黄松有:《中华人民共和国物权法条文理解与适用》,人民法院出版社 2007 年版,第 263 页。

[3] 参见张新宝:《环境侵权归责原则之反思与重构——基于学说和实践的视角》,《现代法学》2011 年第 7 期。

否是相邻关系还需考量当事人是自然人还是企业。《侵权责任法》第 65－68 条将环境污染责任作为特殊侵权加以规定,而《水污染防治法》第 85 条、《固体废物污染防治法》第 84 条、《环境噪声污染防治法》第 2 条等单行法条文又对各自种类污染的界定作出了特别规定,那么在侵害行为不满足单行法条款规定的污染界定的情况下,理应适用《侵权责任法》一般侵权的规定,这是笔者认为从我国实定法出发环境侵权请求权基础的体系。从该体系角度来看,依具体情形区分物权法、一般侵权条款、特殊侵权条款的适用似乎是解决对合规行为人环境污染致损是否成立侵权责任,同时区别违反结果规范与行为规范的法律后果、区分私人风险与公共风险的最佳选择。而健全责任保险制度,让公共风险真正由社会分担,而不是让受害人或合规企业承担,是整个环境侵权责任体系的最后一环。

四、结　语

侵权法并非排斥利益衡量,但如果允许不加区分地适用无过错责任,则可能引发大量的纠纷,造成社会秩序的紊乱。因此,为了维护我们的生活秩序,一定程度的"忍受限度"即尤为必需。这个忍受限度,不是根据每个人的具体情况来确定,而是确立一个相对客观的、适用于一般人的标准,具体量化为国家和地方的污染物排放标准,只有在超出排放标准的前提下,才可能构成具有可谴责的侵权行为。我国部分立法如《环境噪声污染防治法》第 2 条第 2 款规定,"本法所称环境噪声污染,是指所产生的环境噪声超过国家规定的环境噪声排放标准,并干扰他人正常生活、工作和学习的现象",即将"噪声污染"界定为"超过排放标准"和"干扰正常生活"两个条件。

通过上文对学界各个视角的梳理,并参考相关外国法,笔者认为发现我国学界和司法实践对于环境侵权领域合规致害态度的争议除了因为在理论上对行政规范的民事司法效力、"违法性"要件、风险社会中侵权法的归责原理等问题上存在分歧,在规范意义上最重要的原因在于司法上对于法律体系认识的缺失。

因此,建立风险社会中"私人风险"与"公共风险"相区分的观念,在规范解释上统一对"违法性"要件的理解,在司法中厘清物权关系、一般侵权与特殊侵权各自应规制的环境侵权类型,强化行政责任并完善责任保险的公共风险分担功能是未来解决环境领域合规致害法律问题的途径。

附表

序号	案例标题	案件字号	污染类别	合规抗辩路径	合规类型	判决结果
1	郎溪县黎明化工有限公司与许继红环境污染责任纠纷上诉案	〔2014〕宣中民一终字第00023号	土地、空气、水污染	违法性、污染行为	排污标准	担责
2	孙有礼等18人与迁安市第一造纸厂等企业养殖损害赔偿案	〔2002〕津高民四终字第008号	水污染	违法性	排污标准	担责（合规被告少赔）
3	聂胜等149户村民与平顶山天安煤业股份有限公司五矿六矿、总医院环境污染责任纠纷案	〔2011〕平民终字第118号	污水	违法性、因果关系（结合其他事实）	排污标准	担责（其中合规被告担次要责任）
4	沈某某诉杭州某某纺织有限公司噪声污染侵权纠纷案	〔2010〕杭萧民初字第4246号	噪音	违法性	排污标准	担责（赔偿，但驳回停止侵害请求）
5	鹿万金等与宁夏宁东铁路股份有限公司噪声污染责任纠纷上诉案	〔2012〕吴民终字第77号	噪音	违法性	环境质量标准	驳回
6	蒋秀兰诉湖南省桂阳银星有色冶炼有限公司环境污染责任纠纷案	〔2013〕桂阳法民初字第763号	土地、空气、噪音污染	污染行为；因果关系（结合）	排污标准＋环境质量标准	驳回原告诉请
7	张长建等1721人与福建省(屏南)榕屏化工有限公司环境污染损害赔偿纠纷上诉案	〔2005〕闽民终字第349号	"三废"（废水、废气、废渣）	因果关系（单独）	排污标准	担责
8	卞建彬诉新疆雅宝陶瓷有限公司环境污染损害赔偿纠纷案	〔2006〕新民一终字第117号	噪音	因果关系（结合其他证据）	环境质量标准	担责
9	罗勇等与重庆天泰铝业有限公司大气污染侵权纠纷上诉案	〔2009〕渝五中民终字第14号	粉尘、硫化物空气污染	因果关系（多项标准综合）	排污标准＋环境质量标准	驳回

续表

序号	案例标题	案件字号	污染类别	合规抗辩路径	合规类型	判决结果
10	重庆远上机械制造有限公司与王某环境污染责任纠纷上诉案	〔2013〕渝一中法环民终字第04145号	废水、废气、粉尘	因果关系(结合其他事实)	排污标准	担责

缺陷产品自身损害救济路径探析

浙江大学光华法学院民商法硕士生　丁　颖

摘　要：《侵权责任法》第41条对"损害"的概念引起理论界和实务界众多争议。本文即通过对经典案例、法规与学说的梳理及比较法上的考察，从维持二元救济体系的需要出发，主张缺陷产品自身损害应纳入违约责任范围加以救济，受害人可向法院同时提起违约之诉与侵权之诉，法院应根据案情合并审理以节约诉讼成本、统一审判结果。

关键词：缺陷产品；自身损害；救济；违约责任；侵权责任

一、引　言

随着我国工业技术的高速发展，产品在满足人们日常生活需要的同时也带来层出不穷的产品责任问题与日渐繁多的纠纷。我国《侵权责任法》将产品责任问题单独列为一章，足以表明对这一侵权类型的重视，其中产品责任的损害赔偿范围尤为司法实践和理论所广为关注。根据我国当前法律规定与实务判决，因缺陷产品导致的人身、除缺陷产品以外的其他财产以及符合条件的精神损害均可获得侵权法上的赔偿，然而缺陷产品自身损害，即产品因本身的缺陷导致不堪使用、毁损或灭失，该类损失的救济问题于理论和实务中均还留有一定的探讨余地。而对该问题的探讨也体现了对民法框架下合同法与侵权法各自规制功能的理解，亦对思考如何划分二者界限这一重要问题有所裨益。

二、缺陷产品自身损害的实务争议

缺陷产品自身损害，主要有以下五种情形：一是因缺陷而减少的价值；二是因修缮缺陷而支出的费用；三是因缺陷而丧失的营业利益或其他可得利益；四是因缺陷所导致的产品本身的毁损灭失；五是因缺陷而导致给付受领人对第三人应负的损害赔偿责任。就所查阅案例而言，缺陷产品自损的救济案例可分为两类:仅有缺陷产品自身损害的案件和附带人身损害或其他财产损害的案件,具体情况如下。

(一)仅有缺陷产品自身损害的案件

在仅有缺陷产品自身损害的案例中,裁判思路的争议主要集中在是以产品侵权责任纠纷处理,还是以违约责任处理。前者在汽车自燃案件中尤为常见,典型案例如"祁庆民诉上海大众汽车有限公司产品责任纠纷案"。[①] 该案中,原告从被告处购买的车辆在正常驾驶的情况下发生自燃,后原告要求被告对保险公司未赔偿的部分承担产品质量责任。法院二审认定"该车存在不合理的危及人身、财产安全的危险,即存在产品质量缺陷。祁庆民要求上海大众汽车有限公司承担侵权赔偿责任的上诉请求成立"。该案主审法官在其撰写的案例评论中阐述了判决理由:一、侵权行为所侵害客体为人身权和财产权本身而非具体对象;二、《民法通则》第122条规定中的"财产"应解释为包括受损害产品本身,而《产品质量法》作为下位法不能与基本法的原则与规定相违背;三、合同责任思路有违诉讼经济原则,故其认为"生产者对缺陷产品自身损害承担侵权赔偿责任,应为法律规定当有之意",类似案例还有"胡丹诉上海格林威汽车销售有限公司等侵权责任纠纷案"、"安徽稳达汽车销售服务有限公司与白保凤产品质量损害赔偿纠纷案"、"郑春德诉奇瑞汽车股份有限公司等产品质量损害赔偿纠纷案"等,均将缺陷产品自身损害纳入侵权法救济范畴。

而采取违约责任纠纷的思路在实务中也不乏例证,如在最高院公报的早期案例"后营子供销社诉铁三中冷冻食品机械经销部产品责任纠纷案"[②]中,原告职工因被告销售的冷餐柜不合格而触电身亡,法院认定"原告要求被告赔偿经济损失和支付死者丧葬费等费用的理由是正当的,应予支持",据此判决被告退还原告货款、运费和赔偿原告停业损失,并承担原告安葬死者的丧葬费、死者生前扶养的人生活费、抚恤费等损害赔偿费用。再如"黄某诉A公司、B公司因轿车起火致损案"[③]中,原告黄某购置的车辆发生自燃造成车辆烧毁。法院认为"缺陷产品本身的损害不纳入产品责任的救济范围",因此判定

---

① 北京市第一中级人民法院〔2006〕一中民终字第 25 号判决书。

② 《最高人民法院公报》1989 年第 2 号。公报编者注明:该案因产品质量不合格造成王文海死亡、东河区人民法院依据事实和法律、判决被告支付死者的继承人抚恤费等费用和赔偿后营子供销社的经济损失是正确的。但是,法院既将两个不同之诉合并审理,就应当依法追加死者的继承人为本案原告,共同参加诉讼,承担权利和义务。

③ 吴友明:《中国汽车产品质量诉讼案例评析》,法律出版社 2011 年版,第 211—214 页。

黄某要求 A 公司(生产者)和 B 公司(销售者)赔偿购车款的损失于法无据,换言之,其将缺陷产品自身损失界定为合同履行利益,认为应通过违约责任方式来解决。

(二)附带人身损害或其他财产损害的案件

而在情况更复杂也更为我们所关注的第二类案件,即附带其人身损害或其他财产损害的产品自损案中,除考虑产品自身损害置于合同法或侵权法救济范畴的问题外,还进一步涉及"若为两个不同的诉讼,受害人能否就其同案提起"的问题。故而,该种案例在司法实践中又可分为三种情形。

1. 置于侵权法范畴一并救济

对于大多数法官而言,此种解决方法最为便捷快速,因而在司法实践中广为适用。如"东风汽车有限公司等与商洛市秦锌运输有限责任公司等产品质量损害赔偿纠纷上诉案"[①]一案中,一审法院直接适用《产品质量法》第 41 条、第 44 条的规定判决两被告东风公司和楚胜公司(均为缺陷产品的生产者)赔偿原告除车辆残体寄存费以外的全部损失,其中即包括如车辆自身价值这样的产品自身损害部分。二审法院也指出"关于赔偿范围,涉案车辆发生着火后,除车辆本身被损外,还造成其他财产损失,而且该损失已由秦锌公司实际支付,所以原审法院将车辆损失及其他财产损失一并计算赔偿数额为 575621元并无不妥"。再如"上诉人福州中机中泰汽车销售有限公司诉被上诉人季昌友产品质量损害赔偿纠纷一案"[②]中,二审法院认定"本案因上诉人出售的车辆存在质量问题发生自燃,造成车辆本身损失,车辆本身损失应属赔偿范围……上诉人关于产品本身损失不属赔偿范围的上诉主张,既与上述法律规定不符,也不合情理,本院不予支持"。此处的"不合情理"也反映了法院判决时对处于弱势地位的受害人的倾向性保护。

2. 违约责任与侵权责任同案救济

该种救济方式在案例"重庆歌德陶瓷玛赛克制造有限公司诉东台市耐火器材厂等产品责任纠纷案"[③]中得以体现。该案中,原告因二被告提供的耐火材料存在严重的质量问题造成窑炉掉渣等财物损失,法院先是依据原告与二

---

① 陕西省高级人民法院〔2010〕陕民二终字第 34 号判决书。

② 《上诉人福州中机中泰汽车销售有限公司诉被上诉人季昌友产品质量损害赔偿纠纷一案》,载判例网(http://www.110.com/panli/panli_19896865.html),2014 年 10 月 24 日访问。

③ 重庆市丰都县人民法院(2006)丰民初字第 349 号判决书。

被告签订的耐火材料定做加工合同认为被告违反了瑕疵担保责任,而后依据《产品质量法》第41条与第43条判决被告对所造成的其他财物的损失承担产品侵权责任,再一并确定最终赔偿数额。

3.责任竞合、择一救济

《合同法》第122条规定,"因当事人一方的违约行为,侵害对方人身、财产权益的,受损害方有权选择依照本法要求承担违约责任或者依照其他法律要求其承担侵权责任",因此实务中许多法院根据此条规定,认为在产品发生损害的情形下,意味着合同责任与侵权责任发生竞合,受害人只可选择其中一种路径,且一旦选择就不能随意更换。若产品侵权责任的举证责任、归责原则、诉讼管辖等法律规则更有利于受害人,则受害人倾向于选择侵权法获得救济,起诉时则经常选择不要求产品自身损害的赔偿。

由前述所列情形而知,司法实践中关于产品自损救济路径存在着众多分歧,"同案不同判"的现象不免导致司法不公及法律可预期性的降低,使法律一致性的要求难以得到遵从。因此,在当前立足我国相关法规,广泛研究国内各家学说,制定统一产品自身损害救济的原则和标准实为必要。

三、缺陷产品自身损害的相关法规及学说梳理

(一)相关法规

1.《民法通则》与《产品质量法》的相关规定

关于产品责任制度,在国家法律层面的规定始于1986年颁布的《民法通则》第122条,"因产品质量不合格造成他人财产、人身损害的,产品制造者、销售者应当依法承担民事责任。运输者、仓储者对此负有责任的,产品制造者、销售者有权要求赔偿损失"。梁慧星教授认为本条中的"财产"应指因缺陷产品造成消费者其他财产的损害,其理由是"缺陷产品本身的损害及因此所受可得利益损失,应依合同法的规定处理,其是否赔偿,应视违约情节及合同约定"[①]。

而后,1993年颁布的《产品质量法》第40条规定了销售者对不合格产品应当负责修理、更换、退货,若给购买产品的消费者造成损失的,销售者应当赔

---

① 梁慧星:《论产品制造者、销售者的严格责任》,《法学研究》1990年第5期。

偿损失。该规定的基础是销售者和消费者之间存在直接的合同关系,所体现的民事责任在性质上属违约范畴。该法第 41 条第 1 款进一步规定:"因产品存在缺陷造成人身、缺陷产品以外的其他财产损害的,生产者应当承担赔偿责任。"与前述《民法通则》第 122 条相比,其以更为明了的方式将产品自身损失排除于产品责任的赔偿范围之外。

2.《侵权责任法》的相关规定

历经四次审议、于 2009 年底出台的《侵权责任法》专章规定了"产品责任",但其并无取代、补充或修改《产品质量法》规定的表示。其中第 41 条规定"因产品存在缺陷造成他人损害的,生产者应承担侵权责任",并没有明确地将产品自身的损害排除在救济范围之外,之前审议文稿亦持类似说法,故赔偿范围是否包括缺陷产品本身未臻明晰。人大法工委指出:"第 41 条的财产损害,既包括缺陷产品以外的其他财产的损害,也包括缺陷产品本身的损害,这样,有利于及时、便捷地保护用户、消费者的合法权益。"[①]在此种解释下,则会形成《侵权责任法》与《产品质量法》在缺陷产品自身损害是否属于侵权责任范围这一问题的矛盾。

针对这一问题,有学者认为《产品质量法》之于《民法通则》而言为特别法,而《侵权责任法》相照《产品质量法》而言是新法,"应当依据其'只要侵权行为侵害他人之权益,并发生了损害后果'及第 41 条的规则获得产品自身损害的救济"。[②] 笔者认为二者关系不能如此简单地递推判定。从一般法与特别法关系来看,相比《侵权责任法》而言,《产品质量法》关于产品责任的规定是特别法;而从新旧关系而言,相比《产品质量法》而言,《侵权责任法》为新法;从总体上来看,两部法律在条文上也是既存在重合部分亦有不同规定,"作为新法的《侵权责任法》对产品责任的规定既有对《产品质量法》的沿用,又有创新性规定,对某些毫无争议的问题或者当前阶段不够成熟完善的问题则不予规定,需要借第 5 条之规定指向《产品质量法》"。[③] 也就是说,对于《侵权责任法》有规定的适用其规定,无规定或者规定不明确的则适用《产品质量法》的规定。所以《产品质量法》第 41 条第 1 款的规定,能否作为对产品责任赔偿范围做出限定的特别规定,仍旧值得思考。

---

① 全国人大法工委民法室:《〈中华人民共和国侵权责任法〉条文释义与立法背景》,人民法院出版社 2010 年版,第 175 页。

② 董春华:《产品自身损害赔偿研究——兼评〈侵权责任法〉第 41 条》,《河北法学》2014 年第 11 期。

③ 张新宝:《我国产品责任制度:守成与创新》,《北方法学》2012 年第 3 期。

(二)学说梳理

1. 主要学说

关于缺陷产品自身损害是否可纳入侵权损害赔偿范围,我国理论界的观点也大相径庭。总体而言,关于此问题的学说可分为三类:肯定说、否定说和折衷说。

肯定说主张产品自身损害可以通过侵权法获得救济,其认为立法应当从我国国情出发,不能固守契约法和侵权法的界线,而应更关注消费者权益的保障。如王利明教授认为《侵权责任法》从有利于受害人的救济角度出发,"在产品责任中扩张了损害的概念,将缺陷产品本身的损害包括在其中是有一定合理性的",其主要理由有三点:第一,有利于减少司法实践中的请求权竞合情况,充分保护受害人的利益。第二,便利救济,减少诉讼成本。第三,符合我国实践经验。[①] 学者高圣平从违约与侵权严格区分可能出现的弊端出发,认为"就缺陷产品致人损害而言,违约责任与侵权责任均采严格责任,两者之间的严格区分意义不大,而可能存在的唯一区别是由制度设计本身所造成的赔偿范围的不同",因而其认为统一违约赔偿与侵权赔偿的范围深具意义。[②]

否定说主要基于纯粹经济损失排除规则理论,认为应严格划分契约法和侵权法的规制界线,缺陷产品自身损害不能纳入侵权法救济范围。王泽鉴教授认为因买卖契约对瑕疵所生的损害已经设有详细规定,故"商品伤害自己所生的纯粹经济上损失,原则上应依契约法加以救济",他还进一步指出过度扩大侵权行为法的规范领域的负面作用,即"如《契约之死亡》一书所云,使契约法淹没于侵权行为的汪洋大海"。[③] 张新宝教授亦从立法过程、比较法经验、债法内部体系的和谐角度出发,进一步阐述其否定观点,并提出若直接适用侵权责任,则容易导致"非法产品无需合同关系的支持便能得到侵权赔偿,从而违反'民事活动必须遵守法律'的原则"。

折衷说主张视情形灵活处理,认为适用侵权法或者契约法规则是通过对交易主体、该缺陷的性质、损害发生的方式等因素进行考察来决定的,不能僵化处理。如学者张骐认为"产品本身的损失以及修理产品的费用,并未构成对

---

① 王利明:《论产品责任中的损害概念》,《法学》2011 年第 2 期。
② 高圣平:《论产品责任损害赔偿范围——以〈侵权责任法〉、〈产品质量法〉相关规定为分析对象》,《华东政法大学学报》2010 年第 3 期。
③ 王泽鉴:《民法学说与判例研究》(第八册),北京大学出版社 2009 年版,第 192 页。

消费者人身和财产的威胁,因此不宜以产品责任法处理此类案件。当然,如果产品威胁到普通消费者的人身和财产安全,即使仅造成产品本身的损害,也应当以产品责任处理这类案件"。[1] 学者董春华也持该观点,"消费者的生命安全和财产权益击败了产品自身损害必须由合同法调整的局限性",其主张产品自身损害能否获得侵权法救济的标准是"产品以危及人身、财产安全的方式导致损害",若符合该情形即便仅造成产品自损亦可予以侵权法上的救济。[2]

2.小结

客观而言,以上三种观点均存在各自利弊。肯定说虽在实务操作上较为便捷经济,也符合保护受害人利益的价值取向,但在缺乏有力的学理解释支撑的前提下,纯粹以适用上的便捷为由而在某种程度上混淆侵权与违约两大体系的界限,难免引起质疑。而否定说则导致受害人需要提起两个诉讼从而增加诉讼成本,且在实务中部分产品自身损害的合同法诉讼与其他伤害的侵权法诉讼分开审理,可能导致"同案不同判"的结果。折衷说表面上看似最为合理,但一定程度上缺乏实际操作性,如何明确区分产品缺陷的危险性及严重程度存在困难,并且允许存在缺陷的产品购买人在事故发生之前获得侵权责任赔偿也存在不合理之处。

四、缺陷产品自身损害的相关比较法考察

(一)大陆法系

1.德国

德国《产品责任法》第 1 条规定,"因产品缺陷致损请求损害赔偿的范围,限于侵害身体、健康或者缺陷产品以外的物",德国民法的传统见解一向认为,产品有生产或设计上的缺陷,而此项缺陷于产品流通进入市场时即已存在,买受人所取得的是一个自始具有缺陷的产品的所有权。因此,缺陷产品本身的损害不能认为是对所有权的侵害,仅发生物之瑕疵担保责任,买受人不得依侵权行为法的规定向出卖人或制造者请求损害赔偿。[3]

但德国的司法实践也不尽然遵循上述规定,以德国的"开关转换器"一案

---

[1] 张骐:《产品责任中的损害与损害赔偿》,《法制与社会发展》1998 年第 4 期。

[2] 董春华:《产品自身损害赔偿研究——兼评〈侵权责任法〉第 41 条》,《河北法学》2014 年第 11 期。

[3] 王泽鉴:《民法学说与判例研究》(第八册),北京大学出版社 2009 年版,第 192 页。

为例,该案中原告的开发转换器存在缺陷导致游泳池清洁器因电线过热而毁损,原告的瑕疵担保请求权存在时效障碍,也不能依据《德国民法典》第823条主张所有权受到侵害,而联邦法院却以"该物并非自始具有瑕疵,而是其中的开关转换器的部分具有瑕疵继而延伸到其他无瑕疵的部分,最终导致整个游泳池受到损害"的思路认可了原告的请求。之后德国从该案中发展出了"继续侵蚀性损害"规则,以区分产品缺陷部分的损害和产品缺陷部分以外的损害,进而扩大产品责任的救济范围。在随后出现的案件中,联邦法院为了使得同类案件能得到大致相似的判决,又进一步发展出了更为抽象的概念——同质料性。简而言之,当损失与缺陷是同质料性时,产品自损部分为纯粹经济损失不能获得侵权法上的赔偿,当损失与缺陷不是同质料性的情况下,属于对所有权的损害,可以得到侵权法上的赔偿。实际上,"同质料性"并不存在一个可描述的明确概念,它只是作为判断是否构成财产损失的一个依据,在司法实践中遇到各类错综复杂的问题时,其适用性广受质疑。

2. 法国

《法国民法典》第1386条规定,本编(由缺陷产品引起的责任)之规定适用于因伤害人身与财产所引起的损害的赔偿,但有缺陷的产品除外。第1382条关于侵权行为的规定也体现了法国将消费者的诉讼请求限制在合同领域中。法国传统学说认为"不履行合同,实际上是合同领域的不法行为,侵权行为是违反权利不可侵犯的一般义务,而债务不履行是违反基于合同产生的特别义务,所以债务不履行是侵权行为的特别形态",因此,同一事实具备侵权行为和债务不履行的要件时,以特别法优于普通法的原则,只能适用债务不履行的规定,无主张侵权请求权的余地。

虽然就以上条文与学说而言,受害人就产品自伤的损失不能通过产品责任向生产者主张赔偿,但是法国发展出了"可转移的瑕疵担保责任"制度来解决这一问题。[①] 也就是说,就缺陷产品本身的损害,法国法院赋予最终买受人直接合同请求权,可以对那些与自己没有契约关系的先前卖主就所出卖的瑕疵产品提起瑕疵担保责任中的直接诉讼。根据这一制度,受害人可以基于法律赋予的合同请求权,以标的物的最初出卖人违反了法定的瑕疵担保责任而诉请法庭保护自己的利益。法庭给予受害人的法律救济有损害赔偿和契约解除这两种方式。

---

① 张民安:《现代法国侵权责任制度研究》,法律出版社2003年版,第124页。

3.日本

日本 1994 年的《制造物责任法》第 3 条规定:"制造业人就制造物缺陷侵害他人的生命、身体及财产所生的损害,应负赔偿责任。但此项损害仅发生于该制造物时,不在此限",明确认定缺陷产品自身损害并非侵权责任的赔偿范围。但日本经济企划厅等单位对《制造物责任法》第 3 条解释时认为"在不发生扩大损害时,制造物自身的损害依瑕疵担保及债务不履行责任加以救济;在发生扩大损害时,依不法行为制度的基本原则,对制造物自损和他损适用侵权法加以救济"。

4.我国台湾地区

我国台湾地区"消费者保护法"第 7 条规定了制造者的责任,"从事设计、生产、制造商品或提供服务之企业经营者,应确保其提供之商品或服务,无安全或卫生上之危险。商品或服务具有危害消费者生命、身体、健康、财产之可能者,应于明显处为警告标示及紧急处理危险之方法。企业经营者违反前两项规定,发生损害于消费者或第三人时,应负连带赔偿责任",以王泽鉴先生为代表的学者认为该法第 7 条规定的"财产"应做限制解释,不包括具有瑕疵(安全上危险)产品本身的损害及其他纯粹经济损失。[①] 对于缺陷产品本身的损害,被害人仅可依照买卖瑕疵担保、不完全给付等契约责任主张。学者们多将产品自身的损害看成是商品交易的固有风险,基于私法自治、契约自由等原则的考量,这种风险的承担应通过契约法而不是侵权法来分配。

(二)英美法系

1.美国

产品自损在美国法上通常被认为是纯粹经济损失,而非侵害所有权,美国《侵权法重述第三版:产品责任》第 21 条(c)即将产品本身损害排除在赔偿范围外。而在司法实践中,对于产品自伤损害赔偿的请求权基础在于合同法还是侵权法,美国法院对此的态度不完全一致,也各有相关案例支持。1965 年,新泽西和加利福尼亚法院在这问题上流传下来两个相反的意见。新泽西法院在 Santor v. A & M Karagheusian,Inc 案件中认为,原告因购买瑕疵地毯存在缺陷而导致价值减损,可以根据侵权法以生产商为被告请求赔偿该种损失。因为制造者违反了对产品适当性的默示担保义务,即使原告所受到的损害仅

---

① 王泽鉴:《民法学说与判例研究》(第八册),北京大学出版社 2009 年版,第 192 页。

是产品本身,并且原被告之间并不存在合同关系。但是就在几个月后,加利福尼亚最高法院在 Seely v. White Motor Co. 案件中却持有了与 Santor 案件完全相反的观点。在 Seely 案件中,原告所购车辆因刹车存有缺陷而最终导致卡车翻车。原告在事故中并未受到人身伤害。然而,原告对销售者和生产者分别提出了违约与侵权之诉,请求对自己遭受的经济损失进行赔偿。在上诉审中,加利福尼亚最高法院虽然认同了合同法上的诉因,但却指出原告不能依据侵权法提起同样的诉讼,因为他所遭受的损害仅是经济上的损失。之后 Seely 案件的判决结果更为广大法院所接受,即在严格责任领域,对纯粹经济损失不予赔偿。①

简而言之,美国现今多数派认为不应以侵权法来解决产品本身的损害。"确保产品的价值和品质,是合同明示或默示担保的范围,而产品责任法的目的,并非用来削弱合同法的规范功能,而是保护人身和其他财产不受侵害",②所以如果消费者仅仅因为该缺陷产品发生故障或自损而遭受损失,该损失应被纳入《统一商法典》的调整范围。此外,纯粹经济损失引发的侵权责任没有限制,法院担心制造商可能会承担大额赔偿责任。

2. 英国

在产品责任这一特殊侵权形式中,英国把缺陷产品引起的损害分为人身、其他财产的损害和此类损害所带来的间接资金损失以及其他纯粹经济损失等多种形式。英国国内主流观点与美国一样,将产品自身损害纳入到纯粹经济损失这一概念框架下,受害人只能要求与其有合同关系的出卖人承担合同责任,不能依据侵权责任获得赔偿。英国 1987 年的《消费者保护法》中第 5 条规定,损害是指死亡或人身伤害或财产的毁损灭失,对缺陷产品本身的损害或组装到另一产品中的产品损害或纯经济损失,不予赔偿,对商业财产损失也不予赔偿。经典判例如 D&F Estates Ltd. v. Church Commissioners 一案,由于房屋的泥灰粉刷缺陷造成屋顶及内墙泥灰掉落损坏了原告的地毯和其他财产,最终法官支持了关于清洗地毯和其他财产费用的请求,但驳回了原告关于修理房屋费用的请求。英国法院认为如果使制造人承担责任会使那些与其没有任何合同关系的人受益,因为合同中通常会对产品的质量做出相应的担保。③

---

① 郭洁:《美国产品责任重的纯粹经济损失规则探析——兼论我国相关法律制度的构建》,《法学杂志》2012 年第 3 期。

② 美国法律研究院肖永平等译:《美国侵权法重述第三版:产品责任》,法律出版社 2006 年版,第 49 页。

③ 王军:《侵权行为法比较研究》,法律出版社 2006 年版,第 54 页。

从以上比较法的考察来看，在一般情况下，较多国家或地区的产品责任保护的对象不包括产品自身损害，而是将其产生的纯粹经济损失，置于合同法的框架内加以救济，仅在特殊情况下例外适用侵权法的救济方式。

五、缺陷产品自身损害救济路径思考

通过以上关于相关案例、学说观点和比较法的考察，笔者认为缺陷产品自身损害应通过合同法予以救济，具体理由如下。

(一)不符侵权法保护客体范围

就基本法理而言，若考虑将缺陷产品自身损害纳入侵权法范畴，则首先要回答一个基本问题，即受害人的何种权利受到了侵害。如前文所述案例"祁庆民诉上海大众汽车有限公司产品责任纠纷案"中，法官认为"侵权行为所侵害的客体为人身权和财产权，系权利本身而不是权利所指向的对象(如汽车、房屋等有形财产)"，所以其认为不应对财产权所指向的具体财产加以区分限制，否则无异于削弱对受害人权利完整性的保护。首先需要强调的是，受害人权利保护固然重要，但这并不意味我们应将受损的具体财产一概以此种含糊的方式列入救济范围，此举类似于在已有具体法律规则的前提下适用抽象原则，从而违背了法律适用上的准确性与可预测性。而进一步细化到确定产品自损的性质时，产品本身的缺陷自其交付时既已存在，受害人自始就未获得完整产品的所有权，缺陷产品之毁损自然不能认为是生产者对受害人所有权的侵害。此外，众多学者持与比较法规则或判例一致的意见，认为该种损害毋宁是一种纯粹经济损失，属于法益的范畴。但通说认为，侵权法所保护的客体原则上应限于权利，对于权利以外的法益保护多加以严格的限制条件。正如王利明教授所述，"严格地说，纯粹经济损失的救济应当置于整个民法体系中，由此发现妥当的应对方法。因为有一些纯粹经济损失，如果可以纳入到合同救济的范围，就不应当作为侵权责任法上的纯粹经济损失，而应当作为合同法上的可得利益损失来处理"[①]，因此，在产品自损案件中，若已有消费者与销售者之间的购销合同为基础，所涉纯粹经济损失更适宜纳入到合同救济的范围。

---

① 王利明：《侵权责任法与合同法的界分——以侵权责任法的扩张为视野》，《中国法学》2011年第3期。

(二)侵权法与合同法体系协调所需

前述第一个理由的阐述已经略微涉及关于侵权法与合同法的适用差别，该部分将进一步探讨二者的区分与协调问题，而这也是缺陷产品自损救济路径探索的关键理论背景。

在此之前，让我们先将视角置于司法实践中"侵权法大幅扩张适用范围"的现象。"龙飞产业诉沈矿经销部、沈矿机器厂产品质量侵权纠纷案"[①]、"北京新健娱乐设备有限公司与宜昌市三峡航空实业公司等产品质量侵权纠纷案"[②]与"陈松柏、吴明等诉泉州市丰泽明星塑胶有限公司、陈拥辉、陈菊慧产品质量侵权纠纷抗诉案"[③]三起案件案情类似，即原告因其向被告购买的生产设备存在质量问题而无法生产合格产品，向法院提起侵权之诉。前两起案件中法院支持了原告相应的侵权诉求，而第三起案件正是因为案由问题经历一审、二审、再审，最终吉林高院认为："本案不存在产品质量违约责任和产品缺陷侵权责任的竞合……构成产品责任，必须有人身、财产损害的事实，即缺陷产品造成了消费者或第三人的人身伤害，或者造成了缺陷产品以外的财产损害。"据此撤销原审判决。根据《产品质量法》第 46 条，与产品瑕疵主要是指"产品质量上无法满足功能作用"相比，产品缺陷强调危及他人人身、财产安全的不合理危险，而这三起案件均出现了将产品瑕疵与缺陷概念相混淆、盲目适用侵权责任的情形。不论是相关法官法律概念不清还是为图便捷的动机驱使，该现象都不能不引起我们对于侵权法与合同法两大体系当前失调状况的重视。

民事救济制度基本是以违约与侵权相结合的二元救济体系，该体系建立在我国有关利益分类：期待利益、信赖利益与固有利益区分的基础之上。合同法保护对象主要是期待利益和信赖利益，而侵权法保护固有利益。两种责任方式在功能设定、义务来源、归责原则、举证责任、赔偿范围等方面均存在诸多差异，其中功能设定上的差异为二者区分的根本。合同法的功能在于保障市场交易活动的进行，强调"私人自治"，其救济方式坚持相对性原则，而侵权法的功能更多在于保护消费者的人身权和财产权，如产品责任解决的是在生产技术高速发展的社会中如何更有效地维护社会安全和公平的问题，故其可对

---

① 详见云南省富民县人民法院〔2000〕富民初字第 90 号判决书。
② 详见湖北省武汉市中级人民法院〔2001〕武经再字第 1 号判决书。
③ 吉林省高级人民法院〔2006〕吉民再字第 64 号判决书。

不特定的当事人提供救济方式。具体到缺陷产品自身损害而言：

首先，该类损失通常源于当事人之间的合同关系，是销售者违反合同瑕疵担保义务的结果。依照瑕疵担保义务的规定，参与市场交易活动的一方当事人转移财产或权利给另一方当事人时，应当确保该财产或权利的品质，如果交付的财产存在质量问题，则应该向对方当事人承担相应的责任。存在缺陷的产品实际上是一方当事人未达到合同所约定的质量要求、支付不符合合同内容产品的现象，直接后果是导致另一方当事人履行利益受损。"在理论上，产品责任系侵权责任，其规范目的在于为受害人提供健康与安全保障，而产品自身的损害赔偿与受害人之健康安全保障并无直接关系"①，故将缺陷产品自损问题纳入侵权责任无疑是对产品责任立法宗旨的违背。

其次，合同当事人本就可以通过双方约定来更为灵活、恰当地分配产品的经济风险，使各自在利益与对价之间取得平衡。由于合同当事人关系的确定性，以及当事人各方对可能的损失及其赔偿的约定，相应的法律后果具有更大的可预测性，反之，如果侵权法亦对缺陷产品自身损失予以规范，则当事人通过协议确立的风险分配机制将遭到破坏，②并加剧法律适用中的不确定性。

再者，若产品不符合双方约定要求，合同法也为其提供了救济渠道。依据瑕疵担保责任制度，买受人可以通过拒收、解除合同、要求减价以及损害赔偿等来维护自身权益，如买受人可以依据《合同法》第 111 条③请求对方承担产品减少的价值、修缮费用等责任，亦可以依据《合同法》第 113 条第 1 款④得到因产品缺陷而丧失的营业利益或其他可以预见的可得利益上的赔偿。

因此，如果在产品纠纷案件中仅仅因出于实务上的便捷，忽略合同法的优先地位，完全参照侵权责任的思路来处理，不仅在学理解释上显得过于薄弱，并将会过度地扩大侵权法的规范领域，破坏法律体系内部协调性。

(三)受害人利益同样得以保障

"受害人利益无法得到全面保障"是反对以违约责任救济产品自身损害的

---

① 参见我国台湾地区"高等法院"2006 年度上易字 1154 号判决之要旨。

② 冉克平:《缺陷产品自身损失的救济路径》,《法学》2013 第 4 期。

③ 《合同法》第 111 条:"质量不符合约定的,应当按照当事人的约定承担违约责任。对违约责任没有约定或者约定不明确,依照本法第六十一条的规定仍不能确定,受损害方根据标的的性质以及损失的大小,可以合理选择要求对方承担修理、更换、重作、退货、减少价款或者报酬等违约责任。"

④ 《合同法》第 113 条:"当事人一方不履行合同义务或者履行合同义务不符合约定,给对方造成损失的,损失赔偿额应当相当于因违约所造成的损失,包括合同履行后可以获得的利益,但不得超过违反合同一方订立合同时预见到或者应当预见到的因违反合同可能造成的损失。"

理由之一,持该观点的学者多依据前文提到的《合同法》第 122 条,认为因责任竞合规则导致受害人只能提起一个请求权,从而导致所受损害无法得到完全赔偿。

如受害人若主张违约路径、依据"加害给付"思路要求销售者承担包括产品自损外的其他损害在内的赔偿责任,该种方式亦需要考虑实务中"违约责任纠纷下难以获得精神损害赔偿"的现状。前述观点涉及对责任竞合的理解问题。

在产品缺陷导致自身损失及其他人身或财产受损的情况中,两种受损利益性质不同,一种是债权人就合同享有的履行利益,侵害此种利益应承担违约责任;另外一种是受害人依法律规定享有的固有利益,该利益的损失应该受侵权法调整。此两种损失,性质不同,分别由合同法和侵权法保护,在内容上不存在互相交叉、重叠的部分,虽为同一行为造成,然而依照完全赔偿的原则,受害人应当可以同时请求弥补,以恢复到缔约前或侵权前的无损状态,这也就意味着侵害人或者违约方应当同时承担侵权和违约两种责任。因此,有学者认为"就履行利益损失与固有利益损失二者之间而言,不存在所谓的侵权责任与违约责任的竞合问题,应认同为责任聚合"①。亦有学者称此种情况为"请求权聚合"②,即同一个法律事实基于法律的规定以及损害后果的多重性,而应当使当事人对数种以不同的给付为内容的请求权可以同时主张。"请求权竞合"虽然也产生了多项请求权,但多项请求权的给付目的均相同,因此互相排斥,不能并存在诉讼中。所以,此处的两种请求权并没有发生冲突,受害人并不会因为同时提出这两种请求权而获得高于其自身损失的赔偿,即并不发生侵权责任和违约责任的竞合。③

但在实务中,若当事人为保证能全面主张赔偿金额,针对附带其他损害的产品责任案件选择同时提出违约之诉与侵权之诉时,难免遇到因管辖和诉讼标的不同带来的束缚,因此杨立新教授主张根据民事诉讼的"两便原则",如果受害人向法院起诉产品责任,一并起诉缺陷产品的供货者承担违约责任,同时救济侵权损害和合同的预期利益损害的,法院可以同时受理,同案作出判决。④ 如此操作,既符合合同法与侵权法在体系上泾渭分明的要求,又可以在实际效果上节约诉讼成本、全面保障受害人利益,实为两全之举。

---

① 李永军:《合同法》,法律出版社 2004 年版,第 604 页。

② 杨立新、张新宝、姚辉:《侵权法三人谈》,法律出版社 2007 版,第 56 页。

③ 王利明、周友军、高圣平:《中国侵权责任法教程》,人民法院出版社 2010 年版,第 542 页。

④ 杨立新:《侵权责任法悬而未决的十五个问题的司法对策》,《中国审判》2010 年第 7 期。

综上所述,将产品自身损失纳入合同法救济范畴是维系合同法与侵权法二元救济体系的需要,亦可与其他国家的主流思路保持一致,并通过将诉讼主体限制于相对人之间,避免造成责任泛滥的负面影响,是当前处理该类案件的恰当思路。而对于《侵权责任法》第41条规定的"他人损害",在解释上可通过目的解释,将其范围限缩在"缺陷产品自身以外的损害"中,或是将《产品质量法》第41条视为《侵权责任法》第41条的特别法从而适用该特别规范。

五、结　语

在产品责任中,对损害概念的理解是最基本的问题之一,但在缺陷产品自身损害救济问题上,《侵权责任法》第41条中的"损害"概念引发了对其的不同理解和广泛讨论。而在查阅实务案例中,笔者发现部分法院仅考虑实务上的便捷,混淆合同法与侵权法之分,盲目适用《侵权责任法》,导致合同法与侵权法之间的传统界限遭受重大挑战。而经过对所收集案例的翻阅、相关法规与学说的梳理及比较法上的考察,笔者主张应坚持二元救济体系,将该类损害纳入违约责任的救济范围。在单纯的产品自损案中,买受人可通过合同法上的瑕疵担保责任向出卖人提起违约之诉,而在产品自身损害与其他人身、财产损害兼具的案件中,受害人可根据责任聚合理论向法院同时提起违约之诉与侵权之诉,法院应根据案情合并审理以节约诉讼资源、统一审判结果。

论无过错责任中的过失相抵

浙江大学光华法学院民商法硕士生　邬秋波

摘　要:过失相抵制度是基于公平精神和责任自负原则所生的损害赔偿法中的一项基本规则,适用于所有损害赔偿之债。本文通过对过失相抵规则与无过错责任制度的起源、理论基础的探讨和对《民法通则》、《侵权责任法》以及《人身损害赔偿解释》的法条审视分析得出在承担无过错责任的特殊侵权案件中亦有过失相抵规则适用之余地,只是在此领域该规则的适用相较于承担过错责任而言需受到更多的限制,且其程度会因无过错责任的法理基础、配套体制的不同而有所差异,由此方能实现无过错责任这一归责原则应有之义与过失相抵规则价值取向的合辙统一。

关键词:无过错责任;过失相抵;侵权责任法

一、问题的提出

所谓过失相抵,是指根据受害人的过错程度依法减轻或免除加害人赔偿责任的制度,[①]也可称为"与有过失"、"比较过失"、"混合过错"、"过失相杀",它是损害赔偿法中的一项重要规则。过失相抵实际上是一种形象的说法,并不是说过失本身可以相互抵消,而只是形象描述根据受害人的过错程度来确定侵害人的赔偿责任。[②]

过失相抵制度源于罗马法上的"庞氏规则",即"因自己的过错而受害不视为受害",除非侵权人主观上是故意的。罗马法根据过错来决定被告的责任,但是若被告能证明原告本身对损害的发生有过失,则"原告自负责任"。"庞氏规则"在很多非法典化国家中至今仍有残留。但是随着19世纪过失责任主义的张扬,过失责任逐渐作为民法的三大原则之一得以确立后,大多数国家的民法典强调了过失责任,而过失责任自然要求考虑双方当事人的过失,大陆法系

---

① 程啸:《侵权行为法总论》,中国人民大学出版社2008年版,第433页。
② 王利明:《侵权责任法研究》(上),中国人民大学出版社2011年版,第441页。

国家开始普遍承认受害人过错可以导致责任的减轻,但是否导致责任的完全免除,则有不同的做法。普通法系国家亦存在着类似于"庞氏规则"的共同过失规则,即若原告无过失,则由被告全部赔偿,若原告有过失,则无权获得赔偿,因而又被称为"全部赔偿或者全部不赔偿"规则。由于共同过失规则过于严苛,对被害人的保护极为不利,因此逐渐被修正进而建立起了现代意义的过失相抵制度——比较过失,该规则要求通过考量双方的过错程度来分别确定原被告应当承担的责任。过失相抵制度的产生和发展,在侵权法中具有极为重要的意义,它标志着过错责任归责原则功能的发挥更为充分,并使过错责任发展到一个新的阶段。同时,归责和责任范围的确定也更为科学和合理化。这一制度并不是仅以保护加害人为目的、以期减轻其赔偿额,而且还起到了平衡并保护各方的利益、充分体现过错责任原则的固有作用。①

从上述过失相抵的历史发展来看,其最初是在过错责任原则的背景和语境下考虑的一种制度建构。可是随着人类社会发展并进入现代社会,在社会上出现了诸多不同于以往的新现象和新问题。具体到侵权法领域,面对需要解决的新型侵权案件,完全固守之前的"过错责任"原则已不能使案件获得对于案件当事人而言公正的解决,因此发展出了"无过错责任原则"。随着侵权法的这种重心的偏移,侵权损害赔偿的调整范围越来越大。此时与有过失的适用范围是否也要应随着侵权法适用范围的扩大而扩大,突破过错责任的桎梏而及于危险责任?这一问题民法学界一直争议较大,长期未有定论。各国立法例也采取了截然不同的立场。我国《侵权责任法》出台以后,学者们大多认为主张应当适用的观点得到了立法上的采纳。但现有立法是否已然平息了无过错责任中过失相抵问题的理论与实务分歧?实则并不尽然。

关于过失相抵能否及如何适用于无过错责任的问题,最高人民法院颁布的《关于审理人身损害赔偿案件适用法律若干问题的解释》(以下简称"《人身损害赔偿解释》")最先予以具体细致的规定,该解释第2条第2款规定了在适用无过错责任确定赔偿义务人的赔偿责任时,只有当受害人对损害的发生或扩大有重大过失时,方能减轻侵权人的赔偿责任。2009年通过的《侵权责任法》在总则部分的第三章"不承担责任和减轻责任的情形"第26条对过失相抵作出了一般性的规定:"被侵权人对损害的发生也有过错的,可以减轻侵权人的责任",相较于20多年前颁布的《民法通则》第131条:"受害人对于损害的发生也有过错的,可以减轻侵害人的民事责任"并无实质性的改进,对上述问

---

① 杨立新:《侵权损害赔偿》,法律出版社2008年第4版,第199页。

题目前仍旧没有在法律层面作出明确的正面回应。相反仅是在分则部分的第九、十章中就五类无过错责任中对过失相抵的适用做了规定,并且不同类型责任中的适用规则有所差别。如在"李刚诉田金圣机动车交通事故案责任纠纷案"①中,被告饲养的狗横穿马路致原告避让不及受伤,法院认为原告在此事故中未尽安全注意义务,属于重大过失,可减轻被告50%的责任。"康某某诉康留圈、康付群生命权纠纷案"②以《侵权责任法》第26条、第72条为裁判依据,调整的是占有、使用高度危险物致人损害责任。在该案中法院认为被告存在过错,原告亦负有对幼子监护不力的重大过失,根据原、被告双方的过错程度及对康某某死亡的原因力,以原告承担70%、被告承担30%的赔偿责任为宜。"王行俊诉闫江等提供劳务者受害责任纠纷案"③的主要裁判依据是《侵权责任法》第73条关于危险作业致人损害责任的规定。法院认为本案原告系完全民事行为能力人,应当知道在高压线下从事劳动存在安全隐患,未采取防护措施,对其损伤亦存在过错,故赣榆供电公司的责任可适当予以减轻,即并不要求被侵权人对损害的发生有重大过失。

经笔者检索相关判决发现法院在处理类似上述案件时均会同时援引《侵权行为法》总则第26条和分则中与之相关的特殊侵权行为中的免责或减责条文来认定因原告存在某种程度的过错,进而减轻被告的损害赔偿责任,将损失在原被告之间进行合理分配,而未发现一起法院仅依《侵权责任法》总则第26条或《人身损害赔偿解释》第2条第2款的规定在无过错侵权案件中适用过失相抵制度。这是不是意味着过失相抵制度不能普遍地适用于所有无过错责任中?假设可以适用,适用的条件为何?上述前三个案例分属的三类无过错侵权责任明文规定的适用过失相抵的规则不尽相同,原因何在?各类无过错责任法理基础的不同会对过失相抵规则的适用产生何种影响?本文将从理论与规范两个层面试图就上述问题进行研究与探讨,寻求答案。

二、无过错责任中能否适用过失相抵

(一)肯定说

肯定说认为,无论是过错责任,还是无过错责任,均可适用过失相抵。首

---

① 江苏省东台市人民法院〔2013〕东时民初字第0186号民事判决书。
② 河南省上蔡县人民法院〔2013〕上民一初字第1485号民事判决书。
③ 江苏省赣榆县人民法院〔2013〕赣民初字第4915号民事判决书。

先,过失相抵是诚信、公平原则的体现,具有普遍的妥当性,其适用的领域不因责任之为何而不同。如果在无过错责任中不适用过失相抵规则,那么受害人在遭受损害后就可以任由损害扩大,这显然违反了法律公平的精神。其次,如果在无过错责任中不适用过失相抵,原告将缺乏足够的动力来避免事故的发生。① 在我国持肯定说观点的学者不在少数。杨立新教授认为:"在加害人应负无过错责任的场合,如果受害人有过错,亦构成过失相抵,但必须依照《侵权责任法》的特别规定。如果没有特别规定一种无过错责任原则是否可以适用过失相抵,则应依照《人身损害赔偿司法解释》第 2 条第 2 款的规定,受害人具有重大过失的,可以过失相抵。"② 王利明教授认为,"严格责任并不是绝对的无过错责任,在严格责任的情况下,虽然责任的免除是受严格限制的,但并非不能减轻行为人的责任。而在减轻的过程中,就有必要运用过失相抵的规则。事实上,在严格责任的具体类型中,也确认了过失相抵规则。"③

目前世界上大多数国家立法和司法实践中采肯定说的观点。《德国民法典》第 254 条全面规定了过失相抵制度,且该条位于民法典的第二编"债务关系法"第 1 章"债务关系的内容"第 1 节"给付的义务"当中。该节属于损害赔偿法的总则部分,因此,只要没有相反的规定,该节的规定就可以普遍适用于损害赔偿法领域,既包括依据民法典产生的或者民法典之外其他法律产生的损害赔偿请求权,也包括侵权和违约损害赔偿请求权,还包括过错责任与危险责任。为了明确无过错责任中过失相抵的适用,德国的立法者还在规定危险责任的各种单行法中对过失相抵做了更具体而明确的规定,如《道路交通法》第 9 条、《赔偿责任法》第 4 条、《产品责任法》第 6 条等。④ 而且近些年来,一些学者对《德国民法典》第 254 条 Mitverschulden 的提法提出了异议,他们普遍认为在危险责任作为过错责任的补充形式出现之后,按照第 254 条体现的平等对待原则,原本对加害人适用的危险责任的构成亦同样适用于受害人一方,也就是说受害人一方也应当承担一种无关过错的责任承担义务。从表述方式上来看,既然这样的义务不以过错为构成要件,自然谈不上与有过失,而应当用"与有责任"或"与有危险"的提法对之予以取代。⑤ 张谷教授在其发表的文章中也发出过这样的疑问:"与有过失的范围是否也要随着侵权法适用范围的

① 程啸:《过失相抵与无过错责任》,《法律科学》2014 年第 1 期。
② 杨立新主编:《侵权责任法》,复旦大学出版社 2010 年版,第 118 页。
③ 王利明:《侵权责任法研究》(上),中国人民大学出版社 2011 年版,第 471 页。
④ 程啸:《过失相抵与无过错责任》,《法律科学》2014 年第 1 期。
⑤ [德]罗歇尔德斯:《德国债法总论》,沈小军,张金海译,中国人民大学出版社 2014 年版,第 235 页。

扩大而扩大？否则,加害人那一方面承担的责任可能增加了,而受害人这一方面,如果还是以对于自己的过失为限的话,那么就无法实现各负其责,无法公平确定赔偿范围,就会有脱节的地方。"①在德国,这种观点也已在一定领域内被司法实践所采纳。如在机动车交通事故领域,即便受害的机动车保有人对事故的发生完全没有过错,他也必须根据自己的机动车的一般运行危险相应地抵消他对可能是完全因为过错而导致事故发生的其他机动车保有人所享有的损害赔偿请求权。一般情况下,这种一般运行危险大约为 20%,且因机动车类型的不同而有高低之分。② 可见,与有责任制度是对传统的过失相抵制度的扩张,只在无过错责任领域内适用,但适用的条件更为宽松,只要受害人造成了法律规定的特定的危险,加害人就可以此抗辩要求减轻损害赔偿的责任,这是基于平等对待原则的考量得出的顺理成章的结论。举重以明轻,本章所讨论的过失相抵规则可以适用于严格责任领域在德国已毋庸置疑。但尚值一提的是,笔者认为假使将加害人的无过错责任要件准用于受害人也应当有所限制,仅适用于按照法律规定受害人也是应当承担无过错责任的民事主体的情况,否则就背离了无过错责任归责原则创设之本意:注重对因科技昌明、产业发达、社会开放等所生不幸事故导致的损害进行合理分配。最为典型的例子便是机动车之间发生的交通事故,双方均应承担无过错责任,受害人一方只要与有危险,加害人即可获责任的减轻。

言归正传,过失相抵是否适用于严格责任在意大利仍一个有争议的问题。一些学者认为过失相抵只能应用于过错责任案件中,也有学者认为过失相抵和严格责任可以协调,如果受害人对造成损害有过错的话应减少其损害赔偿额。法院倾向于后一种解决方案,尽管法院迄今为止并未作出过严格责任下过失相抵的判决,而只是在准严格责任案件中作出过此类判决。③ 在美国,过失相抵规则在 20 世纪 70 年代经历了从完全抗辩的共同过失到部分抗辩的比

① 张谷:《作为自己责任的与有过失——从结构对称性角度所作的评论》,载王洪亮等主编:《中德私法研究》第 4 卷,北京大学出版社 2008 年版。

② 汪世虎、沈小军:《我国机动车之间交通事故归责原则之检讨》,《现代法学》2014 年第 1 期。

③ [德]U.马格努斯,M.马丁·卡尔萨斯:《侵权法的统一:共同过失》,叶名怡,陈鑫译,法律出版社 2009 年版,第 172 页。

较过失的转变。① 在共同过失作为完全抗辩的时期,美国法院通常认为该抗辩在被告根据严格责任理论而承担责任时不可适用。而随着比较过失的出现和发展使得过失相抵规则与严格责任的结合成为可能。大多数法院如今认定,比较过失作为部分抗辩甚至在原告起诉被告要求承担严格责任的场合下也可适用。但并非受害人的任何不当行为都能导致严格责任中侵权人赔偿责任的减轻。例如,美国《侵权法重述第二版》第 484 条规定:"原告之参与过失不构成动物占有者或从事异常危险活动者的严格责任的抗辩事由,除非是原告自愿且不合理得使自己遭受该动物或活动的伤害风险的参与过失,方可构成对此类严格责任的抗辩事由。"②

(二)否定说

否定说认为,无过错责任中不能适用过失相抵规则。首先,由于无过错责任或者说真正意义上的严格责任并不是在一切方面都遵循传统侵权行为法的规则,它虽然存在于私法体系当中,却具有社会法的特征。它主要是通过第三人责任险的发展而变得可能和必要的社会团结的一种形式。③ 无过错责任旨在通过责任保险的方式分摊那些在人类社会文明发展过程中出现的不幸。因此,没有必要将过失相抵适用于其中。如果允许过失相抵可以适用于无过错责任或严格责任必然对受害人不利。因为受害人因自己的过错而必须承担的那部分损害将由于法律的或事实的原因无法通过保险加以分散。其次,严格责任更多的立足于个案的公平,过失相抵却更多地基于一般的公平理念。因此,过失相抵和严格责任在制度设计的价值取向上存在着一定程度的冲突。采取完全否定说的国家不多,在南非,《1956 年损害赔偿法》第 34 条只适用于损害部分由原告人的过错造成,部分由被告过错造成的情形,在责任并非依赖于被告过失的场合,该法并不适用。不过,在某些严格责任的事例中,受害人的过错可能作为一个完全抗辩而被提起。

---

① 完全抗辩的共同过失指受害人没有过失,侵害人全赔,受害人有过失,则全不赔。20 世纪 70 年代中期,大多数州废弃该传统的共同过失规则,转而采纳作为部分抗辩的"比较过失"规则。存在两种形式的比较过失,一是纯粹比较过失,只要有过失的原告起诉有过失的被告,原告就会获得成比例的赔偿,无论它多么少;二是修正了的比较过失,只要原告的过失小于(至少不大于)被告的过失,原告获得的赔偿就会按比例地被扣减,但如果原告的过失超过总体过失的一半,则原告将无法获得任何赔偿。

② 许传玺、石宏、和育东译:《侵权法重述第二版:条文部分》,法律出版社 2012 年版,第 201 页。

③ [德]克雷斯蒂安·冯·巴尔:《欧洲比较侵权行为法》(下卷),张新宝译,法律出版社 2004 年版,第 657 页。

(三)笔者之见

欲妥善回答过失相抵规则能否在无过错责任中适用这一问题,笔者认为有必要先就两者的理论基础加以探究,看其在理论上可否找到契合点,从中寻求正当性基础,而后再从两者在法律规范层次中所处的地位和发挥的作用来揭示区别,最后运用法律经济分析得出结论。

过失相抵制度存在的理论基础归根结底在于法律的公平精神与侵权行为法的责任自负原则。通常认为,盖损害之发生或扩大受害人既与有责任,若尚得请求全部赔偿,非仅对加害人失诸过酷,与诚信原则亦有违背,是以于此情形,应由法院斟酌双方原因力之强弱与过失之轻重,以定责任之有无及其范围。[①] 实则过失相抵基于公平之原则及诚实信用之原则而来:赔偿义务人之所以应负赔偿责任,系因其对于损害之发生或扩大有过失,自不应使赔偿义务人负赔偿全部损害之责,否则,即等于将基于自己之过失所引发之损害转嫁于赔偿义务人负担。[②] 学术界对过失相抵法理基础的探讨很多,大致从两个角度分析,一是被害人分担损失的观点,即基于法益所有人承担损害之原则,在被害人之行为具有违法性或非难可能性,或具有损害回避可能性时,或在被害人之危险领域范围内,令被害人之损害不转嫁于加害人负担。二是从加害人责任减轻的观点,在被害人具有与有过失之情事时,加害人行为之违法性或非难可能性因而减低,或认为加害人行为对于损害仅具有部分因果关系,而减低加害人之赔偿责任。[③] 无论采何种论证路径,究其根本均为公平正义的法律精神和诚实信用、责任自负的法律原则之体现。当受害人的过错导致损害的发生或者进一步扩大,如果要求加害人就并非自己行为所致损害承担赔偿责任,实难谓公平与正义。假使受害人无需对自己的过错行为负责,则易令其怠于履行不真正义务,甚至借机达到其他非法目的,使加害人的损害赔偿范围处在无法预计和不确定的状态,侵权法之目的将难获实现。

无过错责任是指在法律有特别规定的情况下,以已经发生的损害结果为价值判断标准,由与该损害结果有因果关系的行为人,不问其有无过错,都要

---

① 王泽鉴:《第三人与有过失》,《民法学说与判例研究》(第一册),北京大学出版社 2009 年版,第 58 页。

② 曾世雄:《损害赔偿法原理》,中国政法大学出版社 2001 年版,第 259 页。

③ 陈聪富:《过失相抵之法理基础及其适用范围》,载王洪亮等主编:《中德私法研究》第 4 卷,北京出版社 2008 年,第 35 页。

承担侵权赔偿责任的归责原则。① 何以责任认定不考虑过错而以损害及法定牵连关系为核心要素便涉及对价值基础的追寻。从现代意义的无过错责任诞生之日起，各国法学界纷纷投入到这一"运动"中，并提出了各种各样的理论依据，如报偿责任、危险责任、法定担保、损害预防、公平考量、分配正义、行为之不可欲的推定、因果本身、内在化本身等。② 笔者认为，报偿责任和危险责任说无疑是最为重要的无过错责任的归责根据，最能体现社会公平性和妥当性。报偿责任又可称为利益主义，即"利之所在，损之所归"也。此学说的根本意义在于获得利益者应同时承担相伴而生的不利益，其所强调的并非是利益的真正获得，而只是为了说明行为人在其追求利益的过程中导致的他人的不利益应由其承担。危险责任说是指危险物之所有人或管理人对于危险物所生之损害，应负赔偿责任。危险责任的基本思想在于"不幸损害"的合理分配，乃基于分配正义的理念。

由上述分析可得而知，过失相抵与无过错责任并非完全平行没有交集的理论体系，事实上它们具有共同的理论基础，即法律的公平精神与自己责任原则。过失相抵的含义在于侵权人的赔偿责任范围因被害人过错的存在而被全部或部分抵消，是责任的抵消而非过错的相抵。因此加害人的过错存在与否并不影响过失相抵规则的适用。更何况无过错责任只是不考虑加害人有无过错，并不是说承担无过错侵权责任的加害人就一定没有过错。无过错责任原则也并不意味着不考虑受害人的过错，其不排除按照受害人过错的大小，减轻甚至免除加害人的赔偿责任。因而，那些所谓过失相抵即意味着双方必须具有过错、只有在以过错责任为归责原则的前提下才能适用过失相抵等诸如此类的否定理由均是在对过失相抵制度和无过错责任的机械理解之上得出的草率结论。实际上侵权责任法上的无过错责任概念并不排斥过失相抵规则的适用。相反允许过失相抵规则在无过错责任中一定限度的适用，可以尽可能地实现两制度所追求的公平正义这一共同目标和各自具体的价值追求的统一，起到适当平衡双方当事人责任之负担的功能，具有正当化的基础，能够避免类似于"因何加害人无过失或而仍应负危险责任，而被害人纵与有过失其赔偿请求权亦毫不受影响"、"因何加害人主张过失相抵较之于被害人主张损害赔偿为难"等一系列的诘问。

---

① 杨立新：《侵权法论》，人民法院出版社 2005 年版，第 143 页。

② 刘海安：《过错对无过错责任范围的影响——基于侵权法的思考》，法律出版社 2012 年版，第 69 页。

再者,除了看到两者之理论根源的相似性之外,从法律规范的构成分析,它们同时分属于不同的规范层次。众所周知,一个完整的法律规范可分为"构成要件规范"和"法律效果规范"。具体到侵权法领域讨论,前者决定的是在哪些要件具备的情况下侵权行为得以成立,后者则调整的是侵权责任成立后损害赔偿范围的确定问题。因而,过错责任与无过错责任的主要区别就在于认定侵权行为成立与否时是否以侵权人的过错为必要条件,处于责任构成层次,尚不涉损害赔偿范围问题。即便有些国家和地区对无过错责任的赔偿范围加以若干限制,但这仅是出于立法政策上的考虑,无关乎过错责任与无过错责任在赔偿范围上的本质差别。而过失相抵制度的适用是在责任成立的情况下,考虑受害人过错及其他归责原则对损害赔偿范围的直接影响。这在无过错责任原则下,同样适用,只是适用的条件有异。

最后,从法经济学的视角出发加以分析,过失相抵的抗辩被认为是对潜在受害人的一个激励,以便使其达到最经济的注意水平。这一分析在无过错责任的环境中同样存在可适用的余地。将过失相抵纳入严格责任的考量范围能够为受害人提供最为经济的激励,从而产生最优的制度效应。其原因是,假定受害人高效地尽到注意义务,则侵害人也会高效地尽到注意义务。如果受害人高效地尽到注意义务,则侵害人就应当对损害负完全责任,这样侵害人就有激励采用使其总损失最小化的那种注意水准。但是受害人为什么要高效地保持注意呢?激励受害人高效地保持注意的原因也很清楚,简单地说就是,那样做将构成避免必须承受其自身损失的一个手段。① 由此可知,将过失相抵规则运用于无过错责任可以使受害人为保护自己而更为审慎地行为,侵权人为避免落入损害赔偿的枷锁之中也会努力达到该有的且最为经济的注意水平,从而令整个社会的运行成本降至最低。

对于上文否定说中提出的两点理由也不无可置疑之处。其一,纵使无过错责任具有社会法的特征,但不足以为排除过失相抵规则适用提供强有力的支持。首先,将损失转嫁社会负担的前提也需要适当考量受害人本身的可非难程度,社会负担损害的原因在于因社会经济的发展给无辜受害者带来了不利益,社会并没有为"可非难者"埋单的义务。再者,虽说无过错责任就是不去考虑被告人是否有过错而将责任加诸其身,该责任的正当基础是风险分配、威慑以及通过损失分散的机制来补偿损失。过失相抵的抗辩事由或许会缓解甚

---

① 参见[德]U. 马格努斯,M. 马丁·卡尔萨斯:《侵权法的统一:共同过失》,叶名怡,陈鑫译,法律出版社 2009 年版,第 388 页。

至阻碍上述目的之实现,但不能仅依此便全盘否定该规则适用的必要性和可行性。假使在任一适用无过错责任归责原则的场合发生因受害人重大过失导致损失的发生或进一步扩大,而赔偿义务人在此事件中不存在任何过失的情形,若仅根据法律特殊规定由其承担全部赔偿责任会令该方当事人负担过重而使另一方当事人即受害人将自己的过失完全转嫁给他人,无需为自己的行为负责,这样的责任分配显失公平自不待言。根据不同类型的无过错责任规定不同的适用条件或将是一个两全之策。其二,另一个否定理由称无过错责任更多立足于个案公平,而过失相抵则更多基于一般的公平理念,对此笔者并不赞同。无过错责任与过失相抵均是基于公平正义的法律精神,积极应对社会发展引发的实践需求,出于平衡各方利益的考量作出的制度设计。二者在创设之初便是以公平正义的理念为核心指导个案裁判实践,从而在实现个案公平的基础上达到总体公平、社会和谐的目标。前者是后者的基础和前提,后者是前者的发展方向和最终目标。两者相辅相成,辩证统一,因何一方侧重前者,另一方侧重后者?实令人费解。笔者认为过失相抵和无过错责任对于公平这一价值的追求不仅不存在矛盾,反而合辙统一,互相结合方能更好地实现各自的制度设计目标,平衡各方利益。

(四)无过错责任中适用过失相抵规则的限制

正如张谷教授所言:"一方面随着归责原则的多样化,与有过失制度客观上需要在适用范围上加以扩大;另一方面为了保护受害人,促使法官审慎判断,需要在适用条件上加以限制,两者共同地统一于自己负责的大原则之下的不同侧面以及同一侧面的不同层面。"[①]限制过失相抵规则在某些无过错责任场合的适用也是近来国际上的一种趋势。这一发展趋势在交通事故领域尤为明显。例如,法国 1985 年《以改善交通事故受害人状况及改进赔偿程序为目的的法律》就对交通事故领域的过失相抵制度的适用进行了限制和排除。[②]于该领域只有当受害人的过错表现为"不可原谅的过错"且是事故的"排他性原因"时才导致损害赔偿请求权的减少。法国法的这一进程对荷兰法院交通事故赔偿实践的新发展也产生了很大的影响。荷兰现代立法者不仅接受了法官造法的发展,且在这一基础上更进一步,即受害人是非机动化道路使用者或

---

① 张谷:《作为自己责任的与有过失——从结构对称性角度所作的评论》,载王洪亮等主编:《中德私法研究》第 4 卷,北京大学出版社 2008 年版。

② 松原哲:《フランスにおける交通事故損害賠償の現代的展開》,《判例タイムズ》第 637 号(1987年 8 月 1 日),第 63 页以下。

同乘者时,只有他们的过错体现为故意或明知的过失时,加害人才能提出过失相抵抗辩主张。德国也有类似的改革方向。德国《第二次损害赔偿法修订法》规定,不满10周岁的儿童原则上被免除道路交通事故责任,通过在《德国民法典》第828条中添加第2款来实现。由于第828条也适用于与有过失抗辩,因此意味着该责任领域不得以与有过失来对抗10周岁以下儿童。但若损害系儿童故意引发的,那么应对侵权责任能力的提高进行限制。上述内容远未穷尽欧洲立法者们的想象力,西班牙、奥地利、丹麦、芬兰、比利时等国家都试图在交通事故领域对过失相抵的适用加以不同程度的限制甚至排除。[①] 欧洲示范民法典草案也对交通事故人身伤害的与有过失及可归责性作出了特殊规定。[②]

究其原因,其一方面因现代社会机动车交通事故具有高度频发性、复杂性、严重性,于是危险负担理论要求对机动车一方的免责加以限制,但更为重要的原因还在于保险体系的逐渐健全,完善的风险分散机制为机动车无过错责任的确立和实践提供了有力支持。近代以来很多国家或地区以不同的方式逐渐实现了责任的严格化,同时也引进了保险补偿形式,以社会分担损失的方式实现加害人与受害人之间的利益平衡。例如比利时《机动车辆强制责任保险》中规定,“除物质损失外……在由机动车辆引起的交通事故中因身体伤害或死亡而对受害人或其法定继承人造成的一切损失……在机动车辆所有人或保有者的投保范围内保险人都必须加以赔偿,无保险时由共同担保基金支付……”第一次在根本不审查责任问题的基础上肯定了第三人责任保险人的赔偿责任。即使所有人或保有者都无需承担个人责任,保险公司也必须支付。但该规则不适用于年满14周岁、本人对事故发生具有不可原谅的过错者和“驾驶者及乘客及他们的法定继承人”。西班牙法要求机动车辆责任保险公司必须举证“损害完全由受害人错误或过失导致”。保险公司责任原则上达100%,除非它能证明受害人的这一排他性过错。法国对该国交通损害赔偿法第12条公平责任条款的司法实践甚至肯定了交通自杀者近亲属对保险公司的完全的赔偿请求权。[③]

---

① 参见[德]克雷斯蒂安·冯·巴尔:《欧洲比较侵权行为法》(下卷),张新宝译,法律出版社2004年版,第657—658页;卢谌:《德国民法专题研究》,法律出版社2008年版,第252页。

② 欧洲民法典研究组、欧盟现行私法研究组编:《欧洲示范民法典草案:欧洲的原则、定义和示范规则》,高圣平译,中国人民大学出版社2012年版,第321—322页。

③ 参见[德]克雷斯蒂安·冯·巴尔:《欧洲比较侵权行为法》(下卷),张新宝译,法律出版社2004年版,第481—484页。

由此可见,无过错责任的法理基础的差异对过失相抵制度的适用有着莫大的影响。因保险的扩大进而导致无过错责任的广泛采用的情况在机动车交通事故领域最为典型,在此类无过错责任领域,对受害人与有过失的考量很多国家通过立法或判例实践加以限制甚至排除。其主要理由是因责任保险的出现使得交通事故加害人的民事责任已不再是个人责任,而是转嫁成了集体责任。交通事故的受害人除了受有交通事故伤害,还因其部分过失而减少赔偿,只能由其自身承担该部分损害,其公平性颇受质疑。① 我国台湾地区的学者黄茂荣曾鉴于危险在生活上和生产上的必要性将之分为必要之危险的危险责任和非必要之危险的危险责任。两者制度规划上的差异表现为在该危险的课予上是否考虑强制责任保险、上限责任及不含非财产上损害之配套。② 前述机动车交通事故责任便可纳入必要之危险责任的范围。强制责任保险的配备,既可避免因无过错责任的课加致不守法之人若无其事,守法之人不胜负荷的情形,也可免于因经济能力有限引致财务危机或不能理赔的困境。考察我国法律关于机动车交通事故责任之归责原则的演变过程,可以看到立法者在过错责任与无过错责任两个归责原则之间的犹豫不决和摇摆不定。与域外法在此领域的一般发展相比较,我国从《民法通则》规定的统一的无过错责任原则到《道理交通安全法》将机动车交通事故区分机动车与其他交通参与者的交通事故和机动车之间的交通事故并适用不同的归责原则。对于前者究竟属于无过错归责、过错推定归责还是优者危险负担在理论界还存在着广泛争议。③而且就该领域的过失相抵的适用就目前从《道路交通安全法》第76条的规定来看也不存在任何限制,与过错责任中的适用条件基本一致。造成以上种种现象的原因不仅与理论界未能对机动车交通事故责任的危险责任之理论基础达成共识有关,更与我国机动车保险体系尚不健全,无法为严格的无过错责任提供支持密不可分。

---

① 周江洪:《绝对过失相抵抑或相对过失相抵?——数人侵权情形过失相抵方式之考察》,《浙江社会科学》2014年第10期。

② 黄茂荣:《债法总论》(第二册),植根法律业书编辑室编辑,2010年,第155页。

③ 《道路交通安全法》第76条所确立的道路交通事故责任之构成极为复杂,不能简单理解为一概适用过错责任原则或一概适用无过错责任。需对机动车之间的责任和机动车与行人、非机动车之间的责任加以区分。对于前者主流观点是认为采取过错责任原则,而对于后者究竟是采取过错推定、无过错责任抑或视作一个归责体系分而述之,学界对此莫衷一是。

三、我国无过错责任中过失相抵制度的具体适用

（一）我国相关法律规定的评析

在我国，最早规定过失相抵的是《民法通则》，该法第 131 条规定："受害人对于损害的发生也有过错的，可以减轻侵害人的民事责任。"该条是对"过失相抵"所作出的一般性规定，而第 123 条和 127 条是针对过失相抵制度在"高度危险作业活动侵权"及"饲养动物侵权"领域适用所作出的特殊规定。该法第131 条的规定在实务界和理论界都颇受诟病，认为其"内容过于简单抽象，因此极不利于司法实践中的运用"。① 有鉴于此，2004 年 5 月 1 日起施行的《人身损害赔偿解释》对《民法通则》的相关规定作了有效的补充。其中第 2 条第1 款规定："受害人对同一损害的发生或扩大有故意、过失的，依照《民法通则》第 131 条的规定，可以减轻或者免除赔偿义务人的赔偿责任。但侵权人因故意或者重大过失致人损害，受害人只有一般过失的，不减轻赔偿义务人的赔偿责任。"第 2 条第 2 款规定："适用《民法通则》第 106 第 3 款规定确定赔偿义务人的赔偿责任时，受害人有重大过失的，可以减轻赔偿义务人的赔偿责任。"将《民法通则》中的一般性规定与《人身损害赔偿解释》中较为具体的规定相结合，可发现立法者与司法者对过失相抵制度的基本态度与思考脉络。择三个要点概述：其一，肯定在侵权行为法中适用"过失相抵"制度的可能，且不仅在过错责任，在无过错责任中亦存在运用过失相抵进行责任归结与分配之必要；其二，对于受害人过错之具体内容，应包含故意与过失在内；其三，责任的归结及责任范围的具体划定需要在加害人与受害人之间进行过错程度的比较。只有在受害人的过错程度大于等于加害人过错程度情况下，才可适用过失相抵制度。具体到"无过错责任"这一特殊情况，存在着只有"受害人有重大过失"，才"可以减轻赔偿义务人的赔偿责任"的特殊规定。这也就意味着，在肯定于"无过错责任"情况下适用"过失相抵"之可能的前提下，基于对"无过错责任"特殊性的考量，将受害人承担责任的过错程度的门槛由"一般过失"提升为"重大过失"。

2010 年 7 月 1 日起施行的《侵权责任法》是我国颁布实施的第一部专门调整侵权行为及其责任的民事特别法，相较于之前《民法通则》较为笼统的规

---

① 程啸：《论无过错责任中的过失相抵制度》，《清华法学》2005 年第 1 期。

定,该法以我国司法实践中在民事侵权领域所出现的具体情况和问题为实践基础,以我国民法学者的侵权法研究成果为理论指导,并借鉴域外国家先进的立法经验及外国学者进步的侵权法理论,《侵权责任法》对过失相抵制度作出了更为具体的规定,大体可分为两类:一类是关于过失相抵制度的一般性规定,分别为《侵权责任法》第26、27条;另一类是对于过失相抵制度的特殊规定,分别是民用核设施、民用航空器、占有使用高度危险物、高度危险作业、饲养动物致人损害这五种情况,相应条文为《侵权责任法》第70、71、72、73、78条。从条文本身的含义来看,《侵权责任法》第26条作为位于总则的条文规定被认为是对"过失相抵"制度的专门性规定与最早的《民法通则》第131条的规定同样简单,仅规定了被侵权人对"损害的发生"有过错,而遗漏了对"损害的扩大"有责任的情形。此外,条文规定"被侵权人对损害的发生也有过错",这一"也"字从字面含义看似乎排除了无过错责任中侵权人没有任何过错仅凭法律规定承担责任的情境下适用过失相抵的可能性,难道仅限于混合过错的情形?另外,"过错"这一概念本身应包含"故意"与"过失"两种情形。那么,《侵权责任法》第27条对"受害人故意"的规定是否与第26条有重合之处呢?《侵权行为法》仅对五类特殊的无过错责任适用过失相抵规则加以规定,这种立法体例是否意味着过失相抵在无过错责任中并没有普遍适用性,而仅局限于法律的明文规定呢?对最后一个问题有三种不同的看法:第一种观点认为无过错责任中立法者即便没有规定过失相抵等减轻责任的事由,也并不意味着排除减轻责任的事由,而只是考虑到规定减轻责任的事由可能过于僵硬,法律采取了回避的做法。在实践中要根据具体案情考虑是否可以减轻责任。① 第二种观点认为从《侵权责任法》和其他法律、行政法规规定的承担无过错责任的情形来看,过失相抵的能否以及如何适用的情形可分为不能适用(如饲养烈性犬等危险动物造成他人损害)、限于受害人重大过失(如高度危险物致害)、正常适用(如高度危险作业致害)三种。第三种观点认为无过错责任中如何适用过失相抵规则应当区分不同的情形,如果是分则有具体规定的,应当按照具体规定来适用。但在规定上述内容的同一章的其他条文中,如果没有明文规定可以因受害人的过失而减轻侵权人的赔偿责任的,则应当理解为不准适用过失相抵。

若能了然前两个问题的答案,那么对于第三个问题的回答也便呼之欲出了。考查《侵权责任法》第26条的规定及用语不难发现其是对《民法通则》第

---

① 王利明:《侵权责任法研究》(上),中国人民大学出版社2011年版,第441页。

131 条近乎完全的沿用。只是将称谓由先前的"受害人"与"侵害人"改换成了"被侵权人"与"侵权人",内涵和外延均并无实质差别,不过是为了体现《侵权责任法》的特别民事法本质,而对法律规定中所适用的用语统一化的结果。既然如此,之前最高人民法院《人身损害赔偿解释》第 2 条的规定对《民法通则》第 131 条的解释亦同样适用于《侵权责任法》第 26 条。由此得出的结论便是《侵权责任法》虽未一般性明文肯定或否定无过错中过失相抵规则的可适用性,但结合《人身损害赔偿解释》的规定可以认定过失相抵规则既可适用于过错责任领域,亦可适用于无过错责任领域,且在后一领域适用中,当受害人有重大过失之时,方可减轻赔偿义务人的赔偿责任。同时,这样解释得出的另一结论是过失相抵中受害人的过错形态包含故意和过失,过失相抵的结果是导致侵权责任的减轻或免除。接踵而来的问题便是如何正确理解《侵权责任法》第 27 条的适用范围?对于这一条文同样存在着与《民法通则》第 123 条和 127 条规定的"高度危险作业致人损害"和"饲养动物致人损害"相类似的拷问:若认为只要受害人存在故意,行为人即可免责,在加害人亦存在故意或者重大过失、一般过失的情况下,这一处理结果是否有失公允?加害人理应按自己的过错及其程度承担赔偿责任,其侵权行为不因受害人之故意而正当化、合法化,特别是在无过错责任归责原则之语境下。因此有人认为《侵权责任法》第 27 条的免责规定仅针对受害人之故意是损害发生的唯一原因,如有证据证明另一方当事人对损害的发生也有过错的,应依据第 26 条的规定进行过失相抵。这似乎可以解释为什么《侵权责任法》第 26 条和第 27 条对当事人的称谓有所区别,前者是"被侵权人"和"侵权人",后者是"受害人"与"行为人"。但笔者认为这一观点经不住推敲。首先如果受害人的故意是损害发生的唯一原因,加害人不具有过错,在过错责任原则适用的领域不成立侵权责任,无侵权可言,更谈何免责?在很多适用无过错责任领域的场合,加害人本身恰恰不具有任何过错,而只因其从事危险活动或管理和持有危险物而按照法律规定承担损害赔偿责任。如果受害人的故意行为是损害发生的唯一原因,"加害人"与损害的发生没有因果关系,在法无明文规定的情况下也不应由所谓的"加害人"承担赔偿责任。其次,在加害人本身不具有过错的情况下,不要说受害人具有故意,即便是受害人具有重大过失、一般过失乃至轻微过失,在过错责任的语境下其损害结果恐怕也只能自食恶果了。因此,如果照受害人故意是损害发生的唯一原因的理解在此对故意的强调便无其意义。实际上应将第 27 条看成是因为"受害人故意"的存在导致加害人的过错行为与损害结果之间因果关系的中断问题。对于"受害人故意"将导致加害人何种程度的过错中断并不存在明确规定或相应解释。或许可以借鉴《人身损害赔偿解释》第2条第1款后一句的规定:"侵权人因故意或重大过失致人损害,受害人只有一般过失的,不减轻赔偿义务人的赔偿责任。"也就是说,侵权人的故意或重大过失的主观过错可以导致被侵权人所具备的一般过失与损害结果之间的因果关系的中断。如此看来,受害人所具有的故意的过错应当只能导致对损害结果的发生只具有一般过失的加害人的责任之免除为宜。但是鉴于无过错归责原则的特殊性,即不考虑赔偿义务人的过错存在与否而由法律直接规定对于与当事人有因果关系的损害后果担责,因此在该领域,只有当受害人的故意是损害发生的唯一原因时,此时"加害人"的行为与损害的发生之间不存在因果关系,实质上不成立侵权行为,虽称不上"免责",但与"免责"同效。但假若加害人有过失,哪怕是一般过失也无法逃避侵权法上的追责。

综上所述,《侵权责任法》总则中第26、27条的过失相抵制度的一般规定同时适用于过错责任和无过错责任。只是对第26条的理解需结合《人身损害赔偿解释》第2条的规定。在无法律特别规定的情况下受害人对同一损害的发生或扩大有重大过失才能作为无过错责任中加害人的减责事由,据此再结合案件实际情形由法官加以合理裁量。这里的特殊规定指的就是《侵权责任法》分则对五种无过错侵权类型的规定。第27条"受害人故意,行为人不承担责任"的适用范围仅针对过错责任中加害人具有一般过失和无过错责任中加害人无过失的情形,从而将该条与第26条的调整范围加以区分。

(二)特殊无过错侵权中过失相抵规则之正当性探究

《侵权责任法》针对特定类型的无过错责任,有的规定了减责事由,有的没有规定减责事由。此外,对于已规定了的减责事由,其内容还不尽相同。笔者将从高度危险责任和饲养动物损害责任这两个类型中的具体规定出发进行深入的探讨,根据其不同的立法意旨、价值取向来评析相应规范的正当性所在。

1. 高度危险责任

《侵权责任法》第九章第70条到第73条规定了四种不同类型的高度危险责任,从规定的顺序看,是按照责任轻重依次递减的顺序规定的。将这四种高度危险责任纳入无过错责任的范围,目的在于"促使从事高度危险作业和危险行为的人对自己的工作予以高度负责,谨慎小心从事,不断改进技术安全措施,提高工作质量,尽力保障周围人员、环境的安全,一旦造成损害,能迅速、及时查清事实,尽快赔偿人们的人身损害和财产损失。适用这一原则的基本思想,在于使无辜损害由国家和社会合理负担,保护受害人的利益"。① 我国台湾地区的学者王泽鉴先生将高度危险作业致害责任确定为无过错责任的理由归纳为四种学说,分别是危险说、公平说、遏制说和风险负担说。② 探析该规定的立法精神,概为公平正义之价值。

具体来看,第 70 条规定的经营民用核设施致人损害责任是最为严重的高度危险责任。在免责事由的规定上,仅仅"能够证明损害是因战争等情形或者受害人故意造成的"才可以免责。所谓"战争等情形"是指武装冲突、敌对行动、国家战争或市民暴乱等,不包括自然灾害等不可抗力的原因。有学者认为本条排除了过失相抵规则的适用,不论受害人是否有重大过失或者过失,都不得主张免除责任。在所有的高度危险责任中,民用核设施造成核事故的损害责任是在无过错责任中最严格的责任,严于其他所有的高度危险责任以及其他适用无过错责任原则的侵权责任类型。③ 也有学者认为该条虽然仅规定了因战争等情形和受害人故意情形导致免责,但司法实践中不排除过失相抵的适用,并列举了我国台湾地区"核子损害赔偿法"第 119 条的规定:"核子设施经营者,证明核子损失之发生或扩大,系因被害人之故意或过失所致者,法院得减轻或免除对该被害人之赔偿金额。"④首先,过失相抵制度中的过失应包括"故意"、"重大过失"和"一般过失",以"故意"并非"过失"为由来主张无法互抵"过失"属于机械的语词置换逻辑,无法令人信服。⑤ 所以笔者认为该条并没有排除过失相抵制度的适用,但有且只有一种情形,即"受害人故意"导致责任的免除,不存在经营者责任减轻事由。经笔者检索北大法宝并未发现一起关于民用核设施致人损害,因受害人有重大过失或一般过失而减轻侵害人的赔偿责任的案例。况且既然立法者在高度危险责任专章中对占有使用危险物和从事高度危险作业明文规定了减责事由,唯独对于民用核设施未作规定,可见立法本意是排除因受害人过失而减轻侵害人责任规则的适用。众所周知,核电厂发生严重事故的频率极低,但是由于其后果极为严重,因此必须采取严格措施保证核设施安全稳定运行。《侵权责任法》起草过程中,起草委员会经研究一致认为,民用核设施的运行是一种危险程度很高的行为,其不承担责任

---

① 杨立新:《侵权行为法专论》,高等教育出版社 2005 年版,第 93 页。
② 王泽鉴:《债法原理(三):侵权行为法》,中国政法大学出版社 2001 年版,第 16 页。
③ 杨立新:《侵权责任法条文背后的故事与难题》,法律出版社 2011 年版,第 225 页。
④ 刘智慧主编:《中国侵权责任法释解与应用》,江平审定,人民法院出版社 2010 年版,第 242 页。
⑤ 朱庆育:《互殴、责任能力和与有过失之判断》,载王洪亮等主编:《中德私法研究》第 4 卷,北京出版社 2008 年,第 61 页。

的情形应当更加严格限制。为了更好地保护受害人,甚至将"不可抗力"排除在经营者免责事由之外,此与国际通行做法一致。[①]

《侵权责任法》第71条规定了民用航空器致人损害,经营者应当承担无过错责任。这里的损害包括两者情形:一是民用航空器在从事旅客、货物运输过程中对所承载的旅客、货物造成的损害;二是飞行中的民用航空器或从飞行中的民用航空器落下的人或物造成的地面上的人身伤害或财产损害。由于航空运输工具的特殊性,飞机一旦发生事故常伴有较大规模的人员伤亡和巨大的财产损失,并造成很大的社会影响甚至政治影响。因此,有必要将其纳入无过错归责原则的调整范围并规定较为严格的免责事由,以与国际公约和世界上的通行做法保持一致。从第71条的条文表述来看,仅规定了"受害人故意"所致损害,民用航空器的经营者可以免责,貌似比民用核设施的规定更为严苛。实则不然。《侵权责任法》作为处理侵权纠纷的基本法,只是在《民法通则》和《民用航空器法》的基础之上,对民用航空器致害责任所作的原则性规定。《民用航空器法》针对不同情况规定了较为详细的不承担责任和减轻责任的情形,只要不与《侵权责任法》冲突,仍然有效,其中包括受害者本人的健康状况、货物本身的自然属性造成的损害,承运人不承担责任等。因此对于此类案件要将《侵权责任法》与《民用航空器法》的规定结合加以考虑得出裁判结果。

《侵权责任法》第72条是关于易燃、易爆、剧毒、放射性等高度危险物致害的规定,归责基础在于危险的存在,因而责任的承担者原则上是控制或者应当控制该危险的人。要求其承担无过错责任能够督促和激励占有人和使用人采取可靠的安全措施,避免高度危险物造成他人损害。对比前两条,该条增加规定了"不可抗力"不承担责任,以及被侵权人有"重大过失"可以减轻责任的情形。主要是考虑到高度危险物虽然本身具有危险属性,但危险程度不及民用核设施和民用航空器,因此在减免责事项上应有所区别。同时毕竟此类危险物的危险性也很高,一旦造成损害导致的后果一般较为严重,对周围环境、人民群众人身、财产安全的影响甚大,因而将减责事由严格限定在受害人具有重大过失的情形。其与《侵权责任法》第73条"危险作业致人损害"规定的不同之处即在于此。后者只要求被侵权人有"过失"就可以减轻经营者的责任。原因在于立法者认为从事高空、高压、地下挖掘活动、使用高速轨道运输工具(以下简称"三高危险责任"),同经营民用核设施、民用航空器和占有、使用易燃、

---

① 全国人大常委会法制工作委员会民法室编:《中华人民共和国侵权责任法条文说明、立法理由及相关规定》,北京大学出版社2010年版,第291页。

易爆、剧毒、放射性等高度危险物相比,危险性稍低,因此对减免责情形的规定相对较为宽松,甚至于已然和过错责任中过失相抵规则适用标准相同。对于这一规定,笔者认为其合理性有待商榷。杨立新教授坚持认为三高危险责任与易燃、易爆、剧毒、放射性高度危险活动损害责任的性质和程度是不一样的,应当分别规定不同的规则。其在《法制日报》中发表一篇文章专门论述这个问题,其中还援引了吴林华案①加以证明。但该案中受害人对损害的发生具有重大过失,只能用以说明三高危险责任中加害人的减责事由需包含受害人具有重大过失,而非仅过失即可。② 所以,从中不能得出对于"因何三高危险责任较占有、使用高度危险物责任为轻"的答案。在笔者看来,两者均属于高度危险责任的范畴,其事故发生的频率、可能造成的损害的广泛性和严重性并无太大差距,这也是为何两者均被纳入无过错责任归责范围之内的原因。假使将三高危险责任完全与过错责任领域内的过失相抵规则同等适用会在某种程度上削弱乃至剥夺其作为无过错侵权类型的立法目的和价值取向,公平正义的法律精神亦不足以体现。

2.饲养动物损害责任

综览《侵权责任法》第十章对于饲养动物损害责任的规定不难发现我国对于该类责任规定了两种归责原则:一种是在一般情况下,适用无过错责任原则,为一般性规定;另一种是在特殊情况下,即在法律有特别规定之时适用过错推定原则,就是第81条规定的动物园的动物侵权。因此与本文相关的条文就锁定在第78、79、80条。之所以要求动物的饲养人和管理人承担无过错侵权责任是因为动物的本性决定了其不同程度地存在致人损害的危险,因而有必要通过制度的倾向性设计促使动物危险的控制人认真负责地担负起全面的注意、防范义务,以保护公众的安全。与《民法通则》第127条规定相比,《侵权责任法》第78条对被侵权人的过错加以限定,仅针对"故意"或"重大过失",且免责事由中排除了第三人的过错。这一修改颇具意义,是过失相抵规则应对无过错责任之特殊性所作出的必要限缩。然此条文与前述高度危险责任中规定的不同之处在于将减责和免责事由规定在一起:"能够证明损害是因被侵权人故意或者重大过失造成的,可以不承担或减轻责任"。对该条的理解应采用交叉相对的路径,根据被侵权的故意或重大过失对于损害发生的原因力而定。

---

① 基本案情:北京地铁乘客吴某欲乘地铁,进站后见地铁列车已经进站,遂奔跑赶车,不慎掉下站台,列车刹车不及致吴某腿部断离伤,吴某向地铁企业索赔数百万元。

② 杨立新:《侵权责任法条文背后的故事与难题》,法律出版社2011年版,第228—230页。

如果被侵权人的故意或者重大过失是损害发生的全部原因就产生免责的法律效果,假设为部分原因,则仅导致责任的减轻。另外,对于第 79 条规定的违规管理导致动物致人损害责任和第 80 条禁止饲养动物致人损害责任是否属于绝对无过错责任,不存在任何减免责事由,有不同的观点。有的学者认为第 79、80 条是特殊规定,为了平衡双方当事人利益的情况下应该可以类推《侵权责任法》第 26、27、78 条,在被侵权人故意或者重大过失的情况下,可以减轻动物饲养人的侵权责任,但不能予以免责。[①] 但大多数学者,包括杨立新教授、江平教授,都认为该两条原则上排除了过失相抵规则的适用。笔者支持后一种理解。鉴于饲养动物这一行为本身就因动物具有的令人难以估量的行为和对他人生命、健康、财产造成的危险而被世界各国立法纳入无过错责任的范畴之中,如若行为人违反管理规定未对动物采取安全措施或饲养烈性犬等危险动物,其损害发生的可能性显著增加,行为人的可非难性和可归责性也随之增加。为了发挥《侵权责任法》的警示、阻吓、引导作用,排除过失相抵规则的适用有其正当性。

综上,笔者通过对《侵权责任法》现有规定的文义解释、体系解释和目的解释等多种法律解释途径加以探析,可得之结论为无过错责任中并不排除过失相抵规则的适用。分则中特殊侵权类型中有特殊规定的就按照现有规定处理。笔者认为立法者对不同的无过错责任中侵权人的要求不同,所要实现的制度目的和价值取向有所差异,既然照《侵权责任法》第 7 条所述,无过错责任的适用需法律明文规定,那么在哪些无过错责任中可以适用过失相抵以及如何适用的问题由法律加以逐一规定亦具可行性。然而照目前的立法体例在法律无明文规定的场合,过失相抵在无过错责任中的适用需受一定的限制,宜以受害人的重大过失为适用条件,方有利于维护受害人的权利,始合立法上加重加害人责任之本意,实现因社会进步带来的不幸损害之代价的合理分配。

四、结　语

过失相抵规则起初是在过错责任原则的土壤中成长培育起来的,以"任何人不得引述自己的丑行而有所主张"的理念为根基,但随着侵权责任范围扩至危险领域,无过错责任的应运而生使得过失相抵制度能否调整该领域中侵权

---

① 唐柏树等主编:《侵权责任法审判前沿问题与案例指导》,苏泽林审定,中国法制出版社 2011 年版,第 389 页。

人的责任范围成为各国理论与实务界颇具争议的问题。现在大多数国家认可过失相抵规则与严格责任的并存兼容，我国立法与司法也不例外。本文认为无过错责任原则和过失相抵规则立足于同一理论基础——法律的公平精神和责任自负原则。因此双方在理论上能够实现契合，并无实质冲突。况且，它们分属法律规范的不同层面，归责原则用以判定责任是否成立，与有过失关乎责任成立后损害赔偿范围的确定。因而过失相抵既能适用于过错责任，亦可与无过错责任同存。最后，从法律经济学角度分析，两者结合有助于激励加害人与受害人尽力审慎行为，降低社会总成本。

与此同时，无过错责任法理基础与配套制度的不同也会影响到过失相抵制度的适用条件。如欧洲各国通过立法或司法对机动车交通事故责任领域中受害人与有过失的认定加以严格限制或排除。强制责任保险制度在无过错责任中的配套实施为受害人提供了更为全面的权益保障，同时亦可避免责任人负担过重而致赔偿不能的境地，于此情形下严格限制因受害人过错导致加害人赔偿义务减免有其合理性和可行性。

我国现行法律规范表明立法者的基本立场是赞同无过错责任中过失相抵规则的适用，只是具体规定还不够明了，规则较为混乱，需待进一步完善。如明确规定一般情况下受害人的重大过失可作为无过错责任中加害人的减责事由。倘若立法机关能在每一特殊无过错责任中规定各自的适用条件实为笔者所乐见。此举必将有助于各类无过错责任特定目标的实现。另外，笔者也建议在某些特殊领域，如机动车交通事故责任，可结合我国目前强制责任保险制度的配套情况，借鉴域外国家的经验，对过失相抵规则设置更为严格的适用条件。

第三人"惊吓损害"的法教义学分析

——基于德国民法的理论与实务的比较法考察[①]

上海财经大学法学院教授　朱晓喆

摘　要:本文依据德国侵权法的结构,梳理第三人惊吓损害的体系位置及具体责任构成要件,总结德国民法关于第三人惊吓损害的价值判断,检讨我国民法原理和实务裁判的得失。按德国民法通说,第三人惊吓损害与间接损害不可相提并论,二者不能作相同评价。第三人惊吓损害之所以被称为"第三人"只是相对于第一受害人而言。但其所遭损害并非《德国民法典》第844条、第845条意义上的"间接损害",而是自身的身体健康所受损害,本质上是第823条第1款意义上的身体健康侵权行为。第三人惊吓损害可适用过错相抵,且受害人如自身为容易受惊吓损害的特殊体质,虽不影响惊吓损害的责任成立,但可作为缩减加害人财产损害赔偿和痛苦金损害赔偿的事由。基于比较法的分析,本文认为我国法律上应当区别第三人惊吓损害与第三人的间接损害赔偿请求权,构成一项独立的侵权行为,适用侵权行为法的一般条款,即《民法通则》第106条第2款,或《侵权责任法》第2条、第6条。

关键词:第三人惊吓损害;间接损害;死亡赔偿;过错相抵

侵权行为法的主要任务是通过对受害人的损害填补,俾使其恢复到受害之前的状态,但与此同时亦须恰当划定损害赔偿的界限,不过分限制加害人在人身和经济方面的发展空间。因此,侵权行为法须协调"权益保护与行为自由之间的紧张关系"。[②]本专题所讨论的案例"林玉暖诉张健保等人身损害赔偿纠纷案"[③](以下简称"林玉暖案")所蕴含的"第三人惊吓损害"(Schockschäden

---

　　①　本文原刊于《华东政法大学学报》2012年第3期。本文为上海市教委第五期重点学科"民法与知识产权"(编号:J51104)阶段性研究成果;上海市人文社科基地华东政法大学外国法与比较法研究院建设项目。感谢王泽鉴教授和浙江大学光华法学院民商法沙龙诸位同仁的批评讨论。

　　②　Larenz/Canaris,Lehrbuch des Schuldrechts,Band II.,BT,2. Halbband,13. Aufl.,München,1994,S. 350.

　　③　福建省厦门市思明区人民法院〔2006〕思民初字第5968号民事判决,载最高人民法院应用法学研究所编:《人民法院案例选》(第70辑),人民法院出版社2010年版,第146-155页。

Dritter)法律问题,突出地反映了上述侵权行为法的价值两难:侵权事故间接地引发直接受害人以外第三人的损害,法律不能对此视而不见;但如果法律毫不区分地广泛保护第三人的利益,又将施予行为人过重的责任并有限制行为自由之嫌。① 因此,如何平衡惊吓损害事件中加害人与第三人之间的利益,乃是各国侵权法理论与实践的重点与难点。② 但我国学界迄今尚未有较为全面的德国民法学说和实务的介绍评析,为此,笔者将依据德国侵权法的结构,梳理第三人惊吓损害的体系位置及具体责任构成要件,在此基础上总结德国民法关于该问题的价值判断,最后通过比较法的视角,检讨我国民法原理和实务裁判的得失。

一、从外部体系透视第三人惊吓损害在德国民法上的定位

德国民法方法论将法律体系分为外部体系(äußeres System)与内部体系(inneres System)。所谓外部体系,是以抽象概念为基础,建构一种对法律素材清晰而概括的表达和区分结构,这种体系对于法律判决的可预见性和法律安定性具有积极意义。③ 与此相对,隐含在法律制度内部的统一而有序的价值原则和意义脉络,构成了法律的内部体系。④ 尽管近来很多德国学者倡导以内部体系思想纠正抽象概念体系的弊端,但外部体系的作用仍不可低估,因其指示个别概念和法律问题在整个体系中的应有位置,而且有助于辨识具体的案件事实涵摄于何种法律规范的构成要件之下,"熟悉(外部)体系的判断者能随即将事件划定范围,因为他能认识可得使用的规范所属的领域。"⑤基于此,对于本文拟解决的第三人惊吓损害的案型而言,将其置于何种法律视角和法律规范下予以考察,最佳的切入方法是判定其在外部体系中的位置。

---

① 王泽鉴教授指出:对第三人惊吓损害"绝对予以肯定,难免增重加害人之负担,而全部加以否定,对受损害之人则殊不利。"王泽鉴:《第三人与有过失》,《民法学说与判例研究》(第一册),中国政法大学出版社 1998 年版。

② 关于欧洲各国的第三人惊吓损害的法制概况,参见[德]冯·巴尔:《欧洲比较侵权行为法(下卷)》,焦美华译,法律出版社 2001 年,第 87—96 页。有关英美法的状况,参见潘维大:《第三人精神上损害之研究》,《烟台大学学报》2004 年第 1 期;张新宝、高燕竹:《英美法上"精神打击"损害赔偿制度及其借鉴》,《法商研究》2007 年第 5 期。

③ Claus-Wilhelm Canaris, Systemdenken und Systembegriff in der Jurisprudenz, Berlin, 1969, S. 45.

④ Claus-Wilhelm Canaris, Systemdenken und Systembegriff in der Jurisprudenz, S. 81ff.

⑤ [德]卡尔·拉伦茨:《法学方法论》,陈爱娥译,商务印书馆 2003 年版,第 43、163 页。

(一)间接受害人?

首先须讨论的是,惊吓损害的受害人是否为侵权行为的"间接受害人",得依有关法律进行裁判。以惊吓损害的典型案件为例,通常是直接受害人的人身受侵害,其近亲属目睹或听闻噩耗,精神上受刺激或受惊吓,从而自身发生健康损害。正如"林玉暖案"的法院裁判理由指出:"受到直接伤害的是原告之子,而原告作为母亲目睹儿子被殴致血流满面而昏厥,是间接受害人",健康权受损的间接受害人可对加害人享有人身伤害赔偿请求权。[①] 但德国民法理论对此存有不同观念。

尽管同一事件可能导致除直接受害人之外第三人的损害,但并非因该事件引起的、凡具有相当因果关系的损害后果,均可请求赔偿;准确地说,在违反契约义务时赔偿请求权人是契约相对人或受契约义务保护的第三人,在侵权行为中则是权益被侵害的受侵害人。[②] 从《德国民法典》的侵权行为一般条款(BGB§§823,826)来看,立法者将人身损害的诉讼原告资格限于直接受害人(primäre Verletzten),拒绝提供受害人的亲属针对第三人直接请求权。[③] 但例外的是,根据德国《民法典》第844条和第845条,因受害人死亡而负担丧葬费、或丧失抚养请求权、或失去受害人劳务的第三人(通常是受害人的近亲属或继承人),作为间接受害人对加害人享有损害赔偿请求权。该请求权为间接受害人自身固有的请求权,因而上述条文可谓损害赔偿权利人的扩张。[④] 可见,德国侵权法原则上不考虑间接受害人的损害赔偿,只在特别规定情况下允许第三人对加害人享有直接请求权。

基于上述原理,德国学者法恩克尔(Fraenkel)指出,虽然第三人因目睹或听闻直接受害人遭受人身伤害,发生精神惊吓并致健康损害,但由《德国民法典》第844条和第845条的立法目的可见,立法者仅将第三人对侵权人的损害赔偿请求权限于法律明文规定的情况,因此第三人就惊吓损害的赔偿请求权

[①] 福建省厦门市思明区人民法院〔2006〕思民初字第5968号民事判决书。

[②] Larenz,Lehrbuch des Schuldrechts,Band I,AT,14. Aufl. ,München,1987,S. 459. Münchener Kommentar zum Bürgerlichen Gesetzbuch,5. Aufl. ,C. H. Beck,München,MünchKomm BGB/Oetker,§ 249,Rn. 268.

[③] MünchKomm BGB/Wagner,§ 844,Rn. 1.

[④] Staudingers Kommentar zu Bürgerlichen Gesetzbuch,Berlin,Staudinger/Röthel(2007),§ 844,Rn. 3.

没有教义学上根据。① 但这种观点已被理论界和实务界所摒弃。权威的民法典评注书均认为,惊吓损害实质上是通过加害人对另一人(如近亲属)侵权行为的媒介而侵害到自己的健康(必须达到自身健康损害程度),因此惊吓损害根本不是"第三人损害"(drittschaden),恰是受害人自身的法益损害,如其符合《德国民法典》第 823 条第 1 款的构成要件,损害后果必须予以填补。② 就此,拉伦茨适切指出,第三人通常遭受一般性经济损失(allgemeiner Vermögensschaden),如其可得赔偿,将导致赔偿责任的无限扩大,应为法律所拒绝;相反,在第三人惊吓损害,恰是受害人自身遭受第 823 条第 1 款意义上的"法益侵害",第三人当然得为请求权人。③ 因此,惊吓损害不是赔偿权利人范围或加害人赔偿责任的扩张问题。④

事实上,德国法院向来认为惊吓损害的第三人是自身权利受侵害的当事人。1931 年 9 月 21 日帝国法院(RG)对首例惊吓损害作出判决,该案中一位母亲因听闻其女儿因车祸去世,虽然其未亲历现场,但已然发生健康损害,因而原告请求加害人损害赔偿,法院的判决理由指出:

> 间接损害是指某人自身并非侵权行为的受害人,而是侵权行为在该人财产上的反射后果。然而,就当下(惊吓损害)案件而言,原告因侵权行为而自身健康受到损害,其诉讼请求正是针对该健康损害。在帝国法院的实践中,从未声称民法典第 823 条第 1 款所列举的法益和权利,必须是被直接侵害的、而间接的侵害不足以构成(侵权行为)。⑤

1971 年 5 月 11 日德国联邦法院(BGH)在一起标志性的惊吓损害案件判决中接受帝国法院的观点并指出:

> 《民法典》立法者认同,在亲历或听闻事故时发生不寻常的"损伤

---

① Fraenkel,Tatbestand und Zurechnung bei § 823Abs. 1 BGB,1979,S. 164f. auch vgl. MünchKomm BGB/Wagner,§ 823,Rn. 80.

② MünchKomm BGB/Wagner,§ 823,Rn. 80. Staudinger/Schiemann(2005),§ 249,Rn. 44.

③ Larenz,Schuldrechts,AT,S. 460. Brüggemeier,Deliktsrecht,Baden,1986,S. 138.

④ Staudinger/Hager(1999),§ 823,Rn. B34. Brand,Schadensersatzrecht,München,2010,S. 35.

⑤ RGZ 133,270. in B. S. Markesinis,Comparative Introduction to the German Law of Torts,Oxford:Clarendon Press,1990,pp. 103—104.

性(traumatisch)"影响而导致自身身体或精神/心理(geistig/seel-isch)的健康损害,则该人享有独立的损害赔偿请求权。……帝国法院(RGZ 162,321)完全清楚,在惊吓损害中,涉及的问题是民法典第823条第1款所保护的法益受直接侵害(unmittelbare Verletzung),而并不是如同民法典第844条、第845条那般涉及间接损害的赔偿。①

由上可见,在德国民法学理与实务上,第三人惊吓损害之所以被称为"第三人"或"间接受害人",只是相对于第一受害人而言。但其遭受的损害并非第844条、第845条意义上的"间接损害",而是自身的身体健康所受损害。德国学者施密特(R. Schmidt)指出:将第三人惊吓损害称为间接损害,这种不准确的表述有时会引发混乱。② 总之,按德国民法通说,第三人惊吓损害不可与第844条、第845条间接损害相提并论,二者不能作相同或类似评价。

(二)健康损害、惊吓损害与第三人惊吓损害

德国民法中"损害"一词通常是指某种行为的责任后果及范围,准确地说"惊吓损害"问题的关键不是损害,而是"惊吓侵害"(Schockverletzung),即以惊吓方式侵害他人第823条第1款所保护的法益。但"惊吓损害"已被用来固定地描述这种特殊的侵权责任问题,而且侵害往往伴随着损害,因此按德国民法的习惯用语,仍称为"惊吓损害"。③

惊吓损害须达到《德国民法典》第823条第1款的侵害健康程度,才能予以损害赔偿。"侵害健康"是指对人之内在生命过程(inneren Lebensvorgänge)的功能损害,它并不取决于人之器官和躯体的完整性是否受损(虽然身体侵害常常导致健康损害)。④ 此外,健康损害包括身体的或心理的疾病状态,身体疾病须借助医学知识查明,而心理病态须借助心理学或精神分析学的认知。后者虽然难以把握,但一般认为,如果人们对于事故、死亡等

---

① BGHZ 56,163=NJW 1971,1883.

② R. Schmidt, Die Haftung für Schockschäden nach §823I BGB als Promblem der wertenden Normkonkretisierung,Diss,1991,S. 37. 在此意义上,王泽鉴教授将惊吓损害案件中,将两个受害人称为"前受害人"与"后受害人",而不称为直接受害人或间接受害人,的确精准。参见王泽鉴:《第三人与有过失》,《民法学说与判例研究》(第一册),中国政法大学出版社1998年版。

③ R. Schmidt,Die Haftung für Schockschäden,S. 20f.

④ MünchKomm BGB/Wagner,§823,Rn. 73. Staudinger/Hager(1999),§823,Rn. B20.

事件的惊恐、伤心、痛苦和情绪低落的反映,超出心理—社会(psycho-sozial)的正常程度,就存在心理健康损害。①

"惊吓"(schock,或休克)概念在医学上用来描述一种因某种事故而发生的急性循环障碍(akute Kreislaufstörung),其性质为短暂的,但也可能导致机体的损害。② 法学上的界定与此不同,施密特指出:惊吓是"一种突然对个人产生影响、与心理有关的外界事件造成的心理故障(psychische Störung)或心理刺激(psychische Erregung)。"在事故中受害人只要出现一种医学上可验明的身体上或/和心理上的反映,即构成"惊吓"。③ 因此,惊吓在法学上是指一种健康损害,④而且侵权法对此并非广泛保护,仅对那些达到一定强度并持续一段时间的惊吓损害,才考虑损害赔偿的问题。

作为一种健康损害状态,惊吓损害普遍存在,且不限于第三人身上发生。⑤ 德国民法学理上,一般将惊吓损害大致分为如下三类:

(1)直接惊吓损害(unmittelbare Primärschockschäden)。此种损害不需受害人的某种法益(如身体、健康、自由或所有权)损害作为媒介,而是受害人特殊的心理敏感性(psychische Prädisposition)对损害事件的心理反应而产生。⑥ 例如,因烟花爆竹的爆炸声而引起惊恐,因顾客在饮食中发现异物而产生恶心(ekelgefühl)和忧虑(Ängstigung)、⑦超市营业员怀疑顾客偷窃而对其大声呵斥或令其当众出丑,使顾客受惊吓,等等。⑧ 这些惊吓如请求损害赔偿,须达到明显的心理损害程度,且加害人之行为自由超出法律保护范围。除此之外,在人类共同生活中日常发生的、不可避免的惊吓,属于一般生活风险(allgemeines Lebensrisiko),如果一律予以损害赔偿,则个人的创造性将受

---

① Brüggemeier,Deliktsrecht,S. 136f. Deutsch/Ahrens,Deliktsrecht,5. Auflage,Carl Heymanns Verlage,2009,Rn. 243.

② BGHZ 56,163=NJW 1971,1883.

③ R. Schmidt,Die Haftung für Schockschäden,S. 22.

④ 惊吓损害也可能表现为身体损害,即心理原因导致身体完整性受损,例如心脏病、循环系统障碍、震颤性麻痹(Schüttellähmung)等。这些损害是对身体的生命进程的干扰,因而可被视作第 823 条第 1 款意义上的健康损害。R. Schmidt,Die Haftung für Schockschäden,S. 35.

⑤ MünchKomm BGB/Wagner,§823,Rn. 80. Park,Grund und Umfang der Haftung für Schockschäden,S. 128ff.

⑥ Brüggemeier,Deliktsrecht,S. 137. Stöhr,Psychische Gesundheitsschäden und Regress,NZV 2009,161.

⑦ 顾客虽然尚未吃进有异物的食物,但已令其恶心;或食物中出现碎玻璃渣,足以令其惊惧。

⑧ R. Schmidt,Die Haftung für Schockschäden,S. 133ff.

阻滞。①

（2）作为某种法益损害后果的惊吓损害。上述直接惊吓损害不以某种法益损害为前提，与此有别，当受害人因自身其他的某种法益受侵害后，随即导致该受害人的惊吓损害。② 例如，受害人身体受伤出血因目睹鲜血而晕厥，即为侵害身体而引发惊吓损害。此外，因财产权受侵害也可能导致惊吓损害，例如，入室行窃者突然惊醒沉睡中的屋主，或因自己的宠物猫、狗突然被伤害致死而精神上受刺激。

作为法益损害后果的惊吓损害，与一般的法益损害后果的处理方式并无不同。德国民法理论和实务上认为，它本质上属于法益受侵害的损害后果范围，加害人原则上应予赔偿。例如，因伤害事故导致脊椎严重受损（身体侵害），受害人因长期承受伤痛而演化成心理疾病，并丧失劳动能力。③ 德国联邦法院对此类侵权后果指出：

> 如果某人因过失引起他人身体或健康之损害，且在责任法上应由其负责，那么，其责任也及于由此所生之后续损害（folgenschäden）。……对侵权行为所致心理（损害）后果的损害赔偿义务，并不必以器质性（损害）原因（organische Ursache）为前提，毋宁说，只要如下这一点能够确定就足够了，即如果没有发生事故就不会产生这种心理上的损害后果。此外，也不要求加害人对侵权行为所生之损害后果（损害范围）必须预见。④

由此可见，作为法益损害后果的惊吓损害，比较容易认定其相当因果关系，从而计入损害赔偿范围。此外，德国民法学说提出用"法规保护目的"来限制其责任范围。例如，受害人因身体伤害所致皮肉血肿或青瘀，而发生神经衰弱（nervenzusammenbruch），进而导致两星期不能工作。因为这种轻微的身体损害不具有显著性，构成一般生活风险，不属于《德国民法典》第823条第1款所保护的利益范围。再者，因物之所有权受侵害而发生惊吓损害后果虽然

---

① R. Schmidt, Die Haftung für Schockschäden, S. 141.

② R. Schmidt, Die Haftung für Schockschäden, S. 142ff.

③ Stöhr, Psychische Gesundheitsschäden und Regress, NZV 2009, 161.

④ BGH NJW 1996, 2425. Staudinger/Hager(1999), § 823, Rn. B29.

普遍存在,但也不属于第 823 条第 1 款的保护范围。[①]

(3)第三人惊吓损害。德国民法文献中经常讨论的惊吓损害案例,是受害人(第三人)因经历、目睹或听闻他人遭受死亡或重伤,从而引发其自身的健康损害。[②] 德国民法理论上认为,第三人惊吓损害的根本问题并不在于是否被认可,而是其界限在何处。[③] 一般而言,第三人惊吓损害基本构成要件包括如下三方面:[④](1)惊吓损害必须基于合理的诱因(verständliche Anlass),即第三人现场经历或事后听闻亲近之人因事故而死亡或重伤。如果事故仅造成身体轻伤害(如胳膊受伤)或物之损害(例如宠物狗死亡),或警察错误地通知其近亲属有犯罪嫌疑,均不产生第三人惊吓损害的赔偿请求权。[⑤] (2)第三人所受损害超出正常承受的痛苦程度,构成健康损害。[⑥] 如第三人尚未达到病理上须治疗的状态,单纯的因失去亲人的痛苦,不足以产生赔偿请求权。[⑦] (3)第三人原则上须为直接受害人的近亲属(配偶、父母和子女)。

综上所述,惊吓损害是一种由心理原因引起的健康损害,包括直接惊吓损害、因法益受侵害引起的惊吓损害、第三人惊吓损害。虽然三者都表现为受害人的健康损害,但其责任问题的侧重点不同:第一种在于责任成立,第二种在于责任范围,第三种在于责任成立及责任范围。

(三)第三人之精神痛苦金请求权

第三人目睹或听闻亲人死亡或重伤而发生惊吓损害,有时仅表现出悲痛、哀伤、情绪低落等心理反应,尤其是近亲属死亡时的"丧亲之痛"(trauer über

---

① R. Schmidt,Die Haftung für Schockschäden,S. 146ff. Staudinger/Hager(1999),§ 823,Rn. B29. 财产权受侵害所引起之惊吓损害之所以不受赔偿,还可能因为其在法律保护的价值序列中,远远低于人格利益的法律地位。正如拉伦茨指出:"相较于其他法益(尤其是财产性的法益),人的生命或人性尊严有较高的位阶。"[德]卡尔·拉伦茨:《法学方法论》,陈爱娥译,商务印书馆 2003 年版,第 285 页。

② Staudinger/Schiemann(2004),§ 249,Rn. 43ff. Brüggemeier,Deliktsrecht,S. 138. Larenz/,Canaris,Schuldrechts,BT,2. Halbband,S. 380ff.

③ MünchKomm BGB/Wagner,§ 823,Rn. 81. Staudinger/Hager(1999),§ 823,Rn. B32ff.

④ 关于德国民法上对第三人惊吓损害侵权责任成立和责任范围的具体要件,下文予以详细讨论。此处仅描述了基本要件。

⑤ Palandt Bürgerliches Gesetzbuch Kommentar,C. H. Beck,München,2011,Palandt/Grüneberg,Vorbem. § 249,Rn. 40. Staudinger/Hager(1999),§ 823,Rn. B36. Brand,Schadensersatzrecht,S. 35.

⑥ Palandt/Grüneberg,Vorbem. § 249,Rn. 40. Brand,Schadensersatzrecht,S. 35.

⑦ Staudinger/Hager(1999),§ 823,Rn. B34.

den verlust von angehörigen)①,那么,第三人可否就这种"纯粹精神损害"②请求赔偿痛苦金(schmerzensgeld)呢？在目前的德国民法中,这一诉求是无法得到满足的,③原因有如下几方面:其一,按《德国民法典》第253条(原第847条),精神损害痛苦金仅在身体、健康、自由或性自主受到侵害时,才可请求赔偿。近亲属因亲人的死亡或重伤,虽然承受巨大的心理悲痛,但如其自身没有发生法益损害,仍将无从请求痛苦金。其二,《德国民法典》第844条、第845条规定可赔偿的近亲属死亡的间接损害仅限于财产损失,并不包括精神损害痛苦金。其三,在未有明确立法的前提下,法院自然也不甘冒"续造法律"的风险,主动填补法律漏洞。就此,德国联邦法院认为,要求法院去衡量人的生命价值过于苛求,故而在判决中向来不支持这一诉讼请求。④

相较于欧洲其他各国,德国显然属于落后状态。例如,在法国、比利时和卢森堡,判例认可因亲人死亡或重伤所受之单纯悲痛可得赔偿。葡萄牙和意大利将赔偿限于亲属的死亡。英国、瑞士、希腊、波兰、荷兰等国家,以立法明确规定近亲属的精神损害赔偿。奥地利、瑞典虽然没有立法,但其最高法院近年来也逐渐认可。通过比较可见,德国民法不保护近亲属死亡的纯粹精神痛苦,与欧洲各国的法律发展已经脱节。德国学者极不满意这种法制状况,称德国几乎是最后一个不承认这种精神损害赔偿请求权的国家,这成为一个"时代错误",甚至戏称德国为特立独行的"莫希干人"(Mohikaner)。⑤

有鉴于此,近年来理论界对德国损害赔偿法的改革呼声日益增加,为克服死者近亲属不能请求纯粹精神损害痛苦金的弊端,大致有如下几种思路:

第一,近亲属作为继承人主张死者的精神损害痛苦金(BGB§§823,1922)。⑥即直接受害人在受伤至死亡持续一段时间,产生痛苦金请求权,并

---

① Larenz/Canaris,Schuldrechts,BT,2. Halbband,S. 382f.

② 德国民法理论和实务中用"纯粹的精神痛苦"(bloße seelische Leiden/bloße Trauer/reine seeliche Schmerz)指称第三人不以法益侵害为基础的精神损害。Vgl. A. Schramm,Haftung für Tötung：Eine vergleichende Untersuchung des englischen,französischen und deutschen Rechts zur Fortentwicklung des deutschen Haftungsrechts in Tötungsfällen, Mohr Siebeck, 2010, S. 149. Huber, Kein Angehörigenschmerzensgeld de lege lata-Deutschland auch künftig der letzte Mohikaner in Europa oder ein Befreiung aus der Isolation,NZV 2012,5. OLG Nürnberg NZV 1996,367.

③ Erman/Ebert,BGB,12. Aufl. ,Vor§§249－253,Rn. 55.

④ MünchKomm BGB/Wagner,§844,Rn. 4. Staudinger/Röthel(2007),§844,Rn. 15.

⑤ Greger,Stellungnahme zum Entwurf eines Zweiten Gesetzes zur Änderung schadensersatzrechtlicher Vorschriften,NZV 2002,222. Klinger,Schmerzensgeld für Hinterbliebene von Verkehrsopfern? NZV 2005,290. Huber,NZV 2012,5.

⑥ Staudinger/Röthel(2007),§844,Rn. 12.

转移给继承人。① 在 1990 年之前,因为痛苦金请求权具有高度人身性,除非以契约承认或发生诉讼系属,原则上不得让与和继承。1990 年之后立法者消除了这种限制,当事人未承认或未有诉讼主张,痛苦金请求权也可让与和继承,并可计入遗产之中。② 但这种方式的弊端在于:其一,死者的精神痛苦金很难认定,尤其在事故发生现场或在送医不久后即去世,受害人没有恢复意识状态,因此无从产生精神损害痛苦金。③ 其二,虽然死者的精神损害痛苦金请求权可以继承,但它毕竟不是抚慰近亲属本身的丧亲之痛。④

第二,第三人惊吓损害可令加害人对死者近亲属承担金钱赔偿义务(包括精神痛苦金赔偿⑤),从而在一定程度上缓解对死者遗属不赔偿精神痛苦金的法律不公。⑥ 在此基础上,法院可以放低惊吓损害的门槛条件,使近亲属更容易获得赔偿。⑦ 但目前德国司法实务掌握其构成要件还是比较严格,尤其是第三人须达到健康损害程度这一要件恰恰说明,用该制度作为近亲属纯粹精神损害的功能替代,正是其弊端所在。德国学者克林格(Klinger)借用奥地利最高法院的一件判决理由来批评该制度的不公正:

> 对近亲属所受之纯粹的情感损害不予赔偿的法律状况,越来越令人不满。痛苦是否伴随疾病而生,其界限经常存在问题。因子女死亡而悲痛的遗属父母着实难以理解:因为没有达到疾病状态,所以他们的痛苦金请求权被驳回,这属于他们自身应承担的一般性生活风险。轻微的身体伤害,例如淤伤或扭伤,立马产生精神痛苦金请求权,然而失去近亲所致的纯粹心理悲痛(bloße seeliche Schmerzen)——尽管这种痛苦通常会被强烈感受到——却不存在这样的请求权。⑧

---

① 死者痛苦金请求权的依据在于,行将去世的人对死亡的恐惧和意识到自己的生命有限。(Vgl. Deutsch/Ahrens,Deliktsrecht,Rn. 689,Rn. 710.)此外,痛苦金还取决于死者生前被病痛折磨的程度和时间。Kötz/Wagner,Deliktsrecht,10. Auflage,München,2006,S. 293. OLG Köln,VersR 2003,602.

② Deutsch/Ahrens,Deliktsrecht,Rn. 689,Rn. 701. MünchKomm BGB/Oetker,§ 253,Rn. 65.

③ Kötz/Wagner,Deliktsrecht,S. 293. 德国联邦法院的一项判决指出,侵害事故直接导致死亡,(即未产生身体、健康的侵害)则不发生精神痛苦金请求权。BGH,NJW 1976,1147.

④ Huber,NZV 2012,5.

⑤ Looschelders,Schuldrecht,BT,3. Aufl.,Köln,2009,S. 387.

⑥ Deutsch/Ahrens,Deliktsrecht,Rn. 689,Rn. 694,Rn. 711.

⑦ Huber,NZV 2012,5.

⑧ OGH,NZV 2002,26. Klinger,NZV 2005,290.

由此可见,德国学者也认为,丧亲之痛是比一般的身体伤痛更为严重的精神痛苦,法律对一个轻度的人身伤害都赋予痛苦金赔偿,反而对一项更为严重的精神痛苦却视而不见,这的确有违"同等事物同等对待"的正义理念,并有教条主义之嫌。

第三,最根本解决途径是承认近亲属在受害人死亡时,自身遭受纯粹精神痛苦,即使尚未达到健康损害程度,也可主张痛苦金请求权。但因其欠缺请求权基础,故而学者建议以一般人格权作为近亲属纯粹精神损害痛苦金的请求权基础。克林格主张,近亲属的精神利益主要体现在与死者的家庭联系之中,鉴于德国《基本法》第六条有保护婚姻和家庭的价值理念,司法实务围绕家庭利益形成一组一般人格权精神损害赔偿的案例群,例如,母亲因医生误诊而导致孩子不当出生(wrongful birth)、因丢失精子致不能生育、破坏和阻止父亲与儿子建立联系,均得依一般人格权主张痛苦金请求权。既然根据宪法产生的法秩序保护权利人的家庭计划不受侵犯,那么,同样地,法秩序也应保护家庭现有状态免受他人侵权行为的破坏,因此,在受害人死亡或重伤时,其近亲属得基于一般人格权请求精神痛苦金赔偿。[①] 但以上建议尚未形成理论通说,亦未见诸司法实践。

由上可见,第三人惊吓损害在德国目前的司法实践上,部分替代了死者近亲属丧亲之痛的损害赔偿功能。但由于其构成要件过于严格,须以健康损害为前提,难以充分满足死者近亲属的赔偿请求。从积极意义来看,第三人惊吓损害不限于近亲属的死亡情形,而且包括重伤者近亲属的赔偿请求权,这有利于受害人近亲属的利益保护。

(四)小结

以上我们将德国民法上的第三人惊吓损害置于间接受害人、惊吓损害和第三人精神痛苦金的框架内分别予以考察。通过这种外部体系的认识,初步了解第三人惊吓损害的产生来源、损害形态、构成要件及制度功能。由此明确,第三人惊吓损害并不涉及《德国民法典》第844条、第845条的间接损害赔偿问题,也不是直接产生第253条的精神损害痛苦金请求权。作为一种惊吓损害的特殊形态,它在本质上是第823条第1款意义上的健康侵权行为。

---

① Klinger,NZV 2005,290. auch vgl. Huber,NZV 2012,5.

二、第三人惊吓损害侵权责任的结构检验

第三人惊吓损害既为一种独立的侵权责任形态,下文拟就该侵权行为的责任成立和责任范围[①]逐项进行检讨分析。德国民法学理通常按三阶段理论(Dreistufigkeit)认定侵权责任的成立,即行为的该当性(Tatbestand)、违法性(Rechtswidrigkeit)和有责性(Verantwortlichkeit);[②]如果侵权责任成立,继而考虑责任范围,即具体损害赔偿后果。因为三阶段论有助于准确判明侵权责任的成立要件,能够实现法律的安定性和明晰性。[③] 因而下文依此方法,在《德国民法典》第823条第1款的侵害健康意义上,对第三人惊吓损害的责任成立和责任范围逐次分析检验。

(一)第三人惊吓损害的该当性

1. 法益侵害

侵权行为的该当性系指受害人存在法益侵害,且加害行为与结果之间具有因果关系。于此首先讨论法益侵害问题。

第三人因亲人死亡或重伤通常会遭受心理痛苦或精神打击,但并非都能成立侵权责任,只有那些造成第三人健康损害的情形才有可能产生责任。虽然德国民法理论和实务均明确认可心理上影响也构成健康损害,[④]但并非所有的第三人惊吓的心理后果都构成健康损害,为避免滥诉和责任泛化,须对其严格限制。由此,"侵害健康"成为过滤第三人惊吓损害侵权行为的第一层限制措施。[⑤]

健康损害一般是通过医学诊断即可判明的疾病状态。德国学说和判例对第三人惊吓造成健康损害的要件比较严格,一方面要求损害后果须有显著性

---

① 在德国民法上,分析损害赔偿责任问题,首先须考虑责任是否成立,然后再审查责任范围。Fikentscher/Heinemann,Schuldrecht,10. Aufl. ,Berlin,2006,Rn. 581f.

② Deutsch/Ahrens,Deliktsrecht,Rn. 12ff. 侵权责任成立的三阶段论源自德国刑法理论,适用于《德国民法典》第823条第1款侵犯法益、第2款违反保护他人法律的侵权行为类型。但不适用于第826条之故意悖于善良风俗的侵权行为。Larenz/Canaris,Schuldrechts,BT,2. Halbband,S. 350.

③ Larenz/Canaris,Schuldrechts,BT,2. Halbband,S. 370. Staudinger/Hager(1999),§ 823,Rn. A1ff.

④ Küppersbusch,Ersatzansprüche bei Personenschaden,München,2006,S. 5. Larenz/Canaris,Schuldrechts,BT,2. Halbband,S. 378. Staudinger/Hager(1999),§ 823,Rn. B26ff. Erman/Schiemann,BGB,12. Aufl. ,§ 823,Rn. 19.

⑤ Schramm,Haftung für Tötung,S. 149. Staudinger/Hager(1999),§ 823,Rn. B32.

和持续性,另一方面仅凭医学标准尚不能断定健康损害,还须辅助以"常人观念"(allgemeine Verkehrsauffassung)。① 德国联邦法院在 1971 年 5 月 11 日的裁判中指出:

> (第三人惊吓造成的损害)不仅在医学的视角下,而且按常人观念②,也被看做身体或健康损害。因此,那些尽管在医学上被认为是损害,但不具有那种"惊吓特性"的健康侵害,也可能得不到赔偿。通常与令人悲痛的损害事件密切联系的、对人的健康状况并非轻微的影响(Nachteile),往往不构成一项独立的损害赔偿请求权的基础。③

据此,第三人的损害程度一方面符合医学上的健康损害标准,另一方面按"常人观念",须超出通常的健康不良状况,才可获得赔偿。④ 换言之,如损害未超出听闻近亲属死亡所遭受打击的正常反应程度,则不受民法典第 823 条第 1 款的保护。⑤ 由此可见,这种"健康损害"的界定已经不再是"定义",而是对医学上成立的侵害健康概念附加了特别要件。这种附加要件的目的是限制第三人惊吓损害的责任范围,将加害人不可预见的痛苦、悲愤、沮丧等"通常反应"(normal Reaktion)排除出去。⑥ 但这种作法的负面后果在于,破坏了第823 条第 1 款意义上"侵害健康"的概念统一性,⑦因此,近期有德国学者主张,第三人惊吓的健康损害与一般健康损害同样应采取医学上的判定标准。⑧ 至于第三人惊吓损害的责任限制和可归责性,可在随后的因果关系、违法性或有责性阶段予以检验。

---

① MünchKomm BGB/Wagner,§ 823,Rn. 80. Staudinger/Hager(1999),§ 823,Rn. B32.

② 德文"allgemeine Verkehrsauffassung"直译为"一般交往观念",根据英国学者 Markesinis 的译文,笔者翻译为"常人(the man in the street)观念"。See Markesinis,Comparative Introduction to the German Law of Torts,p. 96.

③ BGHZ 56,163=NJW 1971,1883. auch Vgl. BGH NJW,1984,1405.

④ 德国联邦法院一贯坚持上述标准。例如 1989 年 4 月 4 日判决理由指出:"因心理原因发生损害赔偿义务,仅在如下情形被肯定:即心理病理学上的严重后果持续一段时间,且该后果显然超出了因令人悲痛的事件而发生的、对于一般健康状况而言并非轻微的影响,因而按照一般交往观念也被看作是身体或健康损害。"BGH NJW,1989,2317.

⑤ MünchKomm BGB/Oetker,§ 249,Rn. 145.

⑥ BGHZ 56,163=NJW 1971. Larenz/Canaris,Schuldrechts,BT,2. Halbband,S. 382.

⑦ R. Schmidt,Die Haftung für Schockschäden,S. 31ff.

⑧ MünchKomm BGB/Wagner,§ 823,Rn. 82. Schramm,Haftung für Tötung,S. 153.

2. 受害人

第三人惊吓损害事件中存在两方面的受害人。首先是生命、身体、健康法益遭受侵害的直接受害人。直接受害人的主体资格并无特别要求，但须达到一定的损害程度，才能成立第三人惊吓损害。直接受害人的死亡和重伤属于严重的事故，近亲属对这种事故的心理反应强度较大，容易导致惊吓损害。但如果直接受害人仅发生轻微的皮肉之伤或胳膊骨折，则不足以成立第三人惊吓损害。① 即使第三人因此发生惊吓损害，也被认为是反应过度，而不被赋予损害赔偿请求权。

就直接受害人还有一颇值争议的问题，即单纯的危险（bloße Gefährdungen）引起第三人惊吓如何处理。有时加害人的行为并未造成直接受害人的人身伤害，只是制造了某种危险，但足以导致第三人受惊吓。例如，一辆卡车从倒在地下的小孩身上开过，但幸好车辆未碾过他，也未发生伤害。然而站在一旁的母亲，目睹此刻，因突然受刺激而导致健康损害。反对者指出，单纯的危险导致惊吓损害不属于第823条第1款的保护目的范围，受害人应自己承担风险。② 但通说认为，即使事故危险最终未发生，如足以构成第三人惊吓损害，也应予以赔偿。③

就惊吓事故受损害的第三人而言，一般须与直接受害人有感情上或生存上的联系，他对直接受害人幸福安康的关心犹如对自身一般。④ 据此，第三人原则上须为直接受害人的近亲属。但也广义理解包括订婚者或未婚的生活伴侣。有时甚至个案中可以包括恋人。⑤ 但不包括邻居或远亲。⑥ 此外，法院判例还认可因母亲受惊吓而导致早产的胎儿，也属于第三人范畴。⑦

3. 责任成立的因果关系（一）：等值性理论

按德国侵权法原理，对因果关系须进行双重的检验：首先，加害人的行为引起了特定的法益侵害后果，即责任成立的因果关系（haftungsbegründende

---

① Staudinger/Hager(1999)，§ 823，Rn. B36.

② R. Schmidt，Die Haftung für Schockschäden，S. 177.

③ Staudinger/Hager(1999)，§ 823，Rn. B36. MünchKomm BGB/Oetker，§ 249，Rn. 148.

④ R. Schmidt，Die Haftung für Schockschäden，S. 173.

⑤ MünchKomm BGB/Oetker，§ 249，Rn. 147. Schramm，Haftung für Tötung，S. 156.

⑥ R. Schmidt，Die Haftung für Schockschäden，S. 174f.

⑦ BGH NJW 1985，1391. Palandt/Grüneberg，Vorbem. § 249，Rn. 40. Deutsch/Ahrens，Deliktsrecht，Rn. 695. 近来德国民法文献中经常论及与直接受害人完全不相干的第三人，因见证事故现场而遭受惊吓损害，也可请求损害赔偿。Larenz/Canaris，Schuldrechts，BT，2. Halbband，S. 381. MünchKomm BGB/Oetker，§ 249，Rn. 147.

Kausalität），它属于责任成立的构成要件；其次，法益侵害导致某些具体损害发生，即责任范围的原因关系（haftungsausfüllende Kausalität），它能够确定法益侵害与具体损害之间的联系。① 我们先讨论前者。

判断加害人的行为与第三人惊吓损害之间是否存在责任成立的因果关系，适用一般的因果学说原理。于此首先涉及的是等值性理论（Äquivalenztheorie）。按该理论，原因就是对侵害结果的发生不能被排除考虑的条件。② 因为任何导致后果发生的条件都不能被排除掉，它们具有同等的重要性，故称为"等值"。③ 等值性因果关系的认定通常采用"若无，则不"（but-for）的检验公式，即无此条件，则无彼结果。

"若无，则不"的检验法则对于第三人惊吓损害的特殊性在于：不同于一般物理的、有形的（physisch）人身侵害，第三人的健康损害是通过心理（psychisch）原因而间接引起的，然而，导致心理作用发生的行为事实是不可通过重复事件的方式进行检验，因而不能确切地说明究竟何种情事对于损害的发生具有因果关系。④ 对此首先须明确，如果损害是因为心理因素引起的，不妨碍认定责任成立的因果关系。⑤ 例如，A 女士目睹自己的宠物狗被 B 女士之大狗咬伤，从而发生惊吓损害，B 对 A 之健康损害的侵权责任因果关系成立。⑥ 据此可以推论，在第三人惊吓侵权中，若无对直接受害人的加害行为，则不会发生第三人之健康损害，故行为是法益侵害发生之条件（原因），这完全符合等值性理论。换言之，与物理性的人身伤害情形没有任何区别，第三人的心理反应引起的健康损害也可成立条件因果关系。⑦

从过滤侵权责任的意义上来说，等值性理论排除了那些与后果无关的行为。⑧ 例如，德国联邦法院 1984 年 1 月 31 日判决：原告某女士的丈夫因车祸死亡，她之前已曾酗酒，但随着丈夫去世更加深了酒精依赖，因而请求被告就

---

① Looschelders，Schuldrecht，AT，7. Aufl．，Köln München，2008，Rn. 890. Deutsch/Ahrens，Deliktsrecht，Rn. 46ff.

② Brox/Walker，Allgemeines Schuldrecht，35. Aufl．，München，2011，§ 30，Rn. 2.

③ Fikentscher/Heinemann，Schuldrecht，Rn. 621. Palandt/Grüneberg，Vorbem. § 249，Rn. 25. Erman/ Ebert，BGB，12. Aufl．，Vor § 249－253，Rn. 30.

④ R. Schmidt，Die Haftung für Schockschäden，S. 44.

⑤ MünchKomm BGB/Oetker，§ 249，Rn. 143ff. Staudinger/Schiemann（2005），§ 249，Rn. 39ff. BGHZ 56，163＝NJW 1971，1883.

⑥ Larenz，Schuldrechts，AT，S. 433.

⑦ R. Schmidt，Die Haftung für Schockschäden，S. 99.

⑧ Fuchs，Deliktsrecht，7. Aufl．，Berlin，Heidelberg，2009，S. 71. 王泽鉴：《侵权行为法》，北京大学出版社 2009 年版，第 187 页。

其健康损害进行赔偿。联邦法院认为，按生活经验可推断，即使没有其丈夫的死亡，原告的酒精依赖也会逐渐加重，法院因而否定了在事故与原告健康损害之间的责任成立因果关系。[①] 易言之，即使没有加害人致使其丈夫死亡，第三人的健康损害仍会发生，则该行为不应被视为原因。

4. 责任成立的因果关系(二)：从相当性理论到法规保护目的

根据等值性理论所界定的条件与后果之间的联系，近乎自然科学意义上的因果关系，过于宽泛，侵权责任可能由于因果链的无穷无尽而漫无边际。因此，用等值性理论限定第三人惊吓损害的责任成立，仅具有较小的作用；在等值性理论的基础上需要以相当性理论(Adäquanztheorie)和法规目的说(Normzweck)进一步对因果关系和责任成立进行限定。

相当性理论有两种表述方式，从积极角度说，它表明行为引起后果具有高度可能性(erhöhte Möglichkeit)；从消极角度说，后果发生的极低可能性可以作为排除因果关系的理由。据此，按事物的发展进程通常不会发生损害后果的，就不具有因果性，也不可归责于行为人。[②] 可见，相当因果关系的本质需要一种高度盖然性判断(Wahrscheinlichkeitsurteil)。[③] 但究竟这种盖然性判断的标准为何，存在争议。首先，它不取决于加害人的主观预测能力，而必须以客观的可预见性(objektiver Vorhersehbarkeit)作为判断标准。其次，德国民法通说认为，应以在损害事件发生时一个"最优观察者"(optimale Beobachter)作为标准。换言之，行为所引发的后果作为一个最优观察者所能够预见的，则因果关系成立。[④] 但所谓理想的观察者近乎全知，他总是可以预知事物发展的进程，因此难以形成对因果联系的有效限制，甚至接近于等值性理论所界定的宽泛因果联系范围。[⑤]

德国学说和判例中通常都会肯定，加害人导致直接受害人的重伤或死亡与第三人惊吓损害之间具有相当因果关系，因为根据最佳观察者的判断，该后

---

① BGH NJW 1984,1405. 该案虽非典型的"惊吓"损害，但也是第三人因近亲属死亡而发生健康损害，故德国民法文献中，常将该案置于第三人惊吓损害中讨论。Staudinger/Hager(1999)，§ 823,Rn. B32.

② Deutsch/Ahrens,Deliktsrecht,Rn. 52. MünchKomm BGB/Oetker,§ 249,Rn. 105.

③ Medicus/Lorenz,Schuldrecht I,AT,18. Aufl.，C. H. Beck,München,2008,S. 311. Brox/Walker, Allgemeines Schuldrecht,§ 30,Rn. 8.

④ MünchKomm BGB/Oetker,§ 249,Rn. 106. Staudinger/Schiemann(2005)，§ 249,Rn. 15.

⑤ Brox/Walker,Allgemeines Schuldrecht,§ 30,Rn. 9. Larenz,Schuldrechts,AT,S. 437. 尽管拉伦茨建议用"有经验的观察者"取代这种具有高度认知能力的"最佳观察者"(Larenz,Schuldrechts,AT,S. 440.)，但是否能对因果关系进行有效限制，仍值得怀疑。

果具有高度盖然性,并"相当地"(adäquat)被引起。① 德国联邦法院在 1971 年 5 月 11 日判决中也指出,某女士因获知其丈夫因事故死亡而遭受健康损害, "尽管比较少见,但这种结果无论如何对于加害人来说并非不可预见",从而该 损害是由"相当的原因"引起的。②

但对于实际发生的惊吓损害案件而言,相当因果关系很少起到限制侵权 责任的作用。德国学者施密特提出讨论一件案件:一位父亲闻知其儿子因交 通事故而致其胳膊受伤,因激动而心脏病发作,并在数周之后去世,其继承人 请求丧失扶养之损害赔偿。德累斯顿地方上诉法院否定本案中存在相当因果 关系,加害人不可预见该损害后果。③ 但是,如从最佳观察者的视角出发,惊 吓的受害者存在心脏病,并且听闻儿子发生事故而激动,以致心脏病发作死 亡,这些既非完全不可能,亦非超出日常生活经验之外,因此符合相当因果关 系。就本案责任限制的实质理由而言,并非在于相当因果关系,而是基于其他 的价值判断,即法院为避免惊吓损害责任的漫无边界。④ 但这种限制侵权责 任成立的价值判断和理由,并不包含于因果关系理论之内。

为弥补相当性理论之不足,德国民法理论自 20 世纪 30 年代以来,由拉贝 尔(Rabel)、卡雷默尔(Caemmerer)等人发展出法规目的说,进一步作为损害 赔偿责任的限制措施。⑤ 法规目的说的基础思想是:每一个义务或法律规范 都包涵特定的利益范围,行为人只应为侵害这种保护范围内的利益而负担责 任,因此,责任的成立要件必须是损害处于被保护的利益范围之内。⑥ 简言 之,当一项损害的种类和产生方式,处于责任成立的法律规范或契约义务的保 护目的或保护范围之内,才能构成损害赔偿责任。⑦ 一般认为,法规目的说是 相当因果关系说的补充,二者可并列运用。相当性之判断,是以一种经验认识 为基础,并基于一般人对损害后果的可预见性;而法规保护目的则是立法者为 阻止特定损害发生而确立的一项规范。通常考察侵权责任构成,首先应检验

① R. Schmidt, Die Haftung für Schockschäden, S. 100. Dolff, Übungsklausur-Die schockierte Ehefrau, Jus 2009,1007.

② BGHZ 56,163＝NJW 1971,1883.

③ OLG Dresden, HRR 1942, Nr. 276. zitiert aus R. Schmidt, Die Haftung für Schockschäden, S. 63.

④ R. Schmidt, Die Haftung für Schockschäden, S. 63ff.

⑤ Lang, Normzweck und Duty of Care, München, 1983, S. 15ff. Caemmerer, Das Problem des Kausal-zuammenhangs im Privatrecht Freiburg, 1956. Stoll, Kausalzusammenhang und Normzweck im Deliktsrecht, Tübingen, 1968.

⑥ Brox, Allgemeines Schuldrecht, § 30, Rn. 12. Looschelders, Schuldrecht, AT, Rn. 907.

⑦ Palandt/Grüneberg, Vorbem. § 249, Rn. 29. Erman/Ebert, BGB, 12. Aufl. , Vor § § 249－253, Rn. 34.

损害与侵害行为是否存在相当因果关系,其次确定损害是否处于法规保护范围之内,因此,后者会在前者基础上进一步对责任成立进行限制。[1] 易言之,损害之发生虽具相当因果关系,但在法规目的之外者,仍不得请求损害赔偿。[2] 据此,《德国民法典》第 823 条第 1 款所提及的绝对性法益也存在着受保护的界限,这些保护界限,或由某些具体的法益保护规定指示出来,或在裁判中由法官予以具体化。[3]

就第三人惊吓损害而言,前文提及德国联邦法院 1971 年 5 月 11 日判决书的裁判理由正是被认为法规目的说的代表。[4] 该判决指出:第三人所受惊吓不仅要达到医学上认为的健康损害,而且当事人所受影响超出听闻或经历严重事故时通常的反应程度,《民法典》第 823 条第 1 款的保护目的仅仅涵盖,按其性质和严重性超出这种程度的健康损害"。继而法院指出,按"常人观念",既非疾病、亦非与责任有关的健康损害,处于行为规范的保护范围之外,从而将一般的精神痛苦、忧伤等排除在损害赔偿责任之外。[5] 德国联邦法院 1989 年 4 月 4 日判决再次援引以上裁判理由指出:根据《民法典》第 823 条第 1 款的保护目的,只在第三人的健康损害状况超出了近亲属在这种情事下一般的损害程度,才存在赔偿请求权。[6]

作为一种责任限制措施,规范目的说不仅界定了惊吓损害的程度,而且也限定了请求权人的范围。如果第三人与直接受害人之间没有任何联系,第三人即使遭受程度严重的健康损害,也不是属于《民法典》第 823 条第 1 款之保护范围,而仅仅是一般生活风险。例如,听闻某政治家被杀害或遭遇某种灾难事故而受精神打击。[7] 此外,按法规目的说,还将第三人因近亲属死亡所发生的财产损失,也排除在责任范围以外。例如,一对夫妇已经花钱预订一项旅游活动,后因儿子死亡而取消旅游,因此向加害人主张该笔旅游费用的损失。尽管该财产损失与加害人行为之间成立条件因果关系,但因缺少法律保护目的,因而法院判决驳回。[8]

---

① Deutsch/Ahrens, Deliktsrecht, Rn. 56. 但有时法规保护范围也会超出相当因果关系范围,例如《德国民法典》第 848 条规定,侵夺他人之物的行为人,对于偶然事件造成物之毁损灭失也须负责任。

② 王泽鉴:《侵权行为法》,北京大学出版社 2009 年版,第 210 页。

③ Lang, Normzweck und Duty of Care, S. 138ff.

④ Fuchs, Deliktsrecht, S. 72f.

⑤ BGHZ 56,163＝NJW 1971,1883. Lang, Normzweck und Duty of Care, 1983, S. 144.

⑥ BGH NJW 1989,2317.

⑦ Fuchs, Deliktsrecht, S. 73. R. Schmidt, Die Haftung für Schockschäden, S. 162f.

⑧ BGH NJW 1989,2317. Larenz/Canaris, Schuldrechts, BT, 2. Halbband, S. 383.

除以上各种理论之外,尚须明确,受害人的体质特别脆弱、容易发生身体或心理损害,是否影响因果关系的成立呢?例如,受害人的内心特别敏感,或原本已患心脏病,如遭受惊吓事故,轻易便发生健康损害。德国民法学理和实务向来认为,加害人的必须容忍受害人的具体特性,不得以受害人的容易受伤体质作为抗辩事由。① 实践中有时称之为损害赔偿法的"全有或全无原则。"② 事实上,受害人的特殊体质既不影响条件因果关系,也不影响相当因果关系的成立,因为如果没有侵害行为,则不会发生受害人的健康损害;而且最佳观察者也应该注意到受害人可能具有身体或心理的缺陷,容易发生损害后果。但是,如果对直接受害人的加害行为完全微不足道(ganz Geringfügig),且并非基于受害人的特殊体质而发生损害,那么当事人的心理反应与其诱因非常不成比例,从而缺少显著性而不构成侵权责任。③

(二)第三人惊吓损害的违法性

违法性是侵权责任第二层次的检验要件。德国民法学说上区分结果不法和行为不法。前者是指某种行为导致一项第823条第1款意义上绝对性法益的损害结果,如果没有合法的抗辩事由,该结果即指示(indizieren)其行为违法性。④ 后者是指在不作为和间接侵权行为情形下,行为违背法秩序规定的特别行为规范或违反为避免损害而通常客观上应尽必要之注意义务,因而具有违法性。⑤ 行为不法说尤适用于违反交往义务(Verkehrspflicht)的不作为侵权行为。⑥

---

① Staudinger/Schiemann(2005), §249, Rn. 39. Küppersbusch, Ersatzansprüche bei Personenschaden, S. 4. Stöhr, Psychische Gesundheitsschäden und Regress, NZV 2009, 161. Dahm, Die Behandlung von Schockschäden in der höchstrichterlichen Rechtsprechung, NZV 2008, 187. BGH NJW 1996, 2425. 判例中经常提到:Wer einen gesundheitlich schon geschwächten Menschen verletzt, kann nicht verlangen, so gestellt zu werden, als wenn der Betroffene gesund gewesen wäre.

② Heß, Haftung un Zurechenung psychischer Folgenschäden, NZV 1998, 402. BGH VersR 1991, 704 ＝NZV 1991, 386.

③ BGH NJW 1996, 2425. BGH NJW 1998, 810. Staudinger/Hager(1999), §823, Rn. B29. Palandt/Grüneberg, Vorbem. §249, Rn. 38.

④ Deutsch/Ahrens, Deliktsrecht, Rn. 82. Staudinger/Hager (1999), §823, Rn. A3. MünchKomm BGB/Wagner, §823, Rn. 7.

⑤ Palandt/Sprau, §823, Rn. 24. Peifer, Schuldrecht, gesetzliche Schuldverhältnisse, 2. Aufl., 2010, S. 116.

⑥ 单纯的不作为并非一定具有违法性,因此需要查明为避免损害后果何种行为是必要的,以及不作为是否客观上违反了该义务。Peifer, Schuldrecht, S. 117. Larenz/Canaris, Schuldrechts, BT, 2. Halbband, S. 368f.

判断惊吓损害中的违法性,除了依据以上一般准则之外,还可通过规范的保护目的来判定行为的违法性。[①] 施密特建议按具体情形分别认定惊吓侵权行为的违法性:(1)对于"直接惊吓损害",因为受害人之身体或健康发生损害,侵害行为总是具有违法性。(2)对于"作为法益损害后果的惊吓损害",取决于惊吓损害是否为规范保护范围所包括。例如,侵害车辆导致受害人血压升高或急性循环障碍,虽然可能发生,但并非十分显著,因而不具有违法性;因长期剥夺某人自由而致严重的精神障碍,可认定为显著的违法侵害。(3)第三人惊吓损害须进行具体化评价。例如,第三人因陌生人受侵害所生惊吓损害,不具有违法性,属于一般生活风险;救援事故的第三人发生惊吓损害,也不具有违法性;与直接受害人有密切联系的近亲属,因受惊吓而发生健康损害,由该损害后果指示出行为的违法性。[②]

(三)第三人惊吓损害的有责性

第三人惊吓损害采过错责任原则,须检验侵权人的责任能力和过错形式(故意和过失)。此处仅讨论后者。

行为人针对惊吓受害人故意实施侵害行为,不论是直接惊吓,还是第三人惊吓,都必须承担责任。[③] 就过失而言,惊吓侵权行为也无特异之处。根据《德国民法典》第276条第2款,过失是指"未尽交往中必要之注意",具体含义是行为人对损害后果的应预见(erkennbar)和能避免(vermeidbar),如其未预见且未避免,即存在过失。[④] 此处行为人应尽注意的标准并非取决于个人能力,而是按其所属人群的成员平均水平来确定。据此,侵害直接受害人并致其伤亡,导致第三人受惊吓而发生健康损害,通常应为加害人所预见的。[⑤] 如其未预见或未避免,行为人对第三人之损害存有过失。

(四)第三人惊吓侵权的损害赔偿

倘若经过上述该当性、违法性和有责性的检验,加害人的行为成立侵权责任,继而需要考虑的问题是损害的种类、范围及原因、规范保护目的等因素。[⑥]

---

① R. Schmidt,Die Haftung für Schockschäden,S. 101.

② R. Schmidt,Die Haftung für Schockschäden,S. 192ff.

③ R. Schmidt,Die Haftung für Schockschäden,S. 96.

④ Larenz,Schuldrechts,AT,S. 282. Looschelders,Schuldrecht,AT,Rn. 514.

⑤ R. Schmidt,Die Haftung für Schockschäden,S. 97. Dolff,Jus 2009,1007.

⑥ Fuchs,Deliktsrecht,S. 86ff. Deutsch/Ahrens,Deliktsrecht,Rn. 19ff.

1.损害的范围及精神痛苦金

侵权行为导致第三人受惊吓而侵害其健康,将发生财产损害和非财产损害。首先,受害人的财产损失主要是治疗(尤其是心理治疗)所发生的医疗费用,以及丧失劳动能力的收入损失等。[1] 根据《德国民法典》第 249 条,受害人得请求恢复原状,或请求支付恢复原状所需之必要金额。据此,惊吓受害人因健康损害得请求加害人送医救治或支付相应的金钱。

关于非财产损害赔偿,根据《德国民法典》第 253 条第 2 款规定,侵害他人身体、健康、自由、性自主,须赔偿受害人精神痛苦金。在第三人惊吓损害情形,须澄清的是,受害人并非因亲近之人死亡或重伤发生悲痛、忧伤便可获得赔偿,而是受害人超出一般的悲痛、发生自身健康损害,才可请求(侵害健康的)痛苦金赔偿。[2]

精神痛苦金主要有补偿功能和抚慰功能,受害人所遭受身体和心理的痛苦应予赔偿,心灵得到慰藉。[3] 在第三人惊吓损害情形中,受害人之健康损害固然产生精神痛苦,但事实上,第三人因目睹或听闻近亲属的死亡和重伤所带来的悲痛、忧伤等不良情绪才是精神痛苦的最重要根源。然而,现行德国民法对没有权利侵害作为请求权基础的、单纯的"丧亲之痛"却明确不予赔偿,因此道奇(Deutsch)希望通过第三人惊吓损害的痛苦金赔偿,部分地达到赔偿近亲属"丧亲之痛"的目的。[4] 但因为这种观点与立法目的不符,通说还是拒绝将其视作纯粹精神痛苦的替代赔偿形式。[5]

就第三人惊吓损害的痛苦金赔偿数额来说,德国司法实务认定其比一般的身体伤害痛苦金要少,在 1990 年之前,通常在 1000～5000 马克之间,近年来达到 9000～20000 欧元,并呈逐渐上升趋势。[6] 此外,由于直接受害人在死亡之前发生的痛苦金请求权可以继承,它与第三人惊吓损害的痛苦金请求权并不相互排斥。[7]

---

[1]　MünchKomm BGB/Oetker,§ 249,Rn. 106. Schramm,Haftung für Tötung,S. 160. Stöhr,NZV 2009,161.

[2]　Deutsch/Ahrens,Deliktsrecht,Rn. 695. R. Schmidt,Die Haftung für Schockschäden,S. 185.

[3]　Brand,Schadensersatzrecht,S. 88. Palandt/Grüneberg,§ 253,Rn. 4.

[4]　Deutsch/Ahrens,Deliktsrecht,Rn. 711. 类似观点亦可参见 Staudinger/Schiemann(2005),§ 253,Rn. 13.

[5]　Larenz/Canaris,Schuldrechts,BT,2. Halbband,S. 382f. Staudinger/Hager(1999),§ 823,Rn. B34.

[6]　Schramm,Haftung für Tötung,S. 160f.

[7]　MünchKomm BGB/Oetker,§ 249,Rn. 144. Staudinger/Schiemann(2005),§ 249,Rn. 44. Schramm,Haftung für Tötung,S. 162.

2.责任范围的因果关系

与责任成立的因果关系类似,认定法益侵害与具体损害后果之间的因果联系(责任范围的因果关系),也须以等值性、相当性和法规目的说作为判断标准。[①] 就第三人惊吓损害而言,须说明者有三:第一,按等值性理论,受害人之健康受侵害与具体所受财产损失和非财产损失之间存在条件关系,若无加害人侵害受害人之健康,则不会发生具体损害结果。第二,按相当性理论,从"最佳观察者"或"有经验的判断者"来看,通常可以预见侵害健康会导致损害后果的发生,相当因果关系成立。换言之,如果损害后果并非处于盖然性之外,加害人即须对其负责。[②] 而且,德国司法实践中,也不要求加害人对具体的损害范围有预见。[③] 第三,在以上基础上,损害范围须进一步受法规保护目的的限制。[④]

3.过错相抵

根据《德国民法典》第254条,如果受害人的过错对损害发生有共同作用,则损害赔偿义务及赔偿范围将根据双方过错程度进行分摊,受害人之请求权将予以缩减。过错相抵体现了法律平等对待加害人和受害人的思想,即受害人同样也须为自己的过错负责。[⑤] 在第三人惊吓损害案型中,如受害人(即惊吓的第三人)本身有过错当然适用过错相抵。但有疑问的是,受害人是否须为直接受害人之过错负责。对此,德国民法理论和实务通说持肯定态度,但其论证理由和法律依据却存在争议。

帝国法院(RG)曾经类推《德国民法典》第846条,认为间接受害人应承担死亡的直接受害人的过错后果。[⑥] 但根据第846条,近亲属死亡的间接受害人仅在第844条、第845条规定的丧葬费、抚养费和劳务损失的项目上,须为直接受害人的过错负责。正如上文所述,受惊吓的第三人并非第844条、第845条意义上的间接受害人,恰恰是第823条第1款意义上的直接受害人,不

---

① Peifer,Schuldrecht,S. 134.

② Deutsch/Ahrens,Deliktsrecht,Rn. 615.

③ Fuchs,Deliktsrecht,S. 86f. 德国联邦法院指出:侵害他人之身体或健康,应对损害后果负责,而且不需要加害人对损害后果有所预见。BGH NJW 1996,2425.

④ Kötz/Wagner,Deliktsrecht,S. 93. Deutsch/Ahrens,Deliktsrecht,Rn. 620.

⑤ Looschelders,Die Mitverantwortlichkeit des Geschädigten im Privatrecht,Mohr Siebeck,1999,S. 118ff.

⑥ Staudinger/Hager(1999), § 823,Rn. B38. Caemmerer,Das Problem des Kausalzuammenhangs im Privatrecht,S. 15.《德国民法典》第846条:"在第844条、第845条的情形下,第三人所遭受的损害发生时,受害人的过错共同起到作用的,第254条之规定适用于该第三人之请求权。"

属于第 846 条的规范对象。因此,德国联邦法院放弃帝国法院的观点,并评论道:

> 与第 844 条、第 845 条之情形有别,在第三人惊吓损害,受害的第三人第 823 条第 1 款的法益受到侵害,由此成为享有独立请求权的直接受害人。第 844 条、第 845 条所产生间接受害人请求权的前提是一个指向直接受害人的、并成立损害或责任的影响(Einwirkung)。……第 844 条、第 845 条框架下有意义的规整并不适用于第三人由第 823 条第 1 款所生之独立的请求权。对于该项请求权无关紧要的是:这是由侵害他人而媒介造成第三人的直接损害。[①]

根据现今德国民法理论和实务通说,惊吓损害的第三人就直接受害人的过错应适用《民法典》第 254 条的过错相抵。[②] 但根据第 254 条第 1 款,不能立即得出受害人为第三人(惊吓损害中的直接受害人)的过错也负责的结论。即使第 254 条第 2 款第 2 句规定过错相抵"准用第 278 条之规定",也只表明受害人须为法定代理人、债务履行辅助人的过错负责。虽然德国民法学说和实务,将受害人为第三人的过错负责的情形,扩张及于不具有债务关系的其他类型第三人,例如事务辅助人、共有人等。[③] 但仍不能说明惊吓损害的受害人为何须对第三人的过错负责。对此,判例和学说的论证理由有二:其一,惊吓侵权中的受害人与直接受害人之间具有人身方面的紧密联系,这构成第三人惊吓损害赔偿请求权的基础,因此,该请求权应与直接受害人的过错发生联系。其二,倘若不允许惊吓第三人因直接受害人的过错而缩减其请求权,则加害人首先须对第三人全额赔偿,然后(按连带债务)向直接受害人或其遗产进行追偿。如此则意味着,直接受害人负有义务照顾自己,以免自己死亡或重伤而致近亲属受到惊吓损害,但这种义务将限制个人的自主决定。尤其在直接受害人自杀的情形下,责任将全部归于他,其结果更显不合理。因此,应准用(entsprechende Anwendung)第 254 条之规定,直接缩减第三人对加害人的损害

---

① BGHZ 56,163=NJW 1971,1883.

② Larenz,Schuldrechts,AT,S. 548. MünchKomm BGB/Oetker,§ 254,Rn. 10. Palandt/Grüneberg,§ 254,Rn. 56.

③ Staudinger/Schiemann(2004),§ 254,Rn. 104ff. MünchKomm BGB/Oetker,§ 254,Rn. 126ff. Palandt/Grüneberg,§ 254,Rn. 49ff.

赔偿请求权。①

　　但罗谢尔德斯(Looschelders)却不赞同准用第 254 条。他认为,第 844 条、第 845 条的近亲属损害和第三人惊吓损害,都是由于直接受害人之死亡或受伤而间接引发的。从形式上说,即使直接受害人对加害人不享有请求权,但惊吓的第三人仍有可能对其享有请求权。但是,从价值判断来看,这种结果不能令人接受,因为这两项请求权在法律上具有紧密联系。也即,只有直接受害人的伤亡必须可归责于加害人,那么,近亲属的惊吓损害也才可归责于同一加害人。反之,如直接受害人的伤亡不可归责于加害人,同样地,惊吓损害第三人也不享有请求权,因为此时加害人的行为与第三人损害在责任法上没有联系。总之,对直接受害人死伤的可归责性,同样适用于惊吓损害第三人的请求权。因此,应根据第 846 条,认定惊吓损害第三人为直接受害人的过错负责。② 罗氏的观点,完全混淆第三人的请求权究竟是因死亡而发生,还是因死亡的惊吓而发生。前者是因死亡这一事实本身而产生,死者本身对死亡的发生有过错,第三人的请求权当然须就该过错进行缩减;后者是第三人因自身受害而产生的请求权,本来就不该考虑是否因他人(死者)的过错而缩减。③ 因此,德国民法学理和实务努力论证的恰是在后者情形下,第三人请求权为何也适用死者的过错相抵。

　　哈格尔(Hager)从另一个角度对通说提出批评。他指出,现行法并不认可惊吓受害人与直接受害人情感上的联系作为过错相抵的归责标准。倘若直接受害人也有过错,那么他与加害人本应对第三人承担连带之债④,但毕竟直接受害人的过错原因会影响第三人的请求权,因此,在连带之债的外部关系中,应缩减第三人对加害人的请求权,可称为"受干扰的连带之债"(geströrte Gesamtschuld)。⑤ 但如果近亲属之间存在法律上的责任优待,则结果更为复

　　① BGHZ 56,163 = NJW 1971,1883. Schramm, Haftung für Tötung, S. 161. Staudinger/Hager (1999),§823, Rn. B38. Deutsch, Haftungsrecht, Köln, Belin, Bonn, München,1976, S. 482. 王泽鉴教授认为,第三人之权利系基于侵害行为整个要件而发生,因而不能不负担直接受害人之过失。参见王泽鉴:《第三人与有过失》,前揭文。

　　② Looschelders, Die Mitverantwortlichkeit des Geschädigten im Privatrecht, S. 541ff.

　　③ 英美法上彻底区分第三人因近亲属死亡而产生的派生请求权(derivative claim),例如丧葬费、抚养费等,以及因惊吓损害产生的独立请求权(independent claim),且只对前者适用死者的过错相抵。See Markesinis, Comparative Introduction to the German Law of Torts, p. 103.

　　④ 瓦格纳指出,帝国法院的实践早已提示,加害人向第三人赔偿之后,根据第 426 条可向直接受害人追偿。RGZ 157,11. MünchKomm BGB/Wagner,§823, Rn. 83.

　　⑤ Hager, Das Mitverschulden von Hilfspersonen und gesetzlichen Vertretern des Geschädigten, NJW 1989,1640. Staudinger/Hager(1999),§823, Rn. B39.

杂。例如《德国民法典》第 1359 条、第 1664 条规定在夫妻之间、父母对子女只需尽到如同处理自己事务的注意义务即可,换言之,如果不存在故意或重大过失则不负责任。① 将此原则适用于第三人惊吓损害,如果直接受害人不存在故意或重大过失,为保护家庭关系,即使在连带之债的内部关系中加害人不能对直接受害人追偿,在连带之债外部关系中也不应缩减第三人的请求权。② 由以上可以推论,如果直接受害人对第三人不存在责任优待(例如同居伴侣或陌生人之间),则第三人之请求权因前者的过错应予缩减;如果存在责任优待,但直接受害人有故意或重大过失,第三人请求权也相应缩减;如果存在责任优待,且直接受害人没有故意或重大过失,则不应缩减第三人之请求权。比较而言,哈格尔的考虑更为周全,应值赞同。

第三人惊吓损害除了可适用过错相抵之外,德国司法实务还认可,受害人自身容易受惊吓损害的特殊体质,虽然不影响惊吓损害的责任成立,但可作为缩减加害人财产损害赔偿和痛苦金损害赔偿的事由。③

三、我国民法上第三人惊吓损害的请求权基础

基于德国第三人惊吓损害理论与实务的考察,对比我国民事立法和学说,可以明确我国第三人因近亲属死伤而请求损害赔偿的项目类型,并可准确地界定相应的请求权基础。

(一)第三人的惊吓损害赔偿请求权与间接损害赔偿请求权

首先可以明确的是,第三人惊吓损害赔偿请求权在德国《民法典》中构成第 823 条第 1 款意义上的独立请求权,与第 844 条、第 845 条间接损害赔偿请求权有本质性区别。我国法律对于第三人的间接损害赔偿请求权有明文规定,④但是对于"林玉暖案"看似欠缺可资适用的法律规定。然而,正如德国民法表明那样,第三人惊吓损害其实构成一项独立的侵权行为,应适用侵权行为

---

① Brox/Walker, Allgemeines Schuldrecht, § 20, Rn. 19. Eckert, Schuldrecht, AT, 4. Aufl., Rn. 234.

② Staudinger/Hager(1999), § 823, Rn. B39.

③ Küppersbusch, Ersatzansprüche bei Personenschaden, S. 6. OLG Hamm, NZV 1998, 413. Erman/Schiemann, BGB, 12. Aufl., § 823, Rn. 20.

④ 根据《侵权责任法》第 16 条、《最高人民法院关于审理人身损害赔偿案件适用法律若干问题的解释》(简称《人身损害司法解释》)第 1 条、第 17 条,近亲属得向加害人请求因直接受害人死亡而发生医疗费、丧葬费、被扶养人生活费、死亡赔偿金,等等。

法的一般条款,即《民法通则》第 106 条第 2 款,或《侵权责任法》第 2 条、第 6 条,与第三人的间接损害赔偿请求权有别。在此方面,杨立新教授将因丧失扶养来源的间接损害赔偿请求权人与惊吓损害的请求权人归入一类,统称为间接被侵权人,[①]实乃将本质上不同的事物混为一谈,其认识上的错误根源恐在于对第三人惊吓损害的构成要件认识不清。

为表明第三人惊吓损害在我国民法上亦可建立在侵权行为一般条款的基础上,笔者尝试运用德国民法关于第三人惊吓损害赔偿的责任成立和责任范围的教义学,来解决"林玉暖案"中受害人的请求权。首先,从该当性来看,林玉暖因目睹儿子受伤,因激动而当场休克并被送医救治,从而发生健康损害,且与直接受害人有密切的亲属关系。在加害人行为与林玉暖的健康损害之间,均符合等值性和相当性因果关系,且属于《民法通则》第 106 条第 2 款、《侵权责任法》第 2 条、第 6 条的保护目的范围。其次,从违法性而言,加害人的行为侵害林玉暖的健康权,该权利受侵害本身即指示行为的违法性。再次,从有责性而言,加害人虽然不是故意通过侵害直接受害人而令林玉暖健康权受损,但已违反社会上通常行为人的注意义务,因而主观上具有过失。在考察加害人的责任成立后,进一步确定林玉暖的损害赔偿请求权的范围,包括住院医疗费等财产损失,以及精神损害抚慰金。但由于林玉暖自身患有疾病,属于易受伤害体质,虽不影响侵权责任成立,但根据其对损害后果的作用大小,相应地扣减损害赔偿数额。最终法院判决被告承担 20% 的财产损害赔偿(《侵权责任法》第 16 条、第 20 条,《人身损害司法解释》第 17 条第 1 款),并酌定精神抚慰金 2000 元(《侵权责任法》第 22 条、《人身损害司法解释》第 18 条第 1 款、《精神损害司法解释》第 1 条)。以上结论应值赞同。由于该案发生在《侵权责任法》颁布实施之前,故而法院最终适用《民法通则》第 106 条第 2 款作为裁判依据,也说明《侵权行为法》的一般条款可以作为原告的请求权基础。

(二)第三人的惊吓损害赔偿请求权与"丧亲之痛"

《德国民法典》的立法者有意未规定第三人对近亲属死亡"丧亲之痛"的精神损害赔偿,而且第三人继承直接受害人的精神痛苦金请求权也极受限制,这构成了德国侵权法最重大的缺陷之一。在当下欧洲侵权法统一化进程中,其愈发显得不合时宜。因此,道奇(Deutsch)在理论上寄望于第三人惊吓损害,期待它能够部分发挥赔偿"丧亲之痛"的功能。但这种观点,犹如饮鸩止渴,更

---

① 杨立新:《侵权责任法》,法律出版社 2012 年版,第 156 页。

不可取。因为无论是欧陆还是英美,通常将第三人因近亲属死亡发生的精神损害赔偿,界定为非独立的、派生的请求权,而第三人惊吓损害则为第三人自身的、独立的请求权。因此,德国民法解决问题的根本途径是直接承认第三人丧亲之痛的精神痛苦金请求权(以一般人格权作为请求权基础),而不是将二者互相替代。

反观我国,根据《侵权责任法》第 18 条、第 22 条,结合《最高人民法院关于确定民事侵权精神损害赔偿责任若干问题的解释》(简称《精神损害司法解释》)第 7 条①,我国历来认可第三人因丧亲之痛的精神损害赔偿,从而与大多数国家的法律模式相同,不至于发生德国法上的理论压力。但是,笔者的另一层担心是,"林玉暖案"客观上(好不容易)独立出来的第三人惊吓损害赔偿请求权,不可再与第三人非独立的、派生请求权归入同一类。然而"林玉暖案"的承办法官却在案例评析中将二者混淆,其指出:本案虽无法律规定,但《精神损害司法解释》第 7 条规定死者近亲属的精神损害赔偿请求权,与本案中直接受害人受到伤害有相似之处,因为二者均为三角关系、皆为第三人受到损害,且与直接受害人存在特殊关系。因此扩张解释该条规定,使第三人享有对加害人的赔偿请求权。② 其推理过程可总结为:法律规定第三人因近亲属死亡得请求精神损害赔偿,类似地,也可因近亲属受伤而请求精神损害赔偿。

针对此种观点,须澄清者有二:其一,《精神损害司法解释》第 7 条就死者近亲属的精神损害(丧亲之痛)做出规定,根据立法目的解释,该司法解释的起草者认为近亲属不可因直接受害人受伤而提出精神损害赔偿。③ 因此,直接受害人受伤时,近亲属不享有精神损害赔偿请求权,并非法律上的漏洞,而是

---

① 第七条"自然人因侵权行为致死,或者自然人死亡后其人格或者遗体遭受侵害,死者的配偶、父母和子女向人民法院起诉请求赔偿精神损害的,列其配偶、父母和子女为原告;没有配偶、父母和子女的,可以由其他近亲属提起诉讼,列其他近亲属为原告。"

② 福建省厦门市思明区人民法院(2006)思民初字第 5968 号民事判决"评析",载最高人民法院应用法学研究所编:《人民法院案例选》(第 70 辑),人民法院出版社 2010 年版,第 150 页。

③ 最高人民法院民一庭编著:《最高人民法院关于确定民事侵权精神损害赔偿责任若干问题的解释》,人民法院出版社 2001 年版,第 59—60 页。我国有学者建议,在受害人遭受严重伤害时,赋予近亲属精神损害赔偿请求权(参见张新宝主编:《精神损害赔偿制度研究》,法律出版社 2012 年版,第 252—255 页)。但此属理论建议,未获得立法上承认。

立法者"有意义的沉默",①故而不存在类推《精神损害司法解释》第 7 条的前提。其二,即使承认法院的"扩张解释"成立,间接受害人得请求因直接受害人受伤而发生的精神损害赔偿,但仍然不可以此作为第三人惊吓损害的请求权基础。因为前者属于间接受害人就直接受害人受人身伤害的派生请求权,而后者属于第三人因惊吓所产生的独立请求权。总之,"林玉暖案"的裁判者有善意的愿望,赋予第三人惊吓损害的赔偿请求权,但欠缺明晰的概念体系和法律理由,即使其裁判结果合理,但其论证理由存在瑕疵,应引以为戒。

兹就我国《民法》有关第三人就近亲属的死亡或受伤(包括惊吓损害)的各项损害赔偿请求权,以图示方式明确各自请求权基础如图 1 所示。

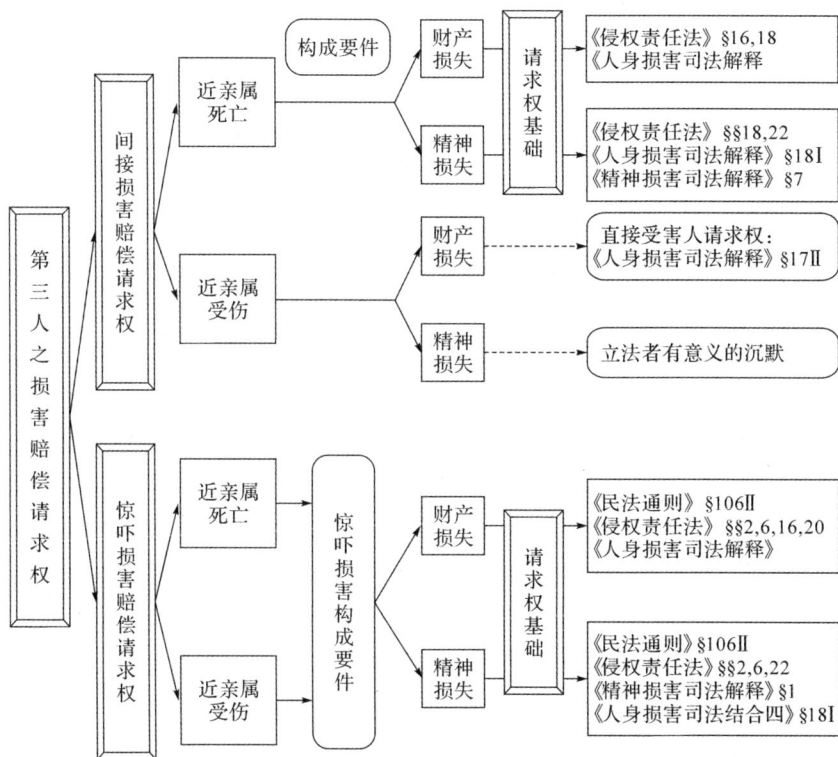

图 1

---

① 〔德〕卡尔·拉伦茨:《法学方法论》,陈爱娥译,商务印书馆 2003 年版,第 249 页。第三人对近亲属受伤时,可能发生财产损失,例如丧失扶养来源,但我国法律将该项目计入直接受害人的损害赔偿请求权之中。《人身损害司法解释》第 17 条第 2 款,《最高人民法院关于适用〈中华人民共和国侵权责任法〉若干问题的通知》第 4 条规定,原先的被扶养人生活费项目在《侵权责任法》实施后计入残疾赔偿金或死亡赔偿金中。另参见本期组稿孙维飞的论文《英美法上第三人精神受刺激案型的处理及对我国的借鉴意义》。

身份法研究

自然债与无名身份协议视角下的生育纠纷①

浙江大学光华法学院教授　陈信勇

摘　要:近年来,生育问题的民事纠纷案件渐渐出现在司法实务中。面对生育纠纷,我国各地法院采取了不同的立场。依据现行法律,生育权是公法和社会法权利,而非私法权利。在私法领域,生育的自由,既未发展成为一种具体人格权,也未发展成为一种具体身份权。生育协议作为无名身份协议,可以产生自然之债的效力,但不能产生法律之债的效力。鉴于生育权、身份协议的定位和效力,该文建议法院对基于生育权、身份协议提起的民事纠纷,不予受理或审理。

关键词:生育权;生育协议;无名身份协议;自然债;司法对策

生育权问题是近年来我国民法学界的一个热门话题。笔者以"生育权"为检索词检索中国知网,检索到以"生育权"为主题的论文 852 篇,篇名含有"生育权"的论文 350 篇,以及关键词含有"生育权"的论文 678 篇。生育问题的民事纠纷案件也渐渐出现在司法实务中。据朱晓喆、徐刚对北大法意网中国司法案例数据库、最高人民法院各部门机构主编的《人民法院案例选》和《民事审判案例要览》、公开出版的学术刊物以及新闻报道的检索,发现了48起典型的生育民事纠纷案件。这些案件可以分为因生育器官受损害引起的纠纷、配偶之间的生育纠纷和不当出生或不当怀孕纠纷三类。② 显然,我国法学界和司法界对生育权的概念、性质尚未形成统一认识,对诸如生育权归属公法抑或私法领域,属于基本人权或是普通权利,单身男性、女性是否享有生育权,服刑人员、死刑犯、智力障碍者、同性恋者是否享有生育权,生育权是夫妻共有或是夫妻、男女分别享有,是夫妻平等权利或是妻子特权,配偶间行使生育权所生冲突如何处理,妻子擅自中止妊娠是否构成离婚理由等问题也莫衷一是。表现

---

① 本文原刊于《浙江社会科学》2013 年第 6 期。

② 参见朱晓喆、徐刚:《民法上生育权的表象与本质——对我国司法实务案例的解构研究》,《法学研究》2010 年第 5 期。另据笔者检索发现,除上述三类涉及生育权的民事纠纷案件外,在劳动争议仲裁和诉讼、人口与计划生育行政复议和行政诉讼中也涉及生育权保护问题。

于有关生育纠纷民事案件裁判文书中的司法见解和立场也各有不同。《最高人民法院关于适用〈中华人民共和国婚姻法〉若干问题的解释(三)》(以下简称《婚姻法解释(三)》)第九条的规定表明了最高司法机关对此问题的一个初步立场,但并不能终止生育权问题的争议。笔者试从生育纠纷的司法立场分析入手,对生育权、夫妻间生育协议的性质、效力等问题进行粗浅的理论分析,并就《婚姻法解释(三)》第九条的规定及我国民事司法对生育纠纷应有之态度提出自己的见解。需要说明的是,本文仅基于身份法的视角观察、分析生育权、夫妻间生育协议问题,不涉及因生育器官受损害引起的纠纷、不当出生或不当怀孕纠纷以及人口计划生育部门与行政相对人所签署的计划生育协议等问题。

一、生育纠纷的司法立场

(一)对仅基于生育权或生育协议提起的诉讼,不予受理或予以驳回

人民法院对仅基于生育权或生育协议提起的诉讼,一般不予受理;受理后发现不具备起诉条件的,裁定驳回起诉。不予受理此类诉讼或驳回其起诉的理由主要是以下两项:

第一,基于生育权请求损害赔偿,属于离婚损害赔偿,应当依附于离婚诉讼。我国《婚姻法》第四十六条规定的离婚损害赔偿是以离婚为前提条件的,①《最高人民法院关于适用〈中华人民共和国婚姻法〉若干问题的解释(一)》(以下简称《婚姻法解释(一)》)第三条规定:"当事人仅以婚姻法第四条为依据提起诉讼的,人民法院不予受理;已经受理的,裁定驳回起诉。"第二十九条第二、三款分别规定:"人民法院判决不准离婚的案件,对于当事人基于婚姻法第四十六条提出的损害赔偿请求,不予支持。""在婚姻关系存续期间,当

---

① 《婚姻法》第四十六条规定:"有下列情形之一,导致离婚的,无过错方有权请求损害赔偿:(一)重婚的;(二)有配偶者与他人同居的;(三)实施家庭暴力的;(四)虐待、遗弃家庭成员的。"婚姻当事人请求损害赔偿,不仅对方须具备上述情形之一,且因上述情形导致离婚,请求方无过错。笔者认为,上述情形中,重婚、有配偶者与他人同居、遗弃行为是违反配偶义务的行为,婚姻当事人在不起诉离婚的情况下,可以请求停止侵害或请求配偶履行扶养义务,但如请求损害赔偿,应当以起诉离婚为前提;自然人的人格权与生俱来,亦不因结婚而消灭(如双方结婚后隐私范围会发生变化,但隐私权依然存在),实施家庭暴力和虐待属于侵害人格权的行为,对其追究侵权责任应不以离婚为前提,婚姻关系的存在也不是配偶间侵权行为的免责事由。当然,离婚损害赔偿之外的配偶间侵权行为的责任承担,应当适用侵权责任法,而非婚姻法。婚姻法规定了离婚损害赔偿制度,并不意味着除此之外配偶间侵权行为均可免责。

事人不起诉离婚而单独依据该条规定提起损害赔偿请求的,人民法院不予受理。"第三十条规定:"人民法院受理离婚案件时,应当将《婚姻法》第四十六条等规定中当事人的有关权利义务,书面告知当事人。在适用《婚姻法》第四十六条时,应当区分以下不同情况:(一)符合《婚姻法》第四十六条规定的无过错方作为原告基于该条规定向人民法院提起损害赔偿请求的,必须在离婚诉讼的同时提出。(二)符合《婚姻法》第四十六条规定的无过错方作为被告的离婚诉讼案件,如果被告不同意离婚也不基于该条规定提起损害赔偿请求的,可以在离婚后一年内就此单独提起诉讼。(三)无过错方作为被告的离婚诉讼案件,一审时被告未基于《婚姻法》第四十六条规定提出损害赔偿请求,二审期间提出的,人民法院应当进行调解,调解不成的,告知当事人在离婚后一年内另行起诉。"由此可见,离婚损害赔偿请求权是依附于婚姻解除(离婚)请求权的。《婚姻法解释(三)》第九条在规定"夫以妻擅自中止妊娠侵犯其生育权为由请求损害赔偿的,人民法院不予支持"时没有明确"夫不起诉离婚而单独以妻擅自中止妊娠侵犯其生育权为由请求损害赔偿的,人民法院不予受理",但如参照第二十九条第三款之规定,应当不予受理。

第二,生育权或生育协议引起的生育纠纷,不属于人民法院民事诉讼的受案范围,且裁判后无法强制执行。这种观点认为解决生育纠纷,应该是在家里,而不是在法庭上。换言之,这是一个道德伦理或习俗范围里的问题,不应该由法律来调整。"对于男女双方仅在要不要生育或何时生育的问题上难以达成一致,一方提起侵犯生育权诉讼的,人民法院原则上不予受理,因为这类侵犯生育权的案件,人民法院无论以调解或判决结案,均无法强制执行。如果当事人双方分歧较大,可通过离婚等途径寻求生育权的救济。"[①]

(二)对仅基于生育权或生育协议提起的诉讼,予以受理,但不予支持

我们可以检索到对不起诉离婚而仅基于生育权或生育协议提起的诉讼予以受理的案例。受理法院对仅基于生育权提起的诉讼,有支持和不支持原告请求两种裁判结果。

法院不支持原告请求判令对方为生育行为和赔偿的理由主要有以下四项:

第一,生育权作为配偶权劣后于生命健康权、人身自由权。在"叶光明诉妻子朱桂君擅自流产侵犯其生育权纠纷案"中,审理法院——浙江省余姚市人

---

① 程相鹏:《生育纠纷:没有硝烟的两性战争与困惑》,《上海人大月刊》2006年第3期。

民法院认为:"男、女公民均享有相应的生育权。被告朱桂君享有的生育权是基于人身权中的一种生命健康权,原告所享有的生育权是身份权中的一种配偶权。当两权利相冲突时,法律应当更加关注生命健康权,而非配偶权,而且《妇女权益保障法》明确规定了妇女有生育的权利。因此,被告对腹中怀孕胎儿进行产化流产手术,不构成对原告生育权的伤害。"①审理法院据此对原告叶光明提出被告剥夺原告生育权,向原告赔礼道歉,并赔偿精神损失的诉请,不予支持。

　　第二,女性不生育自由可以对抗男性生育请求权。在"石华诉崔新峰生育权纠纷案"中,原告石华向河南省方城县人民法院起诉,要求被告履行承诺,怀胎生子。一审法院的判决认为:生育权是一种基本人权,是法律赋予公民生育子女的权利,属于人民自由权的范畴。生育权是一种男女共享且需要特定男女相互配合才能实现的权利,它具有双向性和相对独立性。公民生育权的行使受司法保护。应当充分尊重生育权的本质及特征。生育权的实现受着多种因素的制约,夫妻双方任何一方不生育均可造成对相对方的侵权,只有夫妻双方协商一致,共同行使这一权利,才能实现生育权。同时根据妇女权益保障法"妇女有按照国家有关规定生育子女的权利,也有不生育的自由"的规定,本案中原告石华要求被告履行生育义务,怀胎生子,被告崔新峰不愿生育,原告的诉讼请求本院不予支持。原告要求被告支付侵权赔偿金 78500 元,因其在规定的期限内未予交诉讼费用,视为原告石华自动撤回该诉讼请求。一审法院根据《妇女权益保障法》第四十七条及有关民事法律政策之规定,判决驳回原告石华要求被告崔新峰怀胎生子的诉讼请求。二审法院认为:男方的生育权是基于女方已经怀孕,男方享有生和育即做父亲的权利。女方的生育权是指男方有义务使女方怀孕的权利。如果女方未怀孕,男方的生育权就无从谈起。本案属生育权纠纷,应适用婚姻法和人口计划生育法有关生育方面的规定,原判仅适用妇女权益保障法虽有适用法律不当之处,但判决结果正确,故驳回原告的上诉,维持原判。②此外,"李健诉启东市陈黄秀珍医院、王海霞其他人身权案"中,审理法院——江苏省启东市人民法院也坚持丈夫所享有的生育权不

---

　　① 浙江省余姚市人民法院〔2006〕余民一初字第 1633 号民事判决书,http://www.lawyee.net/Case/Case_Display.asp? ChannelID = 2010100&keyword = %25u751F%25u80B2%25u6743&RID = 177852.

　　② 石华诉崔新峰生育权纠纷案,http://vip.chinalawinfo.com/newlaw2002/slc/slc.asp? db = fnl&gid=117527411.

能对抗妻子不生育的权利的立场。①

第三，只有夫妻双方协商一致，共同行使生育权，才能实现生育权。在前述"石华诉崔新峰生育权纠纷案"中法院强调"只有夫妻双方协商一致，共同行使这一权利，才能实现生育权。"

第四，堕胎符合计划生育法律政策，不构成对生育权的侵害。在"唐江梅、杨玉萍与杨爱春抚养费纠纷案"中，审理法院——湖南省江华瑶族自治县人民法院认为："原告唐江梅与被告杨爱春未婚生育一小孩后，再次怀孕，原告唐江梅做人工流产手术，符合国家法律、政策规定，原告唐江梅的人工流产行为，未侵犯被告杨爱春的生育权，被告反诉认为，原告唐江梅私自堕胎，侵犯了被告的生育权，原告唐江梅应补偿被告精神损失费30000元，无法律依据，本院不予支持。"②

(三)对仅基于生育权或生育协议提起的诉讼，予以受理，并予支持

检索到的此类案例不多。"徐州市云龙区杨某诉李女士生育权侵权案"是其中一例。在该案中，李女士与杨某结婚后不久有了身孕。此后，因夫妻吵架，李女士一气之下回了娘家。很多天过去了，丈夫迟迟不来接她，她便在娘家人的陪同下到医院做了人工流产。杨某知道后非常生气，以侵犯生育权为由将妻子告上法庭，要求妻子赔偿精神损失费1万元。杨某诉称，妻子在没有经过他同意的情况下，擅自流产，侵犯了他的生育权利。李女士辩称，孩子由她孕育，生与不生应由自己做主，丈夫无权干涉。法院审理后认为，杨某与李女士系合法夫妻，胎儿是双方共同意愿的结晶。虽然后来两人感情不和，但这不能作为妻子擅自处理胎儿的合法理由，李女士的行为侵犯了杨某的生育权，应赔偿丈夫精神损失费5000元。法院判决李女士赔偿杨某精神损失费5000元。③

(四)对离婚诉讼中的生育侵权损害赔偿请求不予支持

此类案例可以较多地被检索到。如在"福建省南靖县黄某诉戴某离婚纠

---

① 李健诉启东市陈黄秀珍医院、王海霞其他人身权案，参见 http://shlx. chinalawinfo. com/ new-law2002/slc/slc. asp? db=fnl&gid=117561621.

② 原告唐江梅(反诉被告)、杨玉萍与被告(反诉原告)杨爱春抚养费纠纷一案，http://www. 110. com/ panli/ panli_200760. html.

③ 妻子擅自流产丈夫怒讨生育权，妻子被判赔偿5000元，http://news. xinhuanet. com/ newscenter/ 2003－08/02/content_1006606. htm.

纷案"中,妻子黄某起诉离婚,丈夫戴某反诉妻子私自堕胎侵犯其生育权,要求妻子支付精神损害赔偿费5000元。审理法院认为,夫妻双方都有生育的权利,也有不生育的自由。在原告怀孕以后,胎儿就成为原告身体的组成部分,而被告的生育权只能通过原告来实现;如果双方意见一致,被告的生育权就能够实现,如果双方的意见不一致,则只能依照原告的意愿决定,被告的生育权就不能实现。原告没有与被告协商,自行终止妊娠,其行为并未违反法律规定,被告要求妻子支付精神损害赔偿的主张于法无据,故不予支持。① 在《婚姻法解释(三)》出台之前,对离婚诉讼中的生育侵权损害赔偿请求不予支持也是司法界的主流见解。《婚姻法解释(三)》第九条关于"夫以妻擅自中止妊娠侵犯其生育权为由请求损害赔偿的,人民法院不予支持"的规定也是对先前司法实践经验的肯定。

对离婚诉讼中的生育侵权损害赔偿请求不予支持,同样可以归纳为:生育权作为配偶权劣后于生命健康权、人身自由权;女性不生育自由可以对抗男性生育请求权;只有夫妻双方协商一致,共同行使生育权,才能实现生育权;堕胎符合计划生育法律政策,不构成对生育权的侵害;等等。

(五)对离婚诉讼中的生育侵权损害赔偿请求予以支持

此类案例也不多。在"安徽省歙县毕某诉胡某离婚纠纷案"中,审理法院——安徽省歙县人民法院认为,公民有生育的权利,男女双方生育的权利平等地受法律保护。原告在婚姻关系存续期间未经被告同意,擅自到医院做人工流产手术,侵犯了被告的生育权,给被告的精神造成一定的伤害,理应给予适当赔偿。判决准予毕某与胡某离婚,毕某一次性赔偿胡某精神损失费3000元。② 此外,湖北省应城市人民法院以"生育权为夫妻双方共同拥有,任何一方单独处分都是对对方生育权的侵犯。妻子未经丈夫同意擅自引产,应承担相应过错责任"为由,判决妻子赔偿丈夫精神损失费5000元。③ 江西省吉水县人民法院以"男女双方登记结婚后,生育权为双方共有,双方应共同行使这一权利,任何一方单独处分都是对相对方生育权的侵害。被告未经原告许可擅自堕胎,导致双方夫妻感情破裂,并造成原告精神损害"为由判决被告赔偿

---

① 刘丽英、杨友华、王振勇:《妻子私堕胎,丈夫讨生育权》,《厦门晚报》2006年1月10日。

② 叶国强:《妻子赌气私自到医院堕胎,丈夫获3000元》,http://www.chinanews.com/news/2005/2005-08-08/26/609139.shtml.

③ 《妻子擅自堕胎后离婚,丈夫获赔5000元精神损失费》,http://news.sohu.com/20060705/n244106087.shtml.

原告精神抚慰金一万元。①

(六)回避生育侵权损害赔偿和生育协议效力问题

在《婚姻法解释(三)》出台之前,各地法院审理涉及生育侵权损害赔偿、生育协议纠纷案件,不少采取回避的态度。回避的方式有多种多样,争取以调解方式结案,对是否侵害生育权问题不予法律分析是主要的方式。此外,在判决不准离婚的案件中,因为判决不准离婚,自然对基于《婚姻法》第四十六条提出的损害赔偿请求不予支持,也就没有必要分析侵害生育权的问题了。有的民事判决的说理部分对关于侵害生育权的诉讼请求和辩驳甚至不予置评。

简而言之,在《婚姻法解释(三)》出台前后,我国各地法院在生育纠纷处理问题上,不同立场齐全,可谓五彩纷呈。

二、生育权、生育协议的法律定位

(一)作为公法、社会法权利的生育权

1. 现行法律上的生育权是公法和社会法权利,而非私法权利

公权(公权利)与私权(私权利)的分类和概念的使用,学界仍不一致。比如,有将公权和私权都视为个人权利的,有将公权分为个人的公权和国家的公权的,还有将公权看做是公共权力的。② 有鉴于此,本文不采"公权"、"私权"的用语,而采公法权利、社会法权利和私法权利概念。所谓公法权利,即渊源于公法,存在于公法关系中的权利,既包括国家一方的权利,也包括相对人一方的权利;社会法权利和私法权利则分别是渊源于社会法、私法,存在于社会法、私法关系中的权利,包括各种社会法主体和民商事主体享有的权利。

生育权首先出现于 1992 年 4 月 3 日第七届全国人大五次会议通过的《妇女权益保障法》第四十七条第一款(该款内容被 2005 年 8 月 28 日第十届全国人大常委会第十七次会议修改后的《妇女权益保障法》第五十一条第一款保留),该款强调妇女有按照国家有关规定生育子女的权利,也有不生育的自由。妇女权益保障法作为弱势群体的权益保障法律,一般被归入社会法部门,但在

---

① 刘皓:《妻子赌气竟堕胎,丈夫离婚获赔偿》,http://old. chinacourt. org/public/detail. php? id=114657.

② 上官丕亮:《论公法与公权利》,《法治论丛》2007 年第 3 期。

全国人民代表大会网站的法律法规数据库中被归入宪法类的宪法相关法。依权利的渊源,此处的生育权可以视为公法或社会法上的权利。①

2001 年 12 月 29 日第九届全国人大常委会第二十五次会议通过的《人口与计划生育法》第十七条则规定:"公民有生育的权利,也有依法实行计划生育的义务,夫妻双方在实行计划生育中负有共同的责任。"并不区分男子、妇女的生育权。该条规定有特定的语境和语义,即公民的生育权利是与依法实行计划生育的义务相对而言的。也就是说,无论公民的生育权利,还是依法实行计划生育的义务,都存在于国家与公民之间。人口与计划生育法是规定人口再生产过程中国家和公民权利、义务的法律,应当属于公法,故此处的公民生育权利和计划生育义务应属公法上的权利、义务,并非私法上的权利、义务。公民的生育权利是与国家保障公民生育权利实现的义务相对应的,而公民的计划生育义务则与国家推行人口调解政策的权利相对应的。在规范人身关系和财产关系一般规则的《民法通则》和规范婚姻家庭关系的《婚姻法》中,生育权只字未提。尽管《婚姻法》第二条第三款、第十六条也规定了实行计划生育的内容,但《婚姻法》的相关内容旨在强调夫妻在实施计划生育的平等、共同义务,并没有在婚姻关系中设置另外一种身份权性质的生育权。

朱晓喆、徐刚在前文中认为,生育权在严格意义上是一项基本人权和宪法基本权利。因为一些国际性法律文件已将人类的生育事务纳入基本人权的范畴。尽管我国《宪法》并未明确规定生育权,但宪法基本权利是一个不断发展的体系,在成文法国家,基于宪法条文的不完满性与开放性,一般认为宪法条文中的权利并非涵盖所有的基本权利,应认可我国宪法上还存在未列举的基本权利。但依我个人之见,由于我国缺乏宪法规定外的基本权利确认机制,关于生育权是我国宪法基本权利的论断仍值得商榷。

综上所述,笔者认为,就现有法律规定而言,生育权属于公法、社会法上的权利,而非私法上的权利。公民的生育权利只是一项得向国家主张的权利,而不是得向配偶或第三人主张的权利。不能离开法律规范的特定语境,将公法上的权利直接移植到私法领域,使之成为私法权利。这里的权利,当然是指法律权利或法定权利,不是指应然权利和实然权利。

2.私法上的生育利益和生育的自由

诚然,生育问题并不仅仅事关国家与公民的关系。生育事务是每一个家

---

① 这一款内容并非有关妇女特权的规定,因为我们也完全可以肯定:男子有按照国家有关规定生育子女的权利,也有不生育的自由。

庭和每一个自然人的大事。不论法律如何规范生育事务,也不论法律上有没有生育权,生育利益以及有关生育事务的权衡总是明白无误地存在于每一个人身上,——生育还是不生育,与谁一起生育,有无生育的能力,何时生育,生育的数量,生育的质量,甚至生育的方式,生育的秩序,生育之后的养育,等等。从个体的角度观察,维护生育利益是建立生育权制度或其他相关制度的宗旨所在;从社会的角度观察,建立生育权制度或其他相关制度的宗旨则是维护生育秩序。

法律,尤其是成文法存在天然的缺陷,它总是落后于社会生活。个体的利益和社会的秩序并不仅靠法律的维系。在"书本上的法"(law in books)缺失的领域,"活法"(living law)建立起人类组织的"内在秩序"。"不论是现在还是其他任何时候,法律发展的重心不在立法、法学,也不在司法裁决,而在社会本身"①法律固然使人类的生活变得更加有效和有序,但人类毕竟已经在没有制定法的土地上度过了漫长的岁月。在婚姻家庭领域,制定法无非建立了一个粗略的框架,或者说基本的生活准则。在这间被称作婚姻家庭的房子里,硬要摆进诸如亲吻权、性福权、生育权、贞操权、安宁权等各式新家具,似无必要。

在私法领域,法无禁止即自由。权利就是这个自由空间中凝聚出来的物体,或者说是由自由制作的成品。但我们无法将所有的自由都制成权利,正如我们无法将人间的规矩都制成法律。总会有许多自由以原生态的方式呈现在我们面前。私法领域的生育自由,即便不通过立法程序加工成生育权,也无碍大局,不会因为没有生育权的规定,就不能生育孩子。迄今为止,生育权尚未在实证法上被认可为一项明确的民事权利。至于学界关于生育权性质的讨论,笔者认为尚属理论层面或应然层面的探讨,并不能为生育纠纷的民事司法提供直接的裁判依据。

因为有生育的利益,所以需要有生育的自由。但这生育的自由,如同休闲的自由一样,既未发展成一种具体人格权,也未发展成一种具体身份权。至于生育权能否像隐私权一样发育成熟,仍有待实践的检验。

如果我们能还生育权只是公法权利而非私法权利的本来面目,自然就不存在生育权是夫妻共有的还是分别享有的权利、夫妻享有平等生育权还是妻子生育权优于丈夫生育权、妻子擅自中止妊娠是否侵害丈夫生育权等问题了。

---

① [奥]尤根·埃利希:《法律社会学基本原理》,叶名怡、袁震译,九州出版社 2009 年版,第 3 页。

(二)作为无名身份协议的生育协议

1.生育协议及其法律适用的窘境

现在我们来讨论生育协议问题。现实生活涌现出各种各样的身份协议，比如忠诚协议、禁止家庭暴力协议、同居义务协议、婚姻期限协议、限制婚姻自由协议。生育协议也是近年来进入法律人视野的一种身份协议。

身份协议，或称身份契约(合同)，与单独行为(如认领、撤销、同意行为)构成身份行为的两种形式。身份协议，是指能发生身份法上效果的协议。身份协议可以依不同标准进行分类，这里只是以法律法规有无规定为标准将其分为法有规定的身份协议和法无规定的身份协议。也可以参照合同法关于有名合同、无名合同的分类，将其分别称之为有名身份协议和无名身份协议。法有规定的身份协议如《婚姻法》第十九条规定的夫妻财产约定、《婚姻法》第三十一条及《婚姻登记条例》第十一条规定的离婚协议、《收养法》第十五条规定的收养协议和《收养法》第二十六至二十八条规定的收养解除协议。前文提到的忠诚协议、禁止家庭暴力协议、同居义务协议、生育协议等都是法无规定的身份协议。虽然我国《婚姻法》规定了夫妻相互忠实义务、禁止家庭暴力、生育的权利等内容，但并没有规定忠诚协议、禁止家庭暴力协议、生育协议等身份协议及其法律效力，故上述协议仍属法无规定的无名身份协议。

如果是《财产法》上的协议或合同，我们只要依据《合同法》第一百二十四条的规定类推适用即可。[①] 无名身份协议既无法直接适用合同法的规定，[②]也无法类推适用有名身份协议的规定。这就是无名身份协议面临的法律窘境。

2.无名生育协议不能产生法律之债的效力

债作为特定当事人之间可以请求为特定行为的法律关系，依是否能够请求法律强制力之保护，分为自然之债和法律之债。传统上，债权具有给付请求权、给付受领权和债权保护请求权三种权能，在效力上分别体现为债的请求力、保有力和强制执行力。作为法律之债具有上述三项权能与效力，是一种完全之债，而自然之债欠缺债的部分权能和效力，故有学者称之为不完全之债，并将自然之债定义为"失去法律强制力保护，不得请求强制执行的债务"。无名生育协议不能产生法律之债的效力。

---

① 《合同法》第一百二十四条规定："本法分则或者其他法律没有明文规定的合同，适用本法总则的规定，并可以参照本法分则或者其他法律最相类似的规定。"
② 《合同法》第二条第二款规定："婚姻、收养、监护等有关身份关系的协议，适用其他法律的规定。"

无名生育协议不能像无名合同一样产生法律之债效力的根本原因在于身份法与财产法、身份行为与财产行为的性质不同。史尚宽在其《亲属法论》一书中阐述亲属法之性质时认为,亲属法为私法,为关于身份生活之法,为强行法,为普通法。[①] 亲属法作为强行法,对当事人而言,因身份的法律要件所生之法律效力,为定型的、法定的,一般不允许自由改变;对法院而言,不能任意扩张身份领域的司法干预范围。亲属法的强行性意味着能得到法律强制力保护或司法保护的身份行为必须是符合亲属法规定的行为。比如欲建立得到法律强制力保护的婚姻关系,必须符合结婚条件,并依法进行结婚登记。非婚同居,或签署同居协议,不能得到法律强制力保护(依最高人民法院司法解释规定认定为事实婚姻者除外),如发生纠纷,诉至法院,法院不予受理(因同居产生的析产、非婚生子女抚养问题除外)。这与财产法(如合同法)、财产行为(如合同)迥然不同。基于以上理由,法院受理、裁判无名身份协议纠纷,既无法律依据,也无法理支撑。

3.无名生育协议可以产生自然之债的效力[②]

生育协议虽然不能依合同法或婚姻法的规定产生法律效力,但不等于毫无效力可言。笔者认为生育协议可以产生自然之债的效力。

自然之债的概念起源于罗马法。在罗马法上自然之债以其无法律上的诉权而区别于法律之债。《法国民法典》第 1235 条规定:"任何清偿均以有债务为前提,不欠债务而已为之清偿,得请求返还。对自然债务已为自愿清偿的,不得请求返还。"在我国,法律上虽无自然之债概念,但立法和司法实践中存在的下列情形应属自然债务:因时效届满而丧失法律强制力保护之债;子女对父母所负债务中超出其所继承的遗产范围之外部分的自愿清偿;对法律上无赡养义务之亲属所为的扶养;送养的子女对生父母的赡养;紧急避险受益人对受害人的自愿补偿;约定无利息的借贷关系中借贷人对出借人自动给付的利息。基于生育协议、忠诚协议等无名身份协议产生的权利义务,亦可归入自然之债范畴。

国家虽然不赋予自然之债以法律强制力,但并不否认自然之债的给付请求权、给付受领权权能和请求力、保有力效力。这是因为国家不可能凭依法律强制力干预一切社会生活,在法律强制力所及范围之外,维护社会生活的自然秩序是符合国家利益的。忠诚协议、禁止家庭暴力协议、生育协议等无名身份

---

① 参见史尚宽:《亲属法论》,中国政法大学出版社 2000 年版,第 4—5 页。
② 忠诚协议、禁止家庭暴力协议和同居协议等无名身份协议亦同。

协议,既然法无规定亦无禁止,可任由当事人签署和自愿履行,已经自愿履行又诉之法院请求返还的,不予支持。

(三)家事领域的司法谦抑性原则

中国有句古语:"清官难断家务事。"此言实有劝诫司法者谨慎介入家事之意,对今天的家事立法、司法仍有借鉴意义。纵观国内外的家事立法、司法,无不秉持谨慎、保守和谦抑的原则。如我国《婚姻法》对婚姻无效和可撤销情形,对夫妻共有财产处理权,以及对离婚损害赔偿范围的有限性规定,历次婚姻法解释中对某些家庭事务纠纷不予受理的规定,无不体现家事立法、司法的谦抑性原则。刑法对发生在婚姻家庭关系中的犯罪行为采取"告诉乃处理"的方式,也是基于维护婚姻家庭关系和谨慎介入家庭事务的考虑。一些国家专设家事法院(如日本的家事裁判所),依据专门的家事程序法(如日本的《家事裁判法》)处理家事纠纷,建立不同于一般民事纠纷的处理机制,是一项值得借鉴的法律经验。

至于发生在家庭中的生育事务,自当由婚姻当事人协商处理。婚姻当事人协商生育事务不成,也会自主选择相应的对策。倘若司法机关越俎代庖,过度介入生育事务等家庭事务,徒增司法成本,且未必能使产生家庭和谐、社会稳定的效果。最为尴尬的是,人民法院受理、裁判生育侵权损害赔偿和生育协议纠纷,均无法律规范可以依从,无法司法,徒损司法威严。

三、生育纠纷的司法对策建议:兼评《婚姻法解释(三)》第九条

(一)婚姻当事人一方仅基于生育利益或生育协议提起的诉讼,应当不予受理

不起诉离婚的生育纠纷案件可能有以下几种:一是婚姻当事人一方不起诉离婚,仅起诉请求对方履行生育义务,或者夫请求妻终止妊娠;二是夫不起诉离婚,仅以妻擅自中止妊娠侵犯其生育利益为由请求损害赔偿;三是婚姻当事人一方不起诉离婚,请求确认生育协议效力,请求给付不履行生育协议的违约金,或者请求解除生育协议。依笔者之见,不论何种情形,法院均以不予受理为宜。因为生育事务不属司法主管范围,上述诉讼不符合起诉条件。

《婚姻法解释(三)》第九条前段规定:"夫以妻擅自中止妊娠侵犯其生育权为由请求损害赔偿的,人民法院不予支持。""不予支持"不同于"不予受理"。如果夫在不起诉离婚而单独以妻擅自中止妊娠侵犯其生育权为由请求损害赔

偿,或基于生育协议提起民事诉讼,人民法院是否受理? 此段规定并未明确。《婚姻法解释(一)》第二十九条第三款规定:"在婚姻关系存续期间,当事人不起诉离婚而单独依据该条规定提起损害赔偿请求的,人民法院不予受理。"如果当事人不起诉离婚,也不依据《婚姻法》第四十六条,而是依据《婚姻法》其他条文或其他法律(比如侵权责任法)的规定提起生育侵权损害赔偿,认定生育协议效力,或者给付不履行生育协议违约金的请求,人民法院是否受理? 这些问题都是婚姻法解释应当明确而未明确的。此外,考虑到生育权尚未发展成为一项具体的人身权,《婚姻法解释(三)》第九条中的"生育权"也宜修改为"生育利益"。

(二)对离婚诉讼中的生育侵权损害赔偿请求不予支持

依据《婚姻法》第四十六条规定,离婚损害赔偿的范围限于重婚,有配偶者与他人同居,实施家庭暴力和虐待、遗弃家庭成员四种,法官不能扩大或变相扩大离婚损害赔偿的范围。因此,在离婚诉讼程序中,不论婚姻当事人是否依据《婚姻法》第四十六条规定请求损害赔偿,均不应予以支持。

(三)离婚诉讼中的生育侵权损害赔偿请求不应适用反诉

反诉是指在一个已经开始的民事诉讼(本诉)程序中,本诉的被告以本诉原告为被告,向受理法院提出的与本诉有牵连的独立的反请求。基于离婚案件的特殊性,离婚诉讼中的生育侵权损害赔偿请求不适用反诉。①

(四)离婚诉讼中附带提起的生育协议纠纷诉讼,不予审理

尽管生育协议属于无名身份协议,但由于裁判无名身份协议于法无据,基于身份协议所生自然之债不受司法保护,故法院对于离婚诉讼中附带提起的生育协议纠纷诉讼,应当不予审理。但起诉请求返还依生育协议给付之财物,可予审理;经查明确属依生育协议给付之财物,对其返还原物请求,不予支持。

(五)将发生生育纠纷列为准予离婚情形,易生误解,建议从司法解释中删除

笔者认为,《婚姻法解释(三)》第九条关于"夫妻双方因是否生育发生纠纷,致使感情确已破裂,一方请求离婚的,人民法院经调解无效,应依照《婚姻

---

① 在非婚生子女抚养费纠纷案件中提起有关生育侵权的反诉,亦不妥当,如前注⑦中的"唐江梅、杨玉萍与杨爱春抚养费纠纷案"。

法》第三十二条第三款第（五）项的规定处理"的规定是不必要的。人民法院准予离婚的法定条件是夫妻感情破裂,而非导致夫妻感情破裂的具体原因。《婚姻法》第三十二条第三款列举了导致夫妻感情破裂的五种具体情形,只是明确了夫妻感情破裂的典型情形,并没有在夫妻感情破裂之外规定新的离婚法定条件。"不幸的家庭各有各的不幸",导致夫妻感情破裂的具体原因是多种多样的,既有诸如《婚姻法》第三十二条第三款列举的情形,也有其他情形。有《婚姻法》第三十二条第三款列举的情形之一,但夫妻感情未破裂的,也不能判决离婚。夫妻之间不论何种原因导致夫妻感情破裂,人民法院均准予离婚,因此规定"夫妻双方因是否生育发生纠纷,致使感情确已破裂,一方请求离婚的,人民法院经调解无效,应依照《婚姻法》第三十二条第三款第（五）项的规定处理"是没有必要的,只会产生以"侵害生育权"为法定离婚情形的误解。

概而言之,笔者认为当下的生育权只是公法、社会法上的权利,而非私法权利。生育权尚未发展成为一项具体的人身权。在私法领域,婚姻当事人依据"夫妻在家庭中地位平等"的原则性规定,自由、平等地处理包括生育事务在内的家庭事务,而无需凭依生育权。人民法院对基于生育权、生育协议提起的民事纠纷,应当不予受理或审理;对以生育侵权为由主张离婚损害赔偿的,应当不予支持。

身份法视角下的婚外同居补偿协议①

浙江大学光华法学院教授　陈信勇

摘　要:婚外同居补偿协议常被司法界和学界视为合同和财产行为,某些法院也依据合同法处理婚外同居补偿协议引起的纠纷。但这种处理会产生消极的社会效果。从身份法的视角分析婚外同居补偿协议,我们可以发现该协议属于无名身份协议,不属于财产法上的合同,法院受理婚外同居补偿协议案件于法无据。依据公序良俗原则,法院对协议双方均不应予以司法保护。因此,本文建议法院对基于婚外同居补偿协议提起的给付或返还之诉不应予以受理。

关键词:婚外同居补偿协议;身份法;无名身份协议;公序良俗;不法原因给付

所谓婚外同居,即我国《婚姻法》第三条、第三十二条及第四十六条所指"有配偶者与他人同居"。婚外同居不同于符合结婚实质要件、未进行结婚登记但符合司法解释规定条件的事实婚姻,也不同于无配偶男女两性未进行结婚登记,且不符合事实婚姻条件的非婚同居。婚外同居补偿协议就是婚外同居者就维持或终止同居关系而达成的具有财产补偿内容的协议。

婚外同居补偿协议有各种不同的表现形式和类型。我们可以依形式将其分为婚外同居补偿书面协议与婚外同居补偿口头协议,依行为动机将其分为维持婚外同居关系补偿协议与终止婚外同居关系补偿协议,依所涉补偿财产性质将其分为以夫妻共同财产进行补偿的婚外同居协议与以个人财产进行补偿的婚外同居协议。从司法实践情况来看,因婚外同居补偿协议引发的纠纷,大致可分为一方依据婚外同居补偿协议要求另一方支付补偿,一方依据婚外同居补偿协议支付补偿后反悔主张返还或者其配偶主张返还等情形。

近年来,各地人民法院处理过不少因婚外同居补偿协议引发的民事纠纷,但因为缺乏明确的裁判依据,裁判见解与结果自然难以统一。最高人民法院

① 本文原刊于《法治研究》2014 年第 9 期。本文受浙江大学"十二五"期间省重点学科"民商法学学科"资助。

曾试图通过司法解释统一该类纠纷的裁判标准,①但终因分歧过大而放弃,最终于 2011 年 8 月 9 日公布的《婚姻法司法解释(三)》删除了相关条文。有关婚外同居补偿协议的法律问题,特别是其效力问题,仍处于学说分歧和裁判各异的状况。针对实务界和学界偏重于从财产法视角对待婚外同居补偿协议,并因此引发相关的司法困境和学术歧见,笔者认为有必要从身份法视角审视婚外同居补偿协议的法律地位,并探求处理婚外同居补偿协议纠纷的合适路径。

一、有关婚外同居补偿协议的司法见解与理论学说

我们可以通过相关案例发现法官们在对待婚外同居补偿协议效力及案件处理方式的不同司法见解,也可以通过学术文献发现学者就此问题提出的不同学说。

(一)关于婚外同居补偿协议的效力

1. 有效说

在"岳红云诉李志国支付解除同居关系补偿费纠纷案"中,李志国与岳红云因网聊相识,而后同居,此后为其妻发觉。李志国提出与岳红云分手,岳红云要求支付补偿费,于是两人达成协议,由李志国支付岳红云"分手补偿"10 万元,当场支付了 5 万元,剩余 5 万元李志国写了欠据。2010 年 4 月岳红云凭欠据向河北省阜平县人民法院起诉,请求支付剩余的 5 万元补偿费。该院认定双方签订的经济补偿协议有效,判决被告于判决生效后 10 日内一次性支付原告补偿费 5 万元。② 该案是支持"分手补偿"协议有效说的一则案例。

有效说一般将婚外同居关系与财产赠与或补偿关系区分对待。即便婚外同居关系有悖道德,也不影响婚外同居者之间财产赠与或补偿行为的效力。只要财产赠与或补偿行为出于双方真实的意思表示,婚外同居补偿协议或赠与合同就是有效的。

---

① 《最高人民法院关于适用〈中华人民共和国婚姻法〉若干问题的解释(三)》(征求意见稿)第二条有如下内容:"有配偶者与他人同居,为解除同居关系约定了财产性补偿,一方要求支付该补偿或支付补偿后反悔主张返还的,人民法院不予支持;但合法婚姻当事人以侵犯夫妻共同财产权为由起诉主张返还的,人民法院应当受理并根据具体情况作出处理。"

② 王林:《论解除同居关系补偿协议的效力认定与处理》,西南政法大学硕士学位论文,2011 年。

2. 附条件有效说

该说认为基于婚外同居关系的赠与是否违反公序良俗而无效,须视其动机不同而区别对待。如果赠与的目的是维系婚外同居关系的,赠与合同无效;如果赠与的目的是终止婚外同居关系的,则赠与合同有效。"基于婚外同居关系的赠与合同(遗赠),如果其目的在于终止这样关系、对对方以前的支持、照顾表示感谢或者为了保障其今后的生活需要,就不应该说是对公序良俗的违反;……"[①]这种观点为不少学者说赞同,如蒋月教授也持此种观点。[②] 附条件有效说,也可以称之为区分效力说。

3. 部分有效说

巫昌祯教授在评论广西北流市人民法院审理的"甘甲任夫妇诉卢小燕返还房屋纠纷案"时认为:"丈夫没有权利擅自处理夫妻的共同财产,因为财产中有一半属于他的妻子,如果买房子花了 5 万元,那么,这里面有 2.5 万元属于他的妻子。他对于属于自己的那一部分财产的赠与是有效的,而对于属于自己妻子的那部分财产的赠与是无效的。"[③]这种学说基于如下认识:夫妻双方对共同财产享有按份共有权,各享有一半的份额。婚外同居补偿者用夫妻共同财产赠与第三者,侵害了其配偶的按份共有权。

4. 无效说

在"甘甲任夫妇诉卢小燕返还房屋纠纷案"中,一审法院——北流市人民法院认为,本案讼争的商品房经济来源 5 万元,虽是甘与罗的夫妻共有财产,但该屋已公示登记为卢的户名,已物权化,原告主张该房是其夫妻共有财产,理由不充分,应予以驳回。甘与卢之间形成的不正当两性关系行为,为社会道德所不容,为法律所禁止。一审法院判决对卢非法所得的商品房予以收缴,上交国库。同时驳回甘、罗的诉讼请求。二审法院——玉林市中级人民法院依然认定"赠与行为无效",但不追缴收归国库,而是返还受损害个人。[④]

在"张正青诉张秀方其他民事纠纷案"中,一审法院——杭州市萧山区人民法院认为,张正青与张秀方之间订立的协议违反了法律规定和公序良俗,损

① 金锦萍:《当赠与(遗赠)遭遇婚外同居的时候:公序良俗与制度协调》,《北大法律评论》第 6 卷第 1 辑,法律出版社 2005 年版,第 302—303 页。
② 蒋月:《婚外同居当事人的赠与》,《法学》2010 年第 12 期。
③ 李曙明:《"二奶"的房子让人犯了难》,《检察日报》2002 年 2 月 27 日第 5 版。
④ 《中国首例夫妻联手告"二奶"案在广西玉林审结》,载中国新闻网(http://www.chinanews.com/ 2002—04—26/26/181490.html),2013 年 12 月 20 日访问。

害了社会公德,破坏了公共秩序,应属无效行为。张正青要求确认该协议无效的理由成立。民事行为无效,所得的财产应返还,故张正青要求张秀方返还已支付给张秀方的 70 万元的诉讼请求符合法律规定。据此判决:张秀方在判决生效后三十日内返还张正青人民币 70 万元。①

婚外同居补偿协议无效的原因,大致上可分为两种:违反法律的强制性规定;违反社会公共利益(或公序良俗)。在杭州市中级人民法院近期审理的一起财产损害赔偿纠纷案件中,法院认为,夫妻在婚姻关系存续期间所取得的财产,属夫妻共有。丈夫李先生未经妻子孙女士同意将钱款赠与周小姐,属擅自处分夫妻共同财产,侵犯了孙女士的财产权。且李先生的赠与行为本身基于与周小姐的婚外不正当关系,违反了婚姻法的禁止性规定。法官还认为,夫妻之间具有相互忠实的义务,配偶一方擅自赠与共同财产给第三者,违反公序良俗、挑战道德底线是毋庸置疑的。本案李先生赠与"小三"财产的行为因此应当认定无效。②

归纳以上各说,虽然观点各异,但主要是从财产法(《合同法》、《物权法》)而非身份法视角分析婚外同居补偿协议的效力,则是基本相同的。因为从财产法视角确定婚外同居补偿协议的效力状况,自然依财产法的规则作出相应的司法处理,司法困境也由此而生。

(二)关于婚外同居协议纠纷的处理方式

从司法实践的情况下,婚外同居者依据婚外同居补偿协议要求另一方支付补偿的情形并不多见,其诉讼请求也极难获得法院的支持。婚外同居者一方向另一方支付补偿后反悔而主张返还或者其配偶主张返还的情形较为多见,但各地法院的裁判立场和学者见解并不相同,大致上可以分为驳回起诉、返还财产、不予返还财产、收缴非法所得和自然债处理方式等几种。

驳回起诉的裁判以不属法院受案范围为理由。"张正青诉张秀方其他民事纠纷案"的二审法院——杭州市中级人民法院撤销了依无效合同返还财产的一审判决,改判驳回起诉,其裁判理由是"不属法院受案范围":当事人之间的协议名为借贷协议,实为包养协议;本案虽然涉及财产关系,但是这种财产关系依附于包养关系。"张正青起诉的要求保护的财产权并非正常的民事权

---

① 王宓、王志华:《张正青诉张秀方其他民事纠纷案——因"婚外情"引发债务纠纷案件的处理》,载浙江法院网(http://www.zjcourt.cn/content/20130418000022/20130604000293.html),2013 年 12 月 20 日访问。

② 韩圣超:《丈夫出钱养"小三" 分手还送三十万》,《浙江法制报》2013 年 9 月 30 日第 4 版。

益,不受法律保护,也不能纳入通过民事诉讼保护的民事权益的范畴。"①

判决受给付方返还补偿财物的理由是因无效合同或侵权取得的财产应当返还。既然婚外同居补偿协议因违法、违反公序良俗而无效或者侵害夫妻共同财产,接受财物者自然应当依《民法通则》第六十一条、《合同法》第五十八条和《侵权责任法》的规定返还因无效合同或侵权取得的财产。"张正青诉张秀方其他民事纠纷案"的一审法院和"甘甲任夫妇诉卢小燕返还房屋纠纷案"的二审法院就是遵循这一思路进行裁判的。

判决不予返还的理由是赠与有效。南京市鼓楼区的"钱雅诉丈夫吴海洋擅自处分夫妻共同财产纠纷案"中,妻子钱雅以丈夫吴海洋擅自处分夫妻共同财产无效为由,追加其婚外同居者小云为第三人,并要求其返还受赠的 21 万元款项。法院认为,虽然吴海洋和小云的婚外恋情有悖道德,但两者间的民事法律行为,与其他民事法律行为一样,均受法律同等保护,而法律也没有"当事人不能接受已婚者给付财产"的禁止性规定。因此,小云和其他民事主体一样,有接受他人给付财产的权利。吴海洋私自将部分共同财产给了婚外同居者小云,侵害妻子钱雅对夫妻共同财产的共同所有权。侵害钱雅权益的是吴海洋,与小云的接受行为没有因果关系。此外,小云在接受吴海洋的赠与时,也没有核实对方婚姻状况、款项来源、性质的法律义务。法院认定婚外同居者小云接受赠与有效,未构成对夫妻共同财产的侵害,驳回了钱雅要求其返还同居补偿费的诉讼请求。叶金强在评论本案时认为鼓楼区法院的上述判决结果与"不法原因给付不得请求返还"的民法理论相印证。② 我国法律和司法解释尚未有"不法原因给付"的有关规定,故依"不法原因给付"处理此类案件仍处于学理探讨层面,法院不可能直接依"不法原因给付"之学理进行裁判。

收缴非法所得的依据是《民法通则》第一百三十四条第三款和《合同法》第五十九条的规定。"甘甲任夫妇诉卢小燕返还房屋纠纷案"的一审法院以卢小燕所获房屋为非法所得而予以收缴,但这种做法受到专家质疑,③该项判决也终为二审法院撤销。正如王宓、王志华分析的那样,收缴婚外同居者所得财产"过于严格","有公权力对民事领域干预过多之嫌",且"会使其配偶丧失了救

---

① 王宓、王志华:《张正青诉张秀方其他民事纠纷案——因"婚外情"引发债务纠纷案件的处理》,载浙江法院网(http://www.zjcourt.cn/content/20130418000022/20130604000293.html),2013 年 12 月 20 日访问。

② 《富商妻子要求大学生二奶返还财产 法院驳回要求》,载搜狐网(http://news.sohu.com/20051214/n240972097.shtml),2013 年 12 月 20 日访问。

③ 李曙明:《"二奶"的房子让人犯了难》,《检察日报》2002 年 2 月 27 日第 5 版。

济权"。①

覃远春认为,对婚外同居补偿协议不能从有效、无效、不法原因给付、赠与合同等来理解,也不能视为法律毫不介入的纯粹道德行为,该种给付应当作民法自然债定性并作相应司法处理,依据情形分别驳回受给付方要求强制履行的诉请,驳回给付方要求返还的诉请。②

纵观有关司法实践,判决受给付方返还原属夫妻共同财产的补偿财物仍属常见立场,但在学界,"不法原因给付说"有成为主流见解的趋势。

二、婚外同居补偿协议的法理辨析

(一)婚外同居补偿协议属于身份法上的无名协议,而不是合同

不论名称、条款如何表述,也不论表现方式如何,婚外同居补偿协议一般都具有两个方面的内容:一方面承认双方之间存在婚外同居关系,另一方面规定一方对另一方进行财物补偿的"义务"。例如在"张正青诉张秀方其他民事纠纷案"中,双方的协议就有"张正青借给张秀方 100 万元,用于购买杭州市某房产,张秀方用其所有的房产作抵押,并承诺终生不嫁他人,一生做张正青的情人","在双方以情人关系相聚期间,在没有专属双方生儿育女协议之前,张秀方不得生育"的内容,还约定了各自的"违约责任"。③ 婚外同居关系是设立财物补偿义务的基础关系,研究婚外同居补偿协议问题决不能将二者割裂开来。如果将两者分开,我们看到的婚外同居补偿协议往往与《合同法》上的合同(特别是赠与合同)无异,就难以正确判断其性质,这也是不少法官和学者将婚外同居补偿协议混同于赠与合同,适用《合同法》规则处理婚外同居补偿协议纠纷,从而陷入司法窘境的重要原因。

依一般法理,民事法律行为以其行为发生的法律效果性质为标准,分为财产行为和身份行为。财产行为是指旨在发生财产权利义务变动的民事法律行

---

① 王宓、王志华:《张正青诉张秀方其他民事纠纷案——因"婚外情"引发债务纠纷案件的处理》,载浙江法院网(http://www.zjcourt.cn/content/20130418000022/20130604000293.html),2013 年 12 月 20 日访问。

② 覃远春:《婚外同居补偿的民法自然债定性及规范选择——从婚姻法司法解释三对有关条文的取舍出发》,《广西社会科学》2012 年第 2 期。

③ 王宓、王志华:《张正青诉张秀方其他民事纠纷案——因"婚外情"引发债务纠纷案件的处理》,载浙江法院网(http://www.zjcourt.cn/content/20130418000022/20130604000293.html),2013 年 12 月 20 日访问。

为,主要有物权行为和债权行为,合同行为是典型的债权行为;身份行为是指旨在发生身份权利义务变动的民事法律行为。① 婚外同居补偿协议,俗称之为包养协议,这种协议属于何种协议?包养、婚外同居行为属于何种行为?财产行为还是身份行为?实务界和学界似乎对此问题未做深入探究。从有关的司法裁判和研究成果来看,将其归入合同(赠与合同、经济补偿合同等)的为多数,将其归入合同也就是归入了财产行为,婚外同居补偿协议适用合同法等财产法规则也就理所当然了。一旦婚外同居补偿协议驶入财产法的通道,依合同法规则,因无效合同取得的财产应当返还也是天经地义的。法官依此规则又难免会作出让包养者"人财两得"的裁判。尤其在我国尚无"不法原因给付"立法的情形下,适用财产法规则处理婚外同居补偿协议纠纷很难摆脱这种尴尬局面。这种尴尬局面在我们预设婚外同居补偿协议为财产行为的时候就已经埋下隐患了。

虽然将婚外同居补偿协议归入身份协议会让人感觉突兀(毕竟"二奶"、"小三"不具有合法的身份),但并非没有依据。重婚、有配偶者与他人同居是《婚姻法》规定的违法行为,属于身份法上的违法行为,如果从广义上理解,就是违法的身份行为。违法的身份行为在分类上仍属身份行为,不会变成财产行为。婚外同居补偿协议基于婚外同居而成立,以婚外同居为其基础关系,是附随于婚外同居的一种行为。尽管我国《婚姻法》未就婚外同居补偿协议作出规定,但婚外同居补偿协议仍可划入身份法范畴,可以将其视作身份法上的协议,或称之为无名身份协议。

将婚外同居补偿协议导入身份法范畴的目的是适用身份法规则处理因婚外同居补偿协议引起的民事纠纷。身份法(即亲属法)是强行法,对当事人而言,因身份的法律要件所生之法律效力,为定型的、法定的,一般不允许自由改变;对法院而言,不能任意扩张身份领域的司法干预范围。身份法的强行性意味着能得到法律强制力保护或司法保护的身份行为必须是符合身份法规定的行为。婚外同居补偿协议在身份法上并无规定,属于身份法上的无名协议,法院审理婚外同居补偿协议纠纷于法无据。经过此番分析,我们就更有理由认定婚外同居补偿协议纠纷"不属法院受案范围",法院应当驳回凭依婚外同居补偿协议请求给付补偿费或返还补偿费而提起的诉讼。

---

① 陈信勇等编著:《民法》,浙江大学出版社 2011 年第 2 版,第 112 页。

(二)婚外同居补偿协议违反公序良俗,法院不应提供司法保护

前已述及,分析婚外同居补偿协议问题不能将婚外同居与经济补偿隔离开来。在现实生活中,婚外同居者一方向另一方支付补偿费可能会假以不同名目,在婚外同居补偿协议中也可能出现不同的用词(如"借款"、"购房款"、"无偿资助费"、"赠与款"),但都改变不了其作为婚外同居或者被包养的对价的性质。婚外同居(包养)与补偿费支付是互为条件的,一方为包养情人而付钱,另一方为钱而同意被包养,并非无偿,婚外同居补偿协议就是这样一种交易协议。这种交易尽管不具有市场化的卖淫嫖娼的违法性质,但其违反公序良俗的性质是一目了然的。如果撇开婚外同居(包养)这一条件,无视其交易性质,只按照其外在形式或外衣(借款、赠与等)来处理,出现强制给付婚外同居补偿费的司法裁判也就不足为奇了。

《民法通则》第七条规定:"民事活动应当尊重社会公德,不得损害社会公共利益,扰乱社会经济秩序。"婚外同居补偿协议违反社会公德,损害社会公共利益,或者说违反公序良俗。社会公德、社会公共利益和公序良俗表述不同,其意相近。对违反公序良俗的行为不提供司法保护,符合民法通则的立法精神。法院认定违反公序良俗的行为无效并进行相应司法处理,或者不受理违反公序良俗行为引起的纠纷,都符合立法宗旨。

从表面上看,婚外同居补偿协议无效说依据明确、理由充足,但实际上存在诸多问题:一是将婚外同居与经济补偿隔离开来,将婚外同居补偿行为视为财产法上的赠与行为,未能揭示"赠与"、"资助"等外衣下的交易性质;二是通过司法程序将婚外同居补偿协议认定为无效协议,如果判决受给付方返还财产,实际效果是让给付方"人财两得",法院成了给付方利益的保障者;如果判决不返还财产,又于法无据。这样的审判使法官左右为难;三是浪费司法成本。笔者认为,在双方均违反公序良俗的婚外同居补偿纠纷,法院不予受理,比受理后认定行为无效,更能表明法院对任何一方当事人的不法利益不提供司法保护的立场,并可以避免不论何种裁判都难免有保护一方不法利益之嫌的司法窘境。

婚外同居补偿协议有效说、附条件有效说、部分有效说存在更为明显的问题。

有效说完全无视婚外同居与经济补偿互为条件的事实,否认婚外同居补偿行为违反公序良俗的实质,将婚外同居补偿协议等同于一般的赠与合同,依此裁判实际上为婚外同居者提供了司法保护,支持了我国《婚姻法》禁止的重

婚、有配偶者与他人同居行为。

附条件有效说区分动机分别对待婚外同居补偿协议,其观点仍值得商榷:第一,为建立、维持婚外同居关系而给付补偿,与为终止婚外同居关系而给付补偿,虽然给付的时间和动机不同,但其实质并无不同。一方需要向另一方给付分手补偿费的原因在于双方先前已经存在的婚外同居关系,双方依然是婚外同居与金钱补偿的交易关系。第二,如果认定终止婚外同居关系补偿协议有效,则在一方(包养者)不按协议给付补偿(分手费)时,另一方(被包养者)可凭此有效补偿协议,堂而皇之地向法院诉请强制履行,法院得支持其诉讼请求。如此一来,法院又成了被包养者不法利益的保障者,毫无疑问将助长被包养者索要分手费的行为。笔者无意将婚外同居关系完全等同于包养关系,也无意将婚外同居者之间的一切金钱往来都视为婚外同居补偿或包养费,只是强调法院不能介入这种违反公序良俗的交易关系,不能充当这种交易任何一方的利益保障者。如果一方为终止婚外同居关系而自愿向另一方支付补偿费(分手费),法院并不主动干预;在一方凭补偿协议向法院起诉索要分手费时,法院不应予以受理,更不能以其动机不违反公序良俗为由而认定补偿协议有效,并支持其诉请。

部分有效说除了忽视婚外同居补偿协议违反公序良俗的实质之外,还存在明显的错误:夫妻共同财产是夫妻共同共有,而非一人一半的按份共有。

依一般民法法理和立法,民事法律行为无效,据此取得的财产应当返还。但在"不法原因给付"的情形下,法院如裁判给付受领方返还给付,将出现充当一方利益保障者的尴尬局面。为维护公序良俗,制裁不法原因给付者,同时也为降低司法成本,各国建立了不法原因给付制度,我国台湾地区"民法"第一百八十条亦有"因不法之原因而为给付者"不得请求返还的规定。不法原因给付以不得请求返还为原则,以可请求返还、追缴为例外。婚外同居补偿协议违反公序良俗,故依婚外同居补偿协议所为给付当属不法原因给付。不法原因给付理论确实为摆脱诸如婚外同居补偿返还之诉面临的司法困境提供了新的路径,因此受到我国不少学者的青睐。但我国迄今为止未有不法原因给付之立法,在此项规则建立之前,法院应当如何妥善处理婚外同居补偿协议之类的纠纷?

有专家建议按照自然债务的思路处理婚外同居补偿协议纠纷,因为自然债务的处理方式是提供较弱司法保护的一种方式。覃远春发表的论文建议以民法自然债给婚外同居补偿协议定性并作相应司法处理。① 尽管以自然债方式处理婚外同居补偿协议纠纷也以法院不予司法保护为特征,但这一观点仍值得商榷:第一,婚外同居补偿协议违反公序良俗,并不能产生债的效力。王泽鉴先生在阐述赌债是否自然债务问题时认为:"赌博系违反公序良俗(学说)或法令禁止规定(判例)而无效,不生债之关系。'赌债非债',赢家不享有债权,输家亦不负债务,非属所谓之自然债务。"② 同理,婚外同居补偿协议亦不能产生自然债务。第二,婚外同居即"有配偶者与他人同居"是我国《婚姻法》明文禁止的行为,婚外同居补偿因与婚外同居互为条件,其违反公序良俗的性质明显。婚外同居补偿协议并不具备自然债务所需的道德和社会观念的基础。

概而言之,法院不能为违反公序良俗的婚外同居补偿协议提供司法保护。倘若将来我国建立不法原因给付制度,则可依此制度处理婚外同居补偿协议纠纷;在无此制度的背景下,应将婚外同居补偿协议定位为身份法上的无名协议(或无名身份协议),并基于身份法的强行法特性考量,以法院受理此类纠纷案件于法无据为由,不予受理;已经受理的,裁定驳回起诉。

(三)给付方配偶不能向受给付方请求返还补偿财物,但共有不动产除外

依婚外同居补偿协议为给付后,请求返还给付的诉讼主要有几种不同的方式:一是由给付方以婚外同居补偿协议无效为由直接起诉受给付方,请求返还补偿财物(例如杭州"张正青诉张秀方其他民事纠纷案");二是由给付方夫妻双方以侵害夫妻共同财产为由起诉受给付方,请求返还补偿财物(例如广西北流市"甘甲任夫妇诉卢小燕返还房屋纠纷案");三是由给付方配偶一方以无权处分、侵害夫妻共同财产为由起诉受给付方,请求返还补偿财物;四是由给付方配偶一方以无权处分、侵害夫妻共同财产为由起诉给付方和受给付方,请求返还补偿财物(例如南京市鼓楼区"钱雅诉丈夫吴海洋擅自处分夫妻共同财产纠纷案")。给付方及其配偶的返还之诉是否应当得到支持? 这里主要涉及以下几个问题:

第一,给付方擅自以夫妻共同财产补偿受给付方,是有权处分还是无权处分?

---

① 覃远春:《婚外同居补偿的民法自然债定性及规范选择——从婚姻法司法解释三对有关条文的取舍出发》,《广西社会科学》2012年第2期。

② 王泽鉴:《民法学说与判例研究》(第二册),中国政法大学出版社1997年版,第127页。

有些学者认为这种情形属于无权处分,但梁慧星先生认为:"未得他共有人同意而出卖共有物,出卖人为共有人之一,不属于无权处分,不适用第五十一条的规定,买卖合同应当有效。只是因为存在权利瑕疵,当他共有人向买受人主张权利时,出卖人应当依据第一百五十条的规定对买受人承担权利瑕疵担保责任。"①

笔者同意梁慧星先生的观点,理由是:(1)处分人自身是共有人之一,有处分权,处分权人处分共有物,是有权处分,将其视为无权处分,不能自圆其说;(2)共有的内、外部关系应当区分,不能将调整共有内部关系的规则适用于外部关系。如果共有人之一未经其他共有人同意处分共同财产的行为为无权处分,则凡涉及共有财产(包括不动产、动产甚至货币)的交易,只要有共有人不追认,均可归于无效,市场交易秩序岂不大乱?

依笔者之见,给付方及其配偶以无权处分为由否认婚外同居补偿协议的效力并不恰当,也无必要,因为婚外同居补偿无论有权处分②、无权处分,均违反公序良俗,不能得到司法保护。

第二,受给付方是否构成对给付方及其配偶的侵权?

给付方依婚外同居补偿协议自愿向受给付方给付财物,受给付方接受财物,尽管协议违反公序良俗,具有不法性,但受给付方接受财物的行为不符合侵权行为的特征。给付方擅自将夫妻共同财产补偿给受给付方的行为才是侵害夫妻共同财产的侵权行为。给付方的配偶起诉离婚,请求给付方赔偿损失的,人民法院应予支持。给付方因此严重损害夫妻共同财产利益,其配偶请求分割共同财产的,人民法院可依《婚姻法解释(三)》第四条第一项之规定,予以支持。给付方的配偶径直向受给付方请求返还财产,缺乏事实根据。由此分析,南京市鼓楼区人民法院关于"钱雅诉丈夫吴海洋擅自处分夫妻共同财产纠纷案"的判决应当是符合相关立法和法理的。

第三,如果给付方向受给付方给付夫妻共有的不动产,应当如何处理?

夫妻一方或双方在婚姻关系存续期间取得的不动产,未作相反约定,当属夫妻共有,不论该不动产登记于一方还是双方名下,也不论非登记一方是否知情。依《城市房地产管理法》第三十八条第四项之规定,共有房地产,未经其他共有人书面同意,不得转让。如果夫妻一方将其名下的不动产(一般不为另一

---

① 梁慧星:《如何理解合同法第五十一条》,《人民法院报》2001年1月8日第3版。

② 有些文章认为,如果给付方以个人财产"赠与"婚外同居者,属有权处分,应当认定协议有效。其实不然,给付方以个人财产"赠与"婚外同居者,虽然不涉及夫妻共同财产处分,其行为依然违反公序良俗,法院不能认定该种协议有效。

方知情)转移登记到婚外同居者名下,其势必隐瞒夫妻共有的真实情况,或者提交虚假材料(如伪造配偶签名)。如有此种情形,给付方的配偶可以通过行政诉讼撤销不动产转移登记,将已过户到受给付方名下的不动产收回,受给付方不得以善意取得为由进行对抗。[①]

在有关的新闻报道和论文中,笔者发现常有将给付房屋与给付购房款混淆的现象。"送房"和"送房款"并不相同,不是一回事。购房款是货币,是特殊动产,给付方向受给付方给付房款,由受给付方购买房屋,不能适用以上的救济方式。

三、婚外同居补偿协议纠纷的处理对策建议

(一)当前有关纠纷的司法对策

当前涉及婚外同居补偿协议的纠纷案件,人民法院的司法见解和裁判结果分歧明显,从不受理或驳回起诉,到受理此类纠纷并认定协议有效、无效或部分有效的都有,裁判返还、不返还或部分返还补偿财物的也都有。这种司法局面的存在对司法公平提出了挑战。

根据本文的分析,笔者认为在我国尚未确立"不法原因给付"规则的背景下,可以按照以下思路处理婚外同居补偿协议纠纷:

第一,对婚外同居的男女双方基于婚外同居补偿协议(不论书面或口头)提起的给付婚外同居补偿或返还婚外同居补偿之诉,应当不予受理;已经受理的,裁定驳回起诉。其学理依据在于:婚外同居补偿协议是一种身份法上的无名协议(或无名身份协议),身份法的强行法性质决定了法院不能任意扩大身份法纠纷的受理范围,受理身份法上的无名协议纠纷于法无据。不能撇开婚外同居补偿协议违反公序良俗的实质,按照其赠与等表面形式并依合同法规则进行司法处理。人民法院不能为违反公序良俗行为提供司法保护。其裁判依据是《民法通则》第七条关于"民事活动应当尊重社会公德,不得损害社会公共利益,扰乱社会经济秩序"的规定。

第二,对给付方的配偶以受给付方侵害夫妻共同财产为由提起的返还补

---

① 给付方一般并非善意受让人,且未支付合理对价,不具备《物权法》第 106 条规定的善意取得条件。有论文认为"'第三者'实际上支付了隐性'对价',这种'对价'没有表现为金钱,而是表现为身体或情感等",这种观点并不妥当。参见杜志红:《有配偶者赠与"第三者"财产的法律效力分析》,《西南农业大学学报(社会科学版)》2012 年第 3 期。

偿财物之诉,人民法院应当予以受理,但不支持其诉请。受理上述诉讼的理由是给付方的配偶并无违反公序良俗的行为,没有拒绝受理的法律依据;不支持其诉请的理由是受给付方不存在对给付方的配偶的侵权行为,而是给付方对其配偶存在侵权行为。

第三,给付方的配偶以夫妻共有不动产转移登记存在登记材料不实为由起诉不动产登记机关,请求撤销不动产转移登记的,应当受理;查明存在隐瞒不动产共有的真实情况或者提交伪造签名等虚假材料等事实的,裁判撤销不动产转移登记。其裁判依据是《城市房地产管理法》第三十八条第四项之规定等。

(二)通过司法解释和指导案例统一裁判标准

最高人民法院于 2010 年 10 月 16 日公布《关于适用〈中华人民共和国婚姻法〉若干问题的解释(三)(征求意见稿)》,其第二条有如下内容:"有配偶者与他人同居,为解除同居关系约定了财产性补偿,一方要求支付该补偿或支付补偿后反悔主张返还的,人民法院不予支持;但合法婚姻当事人以侵犯夫妻共同财产权为由起诉主张返还的,人民法院应当受理并根据具体情况作出处理。"该条款存在以下几个问题:一是仅涉及为解除婚外同居关系所作财产性补偿约定,未涉及为建立、维持婚外同居关系所作财产性补偿约定;二是对支付补偿或返还补偿之诉采取不予支持而非不予受理的立场;三是对合法婚姻当事人提起的侵犯夫妻共同财产权之诉未规定明确的裁判标准。

根据本文的分析,笔者建议最高人民法院组织讨论和深入研究婚外同居补偿协议问题,适时制定处理婚外同居补偿协议纠纷的司法解释。该项司法解释可以表述为:

有配偶者与他人同居,为建立、维持或解除同居关系约定了财产性补偿,一方要求支付该补偿或支付补偿后反悔主张返还的,人民法院不予受理;已经受理的,裁定驳回起诉。给付方的配偶诉请受给付方返还补偿财产的,人民法院不予支持;与给付方离婚时请求赔偿损失,或者请求分割共同财产的,人民法院予以支持。

最高人民法院公布指导案例,也能够发挥统一裁判标准的功能。建议最高人民法院发布婚外同居补偿协议纠纷的指导案例。

(三)完善相关立法

基于本文的研究,笔者认为我国通过立法建立"不法原因给付"制度是必要的。"不法原因给付"制度是解决诸如婚外同居补偿协议纠纷引起的给付请求和返还给付请求诉讼问题较为妥善的对策。建议我国未来的民法典不当得利制度部分规定"不法原因给付"规则。

综合研究

浙江省民间融资规范化问题及对策研究①

浙江大学光华法学院讲师　陆　青

摘　要：通过案例调查可知,浙江省民间融资活动呈现出一些新型的发展样态,同时面临着中小企业多融资难、民间资金多投资难的"两多两难"困境。看待这种困境,不仅需要审视民间融资面临的法律压制的外因,更重要的是要看到民间融资市场发展的内在规律。相对于强调管制的行政法和刑法而言,利用民商法规范进行合理的解释应对才能真正更好地把握这种规律,并对民间融资背后的诸多利益进行合理疏导。除了立法层面的回应外,浙江省民间融资规范化问题的解决更应该注意从解释论的角度出发,在司法实践中有效地发挥民商法的指引作用。

关键词：浙江省;民间融资规范化;民商法

　　浙江省民间资本规模庞大,相对较为活跃。在后金融危机时代,如何对浙江省的民间融资规范化,通过法律引导的方式促进民间借贷资本从投机领域更多转向实业投资领域,在疏导规范民间融资同时打击经济和金融犯罪,防范金融风险,对推动我省金融市场稳定发展有着重大战略意义。

　　近年来,随着温州企业主"跑路"、东阳"吴英"案和温州"立人"案等一系列事件的曝光,我省民间融资规范化问题引起了社会各界的广泛关注。2012年3月,国务院专门决定设立温州市金融综合改革试验区,并通过了《浙江省温州市金融综合改革试验区总体方案》,从而拉开了温州金融改革的序幕。2012年6月,我省省委、省政府出台《关于加快金融改革发展的若干意见》,对贯彻落实温州市金融综合改革试验区总体方案,加快实施我省"十二五"金融业发展规划,推动建设金融强省,实现金融与经济社会协调发展作出了战略部署。我省高级人民法院继2009年9月出台《关于审理民间借贷纠纷案件若干问题的指导意见》后,于2013年2月进一步制定了《关于服务金融改革大局依法妥善审理民间借贷纠纷案件的若干意见》。2014年3月,我国首部民间融资管

---

　　① 本文受教育部人文社会科学研究青年基金项目"民间高利贷规制问题研究"(项目号:13YJC820057)资助。

理条例《温州民间融资管理条例》正式实施。以上立法政策和司法举措,对我省的民间融资规范化作出了非常有意义的探索。

在这样的大背景下,对民间融资规范化问题作体系性的理论梳理显得尤为重要。本课题通过广泛收集浙江省民间融资相关数据资料,对浙江省民间融资的现状、存在问题及其成因作深度分析,并从民商法的独特视角切入,在比较借鉴国外相关经验的基础上,提出了规范浙江省民间融资的建构型思路,对浙江省民间融资规范化中民商法的作用空间、切入路径和具体法律制度的建构提出建设性意见。这一研究,试图解决对民间融资"从怎么禁到怎么疏"的理论转型,尤其针对当下浙江省民间融资规范体系中存在以刑法和行政法等传统压制性手段为主导,社会管理手段单一并且滞后的现实困境,指出以民商事制度创新手段进行疏导的必要性和可能途径,对解决相关司法实践难题,促进浙江省民间融资市场的健康发展有着一定的现实针对性和政策参考价值。

一、浙江省民间融资的现状、存在问题

(一)浙江省民间融资现状实证分析

民间融资相对于正规融资而言,主要是指我国融资法律体系未加以肯定和保护,国家金融监管部门也未直接正面监管的融资交易活动。以主体划分,由民间借贷、地下钱庄、专业放贷人、企业集资、私募基金等形成的相关融资交易活动,都属于民间融资。其中,民间借贷是民间融资的最主要形式。由各商业银行、证券公司、基金公司、融资担保公司、融资租赁公司等形成的相关融资交易活动,都属正规融资。而由小额贷款公司、村镇银行、农村资金互助社、典当行等形成的相关融资交易活动,则属于民间融资向正规融资转化的中间形式。[①]

近年来,随着宏观政策趋紧,财政货币政策趋向稳健,商业银行信贷规模、信贷投向和存贷比受到限制,加上原材料、用工成本增加等诸多因素的影响,浙江省不少企业资金紧张,进而转向从民间融资。在此背景下,我省民间融资市场呈现出一些新情况、新特点和新变化,民间借贷活跃程度有所提高,应引起有关各方高度关注。

---

① 雷新勇:《民间融资的法律压制及其消解举措》,《法律适用》2012年第9期。

1.从融资数额看,民间融资金额攀升,规模扩大

2012 年全省新收民间借贷纠纷案件 114471 件,上升 23％,涉案标的 838.24 亿元,上升 73.33％,达到历史最高点。其中,杭州、温州、宁波地区的案件数量最多,衢州、嘉兴和舟山地区最少。但与 2011 年相比,除丽水外,各地受案都呈增长态势,温州地区甚至增幅达 61.35％。另外,金融纠纷案件新收 38177 件,上升 33.74％。杭州、宁波、温州的案件量都在 6000 件以上。以上数据,间接反映了我省民间融资在金额和规模上的快速增长态势。①

2.从融资主体看,企业(企业主)大量涉足民间融资

企业涉足民间融资领域主要包括以企业主名义参与借贷和企业本身涉足民间融资两种方式。实践中,前者显然占了绝大多数。以温州龙湾法院 2011 年 1—8 月受理的民间借贷案件为例,共涉及当事人 1070 人,其中 1038 位为自然人,企业作为当事人仅 32 家。而在自然人当事人中,企业主或企业主家庭成员 529 人,占 49.4％。② 根据温州鹿城法院的一项调研报告,该院 2009 年以来受理的案件中,自然人作为当事人的比例为 95.97％,法人仅占 4％。而法院审理后发现,"个人"出借的款项实际上往往来源于企业或借款用于企业。③

但另一方面,企业自身名义参与民间融资的规模也在扩大。2012 年全省新收企业投资合同纠纷、企业间借贷纠纷等案件 31940 件,上升 53.33％;企业兼并、改制、股权转让案件 2115 件,上升 15。38％。④

3.从融资用途看,以经营性借贷为主,但也存在资金流向"去生产化"现象

传统意义上的民间借贷更多是消费借贷,很少是为了扩大生产或投资。当下浙江省的中小企业通过民间融资方式维持或扩大经营成了普遍现象。根据我省高级人民法院关于民间借贷的审查报告,浙江民营企业多以自有资金和民间借贷资金起步。温州市瓯海区 105 家中小微企业的抽样调查显示,在企业初始资金来源中,有 90 家企业通过民间借贷筹措资本,占 85.71％,其中

---

① 浙江省高级人民法院《二〇一二年全省法院审判工作情况分析报告》(浙高法〔2013〕4 号)。

② 郑若丽、李曙光:《龙湾法院关于民间借贷案件的调研报告》,《温州审判》2011 年第 3 期(内部资料)。

③ 鹿城法院民间借贷课题调研组:《鹿城区法院关于民间借贷纠纷的调研报告》,《温州审判》2011 年第 3 期(内部资料)。

④ 浙江省高级人民法院《二〇一二年全省法院审判工作情况分析报告》(浙高法〔2013〕4 号)。

有 32 家初始创业资金完全通过民间借贷获得,占 30.5%。[①]

但另一方面,司法实践中也发现很多当事人所借款项有部分资金并没有进入生产投资领域,而是通过短期借贷方式停留在民间借贷市场,谋取高额回报,或用于银行贷款到期还款、公司验资等应急使用。

4. 从融资期限上看,短期借贷占绝对比例

各地法院的调研报告普遍反映,民间借贷中借款事由多为短期周转,借款期限在 1—6 个月内的短期借贷占绝对比例。以温州龙湾区法院为例,该院 2011 年 1—8 月审结的案件中,借款时间在 1—3 个月的有 82 件,1 个月以下的 6 件,3 个月以上的 22 件,未写明借贷期限(包括撤诉)216 件。可见大部分民间融资主要通过短期的资金周转进行。[②]

5. 从融资利率上看,高息借贷普遍存在

传统民间借贷往往是亲朋好友之间因生活一时之需而发生,具有互助、无偿的特点。而在当下浙江省的民间融资市场中,有偿高息借贷呈现不断蔓延的势头。根据临安法院的调研报告,在该地近年来审理的民间借贷案件中,被告提起高利贷或赌债等抗辩的案件占 90% 以上。浙江某集团有限公司从 2006 年起到 2009 年 3 月,以企业生产经营需要资金周转为由,向社会上数百人借款金额累计 21 亿元,许诺或实际支付利息从 3 分到 1 角不等,仅支付利息就达 3 亿多元。[③] 实践中,为规避最高人民法院相关司法解释提出的禁止超过银行同期贷款利率四倍的要求,当事人往往采取预扣利息、重新出具借条计算复利、以房屋买卖等合法形式掩盖高息借贷、借条证券化(留白利率约定)等方式进行高息放贷。

6. 从融资中介上看,出现专业化、机构化发展趋势

传统民间融资采取依靠地缘、血缘和业缘来维系信用的非组织化借贷形式,很大程度上体现了群众性自我调节资金供求的属性。而在当前我省民间融资市场中,民间融资的规模正在逐渐扩大,规范化程度增强,金融产品日益丰富,组织形式也日趋复杂。主要体现在出现了数量众多的信用担保公司、典

[①] 浙江省高级人民法院:《浙江法院民间借贷审判报告(2008-1—2012-6)》,"浙江法院网"(最后访问日期 2013 年 6 月 5 日)。

[②] 郑若丽、李曙光:《龙湾法院关于民间借贷案件的调研报告》,《温州审判》2011 年第 3 期(内部资料)。

[③] 毛煜焕、罗小平:《对当前民间融资运行质态的调查与思考——以人民法院审理民间借贷及相关案件为视角》,《人民司法·应用》2012 年第 15 期。

当行等中介机构、发展了一些小额贷款公司、村镇银行和私募基金,以及自发成立各种企业互保平台。据温州市中级人民法院的调研,截至 2011 年 10 月,温州就有担保公司、投资公司、典当行、寄售行等民间融资机构 2528 家。[①] 不可忽视的是,一些人依托上述机构甚至银行,低息从银行贷款或向他人吸收存款,再以企业注册垫资、银行贷款"过桥"等名目非法高息转贷给企业,资金掮客相当活跃。而且,由于民间融资的地域性特点,这种职业放贷还呈现出一定的"块状经济"样态。[②]

7. 从融资信用角度看,信用担保方式较为单一

长期以来,浙江省的民间融资更多依托于个人和企业关系网络基础上,通过"关系运作"和利益交换来保证融资交易的进行。因此,民间融资的债权往往缺乏法律保障。在前述温州龙湾区的调研报告中显示,该院 2011 年 1 月至 8 月审结的 326 件民间借贷纠纷中,只有 91 件案件(约占 30%)存在保证人提供担保,而且往往存在借款人和担保人互相交叉担保的现象。另外,在这些案件中,有 69 件申请了财产保全,意味着债权人对债务人偿债能力的严重不信任,迫切需要通过拍卖、变卖债务人财产受偿。[③]

8. 从融资市场退出机制上看,破产案件大量增加

据统计,2012 年,我省受理破产案件 130 件,为上年同期的 2.4 倍,且审理难度大,影响范围广。在 2013 年 3 月受理的"中江系"破产案件,债权人共达 500 家,关联企业 60 余家,所涉债务标的 130 亿元(不计交叉债务为 80 亿)。[④] 大量破产案件的出现,对民间融资的市场退出和危机应对提出了新的规范化要求。

(二)浙江省民间融资市场存在的问题

通过对当前我省民间融资运行质态的调查,可以发现我省现有民间融资市场存在以下主要问题:

1. 中小企业多融资难、民间资金多投资难的"两多两难"困境

从关于我省民间融资市场运行基本特征的描述中可以看出,一方面,我省

---

① 陶蛟龙:《关于民间借贷纠纷司法应对的调研》,《人民司法·应用》2012 年第 11 期。

② 毛煜焕、罗小平:《对当前民间融资运行质态的调查与思考——以人民法院审理民间借贷及相关案件为视角》,《人民司法·应用》2012 年第 15 期。

③ 郑若丽、李曙光:《龙湾法院关于民间借贷案件的调研报告》,《温州审判》2011 年第 3 期(内部资料)。

④ 浙江省高级人民法院《二〇一二年全省法院审判工作情况分析报告》(浙高法〔2013〕4 号)。

民间融资活动十分活跃,并且成为中小企业获取资金的主要来源之一。根据温州市金融办的相关报告,温州企业运营资金来源构成中的自有资金、银行贷款和民间融资三者之比为54:18:28。由于在抵押担保、资信条件等方面存在天然劣势,融资需求强烈的中小企业难以从大银行为主导、高度集中的正规金融体系中获得融资,不得不转向资金价格更高的民间金融;而另一方面,大量民间游资缺乏合理的疏通管道,无法自由投入民间融资领域,同时,由于利率倒挂现象导致民间资金不愿意进入储蓄市场,因此形成了我省民间融资市场"中小企业多但融资难、民间资金多但投资难"的"两多两难"困境。这种困境说明了浙江省民间资本市场存在内在的结构性矛盾——不充分竞争的供求关系和被分割的市场。

2. 实体经济"空心化"

近年来,随着实体经济利润的下降,浙江省的民间资本开始出现逃离实业的现象,再加上房地产调控的"常态化"、股市长期低迷、存款相当于负利率,大量民间资本投资无门,又演变成赚"快钱"的"游资"。正如前面提到,大量做实体经济的企业也将从实业平台上获取的资金投向非实体经济领域,形成民间融资"去生产化"、投机化的发展势头。依温州中小企业发展促进会会长周德文先生所言,在企业界普遍存在着"实业真难做,做实业真苦,实体经济真危险!"的感叹声,实体经济"空心化"现象严重。[①] 而显然,没有实体经济支撑的民间融资,尤其是投机性的高利放贷行为蕴藏着巨大的金融风险和经营风险。

3. 潜伏中的金融风险

尽管民间融资对浙江省经济的发展发挥了重要的作用,但不可忽视,由于流离于监管之外,缺乏相应的法律约束和有效的社会监督,民间融资存在着较大的自发性、分散性、趋利性和盲目性,往往过于追求短期效益,忽视分析相关政策背景、社会影响,缺乏交易的正规手续,潜伏的金融风险不容忽视。根据温州市金融办提供的数据显示,2011年到2012年2月中旬,温州出险企业就多达234家。在这场借贷危机中,仅2011年,温州担保公司就损失14亿元。[②]

值得一提的是,以熟人社会为背景模板,以"相互信任"为基础的民间融资行为本身就存在着较大的履约风险,这种风险又通过联保、金融中介、非法集

---

① 周德文:《温州金融改革——为中国金融改革探路》,浙江人民出版社2013年版,第32页。
② 周德文:《温州金融改革——为中国金融改革探路》,浙江人民出版社2013年版,第3页。

资和吸收公众存款、套取银行资金等方式在一定区域、一定行业中逐渐扩散，形成系统性金融风险。一旦某个环节发生问题，债务危机就会延伸到资金链条上所有的企业和个人，容易产生多米诺骨牌效应和连锁反应。

4.纠纷频发，影响社会稳定

通过前述调研发现，近年来，浙江省民间融资相关民事和刑事案件都呈大幅增长趋势。特别是在一些涉及民间高利贷的案件中，一些放贷人为了讨债讨薪，容易采取一些非理性行为甚至非法行为。一些债务人也常常因无法偿还高利贷债务被迫走上绝路，或为了还债铤而走险走上犯罪道路。再加上许多民间融资纠纷往往和集资诈骗、非法吸收公众存款、赌博、非法拘禁等违法犯罪活动交织在一起，严重影响了社会的和谐稳定。统计显示，2011 年以来，仅浙江省温州市就至少有 10 人因此自杀、200 人出逃、284 人被刑事拘留。①

二、浙江省民间融资存在问题的深层次原因

当前浙江省民间融资存在的问题有其必然性和合理性，其深层次原因包括：

（一）民间融资相关问题是社会经济发展到一定程度的必然产物，符合经济金融运行规律

在市场经济的发展过程中，随着资本的不断积累，企业必然想方设法扩大投资，这一过程中甚至可能带有很大的盲目性和投机性。银行金融体系无法满足中小民营企业，尤其是处在初创期和成长期，无法提供充足信用担保的小微企业的资本扩张需求，因此后者必然需要民间金融的支撑。而民间融资手段相对简便、信息成本较低、资金到位及时等特点也满足了民营企业短、频、快的金融需求，由此导致民间融资市场日益活跃。但一旦企业发展受到外界影响，或者出现经济金融危机，资金链发生断裂，无法及时偿还贷款，一系列的融资纠纷就可能发生。可见，没有经济的发展，尤其是中小企业的繁荣局面，民间融资乱象可能未必会发生。

（二）浙江省民营经济的高速先行促使民间融资问题浮现出来

其实，近年来一系列民间融资纠纷事件的爆发，恰恰发生在民营经济高度

---

① 崔志扬：《温州 107 人因民间借贷被拘》，《济南时报》2012 年 3 月 12 日版。

发达的浙江省,间接地印证了前面提到的社会经济运行规律。浙江是典型的资源小省,缺乏发展重工业的原材料,又地处海防前线,是新中国成立以来国家工业投资最少的省份。自中共十一届三中全会以来,浙北农村发展乡镇集体经济,浙南地区涌现出一大批个体、私营企业,并且因地制宜创造了联户经营、挂户经营、合伙经营、合股经营、股份合作等多种所有制形式。① 浙江经济的快速发展,从某种意义上看,得益于其以市场化为取向、以民营经济为主体的经济发展模式。在这种发展模式下,以温州为例,政府对民间融资一直保持一种相对比较宽松,采取"摸着石头过河"的治理理念。② 我们必须冷静地看到,尽管我省民间融资市场中存在的种种问题,但这也恰恰说明了现有金融制度并不能满足民营经济的发展需要。而正因为我省民营经济的高速先行,最终促使相关问题浮现出来。

(三)国内外经济形势是民间融资问题浮现的直接诱因

从国内形势上看,银行银根不断紧缩,货币政策日趋稳健,企业向正规金融渠道融资日益困难,纷纷转向民间融资以弥补资金需求。与此同时,由于股市和楼市近年来的相对疲软状态,我省大量民间资本很难找到释放渠道,转而在民间融资市场中追逐高利润。不少企业在经营过程中,或因银行等正规金融收回资金,或因无法偿还民间融资的高利贷,最终出现严重的债务危机,进而导致一系列诉讼的发生。

从国外形势上看,欧美债务危机持续不断,人民币对美元连续升值,对于相对外向型的浙江经济带来很多不利影响。浙江的民营经济中,有一大部分集中于劳动密集型产业,产品多用于出口,直接受国际整体经济的影响。国外贸易的大幅度减少,导致一些企业资金断裂、经营惨淡。

上述两方面原因,是我省民间融资问题浮现的直接诱因。

(四)民间融资的法律压制

尽管近两年来,政府在政策层面,对民间融资都持相对宽容,开放的态度。这点从温州的金融改革可见一斑。但不可忽视的是,长期以来,我国对民间融资一直采取压制性的制度策略。③ 它主要表现在:鼓励投资的原则在法律制

---

① 陈剩勇:《政府创新、治理转型与浙江模式》,《浙江社会科学》2009 年第 4 期。
② 张建伟:《法律、民间金融与麦克米伦"融资缺口"治理——中国经验及其法律与金融含义》,《北京大学学报》(社会科学版)2013 年第 1 期。
③ 张书清:《民间融资的制度性压制及其解决途径》,《法学》2008 年第 9 期。

度中并没有得到确立;投资权利被行政管制所架空;严格限制集合投资,阻碍民间资本集中;在投资方向上,严格限制民间资本的活动范围;阻碍民间资本通过资本市场直接融资;无视民间融资的存在与固有特点,一味以大资本的行为模式去要求一切资本;在分享金融发展机会上,内外资实质不平等;公司内部治理模式很少考虑融资的需求;严格限制民间融资及其利率的法律效力等方面。[①] 如果说,在计划经济体制下,对民间融资的压制策略还有一定的原因的话,在今天民营经济和民间金融发展的背景下,它已经成了金融市场发展的制度性风险与障碍,进而导致法律不符合市场经济规律,而经济个体又普遍规避法律的恶性循环。

(五)法律在应对社会经济问题上存在滞后性,缺乏前瞻和疏导机制

法律的创制过程是一个由习惯到习惯法到法律的发展过程。法律的制定是需要时间的,但是社会的发展是没有停止的。因此会出现法律很长时间没有更新,并且不适应现在社会发展要求的情况。同时,为了达成法的价值共识,同时为了给人的行为提供稳定的规范预期,法律在本质上需要具有保守性特征。因此,法律在应对社会生活、经济生活乃至社会经济变革时都是审慎的、渐进的。[②] 当然,这并不意味着法律在应对社会问题上是僵化不变的。一旦人们在价值观念、法律体系建构和制度创新上产生共识,对社会经济的相关运行规律有了清晰认识的情况下,法律的创新也就会应运而生。

在我省民间融资的规范化问题上,现有法律规范一直滞后于民间融资的现实需求,缺乏相应的前瞻和疏导机制,导致民间融资一直处于一种无序状态,同样是这种法的滞后性的体现。

首先,面对民间融资中的种种行为,法律没有及时明确其合法性界限。对于哪些行为可以纳入法律保护和调整的范畴,哪些必须予以惩罚,法律没有提供一个切实可行的参考标准。尽管司法实践中存在着各种不同的合法性界定标准,但仔细对照可以发现,用这些鼓励倡导民间融资"阳光化"的政策来认定具体案例时依然存在很大的模糊性。另外,为了规避法律,实践中往往存在以其他法律关系掩盖民间借贷关系或者相反,以民间借贷关系掩盖其他法律关系的情况,导致法院在案件定性、事实和法律认定上的种种困难。

其次,对于民间融资的具体运行活动,现有法律往往没有明确的行为规范

---

① 雷新勇:《民间融资的法律压制及其消解举措》,《法律适用》2012 年第 9 期。
② 郭忠:《论法的保守性》,《法制与社会发展》2004 年第 4 期。

（比如市场准入标准、披露义务、信用制度、格式文本规范、市场退出制度等）加以指引，也没有清晰的权利义务内容可以主张救济，最终导致了民间融资不仅流离于金融体制之外，同时也流离于法律体系之外而成为一种无序发展状态。

再次，对那些真正危害融资秩序，需要严厉打击的高利贷行为和各种变相高利贷行为，现有法律规定——"不得高于银行同期贷款利率四倍"——没有太多威慑作用，几乎形同虚设。

三、国外和我国台湾地区民间融资规范化比较研究

如何规范民间融资是一个世界性的难题。不同国家和地区采用了许多措施来解题，设计了若干民间融资规范模式。尽管不同国家和地区基于不同的国情、制度习惯、文化特色以及民间融资的发展状况，采取了不同的规制路径，但如何在合理疏导民间资本的同时维护金融安全，成为他们在应对民间融资问题时的共同任务。从这个意义上看，对不同国家或地区规范民间融资的方式进行比较研究，无疑对我省民间融资规范化有重要的借鉴意义。

（一）美国民间融资规范化中的发展经验

美国是世界上中小银行数量最多、市场化运作相当成熟的国家。美国的民间金融组织主要采用信用合作社、合作银行和带有合作性质的储蓄贷款协会或储蓄银行，以满足不同融资主体的需求。信用合作社是美国最基本的民间金融组织，是一种由储户或会员共同拥有的非盈利性机构，规模和作用要远远小于商业银行。美国信用社协会（Credit Union National Association, CU-NA，网址 www.cuna.org）是为信用社服务的联合社团，有地区分会、州协会（Credit Union Leagues）和全美信用社协会三个层次。协会代表会员信用社协调公共关系、进行职业教育、政策分析等非经营性服务，还包括维护信用社的合作性质，抵御来自政府、银行界的压力，如维护免税待遇；联合银行尤其是国民合作银行（NCB）在美国设有许多分支机构，开办金融业务，主要面向城乡中低收入人群；储蓄贷款协会或储蓄银行则是以存款人为所有人的互助性质的民间金融组织，并且不得通过招募外来股份方式吸收资金。① 另外，在美国还有大量的金融公司（finance company）。区别于商业银行、信用社、储蓄协会、合作银行，金融公司是向个人或企业提供贷款的非银行公司，与我国的小

---

① 高晋康、唐清利等：《我国民间金融规范化的法律规制》，法律出版社 2012 年版，第 199—201 页。

额贷款公司相似,目前已经成为美国第二大商业信贷来源。得益于美国相对成熟的市场机制,这些金融公司的准入门槛并不高(如加州的金融公司最低注册资本为 2.5 万美元)。[①]

美国在民间金融的发展上更多采用放任政策,强调民间融资组织的私人所有和行业自治,但也不乏监管措施。美国自 1934 年通过《联邦信用社法》以来,分别成立了信用社全国管理局和各地信用社监管机构或专职官员。监管要求则从联邦政府和州政府分离向统一的监管体系靠近。[②] 针对民间融资中普遍成为的高利贷问题,美国通过《反犯罪组织侵蚀合法组织法》界定了"非法债务"的概念,规定超过当地两倍高利贷界限的利率放贷并收取该"非法债务"构成联邦重罪。各州在处罚高利贷上存有差异,但通常都包括罚没已收取的利率或者按利息的倍数罚款。某些情况下还可追究放贷人的刑事责任。

(二)德国民间融资规范化发展经验

与美国高度发达的金融市场机制不同,在德国,金融体系的核心在于其高度发达的银行业。当然,民间融资同样是德国金融体系的重要组成部分。

德国以有限责任的法人模式作为民间金融制度设计的基础,而政府基本上持放任态度。在具体民间金融形式,包含信用合作社、合作社联盟(也叫合作银行)和中央合作银行三个层次。信用合作社是民间金融的基本形式,具有独立法人资格,存款人为所有者,通过投票方式决定组织安排和经营决策;合作社联盟既有合作性质的(由辖区内各个独立的信用社所有),也有股份性质的(除辖区内信用社认购股份外,也吸收外来股份);中央合作银行则向地方合作银行提供全国性的支付和结算服务,短期再融资服务以及其他多种金融服务。[③]

在民间高利贷规制问题上,德国法上并没有具体、刚性的利息管制规则,而是通过《德国民法典》第 138 条关于"暴利行为无效"的规定加以规范:"违背善良风俗的法律行为无效。特别是当法律行为系趁另一方处于困窘情境、缺乏经验、欠缺判断力或意志薄弱,使其为自己或第三人的给付作出有财产上利益的约定或者担保,而此种财产上的利益与给付显然不相称时,该法律行为无效"。在具体认定上,区分消费者信贷和企业信贷而作出不同的处理。对消费

---

① 岳彩申:《民间借贷规制的重点及立法建议》,《中国法学》2011 年第 5 期。
② 高晋康、唐清利等:《我国民间金融规范化的法律规制》,法律出版社 2012 年版,第 200 页。
③ 高晋康、唐清利等:《我国民间金融规范化的法律规制》,法律出版社 2012 年版,第 195 页。

者信贷利息规制严格,年利率超过 30% 通常认为满足了暴利的客观要件,而对企业则较为宽松。值得注意的是,德国法上的暴利行为认定采用主客观结合的认定标准,与完全根据利率高低进行处理的客观化标准更为灵活。

(三)意大利民间融资规范化发展经验

意大利有"中小企业王国"的美誉,意大利经济发展部称,截至 2010 年底,意大利境内正在运营的企业中 99.9% 为中小企业。[①] 正因为其发达民营企业的和外向型的经济发展模式,使得意大利的民间融资规范模式对我省民间融资规范化尤有借鉴意义。

在漫长的发展过程中,意大利已经形成一个包含民法、刑法和各种特别法令,兼具禁止、疏导和预防三大功能的民间融资规范体系。在刑法上,1930 年的《意大利刑法典》专门设定了高利贷罪(第 644 条);在民法上,1942 年《意大利民法典》中出现了一系列针对借贷和高利贷行为的私法规范,除了在第 1448 条中规定了显失公平废除合同和在 1815 条中规定了金钱借贷之外,还存在一些规范专门调整借贷合同中双方地位失衡问题,如第 1283 条规定了对复利的限制,第 1284 条规定了超过法定利率的书面要求,第 1384 条规定涉及对过高违约金的司法调整等;在特别法令方面,在上世纪九十年代开始,由于不法的民间融资活动带来一系列的社会问题,立法者意识到有必要更有效地规制高利贷现象,打击犯罪行为,在 1996 年 3 月专门颁布了《高利贷规制法令》。其中核心内容为:(1)修改了刑法典第 644 条的规定,对高利贷采取了更为客观的认定标准,同时将对高利贷的规范客体扩大到了金钱利息之外的实物还贷(也称"物的高利贷");(2)修改了民法典原 1815 条第 2 款的规定,明确"高利消费借贷条款"无效,借贷合同自动转化为无偿合同;(3)立法规定设立反高利贷预防基金,以扶持陷入高利贷漩涡无法自拔的中小企业。

近年来,受债务危机的影响,意大利银行对半数以上的中小企业都紧缩贷款。为了克服资金链断裂等问题,后者常常不得不求助于高利贷。据意小业主联合会报告,意大利黑手党等犯罪组织 2010 年总收入约达 1400 亿欧元,扣除开销经费后的利润约为 1000 亿欧元,约相当于意大利 GDP 的 7%。而其最重要的收入来源就是向中小企业发放高利贷。面对这种状况,2012 年 1 月意大利国会颁布了《规制高利贷和敲诈勒索以及解决债务危机产生问题的法令》。该法令除了对高利贷和敲诈勒索规定了更高的刑罚外,特别对一些处于

---

① 中华人民共和国驻意大利共和国大使馆经济商务参赞处网站,最后访问时间:2013 年 6 月 13 日。

经济困境的小微企业提供债务重整程序予以扶持,以免其财产由于资不抵债立即受到强制执行。这一规范的出台,说明人们已经充分意识到了高利贷调整机制的预防功能,试图通过制度创新来引导和扶持中小企业应对债务危机。

总的来说,意大利的高利贷规制经历了一个从"怎么禁"到"怎么疏"再到"怎么防"的理念转变过程。在早期,由于对民间借贷活动的运行规律缺乏必要的认识,人们只能从行为的结果角度出发,利用刑法的手段禁止高利贷行为。随后,由于人们对民间借贷的认识深化,开始注重民刑法规则的体系协调问题,并注意用民商法的手段疏导高利贷产生的一系列问题。在此基础上,立法者开始前瞻性地思考高利贷的预防问题。

(四)日本民间融资规范化发展经验

日本的民间金融形式主要有两种:一是移植于英美国家的合作金融,二是通过改造日本本土民间金融发展的"Mujin"。针对前者,日本在二战结束前后陆续建立了信用金库、信用协同组织、劳动金库、商工组合中央金库、农林中央金库等。这些组织都有自己的中央和基层机构,并有相关的行业协会;后者起源于佛教传统,在德川幕府时期逐渐演变成商业化运转的金融组织,具有互助性质、规模小的特点,主要在于为中小企业提供资金支持。二战后,Mujin 被重组为互助银行,开始接受存款。到 20 世纪 80 年代改组为商业银行。[①] 有学者分析认为,日本民间金融在某种意义上属于半正规金融,其法制化的模式为自上而下型,这与日本作为二战战败国需要满足战胜国要求的特殊历史背景密切相关。[②]

在民间高利贷问题上,日本长期以来并没有直接有效的规制措施。但随着日本负债消费模式的兴起,个人债务危机潮的产生,以及因催讨高利贷而引发的大量的黑社会组织犯罪、伤害、故意杀人及自杀事件,[③]导致日本于 2003 年通过了《金钱借贷业限制法》和《出资法修改案》,规定年息超过 109.5% 的借贷合同无效,并提高了对高利放贷人的罚金。[④]

(五)发展中国国家民间融资规范化发展经验

在某种意义上,发展中国家民间融资的相关经验可能比发达国家对我们

① 高晋康、唐清利等:《我国民间金融规范化的法律规制》,法律出版社 2012 年版,第 197-198 页。
② 高晋康、唐清利等:《我国民间金融规范化的法律规制》,法律出版社 2012 年版,第 198 页。
③ 强力:《我国民间融资利率规制的法律问题》,《中国政法大学学报》2012 年第 5 期。
④ 高晋康、唐清利等:《我国民间金融规范化的法律规制》,法律出版社 2012 年版,第 198 页。

更有借鉴意义。在发达国家中,市场经济比较发达,法规也比较健全,民间金融往往处于相对边缘状态,或被界定为不法金融,或被改造成正规金融进行监管。有学者通过对南亚、拉美、非洲一些发展中国家的研究发现,在这些国家中,鉴于历史、文化、传统等多方面原因,非正规金融/民间金融在经济发展中扮演着重要的角色。[①] 通过与正规金融的比较可以发现,民间融资具有:(1)远离公共领域;(2)非正规化和相对简单的技术特征和操作流程;(3)依赖信赖和人际关系;(4)相对正规金融较低的交易成本;(5)较低的资不抵债风险;(6)相对较高的利率(但总体借款成本低于正规融资);(8)信息不对称问题比正规金融轻微,但人数越多,范围越广,信息不对称问题越严重;(8)由于人际关系和社会控制因素的存在,具有比正规金融更低的道德风险等基本特征。这些特征决定了民间融资具有某些通过银行等金融机构融资无法获取的优势。因此,在发展中国家,一般都存在着正规金融和民间融资并存的金融结构,各自发挥着融资上的作用,形成互补关系。换句话说,并不存在后者必须被取缔或被改造成正规金融的问题。

基于上述关于民间融资基本特征的描述,学者又根据民间融资主体人数规模(自然人或企业融资)、融资的持续性程度(偶然融资或持续性融资)、融资的目的(经营性或家庭、互助性)、融资的方式(金钱融资或实物方式融资)等对民间融资者进行了不同的分类,并课以具体不同的规范要求。具体来说,放贷人、担保公司、预付销售的经销商、分期付款的手工业商铺、亲朋好友、纯金融中介等都可以称作民间融资主体。

(六)我国台湾地区民间融资规范化发展经验

民间融资深受不同国家风俗传统、交往习惯等影响。从这个意义上看,同属中华文化的我国台湾地区的民间融资规范化经验同样值得我们思考。

在台湾,劳动密集型的中小企业对台湾的经济发展起着十分重要的作用。相应的,在 20 世纪 60－90 年代,我国台湾地区以中小企业为主的民营企业借款来源中民间市场的比例高达 35％以上。也就是说,对于作为台湾经济主体的中小企业来说,民间融资同样至关重要。这种状况甚至并没有因为台湾已经达到新兴工业化经济群体阶段而消失。[②]

---

① A. Mauri,*La finanza informale nelle economie in via di sviluppo*,working paper No. 9,Dipartimento di Economia Politica e Aziendale Universita'degli Studi di Milano.

② 林毅夫、孙希芳:《信息、非正规金融与中小企业融资》,《经济研究》2005 年第 7 期。

鉴于合会在民间融资实践中的重要性,我国台湾地区"民法"典债编第709条专节规定了合会的组织形式、运行方式、机构设置等。通过这种民事立法的方式,对民间融资行为进行规范,一方面肯定了民间融资的市场交易行为/契约本质,另一方面,有助于宣彰民间融资规范化的价值取向:引导而非取缔。

与对本土民间融资进行自下而上放任式规范的模式不同,在信用合作社的发展中,台湾地区充分借鉴了英美法系的经验,通过官方推进的方式进行自上而下的立法规范推广。[①] 另外,台湾地区还设有信用保证基金制度,由"经济部"拨大部分钱注入基金中,在中小企业创业、扩张或者运营发生困难的时候,提供低利率贷款。这与前述意大利的做法比较类似。

(七)小结

通过比较法上的考察可以发现以下一些值得我省民间融资规范化发展的重要经验:

首先,民间融资是解决中小企业融资困境的重要支柱,与正规金融之间形成互补关系,而并不仅仅是非正规的、边缘化的融资途径。上述国家和地区中,没有一个国家或地区直接运用调整正规金融的方式直接调整民间融资,也没有一个国家或地区将所有民间金融都纳入到其针对民间融资的法律范畴内。总体上,应该根据各国具体的情况,对本国占主导形式的民间融资方式进行规范。对民间融资不能采取压制的方式,否则效果会适得其反。

其次,民间融资在本质上是一种交易行为(借贷合同等)。因此,对民间融资进行规范化的基本路径是对这样一种交易行为进行合理的引导,尽管在遏制高利贷和非法融资活动、黑社会介入等方面,刑罚依然是一种必不可少的规制手段。

再次,在具体的规制模式上,存在着自上而下型或自下而上型两种不同的模式。一般来说,在对传统方式的民间融资进行规范化时往往采取自下而上相对放任式的规范方式,目的在于最大限度地尊重传统融资机制及其背后所体现的风俗习惯、行业自治和行为自治;在移植他国民间融资规范方式时,则更多采取自上而下的规制路径,从而更全面系统地吸收他国经验。这两种模式甚至可以并存。

最后,在遏制实践中普遍存在的民间高利贷问题上,意大利和日本以及我

---

① 高晋康、唐清利等:《我国民间金融规范化的法律规制》,法律出版社2012年版,第198-199页。

国台湾地区的部分经验值得借鉴。对高利贷的规制是一个体系性的问题,民法和刑法层面都应该有所作为。民事上应该明确高利贷合同的效力及处理办法,刑事上应该设置专门的高利贷罪。从长远来看,只有解决了民间融资中中小企业多融资难、民间资金多投资难的"两多两难"困境,高利贷问题才能真正得以舒缓。从这个意义上看,他国法上的反高利贷扶持基金对我们也有一定的借鉴意义。

四、规范浙江省民间融资的建构型思路

(一)民间融资行为基本法律定位:市场经营行为

民间融资从根本上是一种市场经营行为。正如任何一项市场行为都可能存在规范上的问题一样,民间融资市场中存在的种种乱象本身不足以影响其市场经营行为的定位。理由主要在于:

首先,在主体上,民间融资主体双方是平等互利的民商事主体(企业或个人)。

其次,在内容上,民间融资主要围绕债务人在一定期间内利用资金和债权人获取相应的报酬或好处这样一种特定的债权债务关系而展开。它与一般商品交易行为的区别在于交易标的物上的不同:前者多为金钱,而后者多为实体物。

再次,在生成环境上,民间融资的产生和运行环境具有市场性。与正规金融不同,民间融资内生于某一经济体中,它的产生和发展是这一经济体本身所需要和催生的,市场供求关系直接影响民间融资行为的成本和收益。以民间借贷的利率为例,"多数高利贷限制都产生于农业社会资金极度匮乏且生产手段单一的背景下,借款人无法通过市场竞争对利率高低形成制约。在现代工业社会,借款方会把借款利息作为生产成本计入其商品价格,如果该价格在商品市场上不能被最终消费者所接收,借款方肯定会对过高的利率提出异议。商品市场价格因而对过高的利率自然形成了倒逼—约束机制。即使在最差的情况下,借款人也能借助现代法人制度实现风险的转移"[1]因此,民间借贷利率是一种内生的定价机制,由民间融资市场的状况决定,具有自发性特点,是

---

[1] 廖振中、高晋康:《我国民间借贷利率管制法制进路的检讨与选择》,《现代法学》2012 年第 2 期。

反映资金市场状况的指向标。[①]

再次,在运行规则上,尽管现有的民间融资市场并不规范和健全,但现实中的民间融资已经通过规避法律等方式偏离了现有规范,形成内在性的、更符合实践的交易规则和救济规范。

最后,我省的民间融资行为日益突破其人际、信用上的血缘、亲缘和地缘限制,呈现出更为专业化、组织化和多元化的发展趋势,其市场行为的特征更为明显。

(二)民商法在民间融资规范化中应处于核心主导地位

民商法是调整市民社会中人身关系与财产关系的基本法,也是调整市场经济运行的基本法。民商法奉行的意思自治、诚信原则、尊重习惯等基本精神,体现了市场交易行为根本的价值取向,对民间融资规范化有重要的引导意义。

在具体规范层面,民商事法律可以在主体、客体、内容等层面对民间融资行为进行体系性的科学规范。在一些没有专门立法规范的领域,民商法是基本法律,如合同法、公司法的规范可以起到很好的补充作用。

在救济层面,由于民间融资对民间习俗和惯例的依赖性,即使发生纠纷,碍于熟人社会的天然拘束力,行为人更倾向于多元化的私利救济方式,公法因素介入相对较少。而从本质上看,普通民间借贷纠纷与一般合同违约并无本质区别。

从现实来看,在许多问题的处理上,现有的民商事规范在应对民间融资问题上依然十分简单滞后,司法实践也没有形成相对稳定的法律适用方案。与此相对应的是,民间融资存在的市场环境不够宽松,而民间金融本身已经在实践中形成了一些自己的规则,因而具有运用民事法律进行调整的前提和制度需求。

(三)通过民商法观念更新和制度创新疏导民间融资

传统民商事制度中针对民间借贷行为有一些相对简单的规范,但这些制度(比如超过银行贷款利率四倍不予保护)并不能适应现有的民间融资市场的内在的规范需求,有必要通过观念和制度创新的方式重写民间融资的规范体

[①] 王林清、于蒙:《管控到疏导:我国民间借贷利率规制的路径选择与司法应对》,《法律适用》2012年第5期。

系。具体来说，传统民事法律应该转变观念，以更为积极的方式应对民间融资问题。具体包括：

首先，注重市场规律。民商事法律的制定和具体适用应该最大限度地还原民间融资市场的内生发展规律，才能有的放矢地加以疏导。

其次，注重弹性化的制度设计。民商法的核心问题就是处理市民社会多元价值和多元利益的平衡问题。民间融资中涉及借贷人、放贷人、中介人、监管人等诸多主体，存在着多元化的价值取向和利益追求。同时，我国的民间金融市场本身还在培育阶段。因此，民事制度的设计不能太过刚性、单一，否则往往会导致制度设计落后于实践需求，而出现朝令夕改的局面。

再次，注重框架性的行为引导。传统民法往往采取一种针对具体问题的西医外科式的规范方式，不能通盘考虑民间融资中存在的诸多问题及背后的内在规律，而往往是静态地、被动地、局部地去处理各种现有问题。民间融资的规范化应该更加注重前瞻性的引导模式，同时注重民间融资市场中潜在的系统性风险，通过框架式、开放式的制度设计以灵活应对未来可能存在的问题。

最后，轻立法重解释。民事立法并不是越多越好。在社会主义法治体系已经初步建成的今天，民商法正在进行范式转变，从注重制度的完善转向关注法律的具体适用和解释，以便更为灵活地平衡多元利益，处理现实问题。而在民间融资的规范化问题上，立法规范更加应该精简和有针对性。对任何民间融资不加区分地全部规范化处理或监管，或试图转变为正规金融，实质上是在否定民间融资的重要意义。这早已被理论和实践证明是错误的。

(四)民间融资规范化中各部门法的合理定位及协调

在一国的法律体系中，各部门法具有不同的功能和价值取向。比如，宪法是法律体系中的基本法，体现了国民最基本的价值共识；刑法主要针对具有一定社会危害性的犯罪行为，更多采取禁止性的规范模式；民法主要针对市民社会基本的人际交往规则，更多采取损害填补式、疏导式的规范模式；商法针对特定的商事主体或商事交易行为，更具效率优先的价值取向。在民间融资规范化中，应该注意到不同部门法之间的差异，同时应该注意整体上的法律整合问题。前述意大利的经验说明，在针对高利贷等问题上，各部门法不仅应该有各自明确的规范对象和规范方式，还应该通过体系整合的方式分工协作，从而形成有机互补的动态化规范体系。

五、浙江省民间融资规范化的对策建议

（一）浙江省民间融资规范化战略性和阶段性目标

根据《国务院关于鼓励和引导民间投资健康发展的若干意见》（国发〔2010〕13 号）、《中共浙江省委浙江省人民政府关于加快金融改革发展的若干意见（送审稿）》（浙委〔2012〕83 号）和《浙江省人民政府办公厅关于加强和改进民间融资管理的若干意见（试行）》（浙政发〔2011〕133 号）的精神，浙江将以建设"金融强省"为目标，以打造"中小企业金融服务中心"、"民间财富管理中心"为重点，以温州金融综改试验区为突破口，加快推动地方金融改革创新。在这样的背景下，我省民间融资规范化进程同样需要有明确的战略性和阶段性目标。

"实证法——必须与同一社会的活法一致或以活法为根据，始能有效施行。"①依此理论，要对民间融资进行合理的司法规制，必须首先着眼于考察特定社会中的活法，即人们实际遵守的民间融资规范和行为方式，并以此为参照，进行合理的法律规范。因此，从根本上说，浙江省民间融资规范化的战略性目标在于通过对我省民间融资运行规律的科学把握，确立一套兼具规制、疏导和预防三大功能的民间融资规范体系，在维持经济和金融稳定的同时引导民间资本为发展实体经济和民营经济服务，进而为未来全国性的民间融资规范化提供参考。

民间融资规范化显然不能一蹴而就。我们认为，可以分为以下三个阶段展开。

1. 调查和试点阶段

利用一年左右的时间，最大限度地集思广益、实证调研，包括梳理司法实践中能动应对民间融资纠纷的实践经验，切实把握我省各地在民间融资规范化上的具体需求。同时，利用温州金融改革的重要契机，完善《浙江省温州民间融资管理条例》，在符合现行法的框架内进行必要的民商事制度创新，尤其是针对实践中迫切需要解决，而社会各界又能基本达成共识的规范领域，如放宽企业间借贷管制、明确民间融资的合法性界限、创新融资主体准入制度、完

---

① 马汉宝：《法律思想与社会变迁》，清华法学出版社 2008 年版，第 12 页。

善民间融资专业服务机构、科学设置民间借贷利率上限、健全民间融资协同处置机制、明确刑民交叉案件中实体问题的处理等方面有所突破。同时,积极贯彻浙江省高级人民法院《关于服务金融改革大局依法妥善审理民间借贷纠纷案件的若干意见》的精神,在司法实践中妥善处理各种民间融资相关的纠纷。

2. 推广和拓展阶段

利用两到三年的时间,总结温州民间融资规范化的现实经验,逐步在全省范围内进行推广。同时,对于一些处于试点阶段,对其风险认知还缺乏足够积累的民间融资领域,可以按照谨慎原则适当放开。比如,逐步放开民间融资经营者向商业银行、保险公司的融资率上限,为民间融资扩大来源;再风险可控的前提下,对面向金融弱势群体,如"三农"、小微企业、下岗职工的民间融资经营者提供适当的政策性金融资金支持;完善村镇银行和小额贷款公司的配套制度建设;积极探索民间融资涉诉企业的差异化处置途径;尝试性地确立信用保证基金制度或反高利贷扶持基金制度。

3. 攻坚阶段

在五年之内,针对实践中影响重大,争议颇多,同时蕴含系统性风险的规范领域,采取有针对性地攻坚措施。结合司法实践的经验,推进利率市场化改革,逐步放宽对民间融资的利率管制,根据贷款额度、市场需求、担保与否等确立动态化、分类化的利率上限,综合利用民事、刑事和行政手段应对民间高利贷乱象;为多层次的融资体系的确立提供制度支撑,以满足不同市场主体的需求。最终通过金融市场化改革,确立民间融资市场形成成熟的价格形成机制和稳定的供求关系,破解"民间资金多、投资难,小微企业多、融资难"这一根本性难题。

(二)浙江省民间融资规范化中的民商法调整模式和具体路径

浙江省民间融资规范化的重心在于以市场为导向,确立和完善民商法的调整模式。这一调整模式的根本特点在于最大限度地尊重当事人的意思自治,还原民间融资市场的真实供求关系,探求民间融资的运行规律,更好地平衡和疏导平等投融资主体的多元利益需求。

以民商法调整模式建构浙江省民间融资规范体系,首先必须对以下两个问题有正确地认识:

第一,尊重当事人的意思自治,并不意味着对民间融资市场的自由放任,而是指对民间融资的规范和调整必须以维持民间融资市场有效运作作为根本

前提和依据,既不盲目立法,也不随意创新,而是需要在大量实证调查的基础之上,科学把握民间融资的运行规律;

第二,根据我国《立法法》第八条的规定,民事基本制度、基本经济制度以及财政、税收、海关、金融和外贸的基本制度都必须通过法律规定。因此,地方并没有相应的立法权限。这就意味着浙江省的民间融资规范化尽管可以通过试点先行的发展展开,却只能在相应的授权范围之内,在依托现有民商事法律制度框架的基础上进一步展开。同时,即使是在授权范围之内,应注意民商事立法的体系性和科学性,尽可能地避免法律规范体系上的冲突。

具体来说,民商法视域下浙江省民间融资规范化进程,主要通过立法设计和司法实践两个方面展开:

在立法设计层面,可以在相应的立法职权范围内,通过民间融资制度设计对民间金融的发展提供有效的行为指引,促进非制度信任机制的培养,打破国家正规金融的垄断局面。民间融资属于民事法律行为的范畴,应结合民商事法律行为规范的基本范式,在行为主体(合法的投融资主体)、客体(具体融资行为)、内容(具体权利义务法律关系)、成立(或设立条件)、效力、变更终止(退出机制)和法律责任等方面进行特别规范。在确立和培养民间金融组织问题上,这种立法模式显得尤为重要;

在司法实践层面,在已有的《关于审理民间借贷纠纷案件若干问题的指导意见》《关于服务金融改革大局依法妥善审理民间借贷纠纷案件的若干意见》的基础之上,针对我省民间融资纠纷中出现的复杂民商事案件,引导法官对现有民商事规范进行合理的解释适用,以推动民间融资市场的正常有效运作,防范金融风险,服务实体经济。在总结实践经验的基础之上,省高级人民法院或者中级人民法院可以颁布一些法律适用的具体指导意见,灵活应对实践中不同的规范需求。

(三)民商法视域下浙江省民间融资规范化的核心问题及对策建议

在浙江省民间融资规范化进程中,前述《浙江省温州民间融资管理条例(送审稿)》以及浙江省高级人民法院一系列指导性意见都有着重要的实践价值。本课题仅从民商法视域,对现有浙江省民间融资规范化进程中一系列核心问题提出对策意见,以供参考。

1.有条件地放宽企业间借贷合同效力

关于企业间借贷合同的效力问题,理论和实务争议颇多。[①] 浙江省高级人民法院《关于审理民间借贷纠纷案件若干问题的指导意见》仅针对自然人之间、自然人与非金融机构的法人或者其他组织之间的纠纷进行司法指引,而并没有涉及企业间借贷合同效力认定问题。2010 年,我省高级人民法院发布《关于为中小企业创业创新发展提供司法保障的指导意见》中首次明确"企业之间自有资金的临时调剂行为,可不作为无效借款合同处理"。2013 年 2 月我省高级人民法院院长齐奇同志在全国人大会议上专门提出了加快放开企业间借贷的建议,明确提出"由于企业间借贷纠纷多被认定为无效,由此产生了企业融资难、融资贵、风险大,法院审理难、保护难"等诸多问题,建议有关部门对一般企业之间的资金调剂行为合法性予以明确,有条件地放开企业间的借贷。学理上也普遍认为,企业间借贷原则上并不违反法律法规的禁止性规定,也不损害社会公共利益,因此不存在直接认定合同无效的法律依据。[②]

尽管在有条件地放开企业间借贷问题上,社会各界越来越共识。但现有我省的司法实践表明,对于何谓"企业之间自有资金的临时调剂行为"不同法院之间存在较大争议。具体来说,对是否属于临时调剂行为应该如何举证,约定利率能否高于中国人民银行同期贷款基准利率,如何区分以营利为目的的

[①] 2010 年,我省高级人民法院《关于为中小企业创业创新发展提供司法保障的指导意见》出台以后,浙江省的司法实践往往以该意见为基础,认定企业之间自有资金的临时调剂行为,可以作为有效的借款合同处理。但也有例外,如杭州某某石材装饰有限公司诉杭州某某实业有限公司等企业借贷纠纷案(2012)杭萧商初字第 3064 号就持否定态度。

[②] 周学峰:《民间借贷的司法规制》,《福鼎法律评论》,法律出版社 2012 年版,第 1 页下。

融资和"生产经营性企业间的正常借贷行为"等问题,实践中存在不同看法。①我们认为,民商事规则的设置本身可以具有弹性,但司法实践中应该通过案例指导、类型化操作等方式,结合企业间借贷的资金来源、贷款额度、期限、利息、担保、登记等考量因素,对企业间借贷合同效力问题作进一步明确。

除了确立"企业之间自有资金的临时调剂行为有效"的弹性规范外,我们还建议通过民商事制度创新的方式来进一步放宽企业间借贷。具体来说,可以通过立法的方式尝试规定达到一定融资规模、人数的企业间借贷行为,存在进行相应的登记备案的法定义务。同时,立法应明确经民间融资登记机构登记的材料可以作为判断民间融资行为是否合法的重要依据。②这样的规则如果设计得当,显然更能够确立企业间借贷合同的效力。

另外,需要注意的是,现有立法和指导意见等对企业间借贷问题并没有更为具体的规范指引。建议浙江省高级人民法院对是否可以适用或类推适用现有关于民间借贷(仅涉及自然人之间、自然人与非金融机构的法人或者其他组织之间的民间借贷行为)的相关规定作出进一步指引。

2.合理解决民间融资中的信息不对称问题

民间融资主要建立在人际信赖关系的基础上,有一定的地缘、亲缘等限制,因此超过一定的地域、人数规模,就会出现和扩大信息不对称问题,不履约的风险就会大量增加。在这个意义上,通过制度约束对民间融资主体课以一定的信息披露义务,有助于民间金融的健康发展。但这是否意味着民间融资

---

① 比如,"升华集团控股有限公司诉湖州丰树置业有限公司等企业借贷纠纷案"(2012)浙湖商初字第17号:"对于企业间的借贷,最高人民法院在严格依法的前提下,有了新的适用精神,建议有条件承认企业间借贷,明确企业如果放贷,其资金必须是自有资金,不得吸收存款放贷或进行高利贷转贷,对企业间借贷的利率约定不得超过国家规定。"在利息问题上,"绍兴市某某纺织厂有限公司诉绍兴市某某家某某服饰有限公司企业借款合同纠纷案"(2012)绍越商初字第1906号:"原、被告之间的自有资金的临时调剂行为,符合当前的经济形势,可不做无效处理。因约定的月利率2%已经超过同期贷款利率的4倍,故应以同期贷款利率的4倍计算。""上海某某某某化工有限公司诉宁波某某橡胶工业有限公司企业借贷纠纷案"(2012)甬余低商初字第153号:"原告为帮助被告的企业走出困境,以企业之间自有资金的临时调剂行为,可不作无效借款合同处理。双方约定的年利率略高于中国人民银行同期贷款基准利率,理应支付。""原告丁X为与被告江苏XX食品包装有限公司、林X、昆山XX复合材料容器包装有限公司民间借贷纠纷一案"(2010)浙绍商初字第60号:"述款项系原告与被告之间自有资金的临时调剂,原告不存在融资以营利的目的,属于生产经营性企业间的正常借贷行为,应认定为有效。"而在浙江省高级人民法院"浙江金佑担保有限公司与浙江格瑞特服饰有限公司等企业借贷纠纷上诉案"(2010)浙商外终字第78号中,法院以当事人无法证明自己的借贷行为属于临时性调剂行为而认定合同无效。但如何证明是否属于临时性的调剂行为,法院并没有进一步的说明。另外,有意思的是,在这些认定合同有效的案例中,借款额度往往超过千万元。

② 李政辉在《论民间借贷的规制模式及改进——以民商分立为线索》(《法治研究》,2011年第2期)中进一步认为,企业间达成的合同都必须登记公示方能生效。

行为必须签订书面合同、进行备案或者登记,需要作进一步的思考。

首先,如果将民间融资行为定位为一种合法的市场交易行为,那么,根据《合同法》第 10 条的规定,除非法律或行政法规有特别规定,或当事人有特别约定,原则上基于缔约自由的原则,合同并不需要采用书面形式,更不需要备案登记;其次,从实践角度看,民间融资本身具有隐蔽性、非正规性的特征,如果采取书面形式或备案登记对融资行为的合法性、有效性并不存在直接必然联系,这样的形式要求最后往往成为具文,实践和立法形成脱节;再者,即使当事人没有采取书面形式订立民间借贷的合同(企业间借贷问题前面已经有特别论述),司法机关有无明确法律依据认定合同存在效力瑕疵;最后,任何备案登记行为都会使公权力介入民事领域,但这种介入是否符合比例原则,也有待讨论。因此,从民商法的视域看来,上述制度设计还有待实践的进一步检验。

我们认为,民商事立法应该符合市场交易本身的运行规律。在对民间融资进行规范时,也应该遵循民间融资本身的运行规律。实践证明,只有当民间融资达到一定的规模时,借贷双方之间的信息不对称问题才真正暴露出来。因此,在解决借贷双方的信息沟通问题时,甚至包括规定书面形式要件、登记备案义务时,都应该依托实证研究的经验,根据融资数额、人数规模、融资方式等情况作出合理区分。

另外,在信息的公开和收集上,民间融资不同于正规融资。以美国的民间融资市场为例,实践证明,以政府主导的方式进行信息征集和披露,往往不如以市场主导方式,通过民间金融中介获取信息更为有效。在我省民间融资规范化过程中,我们可以尝试着培育一些市场化的民间征信机构,按市场化机制运作,提供融资信息服务并收取费用,从而推进民间融资市场的有效运作。当然,社会诚信体系的确立是一个渐进的过程。从近期来看,考虑到现有企业和个人征信系统并不健全的背景,我们可以以金融部门征信系统为依托,进一步集合银行、工商、税务和法院系统的信息资源,形成统一的信息共享平台,同时确立一定的诚信激励和失信惩罚机制,来改善民间融资的生态环境。

3. 逐步推进民间利率市场化规范

民间融资作为一种民商事交易方式,其动力来源于交易产生的收益——融资的利率。只有利率市场化,才能还原民间融资活动作为市场交易活动的本质。而当下司法实践中普遍采用甚至强化的"超过银行同类贷款利率的四倍"的"四倍红线"的硬性标准,回避了地区差异、借款期限、借贷人经济活动利润率等一切个性化指标,扭曲了我国民间资本的市场配置,从长远来看,实有废除的必要。① 但考虑到利率放开对金融市场的复杂影响,在当前我国市场经济环境尚不完善的背景下,在完全放开之前,我们建议设定一个较高的利率上限作为过渡,以后逐步取消,最终交由市场决定。②

具体来说,首先,在利率上限的设定问题上,必须以市场利率为依据加以设定。学者发现,央行设定的基准利率与市场实际利率存在严重脱节的问题,建议取消与基准利率挂钩的做法,直接设定一定数额,比如参考最高人民法院《〈中华人民共和国合同法〉若干问题的解释(二)》第29条关于过高违约金调整的规定,以30%的年利率作为基本年利率上限。③

其次,区分生产经营性借贷与生活性借贷。根据最高人民法院1988年《关于贯彻执行《中华人民共和国民法通则》若干问题的意见(试行)》第122条的规定"公民之间的生产经营性借贷的利率,可以适当高于生活性借贷利率。如因利率发生纠纷,应本着保护合法借贷关系,考虑当地实际情况,有利于生产和稳定经济秩序的原则处理",对生活性消费借贷可以在利率上限标准基础上适当降低。

再次,对于一些借款周期很短(一个月内),手续简便,若当事人双方达成合意约定较高的日利率或月利率,人民法院也无特别干涉的必要。

再者,对民间融资利率问题作特别规定,并不妨碍在符合传统民法相关规定构成要件的前提下,通过合同法上的显示公平制度主张融资行为可撤销或者以"违反社会公共利益"主张合同无效或部分无效。比如,在我省民间融资实践中,通过签订实物还债的"抵债协议"方式归还高利贷的情况普遍存在。对此类行为,仅仅通过民法上的流质条款无效规定进行调整显然还远远不够。意大利法上通过具体分析双方给付之间的是否存在严重失衡的比例关系以及借贷人的主观状态(如处于经济亟须的状态)来认定合同效力的做法,可资借鉴。

最后,我们应逐步确立民间高利贷规范体系,尤其是应该协调好民刑法在应对高利贷上的互动关系。比如,意大利法上出现的以违反刑法上高利贷罪的规定认定高利贷合同无效,或者将借贷合同直接转化为无偿合同的做法,在

---

① 周学峰:《民间借贷的司法规制》,《福鼎法律评论》,法律出版社2012年版,第18—25页。
② 王林清、于蒙:《管控到疏导:我国民间借贷利率规制的路径选择与司法应对》,《法律适用》2012年第5期研究发现,现有的"四倍红线"规则并不存在有说服力的依据。同时,这一标准距离现在已经有二十余年,早已不适应当前经济形势的要求。
③ 王林清、于蒙:《管控到疏导:我国民间借贷利率规制的路径选择与司法应对》,《法律适用》2012年第5期。

惩治高利贷的力度上显然比我国现行法更为严厉有效,同样值得参考。

4. 逐步推进民间融资机构的多元化

民间融资供求渠道的不畅通,是我省民间融资市场面临的最根本的问题。拓宽投融资渠道,推进民间融资机构的多元化,引导民间资金合理流动,成为我省民间融资规范化的重要任务。根据比较法上的经验,民间融资机构的设立可以采取自下而上型或自上而下型或两者结合的不同模式。

在民商法视域下,根据民间融资市场主体不同的融资需求以及交易成本上的差异,民间融资机构应尽可能的多元化,鼓励民资依法设立金融机构,提供民事主体多种选择的可能性。[①] 根据这样的理论,在民间融资机构的设置上,也应该注意金融资源(准入牌照)配置上适当放低门槛,按需配置。同时,应针对不同规模的民间融资机构,采取分类登记、信息披露的不同要求,同时设立相应的监管机构。

另外,应设立民间融资服务中心。通过实体和网络等全方位方式集成创业项目和投融资服务信息平台,协助企业项目和资金建立健全良好的利益分担机制和风险疏导机制。

5. 防范民间融资的系统性风险

民间金融风险来源主要是民间借贷的组织化、规模化突破了熟人社会基于亲缘、地缘的人格约束的范围,参与各方信息不对称以及非理性逐利会形成明确金融。我省民间融资实践中普遍存在联保的交易方式,但这样的交易结构容易产生系统性风险。[②] 比如,我们在调研中发现,实践中担保公司在为中小企业融资提供担保的时候,往往要求另外多家企业为该企业提供连带的反担保。一旦该企业无法正常履行债务时,担保公司履行的担保责任后,往往向多家公司同时主张行使追偿权,或者要求对其他企业进行财产保全。因此,本属于一家企业的债务危机,往往会影响到其他多个企业的正常生产经营活动,最终影响地方经济的稳定运行。因此,需要通过司法实践中的合理引导,防范和化解联保中的系统性风险。

---

① Dagan,Hanoch,PluralismandPerfectionisminPrivateLaw(June20,2011). AvailableatSSRN:http://ssrn. com/abstract=1868198orhttp://dx. doi. org/10. 2139/ssrn. 1868198

② 北大法宝,共收集到251个民事案例存在联保相关纠纷,尤其是追偿权纠纷。《个人联保贷款借款合同》某公司诉潘某某等金融借款合同纠纷案(2012)甬慈商初字第1577号合同约定,该八被告组成联保小组,在2012年5月23日至2013年5月22日期间内各联保小组成员均可在各自的最高贷款限额内向原告借款,具体的借款种类、金额、期限、用途、利息、还款方式均以借款借据为准。联保小组中任何一员向原告借款,其他联保小组成员均为保证人,共同承担连带保证责任。

除了联保之外,在进行民间融资方式的制度创新时,同样需要考虑这些新型民间融资方式背后可能产生的系统性风险问题。民间融资市场与正规的金融证券市场一样,同样存在着对投资者进行保护的问题。然而,正规的融资市场往往存在完备的投融资监管体系,也存在着相对更规范化、市场化的征信体系,投资者的经营风险相对可以控制,而民间融资则具有更隐蔽、更松散的特点。因此,在进行民间融资方式制度创新,比如允许符合一定融资条件的民事主体通过定向债权融资或者定向集合资金等方式融资的时候,完善融资企业的信息披露义务和监管将变得尤为重要。[①] 当然,要让民间融资企业主动接受监管,必须存在让融资企业获得利润的更大空间。从这个意义上看,政府有必要对这些民间融资行为适度放开利率管制,同时降低企业融资的实际成本。

6.完善差异化的民间融资市场退出机制

在民间融资规范化进程中,除了合理规范民间融资活动之外,一旦民间融资出现问题,能否进行有效应对,完善民间融资的市场退出机制也同样至关重要。在实践中,民间融资往往涉及一些中小微企业,本身在资金运营上存在很多局限性。一旦企业发生债务危机,债权人主张财产保全或者在胜诉后要求对债务人的财产,包括企业经营设备等进行强制执行,拍卖变卖,都可能让这些企业瞬间产生资金链断裂,造成企业资产的严重贬值,进而造成社会经济资源的浪费。在这种情况下,如果对一些企业进行一定程度的帮扶,往往可以让部分企业渡过难关。当然,实践中也可能存在一些企业和个人希望尽快处理纠纷,甚至宣告破产,从而避免损失进一步扩大的可能。因此,在设置民间融资市场退出机制的时候,也应该考虑不同企业规模的大小、从事产业的新兴程度、债务清偿能力的强弱、转型发展的潜力大小、企业经营管理水平的高低、是否存在继续生产经营的意向等进行综合判断,在现有法律框架内进行差异化处理。[②] 我们建议通过政府牵头的方式建立涉诉企业处置协调中心,专门制定对涉诉企业进行差异化处置的标准,并通过公开透明的程序,进行合理的资金帮扶(包括设立下面提到的设立中小企业融资扶持基金或反高利贷扶持基金)。而一旦纠纷已经进入到法院,法院也应当通过一定的程序安排,比如设立企业帮扶申报程序或破产预备程序等方式,引导企业快速有效地决定是否

[①] 《浙江省温州民间融资管理条例(送审稿)》第3条对定向债权融资或者定向集合资金的制度创新有更具体的设计。

[②] 董一怡:《金融综合改革背景下对涉诉企业进行差异化处置的司法探索》,《浙江审判》2012年第9期。

退出市场或进行债务重整。

7. 设立中小企业融资扶持基金或反高利贷扶持基金

政府应转变职能,通过制度保障和基金扶持引导民间融资。民间融资规范体系的建构和完善,同时离不开政府的积极推动和支持。但政府的投入更多是以立法保障的间接方式进行。比如,各种政府扶持基金并把没有直接用于企业的生产经营,而是通过设定具体的条件下放给各种基金、协会,从而转移政府的压力,引导市场机制发挥作用。当下我国的民间借贷规范化进程中,一旦企业存在资金链断裂等经济困境,行政或者司法部门往往(有时甚至不得不)直接介入企业的生产经营,决定企业资产的处分,最终甚至会"作茧自缚",存在应对行政诉讼的压力和风险。要改变这种状况,需要政府转变观念,借鉴意大利和我国台湾地区的相关经验,更多以中立的姿态,包括设立项目、基金,提供示范文本等方式进行间接扶持。建议地方政府设立中小企业融资扶持基金或反高利贷扶持基金,同时争取银行金融机构和小额贷款公司、村镇银行等的金融支持,为帮扶企业争取低利率的融资。相关基金只能用于日常经营行为,服务实体经济发展,不能直接用于偿还到期债务。资金筹备机构和出资方应协调监控扶持基金的投入使用,确保基金用于企业的生产经营活动,并合理控制基金风险。

附录　浙江大学民商法沙龙各期目录
（2009－2014）

第一期:周江洪报告,留用地合作开发中的合同无效问题——"浙江省乐清市乐城镇石马村村民委员会与浙江顺益房地产开发有限公司合作开发房地产合同纠纷案"评析,2009 年 3 月 4 日。

第二期:徐浩报告,新公司法兜底条款质疑;王冠玺报告,土地承包经营权抵押客体范围暨相关法律问题研究。2009 年 4 月 2 日。

第三期:陈信勇报告,瑕疵婚姻登记处理困境及其救济路径分析;徐进报告,我国公司法上的忠实义务三类型。2009 年 5 月 7 日。

第四期:苏永钦报告,《合同法》§52(5)的适用和误用——再从民法典的角度论转介条款,2009 年 6 月 4 日。

第五期:张谷报告,作为救济法的侵权法,也是自由保障法——对《中华人民共和国侵权责任法(草案)》的几点意见,2009 年 9 月 25 日。

第六期:陈旭琴报告,物权法研究的逻辑起点——兼及山西煤炭国有化,2009 年 10 月 23 日。

第七期:集体研讨,《侵权责任法(征求意见稿)》研读(一),2009 年 11 月 20 日。

第八期:集体研讨,《侵权责任法(征求意见稿)》研读(二),2009 年 11 月 27 日。

第九期:徐浩报告,股份公司股东的提案权与董事会的审查权限,2009 年 12 月 18 日。

第十期:王冠玺报告,农村房屋买卖合同的效力探讨,2010 年 1 月 15 日。

第十一期:周江洪报告,买卖合同标的物孳息之归属——《物权法》第 116 条与《合同法》第 163 条之适用关系分析,2010 年 3 月 18 日。

第十二期:韩家勇报告,关于票据签章的一些思考,2010 年 4 月 23 日。

第十三期:肖燕报告,关于汽车召回的立法研究,2010 年 5 月 28 日。

第十四期:陈信勇报告,预约问题——兼论商品房认购书的效力,2010 年 6 月 18 日。

第十五期:张谷报告,论侵权责任法上的非真正侵权责任,2010 年 9 月

26 日。

第十六期:徐进报告,我国公司法上的解散清算制度及其问题点,2010 年 10 月 29 日。

第十七期:陈旭琴报告,关于契约和身份之关系的再思考——兼谈夫妻婚姻协议,2010 年 11 月 26 日。

第十八期:末永敏和报告,公司治理与日本公司法的最新动向,2010 年 12 月 16 日。

第十九期:陈信勇报告,梦想与现实的距离——社会保险法解读,2011 年 3 月 22 日。

第二十期:Dan W. Puchniak 报告,东亚国家的股东代表诉讼:文化的非理性、政治动机还是经济效率? 2011 年 4 月 8 日。

第二十一期:余文玲报告,离婚案件中各类房屋的处理,2011 年 6 月 9 日。

第二十二期:陆青报告,违约解除的历史演变:从罗马法到现代,2011 年 10 月 14 日。

第二十三期:方嘉麟报告,大股东在企业并购中对小股东的义务——控制权溢价相关案例探讨,2011 年 11 月 6 日。

第二十四期:王泽鉴报告,变动中的债法——台湾判例法的发展与债法的修正,2012 年 3 月 23 日。

第二十五期:周江洪报告,合同法第 121 条的理解与适用,2012 年 3 月 30 日。

第二十六期:陆青报告,债法总则的体系重构和功能嬗变,2012 年 4 月 6 日。

第二十七期:方新军报告,《侵权责任法》第 6 条第 1 款的规范漏洞和填补方法;解亘报告,格式条款的内容规制。2012 年 4 月 13 日。

第二十八期:孙维飞报告,英美法上第三人精神受刺激案型的处理及对我国的借鉴意义;朱晓喆报告,第三人"惊吓损害"的法教义学分析。2012 年 4 月 20 日。

第二十九期:董学立报告,《物权法》担保物权编的新发展,2012 年 4 月 27 日。

第三十期:杨代雄,表见代理的特别构成要件;梁上上报告,论公司担保合同的第三人审查义务。2012 年 5 月 11 日。

第三十一期:陈信勇报告,生育权与生育协议效力问题分析;张礼洪报告,民法典法典化的危机和挑战。2012 年 5 月 18 日。

第三十二期:徐进报告,闭锁公司的法律问题;施鸿鹏报告,不动产作为所有权保留的客体及其法律构成。2012 年 11 月 16 日。

第三十三期:周江洪报告,特殊动产多重买卖之法理;吕成龙报告,错误出生的法理寻踪与新解。2012 年 12 月 14 日。

第三十四期:龙俊报告,动产抵押、浮动抵押特殊对抗规则;张谷报告,两种观念影响下的《侵权责任法》及其体系。2013 年 3 月 29 日。

第三十五期:常鹏翱报告,优先购买权的法律效力;朱虎报告,物权请求权的独立或合并。2013 年 4 月 12 日。

第三十六期:王泽鉴报告,美国法上的隐私权(Right to Privacy)与公开权(Right of Publicity)——兼论大陆侵权法的发展,2013 年 4 月 19 日。

第三十七期:陆青报告,预约合同问题研究——《买卖合同司法解释》第 2 条之解释论;耿林报告,格式合同的内容控制。2013 年 4 月 26 日。

第三十八期:韩圣超报告,夫妻一方擅自将共同财产赠与第三者行为的效力探析;马俊彦报告,论中国(上海)自由贸易试验区的法定资本制改革。2013 年 11 月 1 日。

第三十九期:张谷报告,试析"财产"一词在中国私法上的几种用法;张桂龙报告,不动产租赁物转让中的利益衡量与制度设计。2013 年 12 月 27 日。

第四十期:周江洪报告,"买卖不破租赁规则"的法律效果分析——以契约地位承受模式为前提;朱晶晶报告,旅游合同解除制度的体系性解释。2014 年 3 月 20 日。

第四十一期:解亘报告,从履行辅助人责任论视角看合同法第 121 条,2014 年 3 月 31 日。

第四十二期:章程报告,再论状态责任与行为责任的区分——从功能法的角度看两者在公私法体系中的定位;王剑一报告,格式条款控制的正当性基础:中国立法与比较法上的考察;张抒涵报告,德国法上合同解除与合同撤销的返还效果。2014 年 4 月 30 日。

第四十三期:钱玉林报告,立法意图与公司法的解释,2014 年 5 月 17 日。

第四十四期:王冠玺报告,华人的法律文化与人际关系建构;刘洋报告,论代理权滥用的法律效果。2014 年 6 月 20 日。

第四十五期:朱庆育报告,通过教义法学,超越教义法学,2014 年 9 月 26 日。

第四十六期:鞠海亭报告,温州金融风波下破产疑难案件研究,2014 年 10

月 25 日。

第四十七期:王泽鉴报告,不当得利类型化与不当得利的发展,2014 年 11 月 11 日。

第四十八期:王泽鉴报告,请求权基础、法学方法与民法发展,2014 年 11 月 13 日。

第四十九期:刘德良报告,网络侵权与侵权责任法的不足,2014 年 12 月 17 日。

后　记

　　为提升浙江大学民商法学科团队的研究能力,扩大浙江大学民商法学科的学术影响,促进浙江大学与国内外民商法学界的学术交流,本研究所决定不定期出版《浙大民商法文集》。

　　编入《浙大民商法文集》的论文来源于两个方面:一是在本所举行的民商法沙龙上报告、研讨过的研究成果。民商法沙龙是本所 2009 年创办的一个学术交流平台,截至 2014 年底,共举行民商法沙龙 49 期。该沙龙对活跃本学科点的学术气氛,营造学术生态,加强学科内外的学术交流,增进学科内外各位同仁的友谊,提高学科团队的学术水平发挥了重要作用。该沙龙同时是一种教学形式,是课程教学的必要补充,不仅丰富了教学内容,更以其展现的学术魅力增添了学子的学术兴趣。将民商法沙龙报告过的研究成果编入本文集,可使民商法沙龙、民商法文集成为相得益彰的两个学术交流平台。二是其他研究成果。本文集同时接受未在民商法沙龙报告过的优秀民商法研究成果。本文集立足浙大民商法学科,同时欢迎境内外民商法同仁赐稿。文集既发表原创作品,也收录已发表作品。

　　《浙大民商法文集》第 1 辑共发表、收录 16 篇论文,按内容分别编入民法总论研究、债法总论研究、合同法研究、侵权法研究、身份法研究和综合研究等6 个板块。将来出版的文集也将按照发表、收录的论文内容设置相应的板块。

　　浙江大学民商法学科一直承蒙各位领导和学界同仁的关照、支持,在此深表谢意。本学科全体师生恳请各位领导和同仁一如既往,关注并支持浙大民商法沙龙、《浙大民商法文集》。

　　是为后记。

浙江大学民商法研究所

2015 年 1 月